Rainer Kessler
Micha

Herders Theologischer Kommentar
zum Alten Testament

Herausgegeben von

Erich Zenger

Herder Freiburg · Basel · Wien

Micha

Übersetzt und ausgelegt von

Rainer Kessler

Herder Freiburg · Basel · Wien

Die Deutsche Bibliothek – CIP-Einheitsaufnahme

Herders Theologischer Kommentar zum Alten Testament /
hrsg. von Erich Zenger. –
Freiburg im Breisgau ; Basel ; Wien : Herder
ISBN 3-451-26800-0
Kessler, Rainer: Micha. – 1999

Kessler, Rainer:
Micha / übers. und ausgelegt von Rainer Kessler. –
Freiburg im Breisgau ; Basel ; Wien : Herder, 1999
(Herders Theologischer Kommentar zum Alten Testament)
ISBN 3-451-26849-3

Zweite Auflage

Umschlaggestaltung: Finken & Bumiller, Stuttgart
Satzherstellung: SatzWeise, Föhren
Gesetzt in der Gill Sans und Aldus
Gedruckt auf umweltfreundlichem, chlorfrei gebleichtem Papier
Druck und Bindung: Freiburger Graphische Betriebe 2000
ISBN 3-451-26849-3

Meiner Frau
Christiane Willand-Kessler

Inhalt

Einleitung

Kommentierung

Vorwort

Die Schrift des Propheten Micha von Moreschet bildet in der hebräischen Bibel die Mitte des Zwölfprophetenbuches, dieses Kompendiums der israelitischen Schriftprophetie. Tatsächlich laufen in Micha Linien zusammen, die von Hosea und Amos mit ihrer Kritik an Samaria ausgehen, wird in Micha die bei Amos auf das Nordreich abzielende Sozialkritik auf Juda bezogen. Zugleich gehen von Micha Linien aus, die bis ans Ende des Dodekapropheton reichen, Linien der Hoffnung für Israel und durch Israel für die Völkerwelt. Dieses Herzstück des Zwölfprophetenbuchs in seiner Ganzheit zu erfassen, ist das Hauptbemühen der hier vorgelegten Auslegung. Dabei meint Ganzheit sowohl die verflochtene Beziehung aller Teile des Textes aufeinander als auch die Einheit des Überlieferungsvorgangs in seiner sozialen Verwurzelung und Abzielung. Ganzheit meint dagegen nicht, daß alle Forschungspositionen, die auch nur in den letzten Jahrzehnten zu Micha vertreten wurden, vorgeführt und diskutiert würden. Anders gesagt: Dieser Kommentar will keine Summe der Michaforschung am Ende des 20. Jh. vorlegen, sondern will die Michaschrift als einen Text verstehen lehren, der als Orientierungsmarke auf dem Weg ins 21. Jh. dienen kann.

Im scheinbaren Widerspruch zu dem Bemühen, die Michaschrift in ihrer Ganzheit zu verstehen, wird der Text im folgenden in 24 Einheiten untergliedert kommentiert, die bisweilen sogar nur einen oder zwei Verse umfassen. Bei der Michakommentierung ist zwischen zwei Möglichkeiten zu wählen: Man kann entweder größere rhetorische Einheiten zusammen behandeln, oder man unterteilt diese Einheiten noch, wie es hier geschieht, um allzu lange Textblöcke zu vermeiden. In der Auslegung wird immer wieder darauf hinzuweisen sein, daß solche Unterteilung ausschließlich aus praktischen Gründen erfolgt, und daß damit nicht unterstellt ist, die Untereinheiten stellten allesamt ursprünglich selbständige rhetorische Einheiten dar.

Die Auslegung der einzelnen Abschnitte beginnt mit Angaben zur Literatur. Im laufenden Text werden Kommentare nur mit Verfassername und Seitenzahl angeführt. Die übrigen Titel werden mit Verfassername, Kurztitel und Erscheinungsjahr angegeben. Sofern diese Titel in der Literaturangabe unmittelbar vor der Auslegung des betreffenden Abschnitts nicht stehen, sind sie im allgemeinen Literaturverzeichnis in der Einleitung des

Kommentars zu finden. – Die Bemerkungen zum Text, die jeder Übersetzung beigegeben sind, sind äußerst knapp. Sie erläutern nur die Übersetzung und versuchen nicht, einen hypothetischen Urtext herzustellen. Weitere Bemerkungen zum Text, sofern sie für das inhaltliche Verständnis wichtig sind, finden sich oft auch bei der Kommentierung der Einzelstelle. – Die Auslegung der einzelnen Textstellen schließt mit einem Abschnitt »Bedeutung«. Hier ist eine Betrachtung des behandelten Textes in drei Horizonten möglich. Es kann seine Bedeutung für das Ganze der Michaschrift herausgestellt werden; es kann ein Blick auf seine Rezeptionsgeschichte geworfen werden; und es kann schließlich nach seiner aktuellen Bedeutung gefragt werden.

Zu danken habe ich zuerst dem Herausgeber von »Herders Theologischem Kommentar zum Alten Testament«, Prof. Dr. Erich Zenger, Münster. Durch seine Konzipierung der Kommentarreihe hat er den Raum geöffnet für solche Art von Auslegung, wie sie hier vorgelegt wird. Ich danke ihm, daß er mir die Michakommentierung anvertraut hat, und spreche ihm meine Bewunderung aus für die Einfühlsamkeit, mit der er den Abschluß des Manuskripts begleitet hat. Aus Marburg danke ich Dr. Gerlinde Baumann, Dr. Friedhelm Hartenstein und Frau Uta Schmidt. Sie haben das Manuskript gelesen und ebenso unterschiedliche wie hilfreich weiterführende Bemerkungen dazu gemacht. Darüber hinaus danke ich für Hilfen beim Korrekturlesen meinen studentischen Hilfskräften, Frau Verena Akkermann und Herrn Winfried Kändler.

Gewidmet ist das Buch meiner Frau Christiane. Fast sieben Jahre hat uns Micha begleitet, anfangs noch im Pfarramt und in meiner Funktion als Privatdozent in Frankfurt am Main, seit 1993 dann in Marburg, auch durch die ereignisreiche Zeit meines Dekanats hindurch. Micha war immer dabei, aber er hat sich nie zwischen uns gedrängt. Er wird uns richtig fehlen.

Marburg, im Mai 1999

Allgemeines Literaturverzeichnis

Vorbemerkung: Alle Literaturangaben sowohl im allgemeinen Verzeichnis wie zu den einzelnen Abschnitten zielen nicht auf Vollständigkeit. Bei mehreren Autoren eines Kommentars zum Zwölfprophetenbuch ist in Klammern derjenige angefügt, der Micha bearbeitet hat und unter dessen Namen in der folgenden Auslegung zitiert wird.

Kommentare:

Allen, Leslie C., The Books of Joel, Obadiah, Jonah and Micah (NIC.OT), Grand Rapids 1976.

Balancin, Euclides Martins / Storniolo, Ivo, Como ler o livro de Miquéias. Um profeta contra o latifúndio, São Paulo 1990.

Beck, J. T., Erklärung der Propheten Micha und Joel nebst einer Einleitung in die Prophetie, Gütersloh 1898.

Brandenburg, Hans, Die Kleinen Propheten I. Joel, Obadja, Jona, Micha, Nahum, Habakuk, Zephania. Die warnenden Wächterstimmen, Gießen / Basel 1963.

Deissler, Alfons, Zwölf Propheten II. Obadja. Jona. Micha. Nahum. Habakuk (NEB), Würzburg [2]1986.

Duhm, Bernhard, Die Zwölf Propheten. In den Versmaßen der Urschrift, Tübingen 1910.

Fichtner, Johannes, Obadja, Jona, Micha, Stuttgart 1957.

Hillers, Delbert R., Micah. A Commentary on the Book of the Prophet Micah, Philadelphia 1984.

Hitzig, Ferdinand, Die zwölf kleinen Propheten (KEH I), Leipzig [4]1881

Van Hoonacker, A., Les Douze Petits Prophètes (EtB), Paris 1908.

Jaramillo Rivas, Pedro, Profetas Menores (El mensaje del Antiguo Testamento 16), Madrid u.a. 1993.

Jepsen, Alfred, Das Zwölfprophetenbuch, Leipzig / Hamburg 1937.

Keil, Carl Friedrich, Biblischer Commentar über die zwölf kleinen Propheten (BC III,4), Leipzig [3]1888, Nachdruck 1988.

Kinet, Dirk u.a., Der aufhaltbare Untergang. Hosea – Joël – Amos – Micha (BiAuPr 14), Stuttgart 1981.

King, Philip J., Amos, Hosea, Micah – An Archaeological Commentary, Philadelphia 1988.

Kleinert, Paul, Obadja, Jona, Micha, Nahum, Habakuk, Zephanja (THBW 19), Bielefeld / Leipzig [2]1893.

Lippl, Joseph / Theis, Johannes, Die Zwölf kleinen Propheten. I. Hälfte: Osee, Joel, Amos, Abdias, Jonas, Michäas (HSAT VIII/3/I), Bonn 1937 [= *J. Lippl*].

McKane, William, The Book of Micah. Introduction and Commentary, Edinburgh 1998.

McKeating, Henry, The Books of Amos, Hosea and Micah (The Cambridge Bible Commentary), Cambridge 1971.
Marti, Karl, Das Dodekapropheton (KHK XIII), Tübingen 1904.
Mason, Rex, Micah, Nahum, Obadiah (Old Testament Guides), Sheffield 1991.
Mays, James Luther, Micah. A Commentary (OTL), London 1976.
Nötscher, Friedrich, Zwölfprophetenbuch oder Kleine Propheten, Würzburg 1948.
Nowack, W., Die kleinen Propheten (HK III/4), Göttingen ³1922.
Oberforcher, Robert, Das Buch Micha (NSK.AT 24/2), Stuttgart 1995.
von Orelli, Conrad, Die zwölf kleinen Propheten (KKANT V/2), München ³1908.
Renaud, B., Michée – Sophonie – Nahum, Paris 1987.
Rieger, Carl Heinrich, Kurze Betrachtungen über die zwölf kleinen Propheten, zur Beförderung des richtigen Verständnisses und der erbaulichen Anwendung des Bibelworts, Stuttgart ²1859.
Robinson, Theodore H. / Horst, Friedrich, Die zwölf Kleinen Propheten (HAT 14), Tübingen ³1964 [= *Th. H. Robinson*].
Rudolph, Wilhelm, Micha – Nahum – Habakuk – Zephanja (KAT XIII/3), Gütersloh 1975.
Schmidt, Hans, Micha, in: ders., Die großen Propheten (SAT II/2), Göttingen ²1923, 130–154.
Schumpp, Meinrad, O.P., Das Buch der zwölf Propheten (Herders Bibelkommentar), Freiburg 1950.
Schuman, N. A., Micha, Kampen 1989.
Sellin, Ernst, Das Zwölfprophetenbuch. Erste Hälfte. Hosea – Micha (KAT XIII), Leipzig ³1929.
Smith, George Adam, The Book of the Twelve Prophets, Bd. I: Amos, Hosea and Micah, London 1896.
Smith, John Merlin Powis / Ward, William Hayes / Bewer, Julius A., A Critical and Exegetical Commentary on Micah, Zephaniah, Nahum, Habakkuk, Obadiah and Joel, Edinburgh ³1948 [= *J. M. P. Smith*].
Smith, Ralph L., Micah-Malachi (WBC 32), Waco 1984.
von Ungern-Sternberg, Rolf Freiherr, Der Rechtsstreit Gottes mit seiner Gemeinde. Der Prophet Micha (BAT 23/III), Stuttgart 1958.
Vuilleumier, René / Keller, Carl A., Michée, Nahoum, Habacuc, Sophonie (CAT 11b), Neuchâtel 1971 [= *R. Vuilleumier*].
Wahl, Otto, Die Bücher Micha, Obadja und Haggai (GSl 12), Düsseldorf 1990.
Waltke, Bruce K., Micah, in: TOTC, Nachdruck 1992, 133–207.
Weiser, Artur, Das Buch der zwölf Kleinen Propheten I: Die Propheten Hosea, Joel, Amos, Obadja, Jona, Micha (ATD 24), Göttingen / Zürich ⁸1985.
Wellhausen, J., Die Kleinen Propheten übersetzt und erklärt, Berlin ³1898 = ⁴1963.
Wolff, Hans Walter, Dodekapropheton 4. Micha (BK.AT XIV/4), Neukirchen-Vluyn 1982.
van der Woude, A. S., Micha (POT), Nijkerk ³1985.
Zabatiero, Júlio Paulo Tavares, Miquéias – Voz dos sem-terra, Petrópolis 1996.

Einzelstudien:
Beyerlin, Walter, Die Kulttraditionen Israels in der Verkündigung des Propheten Micha (FRLANT 72), Göttingen 1959.
Bietenhard, Sophia, Das Buch Micha. Ruf nach Gerechtigkeit – Hoffnung für alle, in:

L. Schottroff / M.-Th. Wacker (Hgin.), Kompendium feministische Bibelauslegung, Gütersloh 1998, 338–346.
Blenkinsopp, Joseph, Geschichte der Prophetie in Israel. Von den Anfängen bis zum hellenistischen Zeitalter, Stuttgart u. a. 1998.
Bosshard(-Nepustil), Erich, Beobachtungen zum Zwölfprophetenbuch: BN 40, 1987, 30–62.
–, Rezeptionen von Jesaja 1–39 im »Zwölfprophetenbuch«. Untersuchungen zur literarischen Verbindung von Prophetenbüchern in babylonischer und persischer Zeit (OBO 154), Freiburg Schweiz / Göttingen 1997.
Bruno, A., Micha und der Herrscher aus der Vorzeit, Leipzig u. a. 1923.
Budde, Karl, Eine folgenschwere Redaktion des Zwölfprophetenbuchs: ZAW 39, 1921, 218–229.
Carreira, José Nunes, Kunstsprache und Weisheit bei Micha: BZ NF 26, 1982, 50–74.
Cha, Jun-Hee, Micha und Jeremia (BBB 107), Weinheim 1996.
Duhm, Bernhard, Anmerkungen zu den Zwölf Propheten: ZAW 31, 1911, 1–43.81–110.161–204.
Freedman, David Noel, Discourse on Prophetic Discourse, in: H. B. Huffmon u. a. (Hg.), The Quest For the Kingdom of God, FS G. E. Mendenhall, Winona Lake 1983, 141–158.
Hagstrom, David Gerald, The Coherence of the Book of Micah. A Literary Analysis (SBL.DS 89), Atlanta 1988.
Hammershaimb, E., Einige Hauptgedanken in der Schrift des Propheten Micha: StTh 15, 1961, 11–34.
Hardmeier, Christof, Die Propheten Micha und Jesaja im Spiegel von Jeremia XXVI und 2 Regum XVIII–XX. Zur Prophetie-Rezeption in der nach-joschijanischen Zeit, in: J. E. Emerton (Hg.), Congress Volume Leuven 1989 (VT.S 43), Leiden u. a. 1991, 172–189.
–, Texttheorie und biblische Exegese. Zur rhetorischen Funktion der Trauermetaphorik in der Prophetie (BEvTh 79) München 1978.
Hausmann, Jutta, Israels Rest. Studien zum Selbstverständnis der nachexilischen Gemeinde (BWANT 124), Stuttgart u. a. 1987.
House, Paul R., The Unity of the Twelve (JSOT.S 97), Sheffield 1990.
Hunter, A. Vanlier. Seek the Lord! A Study of the Meaning and Function of the Exhortations in Amos, Hosea, Isaiah, Micah, and Zephaniah, Baltimore 1982.
Jeppesen, Knud, New Aspects of Micah Research: JSOT 8, 1978, 3–32.
–, How the Book of Micah Lost its Integrity: Outline of the History of the Criticism of the Book of Micah with Emphasis on the 19th Century: StTh 33, 1979, 101–131.
Jepsen, Alfred, Kleine Beiträge zum Zwölfprophetenbuch: ZAW 56, 1938, 85–100.
Jeremias, Jörg, Die Deutung der Gerichtsworte Michas in der Exilszeit: ZAW 83, 1971, 330–354.
–, Umkehrung von Heilstraditionen im Alten Testament, in: J. Hausmann / H.-J.Zobel, Alttestamentlicher Glaube und biblische Theologie, FS H. D. Preuß, Stuttgart u. a. 1992, 309–320.
Jones, Barry Alan, The Formation of the Book of the Twelve. A Study in Text and Canon (SBL.DS 149), Atlanta 1995.
Kapelrud, Arvid S., Eschatology in the Book of Micah, in: ders., God and His Friends in the Old Testament, Oslo 1979, 103–116.
–, Eschatology in Micah and Zephaniah, in: M. Carrez u. a. (Hg.), De la Tôrah au Messie, FS H. Cazelles, Paris 1981, 255–262.

Keel, Othmar, Rechttun oder Annahme des drohenden Gerichts? (Erwägungen zu Amos, dem frühen Jesaja und Micha): BZ NF 21, 1977, 200–218.

Kessler, Rainer, Mirjam und die Prophetie der Perserzeit in: U. Bail / R. Jost (Hgin.), Gott an den Rändern. Sozialgeschichtliche Perspektiven auf die Bibel, FS W. Schottroff, Gütersloh 1996, 64–72.

Labuschagne, C. J., Opmerkelijke compositietechnieken in het boek Micha, in: F. García Martínez u. a. (Hg.), Profeten en profetische geschriften, FS A. S. van der Woude, Kampen / Nijkerk 1985, 100–116.

Lescow, Theodor, Redaktionsgeschichtliche Analyse von Micha 1–5: ZAW 84, 1972, 46–85.

–, Redaktionsgeschichtliche Analyse von Micha 6–7: ZAW 84, 1972, 182–212.

–, Zur Komposition des Buches Micha: SJOT 9, 1995, 200–222.

–, Worte und Wirkungen des Propheten Micha. Ein kompositionsgeschichtlicher Kommentar (AzTh 84), Stuttgart 1997.

Lindblom, Joh., Micha literarisch untersucht (AAA), Åbo 1929.

Luker, Lamontte M., Beyond Form Criticism: the Relation of Doom and Hope Oracles in Micah 2–6: HAR 11, 1987, 285–301.

McFadden, W. Robert, Micah and the Problem of Continuities and Discontinuities in Prophecy, in: W. W. Hallo u. a. (Hg.), Scripture in Context II. More Essays on the Comparative Method, Winona Lake 1983, 127–146.

Mays, James L., The Theological Purpose of the Book of Micah, in: H. Donner u. a. (Hg.), Beiträge zur Alttestamentlichen Theologie, FS W. Zimmerli, Göttingen 1977, 276–287.

Metzner, Gabriele, Kompositionsgeschichte des Michabuches (EHS 635), Frankfurt am Main u. a. 1998.

Monteiro de Oliveira, Antonio Roberto, Miqueas, profeta revolucionario de los campesinos: Taller de Teología 12, 1983, 31–51.

Niccacci, Alviero, Un profeta tra oppressori e oppressi. Analisi esegetica del capitolo 2 di Michea nel piano generale del libro (StudBiblFranc.Anal. 27), Jerusalem 1989.

Niehr, Herbert, Herrschen und Richten. Die Wurzel špt im Alten Orient und im Alten Testament (FzB 54), Würzburg 1986.

Nogalski, James D., Intertextuality in the Twelve, in: J. W. Watts / P. R. House (Hg.), Forming Prophetic Literature. Essays on Isaiah and the Twelve, FS J. D. W. Watts (JSOT.S 235), Sheffield 1996, 102–124.

–, Literary Precursors to the Book of the Twelve (BZAW 217), Berlin / New York 1993.

–, Redactional Processes in the Book of the Twelve (BZAW 218), Berlin / New York 1993.

Nowack, W., Bemerkungen über das Buch Micha: ZAW 4, 1884, 277–291.

Oberforcher, Robert, Entstehung, Charakter und Aussageprofil des Michabuches: BiKi 51, 1996, 150–154.

Otto, Eckart, Techniken der Rechtssatzredaktion israelitischer Rechtsbücher in der Redaktion des Prophetenbuches Micha: SJOT 1991,Heft 2, 119–150.

–, Art. Micha / Michabuch, in: TRE XXII, Berlin / New York 1992, 695–704.

Pixley, George V., Micah – A Revolutionary, in: D. Jobling u. a. (Hg.), The Bible and the Politics of Exegesis, FS N. K. Gottwald, Cleveland 1992, 53–60.

Reimer, Haroldo, Ruina y reorganización – El conflicto campo – ciudad en Miqueas: RIBLA 26, 1997, 78–88.

Renaud, B., La formation du livre de Michée. Tradition et actualisation (EtB), Paris 1977.

–, Structure et attaches littéraires de Michée IV–V, Paris 1964.

Ryssel, V., Untersuchungen über die Textgestalt und die Echtheit des Buches Micha. Ein kritischer Kommentar zu Micha, Leipzig 1887.

Sanderson, Judith E., Micah, in: C. A. Newsom / Sh. H. Ringe (Hgin.), The Women's Bible Commentary, London / Louisville 1992, 215 f.

Santillana, Fernando B., Miqueas: Profeta Para Latino América, San Francisco u. a. 1998.

Schart, Aaron, Die Entstehung des Zwölfprophetenbuchs. Neubearbeitungen von Amos im Rahmen schriftenübergreifender Redaktionsprozesse (BZAW 260), Berlin / New York 1998.

–, Zur Redaktionsgeschichte des Zwölfprophetenbuches: VF 43, 1998, 13–33.

Schwantes, Milton, »Meu povo« em Miquéias (A Palavra na Vida 15), Belo Horizonte 1989.

Seidel, Hans, Die Trägergruppen alttestamentlicher Überlieferung, in: H. M. Niemann u. a. (Hg.), Nachdenken über Israel, Bibel und Theologie, FS K.-D.Schunck (BEATAJ 37), Frankfurt am Main u. a. 1994, 375–386.

Shaw, Charles S., The Speeches of Micah. A Rhetorical-Historical Analysis (JSOT.S 145), Sheffield 1993.

Sicre, José L., »Con los pobres de la tierra«. La justicia social en los profetas de Israel, Madrid 1984.

Stade, Bernhard, Bemerkungen über das Buch Micha: ZAW 1, 1881, 161–172.

–, Bemerkungen zu vorstehendem Aufsatze: ZAW 4, 1884, 291–297.

Stahl, Rainer, Theologische Arbeit in der Krise. Beobachtungen zu einem Ausschnitt der Micha-Überlieferung: ThV 18, 1993, 27–44.

Stansell, Gary, Micah and Isaiah: A Form and Tradition Historical Comparison (SBL.DS 85), Atlanta 1988.

Steck, Odil Hannes, Der Abschluß der Prophetie im Alten Testament. Ein Versuch zur Frage der Vorgeschichte des Kanons (BThSt 17), Neukirchen-Vluyn 1991.

–, Die Prophetenbücher und ihr theologisches Zeugnis. Wege der Nachfrage und Fährten zur Antwort, Tübingen 1996.

Utzschneider, Helmut, Michas Reise in die Zeit. Studien zum Drama als Genre der prophetischen Literatur des Alten Testaments (SBS 180), Stuttgart 1999.

Vermeylen, J., Du prophète Isaïe à l'apocalyptique. Isaïe, I–XXXV, miroir d'un demi-millénaire d'expérience religieuse en Israël, Bd. 2, Paris 1978.

De Vries, Simon J., From Old Revelation to New. A Tradition-Historical and Redaction-Critical Study of Temporal Transitions in Prophetic Prediction, Grand Rapids 1995.

de Waard, Jan, Vers une identification des participants dans le livre de Michée: RHPhR 59, 1979, 509–516.

Wagenaar, Jan Aart, Oordeel en Heil. Een onderzoek naar samenhang tussen de heils- en onheilsprofetieën in Micha 2–5: Diss. Utrecht 1995.

van der Wal, Adri, Micah. A Classified Bibliography, Amsterdam 1990.

Warmuth, Georg, Das Mahnwort. Seine Bedeutung für die Verkündigung der vorexilischen Propheten Amos, Hosea, Micha, Jesaja und Jeremia (BET 1), Frankfurt/M. / Bern 1976.

Wehrle, J., Art. Micha, in: NBLex II, Zürich / Düsseldorf 1995, 794–796.

–, Art. Micha(Buch), in: NBLex II, Zürich / Düsseldorf 1995, 796–801.

Williamson, H. G. M., Marginalia in Micah: VT 47, 1997, 360–372.

Willi-Plein, Ina, Vorformen der Schriftexegese innerhalb des Alten Testaments. Untersuchungen zum literarischen Werden der auf Amos, Hosea und Micha zurückgehenden Bücher im hebräischen Zwölfprophetenbuch (BZAW 123), Berlin / New York 1971.

Willis, John T., The Authenticity and Meaning of Micah 5,9–14: ZAW 81, 1969, 353–368.
–, The Structure of Micah 3–5 and the Function of Micah 5,9–14 in the Book: ZAW 81, 1969, 191–214.
–, The Structure of the Book of Micah: SEÅ 34, 1969, 5–42.
Wilson, Robert R., Prophecy and Society in Ancient Israel, Philadelphia 1984.
Wolfe, Rolland Emerson, The Editing of the Book of the Twelve: ZAW 53, 1935, 90–129.
Wolff, Hans Walter, Mit Micha reden. Prophetie einst und jetzt, München 1978.
–, Wie verstand Micha von Moreschet sein prophetisches Amt?, in: ders., Studien zur Prophetie. Probleme und Erträge (ThB 76), München 1987, 79–92.
van der Woude, A. S., Bemerkungen zu einigen umstrittenen Stellen im Zwölfprophetenbuch, in: A. Caquot / M. Delcor (Hg.), Mélanges bibliques et orientaux en l'honneur de M. Henri Cazelles (AOAT 212), Kevelaer / Neukirchen-Vluyn 1981, 483–499.
–, Micah in Dispute with the Pseudo-Prophets: VT 19, 1969, 244–260.
Zapff, Burkard M., Redaktionsgeschichtliche Studien zum Michabuch im Kontext des Dodekapropheton (BZAW 256), Berlin / New York 1997.
ben Zvi, Ehud, Twelve Prophetic Books or ›The Twelve‹: A Few Preliminary Considerations, in: J. W. Watts / P. R. House (Hg.), Forming Prophetic Literature. Essays on Isaiah and the Twelve, FS J. D. W. Watts (JSOT.S 235), Sheffield 1996, 125–156.

Allgemeines Abkürzungsverzeichnis für alle Bände des Kommentarwerkes

I. Biblische Bücher und außerkanonische Schriften

1. Biblische Bücher

a) Altes Testament

Gen	Genesis (1 Mose)
Ex	Exodus (2 Mose)
Lev	Leviticus (3 Mose)
Num	Numeri (4 Mose)
Dtn	Deuteronomium (5 Mose)
Jos	Das Buch Josua
Ri	Das Buch der Richter
Rut	Das Buch Rut
1 Sam	Das 1. Buch Samuel
2 Sam	Das 2. Buch Samuel
1 Kön	Das 1. Buch der Könige
2 Kön	Das 2. Buch der Könige
1 Chr	Das 1. Buch der Chronik (Paralipomenon)
2 Chr	Das 2. Buch der Chronik (Paralipomenon)
Esra	Das Buch Esra (1 Esra)
Neh	Das Buch Nehemia (2 Esra)
Tob	Das Buch Tobit (Tobias)
Jdt	Das Buch Judit
Est	Das Buch Ester (mit griech. Zusätzen)
1 Makk	Das 1. Buch der Makkabäer
2 Makk	Das 2. Buch der Makkabäer
Ijob	Das Buch Ijob (Hiob)
Ps	Die Psalmen
Spr	Das Buch der Sprichwörter (Die Sprüche Salomos)
Koh	Das Buch Kohelet (Der Prediger Salomo, Ecclesiastes)
Hld	Das Hohelied
Weish	Das Buch der Weisheit
Sir	Das Buch Jesus Sirach (Ecclesiasticus)
Jes	Das Buch Jesaja
Jer	Das Buch Jeremia
Klgl	Die Klagelieder des Jeremia
Bar	Das Buch Baruch (1 Bar)
Ez	Das Buch Ezechiel (Hesekiel)
Dan	Das Buch Daniel (mit griechischen Zusätzen)
Hos	Das Buch Hosea (Osee)
Joel	Das Buch Joel

Am	Das Buch Amos
Obd	Das Buch Obadja (Abdias)
Jona	Das Buch Jona
Mi	Das Buch Micha (Michäas)
Nah	Das Buch Nahum
Hab	Das Buch Habakuk
Zef	Das Buch Zefanja (Sophonias)
Hag	Das Buch Haggai (Aggäus)
Sach	Das Buch Sacharja (Zacharias)
Mal	Das Buch Maleachi (Malachias)

b) Neues Testament

Mt	Das Evangelium nach Matthäus
Mk	Das Evangelium nach Markus
Lk	Das Evangelium nach Lukas
Joh	Das Evangelium nach Johannes
Apg	Die Apostelgeschichte
Röm	Der Brief an die Römer
1 Kor	Der 1. Brief an die Korinther
2 Kor	Der 2. Brief an die Korinther
Gal	Der Brief an die Galater
Eph	Der Brief an die Epheser
Phil	Der Brief an die Philipper
Kol	Der Brief an die Kolosser
1 Thess	Der 1. Brief an die Thessalonicher
2 Thess	Der 2. Brief an die Thessalonicher
1 Tim	Der 1. Brief an Timotheus
2 Tim	Der 2. Brief an Timotheus
Tit	Der Brief an Titus
Phlm	Der Brief an Philemon
Hebr	Der Brief an die Hebräer
Jak	Der Brief des Jakobus
1 Petr	Der 1. Brief des Petrus
2 Petr	Der 2. Brief des Petrus
1 Joh	Der 1. Brief des Johannes
2 Joh	Der 2. Brief des Johannes
3 Joh	Der 3. Brief des Johannes
Jud	Der Brief des Judas
Offb	Die Offenbarung des Johannes

2. Außerkanonische Schriften

a) Neben dem Alten Testament

ApkAbr	Abraham-Apokalypse
ApkEl	Elija-Apokalypse
ApkMos	Mose-Apokalypse
ApkSedr	Sedrach-(Schadrach)Apokalypse
Arist	Aristeasbrief
AscJes	Ascensio Jesaiae
AssMos	Assumptio Mosis

grBar	griechische Baruch-Apokalypse (4 Bar)
syrBar	syrische Baruch-Apokalypse (2 Bar)
EpJer	Epistula Jeremiae
3 Esra	3. Esrabuch
4 Esra	4. Esrabuch
5 Esra	5. Esrabuch (4 Esra 1–2)
6 Esra	6. Esrabuch (4 Esra 15 -16)
äthHen	äthiopisches Henochbuch (1 Hen)
grHen	griechisches Henochbuch (2 Hen)
hebrHen	hebräisches Henochbuch (3 Hen)
slHen	slawisches Henochbuch
JosAs	Josef und Asenat
Jub	Jubiläenbuch
LibAnt	Liber Antiquitatum Biblicarum (Ps.-Philo)
3 Makk	3. Makkabäerbuch
4 Makk	4. Makkabäerbuch
MartJes	Martyrium Jesaiae
OrMan	Oratio Manassis
PsSal	Psalmen Salomos
Sib	Sibyllinen
TestAbr	Testament Abrahams
TestHiob	Testament Hiobs (Ijobs)
TestXII	Testamente der Zwölf Patriarchen
TestRub	Testament des Ruben
TestSim	Testament des Simeon
TestLev	Testament des Levi
TestJud	Testament des Juda
TestIss	Testament des Issachar
TestSeb	Testament des Sebulon
TestDan	Testament des Dan
TestNaph	Testament des Naphthali (Naftali)
TestGad	Testament des Gad
TestAss	Testament des Asser (Ascher)
TestJos	Testament des Josef
TestBenj	Testament des Benjamin
VitAd	Vita Adae et Evae

b) Neben dem Neuen Testament

ActAndr	Andreas-Akten
ActJoh	Johannes-Akten
ActMt	Matthäus-Akten
ActPaul	Paulus-Akten
ActPetr	Petrus-Akten
ActPhil	Philippus-Akten
ActThom	Thomas-Akten
ApkPaul	Paulus-Apokalypse
ApkPetr	Petrus-Apokalypse
EpApost	Apostelbrief
EvÄg	Ägypter-Evangelium
EvEb	Ebioniten-Evangelium
EvHebr	Hebräer-Evangelium
EvPetr	Petrus-Evangelium
EvPhil	Philippus-Evangelium

Laod	Laodicenerbrief
OdSal	Oden Salomos
Protev	Protoevangelium des Jakobus

3. Rabbinische Literatur

a) Mischna, Tosefta, Talmudim

b	Talmud Bavli (Babylonischer Talmud)
m	Mishna
t	Tosefta
y	Talmud Yerushalmi (Palästinischer Talmud)

Die Traktate bleiben unabgekürzt, z. B.:

bSanhedrin 31a	Talmud Bavli, Traktat Sanhedrin, Blatt 31, Seite 1
mSanhedrin 1,4	Mishna, Traktat Sanhedrin, Kapitel 1, Halakha 4
tSanhedrin 1,4	Tosefta, Traktat Sanhedrin, Kapitel 1, Halakha 4
ySanhedrin 2,21b	Talmud Yerushalmi, Traktat Sanhedrin, Kapitel 2, Blatt 21, Spalte 2

b) Andere Texte

ARN	Abot de Rabbi Natan, Text A oder B
DtnR	Deuteronomium Rabba
ExR	Exodus Rabba
GenR	Genesis Rabba
HldR	Hoheslied Rabba
KlglR	Klagelieder Rabba
KohR	Kohelet Rabba
LevR	Leviticus Rabba
Mek	Mekhilta de R. Jischmael
MHG	Midrasch ha-Gadol
MidrPss	Midrasch Psalmen
MidrSpr	Midrasch Sprichwörter
MidrTann	Midrasch Tannaim
MRS	Mekhilta de R. Simeon b. Jochai
NumR	Numeri Rabba
PesR	Pesiqta Rabbati
PRE	Pirqe de Rabbi Eliezer
PRK	Pesiqta de Rab Kahana
SER	Seder Elijahu Rabba
SOR	Seder Olam Rabba
SOZ	Seder Olam Zutta
SZ	Sifre Zutta
Tan	Tanchuma
TanB	Tanchuma Buber

4. Qumran-Schriften

Es hat sich eingebürgert, die Qumran-Texte mit Angabe des Fundortes (Nummer der Qumran-Höhle oder benachbarter Fundort) und der Katalognummer abzukürzen. Als vollständige Kataloge liegen derzeit vor: *F. García Martínez,* Lista Mss procedentes de Qumran: Henoch 11, 1989; *S. Reed,* Dead Sea Scrolls Inventory Project: Ancient Biblical Manuscript Center, Claremont 1989 ff. Daneben werden häufig folgende inhaltlichen Abkürzungen verwendet:

1QDtn^{a}(1Q 4)	erste Dtn-Handschrift
1QGenApocr	Genesisapokryphon
1QH	Loblieder
1QJes^{a}	erste Jesaja-Rolle
1QJes^{b}	zweite Jesaja-Rolle
1QJub(1Q 17.18)	Fragmente des Jubiläenbuchs
1QM	Kriegsregel
1QpHab	Habakuk-Pešer
1QpPs68 (1Q 16)	Pešer zu Ps 68
1QS	Gemeinderegel
1QSa (1Q 28a)	Gemeinschaftsregel
1QSb (1Q 28b)	Segenssprüche
1QtestLevi (1Q 21)	Fragmente des Testamentum Levi
4QD	Damaskusschrift aus Qumran
4QDan (4Q 112–116)	Daniel-Handschrift
4QEn	aramäische Henoch-Fragmente
4QFlor	Florilegium
4QM^{a}	Kriegsregel-Fragment
4QOrNab	Gebet des Nabonid
4QpHos$^{a\text{-}b}$	Pešarîm zu Hos
4QpJes$^{a\text{-}d}$	Pešarîm zu Jes
4QpNah	Nahum-Pešer
4QpPs37	Pešer zu Ps 37
4Qshirshab	Sabbatlieder
4QTest	Testimonia
4QTob hebr./aram.	hebräische und aramäische Fragmente des Tobitbuches
6QD	Damaskusschrift aus Qumran
6QDan (6Q 7)	Daniel-Handschrift
11QMelch	Melchisedek-Pešer
11QPs	Psalmenrolle
11 QtgHi	Hiob-Targum
CD	Damaskusschrift aus der Kairoer Geniza (Cairo-Document)
TR (11 QTR)	Tempelrolle

II. Abkürzungen der Zeitschriften, Serien, Lexika und Quellenwerke

AASF	Annales Academiae Scientiarum Fennicae
– Ser. B	– Serie B
AASOR	Annual of the American Schools of Oriental Research
AAWG	Abhandlungen der Akademie der Wissenschaften, Göttingen
AAWG.PH	– Philologisch-historische Klasse
AB	Assyriologische Bibliothek
ABD	The Anchor Bible Dictionary
AcOr	Acta orientalia, Havania, Leiden
ADAIK	Abhandlungen des Deutschen Archäologischen Instituts Kairo
ADAJ	Annual of the Department of Antiquities of Jordan
ADPV	Abhandlungen des deutschen Palästina-Vereins
ÄA	Ägyptologische Abhandlungen
ÄAT	Ägypten und Altes Testament
ÄF	Ägyptologische Forschungen
AET	Abhandlungen zur evangelischen Theologie
AfO	Archiv für Orientforschung
AGJU	Arbeiten zur Geschichte des Antiken Judentums und des Urchristentums
AHAW	Abhandlungen der Heidelberger Akademie der Wissenschaften
AHAW.PH	– Philosophisch-historische Klasse
AHW	*W. v. Soden*, Akkadisches Handwörterbuch, Wiesbaden 1965 ff.
AJA	American Journal of Archaeology (1. Serie: 1, 1885–11, 1896) and of the History of Fine Arts (2. Serie: 1, 1897 ff.)
AJBI	Annual of the Japanese Biblical Institute, Tokyo
AJSL	American Journal of Semitic Languages and Literatures
ALGHL	Arbeiten zur Literatur und Geschichte des hellenistischen Judentums
ALUOS	Annual of Leeds University Oriental Society
ALW	Archiv für Liturgiewissenschaft
AnBib	Analecta biblica
AncB	Anchor Bible
ANEP	*J. B. Pritchard*, The Ancient Near East in Pictures relating to the Old Testament, Princeton ^{2}1969
ANES	vgl. JANES
ANET	*J. B. Pritchard*, Ancient Near Eastern Texts relating to the Old Testament, Princeton ^{2}1969
Ang.	Angelicum, Roma
AnGr	Analecta Gregoriana, Roma
AnOr	Analecta Orientalia
AnSt	Anatolian Studies
AO	Der Alte Orient
AOAT	Alter Orient und Altes Testament
AOB	*H. Greßmann*, Altorientalische Bilder zum Alten Testament, Berlin/Leipzig ^{2}1927
AOBPs	*O. Keel*, Die Welt der altorientalischen Bildsymbolik und das Alte Testament. Am Beispiel der Psalmen, Zürich ^{3}1980
AOF/AOFor	Altorientalische Forschung
AOT	*H. Greßmann* (Hg.), Altorientalische Texte zum Alten Testament, Berlin/Leipzig ^{2}1926
APAT	*E. Kautzsch* (Hg.), Apokryphen und Pseudepigraphen des Alten Testaments, Tübingen 1–2, 1900
APOT	*R. H. Charles* (Hg.), Apocrypha and Pseudepigrapha of the Old Testament in English, Oxford 1–2, 1913

Arch.	Archaeology. A magazine dealing with the Antiquity of the world
ARM	*J. Bottero / A. Finet* (Hg.), Archives royales de Mari. Textes cunéiformes
ArOr	Archiv orientální
ARW	Archiv für Religionswissenschaft
ASTI	Annual of the Swedish Theological Institute (in Jerusalem)
AtA	Alttestamentliche Abhandlungen
ATD	Das Alte Testament Deutsch
ATD.E	Das Alte Testament Deutsch. Ergänzungsreihe
AThANT	Abhandlungen zur Theologie des Alten und Neuen Testaments
AThD	Acta theologica Danica
'Atiqot(H)	'Atiqot. Journal of the Israel Department of Antiquities. Hebrew Series
ATS	Arbeiten zu Text und Sprache im Alten Testament
AuC	*F. J. Dölger*, Antike und Christentum, Münster 1–6, 1929–1940/50
AuS	*G. Dalman*, Arbeit und Sitte in Palästina, Gütersloh 1928–1942 (Nachdruck Hildesheim 1964)
AzTh	Arbeiten zur Theologie
BA	Biblical Archaeologist
BaghM	Baghdader Mitteilungen
BAR(ev)	Biblical Archaeology Review
BAR(IS)	Biblical Archaeology Reader, International Series
BASOR	Bulletin of the American Schools of Oriental Research
Bauer	*W. Bauer*, Griechisch-Deutsches Wörterbuch zu den Schriften des Neuen Testaments und der übrigen urchristlichen Literatur, Berlin [6]1988
BAW	Bibliothek der Alten Welt
BAW.AC	– Antike und Christentum
BB	Biblische Beiträge, Einsiedeln
BBB	Bonner Biblische Beiträge
BCNH.T	Bibliothèque Copte de Nag Hammadi, Textes
BDB	*F. Brown / S. R. Driver / C. A. Briggs*, Hebrew and English Lexicon, Oxford 1907 (1962)
BEATAJ	Beiträge zur Erforschung des Alten Testaments und des antiken Judentums
BeO	Bibbia e oriente
BET	Beiträge zur biblischen Exegese und Theologie
BEThL	Bibliotheca Ephemeridum Theologicarum Lovaniensis
BetM	Bet(h) Mikra
BEvTh	Beiträge zur evangelischen Theologie
BFChTh	Beiträge zur Förderung christlicher Theologie
BHH	*B. Reicke / L. Rost* (Hg.), Biblisch-historisches Handwörterbuch, Göttingen 1962–1979
BHS	Biblia Hebraica Stuttgartensia
BHTh	Beiträge zur historischen Theologie
Bib. / Bibl	Biblica, Roma
BiBe	Biblische Beiträge
BibOr	Biblica et orientalia
BIES	Bulletin of the Israel Exploration Society
Bijdr.	Bijdragen. Tijdschrift voor Philosophie en theologie
BiKi	Bibel und Kirche
BiLe	Bibel und Leben
BiLi	Bibel und Liturgie
BiOr	Bibliotheca orientalis, Leiden
BiTod	Bible today
BiTr	Bible translator
BJRL	Bulletin of the John Rylands Library, Manchester

BK	Biblischer Kommentar
BKAT	Biblischer Kommentar zum Alten Testament
Blass/Debrunner	*F. Blass / A. Debrunner,* Grammatik des neutestamentlichen Griechisch, bearbeitet von E. Rehkopf, Göttingen ^{14}1976
BN	Biblische Notizen
BRL^2	*K. Galling* (Hg.), Biblisches Reallexikon, Tübingen ^{2}1977
BS	Bibliotheca sacra
BSt	Biblische Studien, Neukirchen
BTAVO	Beihefte zum Tübinger Atlas des Vorderen Orients
BTB	Biblical Theology Bulletin
BThSt	Biblisch-theologische Studien
BThZ	Berliner theologische Zeitschrift
BVSAW	Berichte über die Verhandlungen der sächsischen Akademie der Wissenschaften zu Leipzig
BVSAW.PH	– Philosophisch-historische Klasse
BWANT	Beiträge zur Wissenschaft vom Alten und Neuen Testament
BZ	Biblische Zeitschrift
BZAW	Beihefte zur Zeitschrift für die alttestamentliche Wissenschaft
BZfr	Biblische Zeitfragen
BZNW	Beihefte zur Zeitschrift für die neutestamentliche Wissenschaft
CAD	Chicago Assyrian Dictionary
CAH	Cambridge Ancient History
CAT	Commentaire de l'Ancien Testament
CB	Coniectanea biblica
CB.NT	Coniectanea biblica. New Testament Series
CB.OT	Coniectanea biblica. Old Testament Series
CBQ	Catholic Biblical Quarterly
CChr	Corpus Christianorum
CChr.CM	– Continuatio medievalis
CChr.SA	– Series apocryphorum
CChr.SG	– Series Graeca
CChr.SL	– Series latina
CEg	Chronique d'Egypte
Charlesworth	*J. H. Charlesworth* (Hg.), The Old Testament Pseudepigrapha, Garden City 1983/85
CH	Codex Hammurabi
CHB	Cambridge History of the Bible
CIJ	Corpus Inscriptionum Judaicarum
CIL	Corpus Inscriptionum Latinorum
Conc	Concilium
COT	Commentaar op het Oude Testament
CPG	Clavis patrum Graecorum
CPL	Clavis patrum Latinorum
CRAI	Comptes rendus des séances de l'académie des inscriptions et belles lettres
CRB	Cahiers de la Revue biblique
CRBS	Currents in Research. Biblical Studies
CRI	Compendia Rerum Judaicarum ad Novum Testamentum
CRRAI	Compte rendu de la recontre assyriologique internationale
CThM	Calwer theologische Monographien
CV	Communio Viatorum

DACL	Dictionnaire d'archéologie chrétienne et de liturgie
DB	Dictionnaire de la Bible
DBS	– supplément
DBAT	Dielheimer Blätter zum Alten Testament
DissAb	Dissertation abstracts
DJD	Discoveries in the Judean desert
EA	*J. A. Knudtzon,* Die El-Amarna-Tafeln, Leipzig 1915 (Neudruck Aalen 1964)
EAEHL	Encyclopedia of archeological excavations in the Holy Land, London 1975–1978
EB	Die Heilige Schrift in deutscher Übersetzung. »Echter Bibel«
EB(C)	*T. K. Cheyne* (Hg.), Encyclopedia Biblica, London
EdF	Erträge der Forschung, Darmstadt
EHAT	Exegetisches Handbuch zum Alten Testament
Ehrlich	*A. B. Ehrlich,* Randglossen zur hebräischen Bibel, Leipzig 1908–1914
EHS	Europäische Hochschulschriften
EHS.T	Europäische Hochschulschriften. Reihe 23: Theologie
EJ	Encyclopaedia Judaica 1–16, Jerusalem 1971
EJR	*R. J. Z. Werblowsky u. a.* (Hg.), The Encyclopedia of the Jewish Religion, London 1967
EKK	Evangelisch-katholischer Kommentar zum Neuen Testament
EKL	Evangelisches Kirchenlexikon
EPRO	Études préliminaires aux religions orientales dans l'empire romain
E(r)I(s)	Eretz-Israel
ESI	Excavations and Surveys in Israel
Est.B	Estudios biblicos
ET	Expository Times
EtB	Études bibliques
EThL	Ephemerides Theologicae Lovanienses
EThS(t)	Erfurter theologische Studien
ETR	Études théologiques et religieuses
EuA	Erbe und Auftrag
EvQ	Evangelical Quarterly
EvTh	Evangelische Theologie
EWNT	*H. Balz / G. Schneider* (Hg.), Exegetisches Wörterbuch zum Neuen Testament, Stuttgart 1980–1983
Exp.	Expositor
FAT	Forschungen zum Alten Testament
FChr	Fontes Christiani. Zweisprachige Neuausgabe christlicher Quellentexte aus Altertum und Mittelalter
FGNK	Forschungen zur Geschichte des neutestamentlichen Kanons und der altchristlichen Literatur
FJB	Frankfurter Judaistische Beiträge
Forbes	*R. J. Forbes,* Studies in ancient technology, Leiden ²1964–1972
FOTL	The Forms of the Old Testament Literature
FRLANT	Forschungen zur Religion und Literatur des Alten und Neuen Testaments
FThSt	Freiburger theologische Studien
FzB	Forschung zur Bibel
fzb	Forschungen zur Bibel
FZPhTh	Freiburger Zeitschrift für Philosophie und Theologie
Gardiner	*A. H. Gardiner,* Egyptian Grammar, Oxford ³1957

GAT	Grundrisse zum Alten Testament
GCS	Die griechischen christlichen Schriftsteller der ersten drei Jahrhunderte
Gesenius[17]	*W. Gesenius*, Hebräisches und Aramäisches Handwörterbuch über das Alte Testament, [17]1915 (Neudr. 1966)
Gesenius[18]	*W. Gesenius*, Hebräisches und Aramäisches Handwörterbuch über das Alte Testament, [18]1987–1995
Ges-K	*W. Gesenius / E. Kautzsch / G. Bergsträsser*, Hebräische Grammatik, Hildesheim u. a. 1985 (Neudr. Darmstadt 1985)
GGA	Göttingische gelehrte Anzeigen
GöMis(z)	Göttinger Miszellen
GOF	Göttinger Orientforschung
Goldschmidt	*L. Goldschmidt*, Der babylonische Talmud, Haag 1933–1935
GrThS	Grazer theologische Studien
GuL	Geist und Leben
HAB	Hildesheimer ägyptologische Beiträge
HAE	*J. Renz / W. Röllig* (Hg.), Handbuch der althebräischen Epigraphik, Darmstadt 1995
HALAT	*L. Köhler / W. Baumgartner*, Hebräisches und aramäisches Lexikon zum AT, Leiden [3]1967–1990
HAT	Handbuch zum Alten Testament
HAW	Handbuch der Altertumswissenschaft
HBS	Herders biblische Studien
Hen.	Henoch. Studi storicofilologici sull ébraismo
Hermeneia	Hermeneia. A Critical and Historical Commentary on the Bible
HK	Handkommentar zum Alten Testament
HNT	Handbuch zum Neuen Testament
HO	Handbuch der Orientalistik, Leiden
HRWG	*H. Cancik u. a.* (Hg.), Handbuch religionswissenschaftlicher Grundbegriffe, Stuttgart 1988 ff.
HSM	Harvard Semitic Monographs
HSS	Harvard Semitic Studies
HthKAT	Herders theologischer Kommentar zum Alten Testament
HThKNT	Herders theologischer Kommentar zum Neuen Testament
HThR	Harvard Theological Review
HUCA	Hebrew Union College Annual
HUTh	Hermeneutische Untersuchungen zur Theologie
HZ	Historische Zeitschrift
ICC	International Critical Commentary of the Holy Scriptures
IDB	The Interpreter's Dictionary of the Bible
IDB(S)	– Supplementary Volume
IEJ	Israel Exploration Journal
Interp.	Interpretation
IOS	Israel Oriental Studies
Iraq	Iraq, London
IRM	International review of missions
ISBE	International Standard Bible Encyclopedia, Grand Rapids [3]1979/88
JA	Journal asiatique
JAC	Jahrbuch für Antike und Christentum
JANES	Journal of the ancient Near Eastern Society of Columbia University
JAOS	Journal of the American Oriental Society
JARG	Jahrbuch für Anthropologie und Religionsgeschichte

JBL	Journal of Biblical Literature
JBQ	The Jewish Bible Quarterly
JBR	Journal of Bible and Religion
JBTh	Jahrbuch für Biblische Theologie
JCS	Journal of Cuneiform Studies
JEA	Journal of Egyptian Archaeology
JJS	Journal of Jewish Studies
JNES	Journal of Near Eastern Studies
JNWSL	Journal of Northwest Semitic Languages
JPOS	Journal of the Palestine Oriental Society
JQR	Jewish Quarterly Review
JR	Journal of Religion
JSHRZ	Jüdische Schriften aus hellenistisch-römischer Zeit
JSJ	Journal of the Study of Judaism in the Persian, Hellenistic and Roman Period
JSNT	Journal for the Study of the New Testament
JSNT.S	Journal for the Study of the New Testament. Supplement
JSOT	Journal for the Study of the Old Testament
JSOT.S	Journal for the Study of the Old Testament. Supplement Series
JSP	Journal for the Study of the Pseudepigrapha
JSS(t)	Journal of Semitic Studies
JSSEA	The Journal of the Society for the Study of Egyptian Antiquities
JThS	Journal of Theological Studies
Jud.	Judaica
KAI	*H. Donner / W. Röllig,* Kanaanäische und aramäische Inschriften, Wiesbaden I ^{3}1971, II ^{3}1979, III ^{2}1969
KAT	Kommentar zum Alten Testament
Kautzsch	*E. Kautzsch,* Die Apokryphen und Pseudepigraphen des Alten Testaments, Tübingen 1900 (Nachdruck 1921)
KBANT	Kommentare und Beiträge zum Alten und Neuen Testament
KBL	*L. Köhler / W. Baumgartner,* Lexicon in Veteris Testamenti Libros, Leiden 1953, 1958
KEK	Kritisch-exegetischer Kommentar über das Neue Testament, begr. v. H. A. W. Meyer
KHC	Kurzer Hand-Commentar zum Alten Testament
KP	Der Kleine Pauly. Lexikon der Antike
Krauß	*S. Krauß,* Talmudische Archäologie, Leipzig 1910/12 (Nachdruck Hildesheim 1966)
KT	Kaiser-Traktate
KTU	*M. Dietrich / O. Loretz / J. Sanmartin,* Die keilalphabetischen Texte aus Ugarit, Neukirchen-Vluyn 1976
KuD	Kerygma und Dogma
LA	Liber Annuus. Studii Biblici Franciscani
LÄ	Lexikon der Ägyptologie
LCI	*E. Kirschbaum* (Hg.), Lexikon der christlichen Ikonographie, Freiburg i. Br. u. a. 1968–1976 = 1990
L(e)D(iv)	Lectio divina
Lemaire	*A. Lemaire,* Inscriptions hebraïques I. Les ostraca, Paris 1977
LingBibl	Linguistica biblica
LJ	Liturgisches Jahrbuch
LThK^{2}	Lexikon für Theologie und Kirche, 2. Auflage
LThK^{3}	Lexikon für Theologie und Kirche, 3. Auflage
LV	Lumen vitae

MÄS	Mitteilungen aus der ägyptischen Sammlung. Staatliche Museen zu Berlin
MDAI	Mitteilungen des deutschen archäologischen Instituts
MDAI.K	Mitteilungen des deutschen archäologischen Instituts. Abteilung Kairo
MDOG	Mitteilungen der Deutschen Orientgesellschaft
Meyer	*Rudolf Meyer*, Hebräische Grammatik, 4 Bde., Berlin/New York 1966–1972
MGWJ	Monatsschrift für Geschichte und Wissenschaft des Judentums
MignePG	Patrologiae cursus completus. Accurante Jaques-Paul Migne, Series Graeca
MignePL	Patrologiae cursus completus. Accurante Jaques-Paul Migne, Series Latina
MIO(F)	Mitteilungen des Instituts für Orientforschung
MoB	Le Monde de la Bible
MSSNTS	Monograph Series. Society for New Testament Studies
MSSOTS	Monograph Series. Society for Old Testament Studies
MThSt	Marburger theologische Studien
MThZ	Münchener theologische Zeitschrift
MUSJ	Mélanges de l'université Saint-Joseph
MVÄG	Mitteilungen der Vorderasiatisch-Ägyptischen Gesellschaft
MVAG	Mitteilungen der Vorderasiatischen Gesellschaft
NAWG	Nachrichten (1941–1944: von) der Akademie der Wissenschaften in Göttingen
NBL	*M. Görg / B. Lang* (Hg.), Neues Bibel Lexikon, Zürich 1988 ff.
NCB	New Clarendon Bible
NCeB	New Century Bible
NEB	Neue Echter Bibel
NedThT	Nederlands theologisch tijdschrift
NGWG	Nachrichten (1884–1893: von) der Gesellschaft der Wissenschaften in (1884–1893: zu) Göttingen
NGWG.PH	– Philosophisch-historische Klasse
NHS	Nag Hammadi Studies
NIC.NT	New International Commentary on the New Testament
NIC.OT	The New International Commentary on the Old Testament
NRTh	Nouvelle revue théologique
NStB	Neukirchener Studienbücher
NT	Novum Testamentum
NR.S	Novum Testamentum. Supplementum
NSK.AT	Neuer Stuttgarter Kommentar. Altes Testament
NTA	Neutestamentliche Abhandlungen
NTD	Das Neue Testament Deutsch
NTF	Neutestamentliche Forschung
NTOA	Novum Testamentum et Orbis Antiquus
NTS	New Testament Studies, London
NZSTh	Neue Zeitschrift für systematische Theologie
OBL	Orientalia et Biblica Lovaniensia
OBO	Orbis Biblicus et Orientalis
OBO.SA	Orbis Biblicus et Orientalis. Series archaeologica
ÖAW	Österreichische Akademie der Wissenschaften
ÖBS	Österreichische Biblische Studien
OGIS	Orientis Graeci Inscriptiones Selectae
OIP	The University of Chicago Oriental Institute Publications
OL(o)P	Orientalia Lovaniensia Periodica
OLZ	Orientalistische Literaturzeitung
Or.	Orientalia, Roma
OrAnt	Oriens Antiquus

OrSuec	Orientalia Suecana
OTE	Old Testament essays
OTL	Old Testament Library
OTS	Oudtestamentische studien
PEFA	Palestine Exploration Fund Annual
PEFQS	Palestine Exploration Fund. Quarterly statement, London
PEQ	Palestine Exploration Quarterly
PJ	Palästinajahrbuch des deutschen evangelischen Instituts
PLS	Patrologiae Latinae supplementum
PO	Patrologia Orientalis
POS	Pretoria Oriental Series
PRE	Paulys Real-Encyclopädie der classischen Alterthumswissenschaft
PRU	Palais Royal d'Ugarit
PTS	Patristische Texte und Studien
PW	Pauly/Wissowa, Realencyclopädie der classischen Altertumswissenschaft
PW.S	Pauly/Wissowa, Realencyclopädie der classischen Altertumswissenschaft. Supplement
Qad.	Qadmoniyyot (=Qadmoniot). Quarterly for the antiquities of Eretz-Israel and biblical land
Qedem	Qedem. Monographs of the Institute of Archaeology, Jerusalem
QD	Quaestiones disputatae, Freiburg
QDAP	Quarterly of the Department of Antiquities in Palestine
QuSem	Quaderni di semitistica
RA	Revue d'assyrologie et d'archéologie orientale
RAC	Reallexikon für Antike und Christentum
RAC.S	– Supplement
RÄRG	*H. Bonnet*, Reallexikon der ägyptischen Religionsgeschichte, Berlin 1952
RB	Revue Biblique
RBen	Revue bénédictine de critique, d'histoire et de littérature religieuses
RBR	Ricerche bibliche e religiose
RCB	Revista de Cultura Biblica
RdQ	Revue de Qumrân
RechBib	Recherches Bibliques
REJ	Revue des Études Juives
RevBibl	Revista Biblica
RevEtSem	Revue des Études Sémiques
RevSR	Revue des Sciences Religieuses
RGG^3	Die Religion in Geschichte und Gegenwart, 3. Auflage
RGG^4	Die Religion in Geschichte und Gegenwart, 4. Auflage
RHPhR	Revue d'Histoire et de Philosophie Religieuses
RHR	Revue de l'Histoire des Religions
rhs	Religionsunterricht an höheren Schulen
RIBLA	Revista de interpretación biblica latino-americana
Rießler	*P. Rießler*, Altjüdisches Schrifttum außerhalb der Bibel, Augsburg 1928 (Nachdruck Darmstadt 1966)
RivBib	Rivista Biblica
RLA	Reallexikon der Assyriologie
RScR	Recherches de Science Religieuse
RSO	Rivista degli studi orientali
RSPhTh	Revue des Science philosophiques et théologiques
RSR	Recherches de Science Religieuse

RThPh	Revue de Théologie et de Philosophie
RTL	Revue Théologique de Louvain
Saec.	Saeculum, München
SAK	Studien zur Altägyptischen Kultur
SAO	Studia et Acta Orientalia
SBAB	Stuttgarter Biblische Aufsatzbände
SBB	Stuttgarter Biblische Beiträge
SBFLA	Studii Biblici Franciscani Liber Annuus
SBL	Society of Biblical Literature
SBL.Diss/DS	– Dissertation Series
SBL.MS	– Monograph Series
SBL SP	– Seminar Papers
SBM	Stuttgarter Biblische Monographien
SBS	Stuttgarter Bibelstudien
SBT	Studies in Biblical Theology
SC(hr)	Sources Chrétiennes
ScEc	Sciences Ecclesiastiques
Schneemelcher	*W. Schneemelcher,* Neutestamentliche Apokryphen in deutscher Übersetzung. Bd. I + II, Tübingen [6]1990/[5]1989
ScrHie	Scripta Hierosolymitana
Scrip.	Scripture. Quarterly of the Catholic Biblical Association
SEÅ	Svensk exegetisk årsbok
SEL	Studi Epigrafici e Linguistici
Sem.	Semitica
Semeia	Semeia. An Experimental Journal for Biblical Criticism
SHR	Studies in the History of Religions
SIG	Sylloge inscriptionum Graecarum
SJ	Studia Judaica
SJK	Schriften zur Judentumskunde
SJLA	Studies in Judaism in Late Antiquity
SJOT	Scandinavian Journal for the Old Testament
SJTh	Scottish Journal of Theology
SMSR	Studi e Materiali di Storia delle religioni
SNTS.M	Society for New Testament Study, Monograph Series; vgl. MSSNTS
SNTU	Studien zum Neuen Testament und seiner Umwelt
SÖAW	Sitzungsberichte der Österreichischen Akademie der Wissenschaften
SP	Sacra Pagina
SR	Studies in Religion/ Sciences religieuses
SS	Studi Semitici
SSN	Studia Semitica Neerlandica
StANT	Studien zum Alten und Neuen Testament
SThU	Schweizerische Theologische Umschau
StNT	Studien zum Neuen Testament
StOR	Studia Orientalia
StP	Studia Pohl
StPB	Studia postbiblica
StPhilo	Studia Philonica
StTh	Studia theologica
StUNT	Studien zur Umwelt des Neuen Testaments
stw	Suhrkamp Taschenbuch Wissenschaft
StZ	Stimmen der Zeit
SVTP	Studia in Veteris Testamenti Pseudepigrapha
Syr.	Syria

TA	Tel Aviv
Tarb.	Tarbiz
TB	Theologische Bücherei
TBT	Theologische Bibliothek Töpelmann
TEH	Theologische Existenz Heute
TGA	Theologie der Gegenwart in Auswahl
TGI	*K. Galling*, Textbuch zur Geschichte Israels, Tübingen ³1979
ThA	Theologische Arbeiten
THAT	*E. Jenni / C. Westermann* (Hg.), Theologisches Handwörterbuch zum Alten Testament, München 1971–1976
ThB	Theologische Bücherei
ThBeitr	Theologische Beiträge
ThBer	Theologische Berichte
ThBl	Theologische Blätter
ThG	Theologie der Gegenwart
ThGl	Theologie und Glaube
ThHK	Theologischer Handkommentar zum Neuen Testament, Freiburg
ThLZ	Theologische Literaturzeitung
ThPh	Theologie und Philosophie
ThPQ	Theologisch-praktische Quartalschrift
ThPr	Theologia Practica
ThQ	(Tübinger) Theologische Quartalschrift
ThR	Theologische Rundschau
ThRv	Theologische Revue
ThSt	Theologische Studien
ThT	Theologisch tijdschrift
ThViat	Theologia viatorum
ThWAT	*G. J. Botterweck / H. Ringgren* (Hg.), Theologisches Wörterbuch zum Alten Testament
ThWNT	*G. Kittel / G. Friedrich* (Hg.), Theologisches Wörterbuch zum Neuen Testament
ThZ	Theologische Zeitschrift, Basel
TRE	Theologische Realenzyklopädie, Berlin
TrThZ	Trierer Theologische Zeitschrift
TS	Theological Studies. Theological Faculties of the Society of Jesus in the United States
TStAJ	Texte und Studien zum Antiken Judentum
TThSt	Trierer Theologische Studien
TU	Texte und Untersuchungen zur Geschichte der altchristlichen Literatur
TUAT	*O. Kaiser* (Hg.), Texte aus der Umwelt des Alten Testaments, 3 Bde., Gütersloh 1982–1994
TynB	Tyndale Bulletin
UBL	Ugaritisch-biblische Literatur
UF	Ugarit-Forschungen
UTB	Uni-Taschenbücher
VD	Verbum Domini
VF	Verkündigung und Forschung
VT	Vetus Testamentum
VT.S / VTS	– Supplements
Vulgata	*R. Weber* (Hg.), Biblia Sacra iuxta Vulgatam Versionem, 2 Bde., Stuttgart ³1983

Waltke/O'Connor	*B. K. Waltke / M. O'Connor*, An Introduction to Biblical Hebrew Syntax, Winona Lake 1990
WbÄS	Wörterbuch der Ägyptischen Sprache
WBC	Word Biblical Commentary
WdF	Wege der Forschung, Darmstadt
W(d)O	Die Welt des Orients
WHJP	World History of the Jewish People
WiWei	Wissenschaft und Weisheit
WM	Wörterbuch der Mythologie, Stuttgart
WMANT	Wissenschaftliche Monographien zum Alten und Neuen Testament
WuD	Wort und Dienst
WUNT	Wissenschaftliche Untersuchungen zum Neuen Testament
WUS	*J. Aisleitner*, Wörterbuch der ugaritischen Sprache, Berlin ^{3}1967
WuW	Wort und Wahrheit
WVDOG	Wissenschaftliche Veröffentlichungen der Deutschen Orientgesellschaft
WZ(H)	Wissenschaftliche Zeitschrift der Martin-Luther-Universität Halle Wittenberg
WZKM	Wiener Zeitschrift für die Kunde des Morgenlandes
YJS	Yale Judaica Series
ZA	Zeitschrift für Assyriologie
ZÄS	Zeitschrift für Ägyptische Sprache und Altertumskunde
ZAH	Zeitschrift für Althebraistik
ZAM	Zeitschrift für Aszese und Mystik
ZAR	Zeitschrift für altorientalische und biblische Rechtsgeschichte
ZAW	Zeitschrift für die alttestamentliche Wissenschaft
ZBK	Zürcher Bibelkommentar
ZBK.AT	– Altes Testament
ZDMG	Zeitschrift der Deutschen Morgenländischen Gesellschaft
ZDMG.S	– Supplement
ZDPV	Zeitschrift des Deutschen Palästina-Vereins
ZE	Zeitschrift für Ethnologie
ZEE	Zeitschrift für Evangelische Ethik
Zet.	Zetemata
ZKTh	Zeitschrift für Katholische Theologie
ZNW	Zeitschrift für die neutestamentliche Wissenschaft
ZS	Zeitschrift für Semitistik
ZSTh	Zeitschrift für Systematische Theologie
ZThK	Zeitschrift für Theologie und Kirche
ZVRW	Zeitschrift für Vergleichende Rechtswissenschaft

Einleitung

Der Aufbau der Michaschrift

Wer sich auf eine fortlaufende Lektüre des Michatextes einläßt, wird sogleich in eine vorwärtstreibende Spannung hineingenommen. Nach der Überschrift, die alle folgenden Worte auf den Propheten Micha des 8. Jh. v. Chr. zurückführt (1, 1), folgt die Schilderung eines göttlichen Auftretens (1, 2–4), dessen Ziel Samaria und Jerusalem ist (1, 5). Während die Zerstörung Samarias sogleich angekündigt wird (1, 6 f.), müssen Leserin und Leser bis zum Ende von Kap. 3 warten, bis sie auch von der Vernichtung Jerusalems hören (3, 12). Vorbereitet wird die Ankündigung der Zerstörung des Zion durch die Schilderung einer Katastrophe, die die judäischen Landstädte betrifft, aber schon auf Jerusalem abzielt (1, 10–16), begründet wird sie mit den Übeltaten der Reichen (Kap. 2) und Mächtigen (Kap. 3) in Juda und Jerusalem.

Nachdem mit der Drohung gegen den Zion in 3, 12 ein Höhe- und Schlußpunkt erreicht ist, setzt beim Weiterlesen in 4, 1 ein doppelter Wechsel ein. Statt von der Vernichtung Jerusalems ist von der künftigen Erhabenheit des Tempelberges die Rede, der der Mittelpunkt der Welt sein wird (4, 1–4). Und an Stelle der Konzentration auf das Geschick Samarias und Jerusalems, die Kap. 1–3 prägt, ist jetzt von den Völkern die Rede, ihrem Verhältnis zu Israel und Israels Stellung unter ihnen. Abgeschlossen wird dieser durch heilvolle Aussichten für Israel und durch das Völkerthema beherrschte zweite Teil der Michaschrift mit einer Drohung gegen »die Völker, die nicht gehört haben« (5, 14). Das ruft in Erinnerung, daß schon der erste Teil der Michaschrift mit dem Aufruf: »hört, ihr Völker alle!« begonnen hatte (1, 2), so daß sich neben der Zweiteilung in Kap. 1–3 und Kap. 4–5 eine Klammer um Kap. 1–5 insgesamt legt.

Noch einmal wechseln Thema und Stimmung, wenn man in 6, 1 weiterliest. Die Völker verschwinden wieder aus dem Blick, Israel steht erneut im Mittelpunkt. Aber neben der Anklage (6, 9–16), die noch am ehesten an Kap. 1–3 erinnert, treten das Ringen um das rechte Gottesverhältnis (6, 1–8) und die Klage über den allgemeinen Verfall in den Vordergrund (7, 1–6), die freilich in das hoffnungsvolle Warten »auf den Gott meines Heils« einmündet (7, 7). Damit ist der Grund bereitet für den langen Schluß (7, 8–20), der nicht nur erneut das Völkerthema aufgreift, sondern die nach 6, 1–8 offengebliebene Frage des rechten Gottesverhältnisses mit dem Verweis auf Zions Sündenbekenntnis (7, 9) und Gottes Vergebungswillen (7, 18–20) beantwortet.

Orientiert man sich an den eben nacherzählten inhaltlichen Schwerpunkten der Michaschrift, dann kommt man auf eine Dreiergliederung in Mi 1–3; Mi 4–5 und Mi 6–7 (so u. a. *A. van Hoonacker* 339; *K. Marti* 258 f. 262 und *J. M. P. Smith* 8), die auch diesem Kommentar zugrundegelegt wird. Betont man im dritten Teil Mi 6–7 den Wechsel von den anklagenden und klagenden ersten Perikopen zur hoffnungsvollen Schlußperikope, dann wäre auch eine Vierergliederung denkbar: a) Mi 1–3 Unheilsworte; b) Mi 4–5 Heilsworte; c) Mi 6,1–7,7 Unheilsworte; d) Mi 7,8–20 Heilsworte (so etwa *H. W. Wolff* XXVII–XXXVI). Diese Vierteilung läßt sich freilich auch als Untergliederung einer Zweiteilung in Mi 1–5 und Mi 6–7 beschreiben, die besonders die Verklammerung von Mi 1,2 und 5,14 berücksichtigt (so *J. L. Mays* 2–12; *ders.*, Purpose 1977, 277f., dann breit begründet von *D. G. Hagstrom*, Coherence 1988 und aufgenommen von *G. Metzner*, Kompositionsgeschichte 1998).

Die Dreiteilung des Michatextes in Mi 1–3, Mi 4–5 und Mi 6–7 kann allerdings keine absolute Gültigkeit beanspruchen, übergeht sie doch die Tatsache, daß mitten im ersten Teil, der von Kritik und Unheilsansagen geprägt ist, mit 2,12f. eine Heilszusage steht. Nimmt man diese Beobachtung mit der anderen zusammen, daß dreimal Textkomplexe mit dem Höraufruf »hört (doch)!« (שמעו[־נא]) eröffnet werden (1,2; 3,1; 6,1), dann läßt sich auch eine andere Dreiteilung vornehmen, nämlich in Mi 1,2–2,13, Mi 3–5 und Mi 6–7. Ihre Teile würden jeweils mit Worten drohenden Inhalts beginnen (1,2–2,11; 3,1–12; 6,1–7,7) und dann zu heilvollen Aussichten übergehen (2,12f.; 4,1–5,14; 7,8–20) (in verschiedenen Veröffentlichungen hat v.a. *J. T. Willis* den Vorschlag dieser Dreiteilung des Michatextes vertreten, vgl. zusammenfassend Structure 1969 und Structure of Micah 3–5 1969; er wird von *W. Rudolph* 24f. und *L. C. Allen* 257–261 aufgenommen). Freilich sind dabei die Proportionen sehr unterschiedlich, insofern in 1,2–2,13 gerade einmal zwei Verse von Zukunftshoffnung sprechen, während in Kap. 3–5 zwei Drittel des Textes, nämlich die gesamten Kap. 4 und 5, diesem Thema gewidmet sind. Und auch das diese Art der Dreiteilung bestimmende formale Gliederungsmerkmal des Höraufrufs gilt nur relativ. Denn es finden sich weitere Höraufrufe in 3,9; 6,2 und 6,9b, ohne daß sie dieselbe makrostrukturelle Funktion wie in 1,2; 3,1 und 6,1 hätten (vgl. dazu besonders *D. G. Hagstrom*, Coherence 1988, 22–27 und *G. Metzner*, Kompositionsgeschichte 1998, 60f.).

Begibt man sich von der Ebene der Gesamtstruktur der sieben Michakapitel herab, dann stößt man auf weitere Struktursignale. Ganz deutlich sind sie innerhalb des zweiten Teils Mi 4–5. a) In 4,9.11.14 beginnen drei Sprüche mit »(und) jetzt« ([ו]עתה), die wiederum von Worten gerahmt sind, die mit der Anrede »und du« (ואתה) mit Ortsname einsetzen (4,8 und 5,1). b) Eine weitere Unterstruktur läßt sich in 5,4–14 ausmachen, wo jeweils V. 4.6.7.9 mit והיה (»und dies/er/es wird sein/geschehen«) beginnen. c) Insgesamt sind die Heilsworte des Mittelteils in Mi 4–5 kunstvoll konzentrisch aufgebaut und bilden eine eigene sinnvolle Struktur.

Kann man bei diesen Beobachtungen von Unterstrukturen sprechen, so finden sich daneben Struktursignale, die die Unterteilung in Mi 1–3 und Mi 4–5 überschreiten und dabei Mi 1–5 besonders eng zusammenbinden, was ja auch die Klammer zwischen 1,2 und 5,14 nahelegt. a) Die sprachlich und thematisch zum Teil eng verwandten Heilsworte 2,12 f. und 4,6 f., die von der Sammlung der Zerstreuten und von JHWHs Königtum handeln, rahmen das Diptychon 3,1–12 und 4,1–5, in dem es um Zerstörung und Erhöhung des Zion geht. b) In 2,4; 4,6 und 5,9 findet sich die Formel »an jenem Tag« (ביום ההוא). Sie ist von der Einleitungsformel »am Ende der Tage« (באחרית הימים) in 4,1 nicht zu trennen und bildet zusammen mit dem dreifachen »jetzt« von 4,9.11.14 eine Zeitstruktur, die die sonstigen Strukturmerkmale in Mi 1–5 transzendiert.

Die Überlagerung verschiedener Strukturelemente führt dazu, daß eine Einheit gleichzeitig mehreren Strukturen angehören kann. Ein gutes Beispiel ist 5,9–14. 1.) Mit dem Schlußsatz von den Völkern, »die nicht gehört haben«, korrespondiert es mit dem Aufruf an die Völker zu hören in 1,2 und rahmt die Großstruktur Mi 1–5. 2.) Inhaltlich kombiniert es die Themen Friede und Völker und steht dadurch als letzte Einheit in Kap. 4–5 symmetrisch zur ersten Einheit 4,1–5, die von derselben Themenkombination geprägt ist. 3.) Mit der Einleitung והיה (»und dies/er/es wird sein/geschehen«) gehört es zu der Spruchzusammenstellung in 5,4–14. 4.) Mit »an jenem Tag« hat es Teil an der oben erwähnten Zeitstruktur in Mi 1–5.

Ch. S. Shaw, Speeches 1993 versucht, in Micha sechs rhetorische Einheiten zu identifizieren: 1,2–16; 2,1–13; 3,1–4,8; 4,9–5,14; 6,1–7,7; 7,8–20 und diese auf historische Situtationen in der Zeit Michas zurückzuführen. Abgesehen von der Frage, ob eine solche auf jedes diachrone Element – soweit es die Biographie Michas überschreitet – verzichtende Deutung überhaupt möglich ist, ist sie doch auch schon auf der Ebene der bloßen Textgliederung problematisch. Sie muß nämlich von den zahlreichen Verbindungen *zwischen* den angeblichen rhetorischen Einheiten völlig absehen, da ja jede Einheit eine tatsächlich so gehaltene Rede repräsentieren soll.

Die beobachtete Fülle von Strukturhinweisen, die sich teilweise überlagern, relativieren, ja sogar aufheben, ist gewiß hauptsächlich auf die Entstehungsgeschichte des Textes zurückzuführen, also diachron zu erklären, wozu gleich eine Hypothese vorgestellt werden soll. Die Schlußredaktion hat also deshalb keine »klare« und »eindeutige« Struktur hergestellt, weil sie zum Teil an vorgegebene Strukturen gebunden war und diese nicht (gänzlich) zerstören wollte. Um den Vorgang zu illustrieren, läßt sich die Architektur als Metapher heranziehen. Die großen Tempel, Kirchen und Moscheen sind selten nach einem einzigen und einheitlichen Plan entstanden, sondern zeigen meist sich überlagernde Struktur- und Stilelemente von Jahrhunderten, die nur in ihrer Zusammenschau die »Endgestalt« des Bauwerks ergeben. Und auch dabei kann ein Element verschiedenen Strukturen zugleich angehören, z. B. als romanisches Fenster einerseits die romanischen Chorfenster fortsetzen und andrerseits das erste der Fenster im gotischen Langhaus sein, die dann des weiteren gotisch ausgeführt sind.

Dennoch ist die architektonische nur *eine* mögliche Metapher, und sie bindet recht schnell an ein diachrones Verständnis des Textes, obwohl ja auch Besucher oder Benutzer eines Bauwerks dies zunächst und primär synchron wahrnehmen. Noch stärker auf die synchrone Wahrnehmung aber verweist die Metapher der Musik, weil im Medium des Klanges Unterschiedliches gleichzeitig wahrnehmbar ist. So kann das Orchester in düsteren Akkorden und Klangfarben schwelgen und zugleich und nur schwach hörbar die Oboe die heitere Melodie des folgenden Satzes schon anklingen lassen – so wie Mi 2,12 f. mitten in den beißenden und unheilvollen Worten von Kap. 1–3 bereits die Heilshoffnung anklingen läßt, die dann in Kap. 4–5 die »Musik« beherrschen wird. Und selbstverständlich kann auch in einer musikalischen Komposition ein Element gleichzeitig mehreren Strukturen angehören, etwa als Reprise noch zum 1. Satz gehören und in der Tonart sich schon auf den 2. Satz beziehen.

Mein Wunsch an die Leserinnen und Leser der Michaschrift ist, daß sie bei allen Einsichten in die »Baugeschichte« des Textes (zu denen auch dieser Kommentar verhelfen möchte) nicht die Fähigkeit verlieren, ihn als »Partitur« zu lesen oder besser noch ihn als Gesamtwerk zu hören. Dieses umfaßt, wie die einleitende Nacherzählung gezeigt hat, drei »Sätze« je unterschiedlichen Gesamtcharakters. Nachdem wir auf Unterstrukturen und sich überlagernde Strukturelemente aufmerksam geworden sind, können wir die Partitur dieser drei »Sätze« noch einmal genauer durchgehen. Der »erste Satz« (Mi 1–3) beginnt in dunklen Klangfarben, die in Kap. 1 und 2 von außen kommende Katastrophen und nicht minder katastrophale innere Mißstände schildern. Im ersten »Takt« (1,2) klingt kurz ein Thema an, das dann erst in Kap. 4 wieder aufgenommen wird, das der Völker. Nach den Katastrophenschilderungen ertönt in 2,12 f. zum erstenmal eine hoffnungsvolle Melodie, die vor allem auch denen, die von den Katastrophen betroffen sind, Hoffnung machen will. Doch in Kap. 3 wird sogleich wieder der düstere Ton von Kap. 2 aufgenommen, wobei das Thema der wirtschaftlichen Macht (Kap. 2) in das der politischen und ideologischen Macht (Kap. 3) überführt wird. Den Höhe- und Schlußpunkt erreicht dieser aufwühlende Teil in 3,12, wo das in Trümmern liegende Jerusalem beschrieben wird. Musikalisch läßt sich nach 3,12 nur noch eine Generalpause denken.

Wenn die Musik in 4,1 wieder einsetzt, bleibt sie beim Thema von 3,12, dem Zion. Aber aus Moll ist Dur geworden, wie es in 2,12 f. schon zum erstenmal zu hören war; folgerichtig werden diese Verse in 4,6 f. teilweise wörtlich wiederholt. Und es verbindet sich mit dem Thema des Zion das der Völker, das in 1,2 schon angeklungen, dann aber nicht wieder aufgenommen worden war. Die Ambivalenz des Völker-Themas wird in den »Und-jetzt-Abschnitten« von 4,9 an in spannungsvolle musikalische Dramatik umgesetzt: Scharf kontrastieren im wiederholten Wechsel die Not, die von den Völkern herbeigeführt wird, und ihre siegreiche Überwindung. Erst in

Kap. 5 dominiert dann der Siegeston, bis in 5,14 – den Anfang von 1,2 aufnehmend – den »Völkern, die nicht gehört haben«, Gottes Vergeltung angedroht wird.

Wer gemeint hatte, nach diesem Triumph sei Schluß oder es gehe wenigstens im selben Ton weiter, sieht sich überrascht. Denn in Kap. 6 kehren die düsteren Töne wieder, die den Klang des »ersten Satzes« in Kap. 1–3 beherrscht hatten und die im »zweiten Satz« in Kap. 4 und 5 fast völlig verstummt waren. Und wieder ist das Völker-Thema verschwunden und geht es um das Verhältnis Gottes zu seinem Volk und um die unterdrückerischen Verhältnisse in diesem Volk. Mit der solistisch vorgetragenen Klage von 7,1–7 wird dann eine düstere Stimmung erreicht, die der von 3,12 in nichts nachsteht. Doch auch dabei bleibt es nicht. Das Finale in 7,8–20 greift viele vorher schon angeklungene Motive auf und führt sie zum Ende. Das Thema der Völker bleibt dabei in der Ambivalenz von Bedrohung und Überwindung, die schon die Kap. 4 und 5 geprägt hatte; das letzte Wort hat freilich die Hoffnung darauf, daß die Völker sich dem Gott Israels zuwenden werden (7,17). Und auch das spannungsvolle Verhältnis Gottes zu seinem eigenen Volk (seinem »Eigentum«, 7,14.18) führt – nach dem Sündenbekenntnis des Volkes (7,9) – zu dem hoffnungsvollen Ausblick auf Vergebung und damit Wiederherstellung eines ungetrübten Verhältnisses wie »seit den Tagen der Vorzeit« (7,20), so daß das Werk insgesamt mit einem strahlenden Schlußakkord endet (wenn *J. L. Mays*, Purpose 1977, 287 als Sinn des Gesamttextes beschreibt, das Königtum Gottes triumphiere über die feindlichen Mächte und über die Sünde des Volkes, dann ist ihm also prinzipiell zuzustimmen, wenn auch der spezielle Gedanke des »Königtums Gottes« mit 2,13 und 4,7 eher am Rand bleibt).

Die Michaschrift entzieht sich, wie man sieht, einfachen Einteilungen, sei es im beliebten Heil-Unheil-Schema, sei es thematisch nach Israel und Völkern sortiert. Sie bietet vielmehr einen kunstvoll verschachtelten Text mit Vorwegnahmen und Wiederaufnahmen bei gleichzeitig deutlich erkennbaren thematischen Schwerpunktbildungen (deshalb wäre eine verbissene Diskussion der verschiedenen Gliederungsvorschläge verfehlt; sie weisen – fast – alle auf relevante Markierungen hin, nur daß diese Merkmale meist keine sich ausschließenden Alternativen sind, sondern synchron oder besser noch »symphon« gehört werden müssen). Und das alles ist kein Sammelsurium versprengter kleiner Einheiten, sondern führt in mehreren Durchgängen auf das alles zusammenfassende und in letzte Hoffnung überführende Finale hin.

Die Entstehung der Michaschrift

Die Beobachtung eines zwar komplexen, aber dennoch sinnvollen Aufbaus der Endgestalt der Michaschrift und die Behauptung, dieser sei zumindest teilweise auch das Ergebnis einer mehrstufigen Entstehungsgeschichte, ist kein Widerspruch. Es handelt sich vielmehr um verschiedene Betrachtungsweisen des Textes. Die Möglichkeit, einen Text synchron als sinnvoll zu beschreiben, sagt als solche nämlich noch nichts über dessen Entstehungsgeschichte aus. Und umgekehrt wäre es ein Kurzschluß, aus der Feststellung mehrerer Stufen der Entstehung zu folgern, daß dann das Ergebnis keine sinnvolle Einheit, sondern ein Produkt des Zufalls sein müsse.

Freilich werden solche falschen Alternativen zwischen synchroner und diachroner Betrachtung immer wieder aufgestellt. So setzt als dezidierter Vertreter einer diachronen Entstehung der Michaschrift *J. A. Wagenaar*, Oordeel 1995 durchgängig voraus, daß dann das Ergebnis keine sinnvolle Einheit sein könne (vgl. 295: »... do not present a meaningful literary composition«, »... can only be explained in terms of the growth of the book«). Umgekehrt meint *Ch. S. Shaw*, Speeches 1993 von der von ihm als sinnvoll erkannten Rhetorik des Textes aus zurückschließen zu müssen auf synchrone Entstehung der von ihm isolierten Einheiten, für deren jede er eine genaue historische Situation in der Zeit Michas (ca. 750–720 v. Chr., 223 f.) angibt – unter der gewagten Prämisse, »that the role of the prophets in Israel was similar to that of the orator in ancient Greece« (221).

Kurzer Forschungsrückblick

Im Laufe der historisch-kritischen Arbeit am Michatext, die hier nicht zur Gänze vorgeführt werden soll, hat man immer wieder Beobachtungen gemacht, die auf eine diachron zu erklärende Mehrschichtigkeit des Michatextes hinweisen. Zu erwähnen sei etwa das Zitat von Mi 3,12 in Jer 26,18, das fragen läßt, ob der Autor des Jeremiatextes wirklich die ganze Michaschrift einschließlich ihrer Heilsweissagungen vor sich hatte. Sodann macht die Erwähnung einer Wegführung nach Babel in Mi 4,10 eine Herleitung zumindest dieses Verses von dem Propheten des 8. Jh. problematisch. Ferner ist hinzuweisen auf die Doppelüberlieferung von Mi 4,1–5 und Jes 2,1–5, die ein diachrones Erklärungsmodell nahelegt. Schließlich führt eine Reihe von Beobachtungen zu Sprache und Vorstellungswelt zu der Einsicht, daß ein Teil der Michatexte das Ende des judäischen Staatswesens im Jahr 587/586 oder gar die Verhältnisse der persischen Zeit nach 538 voraussetzt.

Bezugspunkt aller neueren Rekonstruktionsversuche der Entstehungsgeschichte der Michaschrift ist die von *B. Stade*, Bemerkungen 1881 aufgestellte These, auf den Propheten Micha des 8. Jh. zurückgehendes Material finde sich nur in den Unheilsworten in Mi 1–3*, alles andere sei demgegenüber sekundär. Die daran anschließende Diskussion, die bis heute zu keinem Abschluß gekommen ist, geht immer wieder um die Frage, ob *B. Stade* mit seiner Minimallösung richtig liegt oder ob nicht doch noch weiteres Material auf Micha zurückzuführen ist, seien es weitere Gerichtsworte (etwa der Grundbestand von 6,9–16), seien es auch einzelne Heilsworte (etwa die Herrscherverheißung von 5,1–4*). Doch auch da, wo weit mehr michanisches Material vermutet wird als bei Stade (etwa bei *W. Rudolph* 24–26 oder *L. C. Allen* 241–253), wird im Prinzip die Mehrstufigkeit der Entstehung des jetzigen Michatextes nicht bestritten. Im wesentlichen handelt es sich immer noch um die quantitative Frage, wieviel dieses Textes auf Micha selbst und wieviel auf spätere Bearbeiter zurückgeht.

Belastet ist diese Diskussion freilich dadurch, daß sie lange Zeit unter den Stichworten »echt« und »unecht« geführt wird. Damit kommt ein qualitativ-wertendes Moment in die Debatte, bei dem stillschweigend oder auch explizit unterstellt ist, daß nur auf den Propheten Micha selbst zurückgehende Texte echt und damit wertvoll sind, während alles andere unecht und damit weniger wert oder einfach auszuscheiden sei (exemplarisch etwa *E. Sellin* VIIf, für den »echt« und »unecht« synonym sind mit »wertvolles prophetisches Gut« und »wertlose Zutat«). Gegen diese Sicht legt die redaktionsgeschichtliche Betrachtung Einspruch ein, die sich seit den frühen 70er Jahren mit einer Fülle von Arbeiten zu Wort meldet (*J. Jeremias*, Deutung 1971; *I. Willi-Plein*, Vorformen 1971; *Th. Lescow*, Micha 1–5 1972; *ders.*, Micha 6–7 1972; *ders.*, Worte 1997; *B. Renaud*, Formation 1977; *J. Vermeylen*, Isaïe 1978; dazu die Kommentare von *H. W. Wolff* und *J. L. Mays* bis hin zu den neueren Arbeiten von *J. A. Wagenaar*, Oordeel 1995 und *G. Metzner*, Kompositionsgeschichte 1998). Sie deutet die nachmichanischen Textbestandteile positiv als Auslegung des älteren Materials und als seine Fortschreibung in neue Zeitumstände hinein. In der Rekonstruktion von Stufen der Entstehung des Michatextes gelangt sie freilich zu ähnlich weit auseinanderliegenden Ergebnissen wie die ältere literarkritisch orientierte Forschung.

Geht es der redaktionsgeschichtlichen Arbeit vor allem um den Aufweis der diachronen Entstehungsstufen des Textes und ihrer jeweiligen Sinnhaftigkeit, so kommt etwa gleichzeitig vermehrt das Bedürfnis auf, den Endtext als ganzen in seiner Gestalt zu beschreiben. Hier spielt die Dissertation von *J. T. Willis*, die in zahlreichen Einzelstudien seit Ende der 60er Jahre veröffentlicht wurde, eine Führungsrolle. Dabei bleibt *J. T. Willis* der redaktionsgeschichtlichen Arbeit insofern noch verbunden, als er die Endgestalt als Ergebnis der bewußten Intention eines Endredaktors versteht (Structure 1969, 31). *D. G. Hagstrom*, Coherence 1988 dagegen sieht von der Frage nach redaktionellen Intentionen ganz ab und untersucht nur noch Textmerkmale, die den Endtext gestalten. Wie das obige Kapitel über den Aufbau der Michaschrift zeigt, kommt es allerdings auch bei der Konzentration der Betrachtung auf den Endtext zu keiner einheitlichen Forschungsmeinung (darauf weist zu Recht und mit Nachdruck *B. M. Zapff*, Studien 1997, 2 hin).

Methodische Vorbemerkungen

Wenn übereinstimmend festzustellen ist, daß sowohl die literarkritische als auch die redaktionsgeschichtliche als auch die ganzheitliche Betrachtung des Textes zu weit auseinanderliegenden Ergebnissen führt, dann liegt dies zwar teilweise an den Instrumenten der Untersuchung, die bisweilen zu überspitzt, bisweilen auch zu grobschlächtig sind. Hauptsächlich aber ist es auf die Eigenart der Texte selbst zurückzuführen. Sie macht jeden Rekonstruktionsversuch der Entstehungsgeschichte des Textes in hohem Grad hypothetisch und stellt ihn unter mehrere Prämissen.

1.) Der Text selbst hat offenbar gar kein oder nur ein begrenztes Interesse, die Diachronie seiner Entstehung offenzulegen. Er steht unter einer Überschrift (1,1), die den ganzen folgenden Text auf den Propheten Micha aus dem letzten Drittel des 8. Jh. zurückführt. Jeder weitere differenzierende Hinweis – wie durch die erzählenden Abschnitte im Jeremia- oder die Datierungen im Ezechielbuch – fehlt. Die Rekonstruktion der Entstehungsgeschichte des Textes kann sich zwar auf Anhaltspunkte im Text stützen, sie wird aber vom Text selbst nicht erzwungen.

2.) Die literarkritischen Diskussionen mit ihrer immer weitergehenden Zerstückelung der Texte bei zugleich uneinheitlichen Ergebnissen legen es nahe, das sezierende Instrumentarium nur mit Zurückhaltung zu verwenden. Vor der Frage nach möglichen Schichten eines Textabschnitts ist immer zuerst zu fragen, ob er nicht sinnvoll als eine Einheit beschrieben werden kann, als die sie der Endtext ja schließlich auch präsentiert.

Hier ist der Hinweis von *O. H. Steck*, Prophetenbücher 1996, 82 auf die literarischen Kontexte zu beachten. Er fordert bei literarkritischen Operationen, »daß die Gegenprobe nicht ausfallen darf, ob die für sich gesehen komplexe Erscheinung solcher Textstücke statt durch diachrone Schichtung nicht auch eine durch diesen weiteren Rahmen (sc. des größeren literarischen Kontexts) bedingte, für ihn gewollte, von durchgängigen Bezügen auf ihn gespeiste, auf ihn nach rückwärts oder nach vorwärts verweisende und somit litarisch einheitliche sein könnte …«. Methodisch ist sogar über *O. H. Steck* hinausgehend ein Vorrang für die Annahme der Einheitlichkeit des Textes zu fordern. Nur wenn Elemente eines Textes weder aus der Logik des Textes selbst noch unter Verweis auf seine Kontexte erklärbar sind, ist mit literarischen Überarbeitungen oder Glossierungen zu rechnen.

3.) Unaufgebbares Ergebnis der redaktionsgeschichtlichen Untersuchung ist die Feststellung, daß jüngere Schichten des Textes nicht einfach eine Folge von Zufällen, sondern von bewußter Neuinterpretation sind. Weder »wächst« der Text wie eine Pflanze, in deren Samen bereits genetisch der Bauplan des ausgewachsenen Exemplars angelegt ist, noch ist der fertige Text Ergebnis von »Wildwuchs«. Er beruht vielmehr auf einer Folge von bewußten und geplanten Fortschreibungen und Nachinterpretationen, die jeweils den älteren Textbestand voraussetzen und weiter mitüberliefern.

Die Erkenntnis, daß zwar die hypothetisch rekonstruierten älteren Texte ohne die jüngeren verständlich sind, daß aber umgekehrt die jüngeren Texte die älteren voraussetzen, bricht sich in der Prophetenforschung zunehmend Bahn. So geht *O. H. Steck*, Prophetenbücher 1996, 94 f. zu Recht davon aus, »daß der ältere Text als weiterhin maßgeblicher in der Neugestaltung integriert bleibt«, und fordert, daß »in der Fragestellung das Überkommene, Redigierte *und* das neu Geschaffene, Redigierende als Verbindung zu einer höheren Einheit zusammenzunehmen« sind. Und auf Micha bezogen ist die Position von *B. M. Zapff*, Studien 1997, 10 zu erwähnen, »daß es sich bei einigen Teilen des Michabuches um (redaktionelle) Fortschreibungen unter Berücksichtigung eines bereits vorliegenden michanischen Corpus handelt«.

Die Verbindung der oben dargelegten Zurückhaltung gegenüber literarkritischen Operationen innerhalb einzelner Texte mit dem Modell einer Fortschreibung unter Bezug auf die schon bestehenden Texte führt zu einer Modifikation der herkömmlichen redaktionsgeschichtlichen Vorgehensweise. Diese rechnet stark mit einer – literarkritisch zu analysierenden – redaktionellen Weiterarbeit innerhalb einzelner Texte. Geht man methodisch vom Prä der Einheitlichkeit der Texte aus, gibt es für solche Operationen jedoch meist keinen zwingenden Grund (abgesehen von einigen echten Randglossen, die bei einem späteren Abschreibvorgang in den Text integriert wurden). Fortschreibung stellt sich dann nicht als redaktionelle Überarbeitung einzelner Texte dar, sondern als Hinzufügung weiterer »Worte« – also ganzer Texte – bei einer neuen Fassung der Schrift. So jedenfalls stellt sich auch Jer 36 das Verhältnis der zweiten Sammlung von Jeremiaworten gegenüber der ersten vernichteten Sammlung vor: nicht so, daß die alten Worte redaktionell überarbeitet wurden, sondern so, daß »ihnen noch viele ähnliche Worte hinzugefügt« wurden (V. 32).

Für die prophetische Überlieferung insgesamt kann man die schöne Definition von *G. Metzner*, Kompositionsgeschichte 1998, 159 aufnehmen: »Dort, wo die Überlieferung nicht nur gesammelt und zusammengestellt, sondern durch weitere Texte bearbeitet wurde, um sie in der Gegenwart sprechen zu lassen, geschah Fortschreibung. Das kann dann sowohl durch sogenannte redaktionelle Zusätze geschehen als auch durch die Neukonzipierung ganzer Textgruppen, die sich an vorliegendes Material anschließen und nur dadurch verständlich werden.« Bei Micha freilich dominiert nach meiner Einsicht das an zweiter Stelle genannte Verfahren der »Neukonzipierung ganzer Textgruppen«.

4.) Schließlich ist in den hypothetischen Rekonstruktionsversuch noch ein Element kontrollierter Unschärfe einzubauen, das aus einer weiteren begründeten Vermutung über den Überlieferungsprozeß resultiert. Sie besteht darin, daß die Überlieferung der prophetischen Schriften nicht das Werk um Originalität bemühter Einzelautoren, sondern von wie auch immer zu beschreibenden Gruppen ist. Das heißt aber, daß Texte, die einer gemeinsamen Überlieferungsschicht zuzuweisen sind, keineswegs den Grad an sprachlicher, stilistischer und konzeptioneller Gemeinsamkeit aufweisen müssen, die man bei einem einzelnen Autor erwarten könnte. Auf diese Weise lassen sich z. B. bei den Sprüchen in Mi 4,1–4.6 f.; 5,6 f.9–14 sowohl die Gemeinsamkeiten – sie handeln alle vom Verhältnis Israels zu den Völkern und gehen von einer heilvollen Zukunft für Israel aus – als auch die Unterschiede im Detail dadurch erklären, daß hier Worte aus einer Gruppe verschiedener Individuen versammelt sind, die aber gemeinsame

Vorstellungen teilen (so stellt etwa *K. Marti* 259 zu Mi 4f. fest, die Texte seien nicht »von ein und demselben Autor abzuleiten«, sondern stellten »ein Konglomerat verschiedener Weissagungen über dasselbe Thema« dar; *R. von Ungern-Sternberg* 71 sieht in demselben Textkomplex »Bilder«, wobei »jedes von ihnen ... in sich mehr oder minder abgerundet« ist und wo doch erst »alle ... Bilder gemeinsam das Gesamtbild« ergeben). Werden in Mi 4f. so entstandene Sprüche *nebeneinander*gestellt, so liegt in 6,9–16 wohl ein Beispiel vor, wo solche verwandten Worte zu einer einzigen Einheit *ineinander* gearbeitet worden sind. Es ist fast überflüssig zu betonen, daß auch diese Annahme den hypothetischen Charakter jeden Rekonstruktionsversuchs nur noch verstärkt.

Schichten des Michatextes

Die Skepsis, mit der *J. T. Willis*, Structure 1969, 8 die Möglichkeit einvernehmlicher Rekonstruktion von Überlieferungsstufen auf deren drei reduziert, wird man als durchaus realistisch ansehen müssen; es sind dies ihm zufolge »the period of collecting and writing down the genuine oracles, a rather long nebulous period in which various additions and changes were made, and the period in which the book reached its final form«. Wenn im folgenden dennoch ein Vorschlag gemacht wird, im Nebel der Periode zwischen erster Sammlung und abschließender Redaktion drei Überlieferungsstufen ausfindig zu machen, dann steht dieser selbstverständlich unter allen oben vorgebrachten Vorbehalten des Hypothetischen. Im übrigen ist die folgende Darstellung nur als zusammenfassende Skizze dessen zu sehen, was in der Einzelauslegung zu den Texten näher beschrieben und begründet wird.

a) Das kritisch einigermaßen gesicherte Minimum eines »alten Michatextes« findet sich – mit *B. Stade*, Bemerkungen 1881 – in Mi 1–3*. Aus Gründen, die in der Einzelauslegung vorzubringen sind, ist es auf die Texte 1,10–16; 2,1–3.6–11; 3,1–12 einzuschränken. Sie beschreiben in 1,10–16 ein hereinbrechendes Unheil, dessen Kommen in Kap. 2 und Kap. 3 begründet wird und das letztlich auf die Zerstörung Jerusalems hinausläuft (3,12). Das Bild, das sie von Micha zeichnen, ist die Gestalt eines furchtlosen Kritikers der sozialen und politischen Verhältnisse, der in Vollmacht den Untergang Jerusalems ankündigt. Da die Komposition einen hohen Grad an Geschlossenheit aufweist, ist kaum anzunehmen, daß weiteres Material außerhalb von Mi 1–3* ursprünglich zu ihr dazugehört hätte. Man kann sie als »Micha-Denkschrift« bezeichnen, ohne daß deshalb auf die Verfasserschaft durch Micha selbst zurückzuschließen wäre. Eher kommen nachmichanische Tradenten im 7. Jh. dafür in Frage, die auf diese Weise ihr Bild von ihm festgeschrieben haben. Aus diesem Grund ist es auch schwerlich möglich, eine Art Charakterbild von der Persönlichkeit des Propheten zu zeichnen (im Einzelnen vgl. den Exkurs: Die These einer Micha-Denkschrift in Mi 1–3* unten S. 94).

b) Bald nach der Katastrophe von Stadt und Volk, Staat und Tempel durch die babylonische Eroberung von 587/586, die als die Erfüllung der michanischen Weissagung gedeutet wird, wird dieser alte Text um die jetzigen Verse 4,8–5,3 ergänzt (ähnlich *Th. Lescow,* Micha 1–5 1972, 69–73, der 4,6f. noch dazunimmt, ferner *H. W. Wolff* XIIf. und *Th. Lescow,* Worte 1997, 139–148.188 für 4,9–14 sowie *G. Metzner,* Kompositionsgeschichte 1998, 151f. für 4,9–5,1.3*.4a.5b). Mit dem betonten »jetzt« in 4,9.11.14 unterstreicht er das Element der Erfüllung. Zugleich sieht er in der eingetretenen Erfüllung die Wende zum zukünftigen Heil gekommen, auf das alle drei »Jetzt«-Sprüche hinauslaufen und von dem 4,8 schon einleitend spricht. Angesichts der durch die außenpolitische Entwicklung herbeigeführten Katastrophe tritt die soziale Frage in den neuen Textelementen zurück. Da diese jedoch die älteren Textteile aus Mi 1–3* mitüberliefern, blenden sie die soziale Frage keineswegs aus, sondern sehen in den sozialen und politischen Spannungen der Michazeit gerade die Ursache, die zum von Micha angekündigten Fall Jerusalems geführt hat. Dieser neu entstandene Text aus der frühen Zeit der babylonischen Besetzung Judas hat gewisse Gemeinsamkeiten mit der Jeremiaüberlieferung (im Einzelnen vgl. den Exkurs: Die These einer frühexilischen Fortschreibung von Mi 1–3* in 4,8–5,3 S. 196).

c) In der frühen Perserzeit wird dieser Text zu einer neuen Komposition erweitert, die Mi 1–5 umfaßt. Auf sie sind die Texte 1,2–9; 2,4f.12f.; 4,1–4.6f.; 5,6f.9–14 zurückzuführen, die mit den früheren Texten zusammen ein neues Ganzes ergeben. In ihm spielt das Verhältnis Israels zu den Völkern eine entscheidende Rolle. Es wird im einleitenden Vers 1,2 präludierend bereits angesprochen, auf den sich der abschließende Vers 5,14 direkt zurückbezieht. Das bereits in der frühbabylonischen Komposition angelegte Element der Hoffnung auf eine heilvolle Zukunft Israels wird entfaltet und in den Diskurs der frühen Perserzeit hineingestellt: Samaria bleibt aus dieser Zukunft mit JHWH ausgeschlossen (1,2–7); die einstigen Ausbeuter sollen in der neuen Gesellschaft keinen Landbesitz erhalten (2,4f.); die von ihrem Grund und Boden Vertriebenen und die Verbannten sollen heimkehren (2,12f.; 4,6f.); vom wiedererbauten Tempel wird erwartet, daß er einst der Mittelpunkt der Völkerwelt sein wird (4,1–4); und die Zukunft der Völker wird sich an ihrem Verhältnis zu dem (geläuterten) Israel entscheiden (5,6f.9–14). Indem die alten kritischen Texte in Mi 1–3* und die das Eintreffen der Katastrophe und die darin liegende Wende zum Besseren schildernden Abschnitte in 4,8–5,3 Bestandteil der neuen Komposition von Mi 1–5 werden, wird verhindert, daß ihr Grundton des Optimismus sich in Oberflächlichkeit verliert.

d) Die Erfahrung der Perserzeit zeigt, daß die hochfliegenden Zukunftshoffnungen im Alltag der Verhältnisse nicht ankommen. Die alten sozialen Spannungen kehren verschärft wieder (vgl. Neh 5,1–13); ein Großteil der Verbannten bleibt in der Ferne; der Tempel ist nicht mehr als ein persisches Provinzheiligtum; die Wiedererrichtung der davidischen Herrschaft (Mi

5,1–3) liegt nach dem gescheiterten Versuch zu Beginn der Perserherrschaft (vgl. Haggai und Sacharja) in unbestimmter Zukunft; und von einer Läuterung Israels kann kaum die Rede sein. So wie an den im Gesamtklang optimistischen Text aus Proto- und Deuterojesaja in der Perserzeit ein Tritojesaja angefügt wird, der die alte Kritik wiederbelebt, ohne jedoch die Hoffnung zu widerrufen (es mag erlaubt sein, die verwickelten Prozesse der Jesajaredaktion um des Vergleichs willen so zu reduzieren; zur Ähnlichkeit mit der Dreiteilung des Jesajabuches vgl. auch *K. Marti* 259), wird an Mi 1–5 nun 6,1–7,7 angefügt. Von den Völkern ist in den neuen Texten nicht die Rede. Es geht um die Frage, ob eine gemeinsame Zukunft für JHWH und sein Volk möglich ist, was 6,1–8 mit einem vorsichtigen Ja beantwortet. Aber ohne erneute Kritik an den sozialen Verhältnissen ist sie nicht zu haben (6,9–16). Und eigentlich ruht alle Hoffnung auf dem Propheten, der sich stellvertretend für sein Volk JHWH zuwendet (7,1–7). Wie am Anfang der neuen Großkomposition 1,2–7,7 (eine solche Textgestalt bis 7,7 als Vorläuferin des Endtextes vermutet auch *W. Rudolph* 25) steht an ihrem Ende die Gestalt des klagenden Propheten (1,8f. und 7,1–7) (zu dieser Symmetrie der Klagetexte vgl. *R. von Ungern-Sternberg* 154). Da in Mi 6,3–5 wohl schon eine fast fertige Gestalt des Pentateuchs und diese bereits in Verbindung mit dem Josuabuch vorausgesetzt wird, wird man diese Komposition wohl in der Mitte bis zweiten Hälfte des 5. Jh. anzusetzen haben.

e) Ist dieser zeitliche Ansatz richtig, dann muß die Schlußredaktion noch später liegen, also am Ende der Perserzeit oder bereits im hellenistischen Zeitalter (vgl. dazu die Auffassung von *O. H. Steck*, Abschluß 1991, der für die späten Phasen der Prophetenüberlieferung durchweg in die hellenistische Epoche seit Alexander dem Großen geht). Ihr gehören im Text von 1,2–7,7 nur wenige Verse an (4,5; 5,4f.; 5,8), dazu der Michaschluß in 7,8–20, der den gesamten vorherigen Text voraussetzt. Durch diese Schlußredaktion wird der Gesamttenor der Schrift völlig verändert. Hier spricht nämlich ein »wir« und nicht wie im sonstigen Text die Stimme des Propheten (die Wir-Zitate innerhalb der Prophetenrede in 2,4; 3,11; 4,2.11.14 können nicht dagegen angeführt werden, weil sie auf einer zweiten Rede-Ebene liegen). Dieses »wir« spricht Bekenntnisse (4,5; 7,18–20) und Gebete (5,8; 7,14–17) und gibt seiner kollektiven Hoffnung auf eine siegreiche Zukunft Ausdruck (5,4f.; 7,8–10). Es ist als die Gemeinschaft erkennbar, die sich den ihr vorliegenden Michatext zu eigen macht (vgl. ferner den Exkurs: Das Wir in den Michatexten unten S. 234).

Die Michaüberlieferung und die übrige prophetische Literatur

So sinnvoll es ist, den Michatext als in sich geschlossene Größe zu beschreiben, so plausibel – wenn auch hypothetisch – seine Entstehungsgeschichte rekonstruiert werden mag, beides bliebe unvollständig, wenn es Micha und seine Überlieferung vom Gesamtphänomen der Prophetie isolieren würde. Zu deutlich sind die Bezüge zur Überlieferung anderer Propheten, am greifbarsten bei Micha in der Zitierung von Mi 3,12 in Jer 26,16–19 sowie in der Parallelüberlieferung von Mi 4,1–3 und Jes 2,2–4. Aber die Anspielungen und Anklänge gehen weit über diese direkten Wortparallelen hinaus und erstrecken sich praktisch auf alle Phasen der Überlieferung des Michatextes.

1. Mi 1–3* und die Propheten des 8. Jh.

Der Prophet Micha ist der etwas jüngere Zeitgenosse der ebenfalls im 8. Jh. auftretenden Propheten Amos und Hosea (im Nordreich) sowie Jesaja (in Juda). Ein Einfluß Hoseas auf die frühe Michaüberlieferung ist kaum nachweisbar, denn die »hoseanischen« Anklänge in Mi 1,2–7 entstammen einer späteren Überlieferungsstufe, und die Höraufrufe allein (vgl. Mi 3,1.9 mit Hos 4,1; 5,1) sind nicht spezifisch genug. Dagegen lassen sich Beziehungen zu den beiden anderen Propheten sehr wohl aufzeigen. Im Blick auf Jesaja ist besonders die sachliche und teilweise auch sprachliche Ähnlichkeit etwa von Mi 2,1 f. und Jes 5,8 auffällig. Doch auch andere Elemente ihrer jeweiligen Sozialkritik zeigen eine gewisse Verwandtschaft (man vergleiche die Betonung des »Rechts« [משפט] in Jes 5,1–7 und Mi 3,1.8.9 oder den Vorwurf der Bestechlichkeit in Jes 1,23 und Mi 3,11). Inwieweit diese auf gleiche Zeitumstände, Verwurzelung in gleichen Traditionen, eine direkte Bekanntschaft zwischen den beiden Propheten oder auf die frühe Überlieferungsbildung zurückzuführen ist, läßt sich kaum noch aufklären.

Noch *H. Schmidt* 130 geht so weit, Micha geradezu als Schüler Jesajas zu bezeichnen. Dagegen kommt *G. Stansell*, Micah 1988, der eine systematische Untersuchung vergleichbarer Stellen in dem von ihm für alt gehaltenen Bestand der Bücher – für Micha sind das Kap. 1–3* – vorlegt, zu dem Schluß, daß »no evidence of what might be called ›influence‹ has been discovered« (133). Ähnlichkeiten beruhen seiner Untersuchung zufolge zum einen auf der Kenntnis gleicher Traditionen, zum andern darauf, daß »fairly early in the tradition and redaction of their sayings, their prophecy was understood as standing in the closest possible relationship. As a result the two books apparently underwent a common redaction process« (135).

Noch deutlicher als an Jesaja sind die Anklänge an Amostexte. Zu vergleichen sind etwa der Ausdruck »über dieses Geschlecht« in Mi 2,3 mit Am 3,1, die Phrase »denn eine böse Zeit ist dies« in Mi 2,3 und Am 5,13 oder

der nahezu wörtliche Anklang von Mi 3,2a an Am 5,15, ferner die Bedeutung, die die Beachtung des Rechts (משפט) in beiden Texten spielt (vgl. Mi 3,1.8.9 und Am 5,7.15.24; 6,12). Auf dem Hintergrund dieser Parallelen gewinnt dann auch die wichtige Rolle des Höraufrufs in beiden Komplexen (Mi 3,1.9 und Am 3,1; 4,1; 5,1; 8,4) Signifikanz. Zu erklären sind diese Übereinstimmungen wohl nicht mit gleichen gesellschaftlichen Umständen, da Amos im Nord-, Micha dagegen im Südreich wirkt und beide auch zeitlich in einem gewissen Abstand voneinander auftreten. Eher ist anzunehmen, daß die jeweiligen Tradentenkreise in engem Bezug zueinander stehen, zumal nach dem Fall Samarias die Amosüberlieferung mit größter Wahrscheinlichkeit in Juda weitergeführt wurde.

A. Schart, Entstehung 1998, 177–204 dagegen versucht, alle Bezüge in Micha auf Amos literarkritisch herauszulösen und so eine Überarbeitung des Michatextes zum Zwecke der Angleichung an Amos zu postulieren. In der Einzelauslegung wird zu begründen sein, daß zu solchen literarkritischen Operationen kein Anlaß besteht. Statt von einer an Amos angleichenden Ergänzung ist wohl eher von einer gegenseitigen Beeinflussung der jeweiligen Tradenten auszugehen.

2. Micha- und Jeremia-Überlieferung

Das Phänomen der Bezüge zur Überlieferung anderer Prophetenschriften geht im Prozeß der Fortschreibung weiter. Schon die Zitierung von Mi 3,12 in Jer 26,16–19 zeigt, daß die Jeremiatradenten die Michaüberlieferung kennen. Und es ist auch schon erwähnt worden, daß die vermutlich aus der Zeit nach 587/586 stammenden Texte in Mi 4,8–5,3 erkennbare Nähe zur Jeremiaüberlieferung aufweisen. Zu vergleichen sind etwa Mi 4,9 mit Jer 8,18–23, Mi 4,9f. mit Jer 6,22–26 oder Mi 5,1 mit Jer 30,21. Aber auch außerhalb von Mi 4,8–5,3 ist auf die Nähe von Mi 2,4 zu Jer 9,16–20 und an die Anklänge von Mi 7,1 an Jer 6,9 und von Mi 7,5f. an Jer 9,3 zu verweisen. Die vorsichtigste Schlußfolgerung, die aus diesen Beobachtungen zu ziehen ist, ist die, daß die Tradenten der Micha- und der Jeremia-Überlieferung einander bekannt sind und positiv aufeinander Bezug nehmen. Die weitestgehende Folgerung wäre die Annahme, beide Trägerkreise seien identisch. Über diese Markierung hinausgehende Rekonstruktionen sind nicht auszuschließen, aber kaum zu beweisen.

So vermutet *J. T. Willis,* Authenticity 1969, 368, Jeremia sei selbst ein Mitglied des Kreises der Michatradenten gewesen. Ganz ohne Tradenten will *J.-H.Cha,* Micha 1996 auskommen, der naiv unterstellt, Jeremia »kenne« die Worte Michas, ohne klarmachen zu können, wie sie auf ihn gekommen sein sollen. Auch *W. L. Holladay* geht davon aus, daß Jeremia sich auf Micha stützt, gesteht aber auch zu, daß sich dann umgekehrt wiederum die Micha-Redaktion an Jeremia anlehnt (*William L. Holladay,* Jeremiah 2. A Commentary on the Book of the Prophet Jeremiah Chapters 26–52, Minneapolis 1989, 50f.). Nach *Ch. Hardmeier,* Propheten 1991, 181–184 liegt der alte, von Micha selbst zusammengestellte Text von Mi 1–3* in spätvorexilischer Zeit den Schafaniden vor und wird von ihnen in engster Anlehnung an Jeremia neu gelesen und überarbeitet. Für *R. Stahl,* Arbeit 1993, 28f. ist es der relativ geschlossene Trägerkreis der Jeremiaüberlieferung, der auch die Michaüberlieferung verwaltet. All diese Rekonstruktionen sind wie gesagt nicht beweisbar, aber eben auch nicht auszuschließen. Sie versuchen alle, das eine Phänomen zu erklären, daß nämlich die Michaüberlieferung einerseits ein eigenständiges Profil, andrerseits aber im Vergleich zu Amos und Jesaja auch nicht wenige Anklänge an die Jeremiaüberlieferung hat.

3. Die weitere Michaüberlieferung und ihre Bezüge zur Jesajaüberlieferung

Auf die Möglichkeit, daß schon in einer frühen Phase der Überlieferung eine Beziehung zwischen Jesaja und Micha und ihren Tradenten besteht, ist bereits hingewiesen worden. Im Verlauf der weiteren Überlieferung ist dann am auffälligsten natürlich die fast wörtliche Identität von Mi 4,1–3 und Jes 2,2–4, wobei unten zur Stelle die Auffassung begründet wird, daß hier ein Text aus der Micha-Überlieferung sekundär in die Jesaja-Überlieferung übernommen worden ist. Daß dies aber keine einlinige Bewegung ist, zeigt die Tatsache, daß die Schlußformel in Mi 4,4b »Denn der Mund JHWHs der Heerscharen hat es geredet« wiederum ein strukturprägendes Element der Jesaja-Überlieferung ist (vgl. Jes 1,20; 40,5; 58,14). Wenn es stimmt, daß in Mi 4,8 auf die Unheilsweissagung von Jes 32,9–14 angespielt wird, dann läge auch hier eine Priorität der Jesaja-Überlieferung vor.

Wendet man sich von Parallelüberlieferungen und Textanspielungen dem Aufbau der beiden Prophetentexte zu, dann verstärkt sich der Eindruck, daß hier nicht nur vereinzelte Beeinflussung, sondern geradezu ein zumindest partiell paralleler Überlieferungsvorgang anzunehmen ist (*J. T. Willis,* Authenticity, 1969, 368 spricht von »the Isaian-Mican circle of disciples«). Darauf, daß der Gesamtaufbau der Michaschrift mit dem des Jesajabuches eine gewisse Ähnlichkeit hat, ist bereits hingewiesen worden. Es läßt sich aber auch eine Übereinstimmung des Michatextes mit den Kerntexten der Protojesaja-Überlieferung in Jes 1–12* und Jes 28ff.* beobachten. Jes 1–12 ist nämlich durch eine vierfache Bewegung von Kritik und Anklage hin zur Ankündigung von Heil geprägt, in Jes 1,2–2,5; in 2,6–4,6; in 5,1–9,6 und in 9,7–12,6, und auch »Jes 28ff. besteht … aus einer sich mehrfach wiederholenden Unheil-Heil-Abfolge in bezug auf das eigene Volk« (*E. Bosshard,* Beobachtungen 1987, 34). Dieselbe Bewegung bestimmt auch – in dreifacher Abfolge – den Endtext der Michaschrift. Als weiteres Detail der Übereinstimmung wäre zu erwähnen, daß die ersten beiden Heilstexte in Jes 1–4 ohne die Gestalt eines Heilsherrschers auskommen, dieser dann aber in 9,1–6 und 11,1–10 eingeführt wird, womit der Aufbau der Michaschrift insofern übereinstimmt, als bis 4,7 nur von der Königsherrschaft Gottes die Rede ist, während ab 4,8 dann auch der künftige Heilsherrscher in den Blick gerät.

Allerdings ist an dieser Stelle dann auch der große Unterschied in der Überlieferung der beiden Propheten zu notieren: Die Micha-Überlieferung kennt anders als die Jesaja-Überlieferung keine exilische Phase. Für Micha ist Jerusalem immer in der Nähe (4,8.14; 7,11 f.), während Babel »dort« ist, also in der Ferne (4,10). Anders als Deuterojesaja nimmt der Michatext das Exil nie aus der Perspektive der Exilierten wahr, sondern diese sind immer diejenigen, die herkommen werden (2,12; 4,6 f.; 7,12) (vgl. dazu *J. T. Willis*, Structure 1969, 41).

4. Micha im Zwölfprophetenbuch

Möglicherweise von grundsätzlich anderem Charakter ist die Beziehung der Michaüberlieferung zu den anderen Schriften des Zwölfprophetenbuchs. Lassen sich zur Jeremia- und zur Jesaja-Überlieferung deutliche Anklänge in Vokabular, Phraseologie, Motivik und Aufbau beobachten, so gibt es im Blick auf die Sammlung des Zwölfprophetenbuches nämlich Anzeichen dafür, daß die Micha-Schrift einmal eine gemeinsame Teilsammlung mit Hosea, Amos und vielleicht auch Zefanja als Vorstufe des jetzigen Zwölfprophetenbuches gebildet hat.

Trotz gewichtiger Vorarbeiten von *J. D. Nogalski*, Precursors 1993,bes. 58–88; *B. A. Jones*, Formation 1995,bes. 54–57, *B. M. Zapff*, Studien 1997; *A. Schart*, Entstehung 1998 u.a. (vgl. den Forschungsbericht von *A. Schart*, Redaktionsgeschichte 1998) steht die Forschung hier weitgehend noch am Anfang. Methodisch ist nämlich nicht immer klar, wie sich unterscheiden läßt, ob Anklänge zwischen Schriften der Prophetenrolle auf gemeinsame Überlieferung oder nur auf Kenntnis der jeweils anderen Literatur zurückzuführen sind. Und selbst bei gemeinsamer Überlieferung bliebe ja noch offen, ob es sich dabei um eine bloße Anthologie handelt oder ob auch eine durchgehende Leseperspektive intendiert ist (vgl. die gewichtigen Anfragen von *E. ben Zvi*, Books 1996). Auch wird man fragen müssen, ob bei der – forschungsgeschichtlich begründeten und berechtigten – Konzentration auf das Zwölfprophetenbuch die Bezüge zur Jeremia- und Jesaja-Überlieferung nicht zu kurz kommen. – Da die sieben Micha-Kapitel jedenfalls in der Endgestalt des Kanons nicht als eigenständiges Buch, sondern als Teil des Zwölfprophetenbuches überliefert sind, spreche ich im Anschluß an *A. Schart*, Entstehung 1998,V meist von der Micha*schrift* und nicht wie üblich vom Micha*buch*. Die Frage, wie lange eine Vorstufe des jetzigen Michatextes selbständig überliefert und ab wann die Michaschrift Teil des Zwölfprophetenbuches wurde, bleibt davon unberührt.

Deutlich ist, daß die Endgestalt des Michatextes greifbare Anklänge jedenfalls an Hosea und Amos hat. Ist bei den oben beobachteten Anklängen in Mi 1–3* an Amos noch nicht von gemeinsamer Überlieferung auf einer Rolle auszugehen, so gibt es doch im weiteren Verlauf der Michaüberlieferung Anzeichen dafür, daß der fortgeschriebene Michatext direkt auf Hosea und Amos Bezug nimmt und die Kenntnis dieser Schriften voraussetzt. So ist der Anfang des Michatextes (Mi 1,2–7) – neben der Überschrift in 1,1, die ihre nächsten Parallelen tatsächlich bei Hosea, Amos und Zefanja hat – kaum ohne Hosea und Amos verstehbar. Die totale Verwerfung Samarias, die dieser Text proklamiert, wird in ihm selbst kaum und zudem in völlig hoseanischer Sprache begründet. Sie setzt offenbar die Kenntnis der umfassenden Kritik an den samarischen Verhältnissen voraus, die in Hosea und Amos entfaltet wird. Sie setzt an diesem Punkt an und schließt für die erste Schrift, die sich Juda zuwendet, das Thema »Samaria« definitiv ab. Samaria hat keine Zukunft mit JHWH, es kann nur noch als warnendes Beispiel für Jerusalem dienen.

Diese negative Rolle Samarias als warnendes Beispiel für Jerusalem wird in der Michaschrift in 6,9–16 noch einmal aufgegriffen, indem auf Omri, den Gründer Samarias, hingewiesen wird. Und auffälligerweise kommt in ebendieser Einheit der sogenannte Nichtigkeitsfluch vor, der sich im corpus propheticum sonst nur noch in Hos 4,10; Am 5,11 und Zef 1,13 findet, also in den Schriften, die möglicherweise einmal mit Micha ein Vierprophetenbuch gebildet haben. Liest man diese vier Schriften (aber natürlich auch alle zwölf) im Zusammenhang, dann ergibt sich folgende Deutung: Was Hosea und Amos für das Nordreich angekündigt hatten und was 722 eingetreten war, schwebt als drohendes Unheil jetzt auch über Jerusalem.

Und schließlich nimmt noch einmal der Michaschluß deutlichen Bezug auf Amos (hier bestätigt sich die Beobachtung von *O. H. Steck*, Prophetenbücher 1996, 140, daß redaktionelle Texte mit buchübergreifendem Horizont ihre »Stellung besonders am Beginn bzw. Ende des Buches« finden). Dieser Schluß arbeitet in V 18f. mit der vor allem aus Ex 34,6f. bekannten Formel vom gnädigen und barmherzigen Gott. Er drückt aber ganz auffällig und ohne Parallele in Ex 34,6f. Gottes Vergebungswillen mit עבר ל (»vorübergehen an«) aus. Hier wird ganz offensichtlich an die Ankündigung des Amos angeknüpft, daß Gott dem Volk Israel nicht länger vergeben werde, im Hebräischen ebenfalls mit עבר ל formuliert (Am 7,8; 8,2). Durch die Aufnahme der Amos-Formulierung wird dabei klargemacht, daß das, was Amos für das Nordreich Israel angekündigt hat und was für dieses eingetroffen ist, zwar als Drohung auch über Juda schwebt, dennoch aber nicht mit unabwendbarer Konsequenz eintreffen muß.

Insgesamt steht es mit dem Verhältnis der Michaüberlieferung zu der der übrigen Schriften des Zwölfprophetenbuches, insbesondere zu der von Amos, Hosea und Zefanja, ähnlich wie mit dem Verhältnis zur Jeremia-

und zur Jesaja-Überlieferung. Es lassen sich deutliche Bezüge und Anklänge aufzeigen, es gibt aber zugleich ein unverwechselbares Profil der Michaüberlieferung. Von daher wird man schließen müssen, daß in der Überlieferung zumindest der genannten Prophetentexte keine voneinander isolierten Gruppen am Werk sind, daß aber auch kein Bedürfnis besteht, die Überlieferung der einzelnen Propheten so sehr zu vereinheitlichen, daß sie keinerlei individuelles Profil mehr aufweisen würden.

Die Michaschrift als Oppositionsliteratur

Was immer ein Prophet Micha am Ende des 8. Jh. v. Chr. gesagt hat, es wurde nur weiterüberliefert und in den biblischen Kanon aufgenommen und ist so auf uns gekommen, weil es Menschen gegeben hat, die seine Worte tradiert haben. Was aber waren das für Menschen, die den Michatext interpretierend weitergegeben haben, wohl zumindest im Kontakt, wenn nicht in teilweiser Identität mit den Tradenten anderer Prophetenschriften?

Im Anschluß an die Erwähnung von למדים (Luther: »Jünger«) in Jes 8,16 hat man diese Träger der Überlieferung oft als »Schüler« des Propheten bezeichnet. Richtig an diesem Meister-Schüler- oder Meister-Jünger-Modell ist die Tatsache, daß die Rolle des Meisters für solche Tradentengruppen konstitutiv ist. Das redende Ich des Propheten wird stark betont (so deutlich in Mi 1–3*). Über andere Propheten als Micha werden auch Geschichten erzählt (vgl. Am 7,10–17; Jes 36–39 sowie die zahlreichen Berichte über Ezechiel und besonders Jeremia). Und vor allem wird auch nach Jahrhunderten noch alle neue Überlieferungsbildung unter den Namen dieses einen Meisters gestellt.

Die Gefahr des Meister-Schüler-Modells ist, daß es zu sehr religiös-geistesgeschichtlich verengt wird. Die Propheten sind aber nicht nur religiöse Redner und Schriftsteller, sondern zugleich im Blick auf die große geistige und politische Sprengkraft ihrer Äußerungen »intellektuelle Dissidenten« (*J. Blenkinsopp*, Geschichte 1998, 74.83.103). Und die Tradenten ihrer Worte sind nicht nur fromme Nachfolger ihres Meisters und kreative Bewahrer seines Erbes, sondern zugleich Teil einer gesellschaftlichen und politischen Bewegung in dem weiten Sinn, daß sie mit ihrer Botschaft öffentlichen Anspruch erheben. Der von *R. R. Wilson*, Prophecy 1984 verwendete Ausdruck »support group« trägt diesem Charakter Rechnung. Die von den Propheten initiierte und von ihrer »support group« tradierte und produzierte Literatur ist Oppositionsliteratur.

H. Seidel, Trägergruppen 1994 verweist zu Recht auf die Aufgabe, solche Trägergruppen prophetischer Literatur nicht zu phantasieren, sondern nach den materiellen Bedingungen zu fragen, unter denen im alten Israel Texte produziert und tradiert werden konnten. Dazu gehören neben der nötigen Bildung die materiellen Möglichkeiten, sich Schreibmaterialien zu beschaffen, sowie eine gesellschaftliche Organisation, die diejenigen, die mit Literaturpflege befaßt sind, von dauernder körperlicher Arbeit für den Lebensunterhalt freistellt. Bei den von *Seidel* ins Auge gefaßten Tradentengruppen Priester, Schreiber und Leviten ist das sicher der Fall. Aber läßt es sich nicht auch von den bis in die Perserzeit hinein vielfach belegten Prophetengruppen vermuten? Lassen sie sich als eigenständiger Trägerkreis ausschließen? Und über den Oppositionscharakter der so produzierten Literatur sagen diese Überlegungen ohnehin nichts aus; er läßt sich nur am Inhalt abmessen.

1. Der durchgängige Oppositionscharakter des Michatextes

*a) Der alte Michatext Mi 1–3**

Für den alten Michatext in Mi 1–3* leuchtet die Bezeichnung als Oppositionsliteratur unmittelbar ein. Der Prophet setzt sich mit den reichen Grundbesitzern (2,1–3) sowie den politischen (3,1–4.9–12) und geistigen Führern (3,5–8, vgl. 3,11) auseinander. So wie diese sich vom Propheten und seiner Gruppe abgrenzen (2,6–11 mit der pluralischen, auf eine Gruppe bezogenen Formulierung »Weissagt nicht!« in 2,6), so setzt sich der Prophet von ihnen ab (3,8). Zugleich bekundet der Text seine Solidarität mit denen, die Opfer der wirtschaftlich und politisch Mächtigen geworden sind. Diese Opfer allein sind »mein Volk«, während »Jakob« und »Israel« nur noch für die kritisierten Herrschenden steht.

Aus der Tatsache, daß es in Jer 26,17–19 »Männer aus den Ältesten des Landes« sind (V. 17), die Mi 3,12 (und damit wohl den ganzen Text von Mi 1–3*) zitieren, hat man weitreichende Schlußfolgerungen über die Trägerschaft der Michaüberlieferung, ja sogar über die Person des Propheten selbst gezogen, der nach *H. W. Wolff* seinerseits ein Ältester aus Moreschet gewesen sein soll (*H. W. Wolff* XV–XVII; *ders.*, Amt 1987). Nun muß man Jer 26 freilich zunächst einmal aus sich selbst heraus verstehen. Der Text kennt klare Oppositionen, die sich an der Stellung zu Jeremia (und dem von ihm ausgerichteten Gotteswort) orientieren. Eindeutige Gegner sind Priester und Propheten (V. 7f.11.16) sowie der König Jojakim und seine nähere Umgebung (V. 21–23). Eindeutig auf Seiten Jeremias stehen ein Angehöriger der schafanidischen Beamtenfamilie (V. 24) und eben die »Männer aus den Ältesten«. Und umworben von den Opponenten sind Volk und Beamte, die sich letztlich auf die Seite Jeremias schlagen (V. 10–12.16). Hier spiegeln sich zu deutlich die politischen Konstellationen aus der Zeit vor dem Ende des judäischen Staatswesens wider, und zwar in propagandistischer und deshalb vereinfachender Zuspitzung, als daß man weitreichende Schlüsse ziehen dürfte. Dennoch verwundert es angesichts der Botschaft von Mi 1–3* und der politischen Entwicklung seit dem 8. Jh., die zu großen Teilen zu Lasten der Landbevölkerung geht, nicht, daß ausgerechnet Älteste des Landes zu denen gezählt werden, die sich auf Micha berufen. Daß sie deshalb aber auch gleich die Träger dieser Überlieferung sind oder gar Micha selbst aus ihren Reihen stammt, ist Jer 26,17–19 nur um den Preis der Überinterpretation zu entnehmen.

b) Die Überlieferung in babylonischer und persischer Zeit

Wichtig für die Deutung des Michatextes ist, daß sein oppositioneller Charakter auch über Mi 1–3* hinaus erhalten bleibt. Dies gilt nicht nur für die kritischen Töne, die 6,1–7,7 anschlagen, wo diese Charakterisierung unmittelbar einleuchtet. Sondern es gilt auch für die hoffnungsvollen Texte aus der frühbabylonischen und persischen Zeit, die die Komposition Mi 1–5 prägen. Die Feststellung von *R. Oberforcher* 15, daß »sich die im 6. Jh. einsetzende Heilsprophetie in der Abwehr von Resignation und Verzweiflung nochmals als Oppositionsrolle« entpuppt, ist also nur zu unterstreichen. Denn die Erwartung einer künftigen Erhöhung des Tempelberges als Zentrum der Welt (4,1–4), die Vorstellung, Israel werde die Völker »dreschen« (4,11–13), die Hoffnung auf einen neuen davidischen Herrscher (4,8; 5,1–3) und die Unterstellung, daß sich das Schicksal der Völker an ihrem Verhältnis zu Israel entscheidet (5,6f.9–14), widerspricht dem Weltherrschaftsanspruch des babylonischen und besonders dann des persischen Reiches, dessen Provinz Juda ist. Zwar beruht die Macht des persischen Reiches darauf, daß es den beherrschten Völkern eine relative kulturelle Autonomie gewährt, die auch die Pflege lokaler Machtphantasien nicht ausschließt, solange nur die Steuer an die Zentrale fließt. Aber dennoch hat auch das Perserreich ein waches Ohr für eventuelle Abspaltungsbestrebungen. Das belegt nicht nur die Einrichtung der »Augen des Königs« bzw. der »Ohren des Königs« (vgl. Xenophon, Kyrupädie VIII, II, 10–12; Herodot, Historien I 114), sondern auch der denunziatorische Hinweis der Gegner Nehemias, derartige Bestrebungen würden dem persischen König »zu Gehör kommen« (Neh 6,7).

Zugleich steht das Schüren derartiger Erwartungen aber auch gegen das Bemühen der herrschenden Kreise in Juda selbst, mit den Persern zu einem friedlichen Arrangement als Voraussetzung für eine gewisse Selbständigkeit zu kommen, wie es sich vor allem in den Texten in Esra und Nehemia niederschlägt. Nehemia selbst jedenfalls kann sich nicht genug von derartigen Gruppen von Heilspropheten distanzieren, deren Erwartungen denen, die in Mi 1–5 ihren Niederschlag gefunden haben, nicht allzu unähnlich gewesen sein dürften (Neh 6,1–14) (zu dieser Deutung der Stelle vgl. *Frank Crüsemann*, Die Tora. Theologie und Sozialgeschichte des alttestamentlichen Gesetzes, München 1992, 401; *R. Kessler*, Mirjam 1996, 68–70).

Aus diesen Gründen unterliegen alle Versuche, den Sitz im Leben der michanischen Heilsweissagungen in offiziellen Anlässen und in offiziellen Kreisen zu suchen, erheblichen Zweifeln. Entstammt solches Gedankengut wirklich dem »Milieu der Jerusalemer Priester-Schreiber, den Herausgebern des corpus propheticum«[1], wie *B. Renaud*, Structure 1964, 180 für Mi 4f. annimmt? Oder ist es wirklich wahrscheinlich, daß ein Text wie Mi 4,1–4 seinen Ursprungsort in der Liturgie der Weihe des zweiten Tempels 515 haben sollte, einem persischen Provinzheiligtum, in dem für das Leben des Königs und seiner Söhne gebetet wurde (Esra 6,10), wie *Th. Lescow*, Micha 1–5 1972, 76 (vgl. *H. W. Wolff* 89) meint? Weil *H. W. Wolff* den oppositionellen Charakter auch der Heilsweissagungen nicht sieht, muß er sogar »in exilisch-nachexilischer Zeit zwei verschiedene Gruppen unter den Jerusalemer Prophetentradenten« annehmen, die sich »mit Micha beschäftigt« haben (XXXIV) und auf die sich Sozialkritik und Heilserwartungen aufteilen lassen.

Im Vergleich mit anderen Texten aus der persischen Zeit läßt sich der Ort des Michatextes als Oppositionsliteratur vielleicht sogar noch ein wenig genauer bestimmen. Zu Beginn der persischen Periode finden sich nämlich im Zusammenhang mit dem Wiederaufbau des Tempels und dem Wirken der beiden Propheten Haggai und Sacharja Strömungen, die die Unabhängigkeit Judas unter dem Davididen Serubbabel und die Mittelpunktstellung des Tempels für die ganze Welt als unmittelbar bevorstehend ansehen und damit auch ein Stück weit betreiben (vgl. in Hagg 2,6 die Angabe »in einer kurzen Frist«). Ihre Erwartung ist ganz auf Israel konzentriert, wohin die Völker ihre Reichtümer bringen werden (Jes 60; Hagg 2,6–9; vgl. Sach 8,20–23). Demgegenüber begegnet im Michatext eine Futurisierung der Erwartungen (»am Ende der Tage«, »an jenem Tag«) und eine stärkere Universalisierung der Heilsvorstellungen (vgl. bes. 4,1–5). Die Träger der Michaüberlieferung gehören demnach also zwar Kreisen an, die die großen Hoffnungen auf Unabhängigkeit und Weltgeltung wachhalten, die aber nicht unmittelbar das Arrangement mit den Persern in Frage stellen.

c) Die Schlußredaktion des Michatextes

Mit der Schlußredaktion des Textes gibt sich eine Gemeinschaft (»wir«) zu erkennen, die sich den Michatext in Bekenntnis und Gebet zu eigen macht. Damit geht der Text in gottesdienstlichen Gebrauch ein. Freilich muß man sich hüten, hier allzu schnell von »offiziellem« Gebrauch zu sprechen. Denn was wäre ein »offizielles Judentum« in spätpersischer und hellenistischer Zeit? Wenn die Anklänge an frühapokalyptische Texte im Michaschluß richtig beobachtet sind (besonders in 7,13), dann ist nicht auszuschließen, daß auch der Schlußtext seine Gestalt noch in Minderheitengruppen gefunden hat, die sich freilich als das wahre Israel verstehen und in seinem Namen sprechen.

---

[1] »milieu des prêtres-scribes Hiérosolymitains, éditeurs du corps prophétiques«.

Dagegen denkt auch beim Michaschluß – wie bei 4, 1–5 – *H. W. Wolff* XXXIV an die offiziellen »Jerusalemer Klagefeiern an den Gedenktagen des Untergangs Jerusalems und der Zerstörung des Heiligtums«. Doch warnt *O. H. Steck*, Prophetenbücher 1996, 168 zu Recht vor einer zu schnellen Vereinnahmung für offizielle Zwecke, wenn man auch sein Modell einer Diskussion unter Fachleuten seinerseits für eine Rückprojektion aus heutigem akademischen Betrieb wird halten dürfen: »Jedenfalls für die Spätzeit ist deutlich, daß es sich bei dieser Prophetenrelecture ... nicht um Vorgänge direkt in einer Gemeinde oder für eine Gemeinde ... handelt, sondern ... um ein theologisch-professionelles Vergewisserungsgeschehen ... unter Fachleuten ...«.

d) Prophetische Opposition und Einheit des Textes

Mit der Annahme einer durchgehenden Oppositionshaltung der Tradentengruppen des Michatextes gelingt es, die Einheit des Textes über einen langen Überlieferungsprozeß hinweg zu wahren. Dies wird gleich an der für Micha zentralen Frage des Ineinanders von Unheils- und Heilstexten inhaltlich zu entfalten sein. Daneben sind freilich andere Versuche gemacht worden, den Text von der Rekonstruktion eines bestimmten sozialen Hintergrundes her als Einheit zu verstehen.

Zum einen sucht man die Einheit des Textes in kultischer Verwurzelung. So weist *A. S. Kapelrud*, Eschatology 1979, 105 f. darauf hin, daß es im Kult immer zugleich um Heil und Unheil gehe und man deshalb das Nebeneinander von Heils- und Unheilsworten bei Micha von dessen kultischem Hintergrund her erklären könne. Auf diese Weise gelingt es ihm, fast den gesamten Text auf den Propheten selbst zurückzuführen (so besonders in *ders.*, Eschatology 1981). Zu ähnlichen Schlüssen kommt *E. Hammershaimb*, Hauptgedanken 1961, 24–26. Für *W. Beyerlin*, Kulttraditionen 1959 – seinerseits beeinflußt von seinem Lehrer *A. Weiser* – wurzelt Micha in den Kultüberlieferungen des »Jerusalemer Bundeskultes«, nimmt diese auf und aktiviert sie, ist aber institutionell kein Kultbeamter.

Nicht im Kult, sondern auf dem Hintergrund einer chiliastischen Bewegung des 8. Jh. sucht *D. R. Hillers* die Einheit von Unheils- und Heilsweissagungen. Er vermutet hinter Micha »a movement of protest and revitalization« (1, entfaltet 4–8), dessen hypothetischen Charakter er freilich klar erkennt (und der für alle anderen Rekonstruktionsversuche natürlich auch gegeben ist). Ähnlich argumentiert *W. R. McFadden*, Micah 1983, 142–146, Micha als peripherer Mittler wende sich zugleich gegen die Sicheren (3, 9–12) wie an die Bedrohten (4, 1–4).

Der Gewinn dieser Deutungen ist, daß es ihnen gelingt, durch die Annahme eines bestimmten sozialen Hintergrundes die Einheit des Textes zu wahren. Allerdings ist fraglich, ob Einheit des Textes unbedingt mit Gleichzeitigkeit seiner Entstehung in eins zu setzen ist. Zuviele Signale im Michatext legen einen längeren Entstehungszeitraum nahe, so daß man unmöglich den gesamten Text von einer Hand herleiten kann. Aber richtig ist, daß es eine soziologisch begründete Einheit des Textes gibt. Allerdings ist sie nicht im Kult und auch nicht in einer einmaligen chiliastischen Bewegung zu suchen. Denn die Rekonstruktion eines amphiktyonischen Bundeskultes in Jerusalem, auf den sich Micha beziehen könnte, ist eine in der Forschung aus guten Gründen aufgegebene Hypothese. Und »chiliastische« Motive lassen sich in den Texten zwar aufweisen (*D. R. Hillers* 6f. nennt als typisch die Forderung nach der Entfernung fremder Elemente, die Vorstellung von einer Zeit der Verwirrung vor dem goldenen Zeitalter und die Hoffnung auf den Umsturz der sozialen Klassen, auf einen gerechten Herrscher und auf eine herrliche Zukunft). Aber eine »Bewegung« als Trägerin dieser Ideen läßt sich für das 8. Jh. eben nicht nachweisen.

Vielmehr ist die Einheit der Überlieferung in der Kontinuität einer prophetischen Oppositionshaltung gegeben, die sich von der vorexilischen bis in die persische und hellenistische Zeit durchhält. Spuren solcher oppositionellen Grundhaltung der Prophetie finden sich von der Zeit des Elija und Amos über Gestalten wie Jesaja und Jeremia bis in die frühe (Haggai) und mittlere persische Zeit (Neh 6) und in die hellenistische Epoche (Daniel). Die Annahme einer solchen länger währenden Bewegung bewahrt davor, zwanghaft eine gleichzeitige Entstehung der Texte voraussetzen zu müssen, und sie ermöglicht es dennoch, die theologische Einheit der Überlieferung gerade auch in ihrer Ausprägung als Unheils- wie als Heilsprophetie zu wahren.

2. Das Ineinander von Unheils- und Heilstexten

Die Michaschrift ist von dem Phänomen geprägt, daß sich Unheils- und Heilsweissagungen beständig abwechseln und damit oft unvermittelt nebeneinander zu stehen kommen (2,12f. neben 2,1–11 oder 4,1–5 neben 3,9–12). Forschungsgeschichtlich ist die Beobachtung dieses Nebeneinanders ja einer der wesentlichen Gründe, auf eine längere diachrone Entstehung des Michatextes zu schließen. Zur Deutung dieses Phänomens liegen verschiedene Vorschläge vor.

Disputationsmodell

1.) Das Disputationsmodell (zu Bezeichnung und Diskussion vgl. *J. A. Wagenaar,* Oordeel 1995, 130–162). Nach vereinzelten Vorläufern schon in der älteren jüdischen Exegese – besonders *Ibn Esra* – unternimmt *A. S. van der Woude* auf breiter Ebene den Versuch, das Micha-Buch (genauer: Mi 2–5) als Disputation zwischen Micha und den Pseudopropheten (vgl. dazu 3,5–8) zu verstehen, wobei dann die Heilsworte des Textes als Zitate der Gegner aufgefaßt (und – dies ist ein Nebeneffekt – in die Zeit Michas selbst verlegt) werden können. Im einzelnen findet *A. S. van der Woude* folgende Struktur: Micha: 2,1–5 – Gegner: 2,6–7a – Micha: 2,7b–11a – Gegner:

2,11b–13 – Micha: 3,1–12 – Gegner: 4,1–9 – Micha: 4,10 – Gegner: 4,11–13 – Micha: 4,14–5,3 – Gegner: 5,4 f. – Micha: 5,6 – Gegner: 5,7–14 (vgl. *A. S. van der Woude*, Dispute 1969; *ders.* 61 f.).

Gegen diesen Versuch erheben sich jedoch beträchtliche formale wie inhaltliche Bedenken. Formal ist darauf hinzuweisen, daß es im älteren Michatext tatsächlich immer wieder explizit eingeleitete Zitate der Gegner gibt (2,7; 3,5.11) (später finden sich solche Zitateinleitungen dann noch in 4,2.11). Sie sind fest in ihren jeweiligen Kontext eingebunden, sie sind entsprechend knapp gehalten (in 3,5 nur ein Wort, in 3,11 eine Zeile, in 2,7 eine oder zwei Zeilen), und sie sind jeweils durch ein davorstehendes *verbum dicendi* ausdrücklich als Zitate gekennzeichnet. Alle drei Merkmale fehlen bei den übrigen angeblichen Zitaten. Gewichtiger aber noch sind die inhaltlichen Probleme. In den angeblich auf gegnerische Heilspropheten zurückzuführenden Worten werden nämlich Vorstellungen geäußert, die das Exil (so der Gedanke der Sammlung in 2,12 f. und 4,6 f.) oder die nachexilische Epoche voraussetzen (so das Wort über den Tempel in 4,1–4 oder die Vorstellung von einer Existenz Israels »inmitten der Völker« in 5,6). Und selbst wenn man die Vorstellung von der Sammlung in 2,12 f. und 4,6 f. nicht aufs babylonische Exil bezieht, sondern Michas Zeitgenossen zutraut, stellt sich die Frage, wie Heilspropheten, die jeden Gedanken an eine drohende Zerstreuung abweisen – »es wird über uns kein Unheil kommen« (3,11) – die Sammlung der Zerstreuten verkündigen sollen. Und schließlich stellt sich das theologische Problem, daß bei dieser Deutung bestimmte Aussagen als »falsche Theologie« deklariert werden, ohne daß der Text dies zu erkennen gibt, und dieselben Texte ja auch anderswo (etwa in Jes 2,2–5) als »echte Prophetie« durchgehen. Dieser Preis für eine synchrone und einheitliche Lektüre ist zu hoch (im übrigen ist auf die Auslegung der jeweiligen Textstellen zu verweisen).

Kompensationsmodell

2.) Das Kompensationsmodell. Diese wohl am weitesten verbreitete Auffassung argumentiert auf diachroner Ebene. Für sie sind die Heilstexte eine Fortschreibung des älteren Michatextes, der nur Unheilsweissagungen enthält (eine Position, die auch in diesem Kommentar geteilt wird). Gedeutet wird diese Fortschreibung als Kompensation der als unerträglich empfundenen Androhung der Zerstörung Jerusalems in Mi 3,12. So hält schon *B. Stade*, Bemerkungen 1881, 170 Mi 4 f.* für das Werk von »Epigonen«, »als Antithese zu 3,12 gedacht«. *J. Wellhausen* 143 nennt Mi 4,1 ff. »ein Pflaster auf die durch 3,12 gerissene Wunde«. Nach *W. Nowack* 219 wollen die Verse »den Eindruck, den diese furchtbare Gerichtsverkündigung 3,12 hervorrufen mußte, mildern«. Und für *B. Renaud*, Formation 1977, 403 ist die Aufgabe der Heilsweissagungen in Mi 4 f.*, die Aussage von Mi 3,12 zu »neutralisieren«. Diese Deutung geht von der nie reflektierten stillschweigenden Voraussetzung aus, alle Texte der Michaschrift setzten ein identisches Objekt der Anrede, nämlich »Israel«, voraus, woraus sich das Problem ergibt, wie diesem Objekt einmal Unheil und direkt danach Heil angesagt werden kann.

Abfolgemodell

3.) Das Abfolgemodell: »Durch Gericht zum Heil«. Mit seiner Voraussetzung eines einheitlichen Objekts der Anrede, dem zunächst Unheil und dann zur Kompensation Heil angesagt wird, gerät dieses Modell vor die theologische Frage, wie dabei die Einheit Gottes gewahrt bleiben kann. Wenn spätere Autoren frühere Aussagen neutralisieren wollen, was gilt dann als Gottes Wort? Diesem Problem versucht man dadurch zu entkommen, daß man die Unheilsankündigungen als ein Durchgangsstadium versteht, das zwar ins Gericht führt, hinter dem aber dann das Heil aufleuchtet (vgl. die griffige »Kurzformel« bei *Otto Kaiser*, Der Gott des Alten Testaments. Wesen und Wirken. Theologie des Alten Testaments. Teil 2. Jahwe, der Gott Israels, Schöpfer der Welt und des Menschen [UTB 2024], Göttingen 1998, 20: »durch Gericht zum Heil«, vgl. aber auch schon *J. Lippl* 199: »…setzt bei den Propheten überall das Heil das Gericht voraus«). Gewiß hat dieses Modell Anhaltspunkte in der Prophetenüberlieferung (vgl. etwa Jes 40,1 f. oder Ez 36,16–38), und auch die Ankündigung von Mi 3,12 wird man in der Situation nach 587/586 als erfüllte Gerichtsankündigung betrachtet haben. Aber auch bei diesem Modell bleibt die Einheit des Objekts »Israel« ungefragt vorausgesetzt, und im übrigen ist es kaum in der Lage, das für fast alle Prophetenbücher typische Hin und Her von »Unheils-« und »Heilsweissagungen« zu erklären.

Soziologisches Modell

4.) Das soziologische Modell: Micha als Oppositionsliteratur. Sowohl das Kompensations- als auch das Abfolgemodell kranken also daran, daß sie durchgängig und in der Regel unhinterfragt eine einheitliche Größe »Israel« als Adressat der Prophetenworte unterstellen. Fragt man dagegen sozialgeschichtlich nach den Trägern der Überlieferung und ihren Adressaten, dann zerfließen die in der Forschung immer wieder absolut und als einander ausschließend genommenen Kategorien »Unheil« und »Heil« unter den Händen. Noch vor Betrachtung des ersten Textes wird man nämlich die Möglichkeit einräumen müssen, daß »Heil = Unheil« ist, nämlich »Heil für A = Unheil für B«, wenn A und B gegenläufige Interessen vertreten (sogar der Volksmund weiß, daß »dem einen sin Uhl« »dem andern sin Nachtigall« sein kann).

Nun spricht ja zumindest der Teil der Michaschrift, in dem sich die sog. Unheilsankündigungen finden, ständig von solchen gegenläufigen Interessen. Und der genaue Blick zeigt, daß mit Unheil die Bauernleger (Mi 2,1–3), die »Häupter und Führer« (3,1–4.9–12) und die Reichen und Grundbesitzer (6,9–16) bedroht werden. Deren Opfer, von denen die Texte ja ausdrücklich reden, werden kaum Einwände gegen das Unheil für ihre Bedrücker gehabt haben. Allerdings unterscheidet Unheil, das in Form von Kriegs- oder Naturkatastrophen hereinbricht, nicht zwischen Gerechten und Ungerechten, sondern zieht alle mit hinein. Deshalb drängen die Unheilstexte der Micha-Grundschrift geradezu auf Fortschreibung, die die Frage künftigen Heils aufgreift. Aber auch dabei bleibt »Heil« eine Kategorie, die von der gesellschaftlichen Perspektive abhängt. Die Ankündigung eines künftigen Heilsherrschers etwa, gewöhnlich unter »Heilsweissagung« kategorisiert, ist eine solche nur für die, die sich als Opfer der Geschichte von ihm eine Wende ihres Geschicks erwarten. Für die Herrschenden wäre sein Kommen dagegen durchaus »Unheil«, wie etwa Herodes später mit Blick auf Mi 5,1–3 sofort spontan versteht (Mt 2). Was also in den Kategorien »Heil« und »Unheil«, wenn man sie absolut nimmt, zum Gegensatz wird, kann, wenn man nach dem jeweiligen sozialen Kontext fragt, durchaus gut zusammenpassen.

Liest man Micha so, dann sieht man, daß die Heilsweissagungen keineswegs die Unheilsweissagungen korrigieren, relativieren oder neutralisieren wollen. Vielmehr führen sie sie in gewisser Hinsicht sogar konsequent weiter. Sie fragen nämlich zum einen, was aus den Opfern der Geschichte werden soll, eine Frage, die der alte Michatext offengelassen hatte. Und ihre Antwort ist: Die Verbannten (1,16) und Vertriebenen (2,9f.) sollen gesammelt werden (2,12), die Aufgeschreckten sollen sicher wohnen (4,4; 5,3), die Schlachtschafe (3,1–4) sollen als Herde gesammelt werden (2,12; 4,6f.). Und sie fragen in der neuen Situation der babylonischen und persischen Dominanz, wer *jetzt* die Opfer der Geschichte sind. Sie kommen dabei darauf, daß jetzt das kleine Israel Opfer imperialer Mächte wird (4,8–5,3.6f.9–14). Und sie vertreten im Diskurs der Perserzeit, daß nicht das Arrangement mit den Mächtigen, sondern die Hoffnung auf eine künftige Heilswende das ist, was sich die »kleinen Leute« von der Zukunft erhoffen. Denn daß diesen »kleinen Leuten« nach wie vor die Sympathie der Michaüberlieferer gilt, zeigt ihre erneute Sozialkritik in 6,9–16.

Zur Überlieferung des Michatextes

Allgemeines zu Textgeschichte und Textkritik: Dominique Barthélemy O.P., Critique textuelle de l'Ancien Testament. Tome 3: Ezéchiel, Daniel et les 12 Prophètes (OBO 50/3), Fribourg Suisse / Göttingen 1992. – *Arvid Bruno*, Das Buch der Zwölf. Eine rhythmische und textkritische Untersuchung, Stockholm 1957. – *Matthieu Collin*, Recherches sur l'histoire textuelle du prophète Michée: VT 21, 1971, 281–297. – *Russell Fuller*, The Form and Formation of the Book of the Twelve: The Evidence from the Judean Desert, in: J. W. Watts / P. R. House (Hg.), Forming Prophetic Literature. Essays on Isaiah and the Twelve, FS J. D. W. Watts (JSOT.S 235), Sheffield 1996, 86–101. – *Victor Ryssel*, Untersuchungen über die Textgestalt und die Echtheit des Buches Micha. Ein kritischer Kommentar zu Micha, Leipzig 1887. Literatur
Zum hebräischen Text: John M. Allegro, Discoveries in the Judean Desert of Jordan. V. Qumrân Cave 4. I (4Q158–4Q186), Oxford 1968. – *D. Barthélemy, O.P. / J. T. Milik*, Commentaire de Michée, in: dies., Discoveries in the Judean Desert. I. Qumran Cave I, Oxford 1955, 77–80. – *Russell Fuller*, 4QMicah: A Small Fragment of a Manuscript of the Minor Prophets from Qumran, Cave IV: RdQ 16, 1993, 193–202. – *Florentino García Martínez / Eibert J. C. Tigchelaar* (Hg.), The Dead Sea Scrolls Study Edition, Volume one 1Q1–4Q273, Leiden u.a. 1997. – *Hart-*

mut Gese, Die hebräischen Bibelhandschriften zum Dodekapropheton nach der Variantensammlung des *Kennicott:* ZAW 69, 1957, 55–69. – *J.-T. Milik,* Fragments d'un Midrash de Michée dans les manuscrits de Qumran, in: RB 59, 1952, 412–418. – *ders.,* Rouleau des douze prophètes, in: P. Benoit, O.P. u. a. (Hg.), Discoveries in the Judean Desert. II. Les Grottes de Murabba'ât, Oxford 1961, 181–205. – *Lawrence A. Sinclair,* Hebrew Text of the Qumran Micah Pesher and Textual Traditions of the Minor Prophets: RdQ 42, 1983, 253–263. – *Eugene Ulrich u. a.,* Discoveries in the Judaean Desert. XV, Oxford 1997.
Zum Targum: Kevin J. Cathcart / Robert P. Gordon, The Targum of the Minor Prophets (The Aramaic Bible 14), Edinburgh 1989. – *Alexander Sperber* (Hg.), The Bible in Aramaic III. The Latter Prophets According to Targum Jonathan, Leiden 1962.
Zur griechischen Überlieferung: Dominique Barthélemy O.P., Les devanciers d'Aquila. Première publication intégrale du texte des fragments du Dodécaprophéton trouvé dans le désert de Juda (VT.S 10), Leiden 1963. – *Émile Puech,* Les fragments non identifiés de 8KhXIIgr et le manuscrit grec des douze petits prophètes: RB 98, 1991, 161–169. – *Emanuel Tov,* Discoveries in the Judaean Desert. VIII. The Greek Minor Prophets Scroll from Naḥal Ḥever (8ḤevXIIGr) (The Seiyâl Collection I), Oxford 1990. – *K. Vollers,* Das Dodekapropheton der Alexandriner: ZAW 4, 1884, 1–20.
Weitere Übersetzungen: Hans Ferdinand Fuhs, Die äthiopische Übersetzung des Propheten Micha (BBB 28), Bonn 1968. – *V. Ryssel,* Die arabische Uebersetzung des Micha in der Pariser und Londoner Polyglotte: ZAW 5, 1885, 102–138.

Der hebräische Text, der diesem Kommentar zugrunde liegt, ist der der Biblia Hebraica Stuttgartensia, die die masoretische Textfassung des Codex Leningradensis aus dem Jahr 1008 n. Chr. wiedergibt. Deren Vorläufer lassen sich seit den Funden in der judäischen Wüste bis in eine Zeit zurückverfolgen, die der Schlußredaktion der Michaschrift bzw. des Zwölfprophetenbuches noch recht nahe kommt, nämlich für Micha bis in die Mitte des 1. Jh. v. Chr. Wichtigster Fund aus Qumran ist neben einigen Textfragmenten (bei *F. García Martínez / E. J. C. Tigchelaar,* Scrolls 1997 die Texte 4Q81, 4Q82 und 4Q168; vgl. *J. M. Allegro,* Discoveries 1968, 36; *R. Fuller,* 4QMicah 1993; *E. Ulrich u. a.,* Discoveries 1997, 267–318) das Fragment eines Micha-Kommentars, von dem noch der kommentierte Text von Mich,1, 2–9 und Mi 6, 14–16 erhalten ist (1Q14; vgl. *D. Barthélemy, O.P. / J. T. Milik,* Commentaire 1955 und *J.-T. Milik,* Fragments 1952). Die Tatsache, daß der Text kommentiert wird, zeigt, daß er bereits als unveränderlich angesehen wird. Die Textfassung selbst hat geringe Abweichungen von M, die vor allem orthographischer und grammatischer Art sind, ohne den Sinn des Textes zu berühren (so *J.-T. Milik,* Fragments 1952, 417). Solche Nähe zu M läßt sich auch für die große Zwölfprophetenrolle aus dem 1. Drittel des 2. Jh. n. Chr. nachweisen, die im Wadi Murabba'ât gefunden wurde (*J.-T. Milik,* Rouleau 1961). Nach dem Herausgeber bestehen Varianten zu M hauptsächlich in der Schreibweise und in der Schreibung des Qere statt des Ketib (*J.-T. Milik,* Rouleau 1961, 183), so daß *D. Barthélemy,* Critique 1992, CII zu dem Urteil kommt, der Text verdiene »wahrhaft die Qualifizierung als ›protomasoretisch‹«[2].

[2] »mérite vraiment le qualificatif de ›protomassorétique‹«.

Neben der Texttradition, die durch die Qumranfragmente und die Rolle aus dem Wadi Murabba'ât repräsentiert wird und die auf den masoretischen Text zuführt, steht als zweiter Traditionsstrang die griechische Überlieferung (vgl. *M. Collin*, Recherches 1971, 297 und *L. A. Sinclair*, Micha Pesher 1983, 255). Deren Abweichung von der hebräischen Tradition ist bereits von Hieronymus notiert worden[3]. Daß diese Differenz sogar schon vor ihm empfunden wurde, zeigt die griechische Zwölfprophetenrolle aus dem 1. vorchristlichen Jahrhundert, die man im Naḥal Ḥever fand (*D. Barthélemy*, Devanciers 1963; *É. Puech*, Fragments 1991; *E. Tov*, Discoveries 1990). Sie gleicht nämlich den griechischen Text, den sie vorgefunden hat, bereits an einen hebräischen Text an, den man als »a forerunner of MT« (*E. Tov*, Discoveries 1990, 145), als »einen Text von prämasoretischem Typ«[4] (*D. Barthélemy*, Critique 1992, CXL) bezeichnet hat. Die Tatsache, daß die griechische Überlieferung offenbar schon früh von der hebräischen abweicht, macht es naturgemäß problematisch, wie es lange Zeit geschehen ist, den griechischen Text extensiv zur Korrektur des hebräischen heranzuziehen (was freilich auch schon *V. Ryssel*, Untersuchungen 1887, 175–185 festgestellt hat).

Micha heute lesen

Texte, zumal fremde und alte, werden immer im Horizont heutiger Leserinnen und Leser wahrgenommen. Diese bringen nicht nur ihre aktuellen Verstehensvoraussetzungen mit, sondern fragen auch danach, welche Bedeutung der Text für sie haben kann. Damit kommt ohne Zweifel ein subjektiver Faktor in die Auslegung, der freilich jeder Auslegung ohnehin anhaftet. Es wäre illusorisch zu meinen, dieses subjektive Moment könne dadurch ausgeschaltet werden, daß der Fragehorizont der Ausleger einfach unerörtert bleibt. Das würde in Wahrheit das subjektive Moment der Auslegung nur verstärken. Zugleich wird die Auslegung mit der Frage nach der aktuellen Bedeutung notwendigerweise zeitgebunden. Aber auch hier ist vor der Illusion zu warnen, es könne eine zeitlos »richtige« Auslegung geben, wo doch jeder Rückblick in die Forschungsgeschichte – und gerade auch die der historisch-kritischen Forschung – die Zeitabhängigkeit jeder Exegese belegt. Darüberhinaus ist Zeitlosigkeit der Auslegung auch gar nicht erstrebenswert. Denn sie wäre wohl nur zu erkaufen mit der gleichzeitigen Irrelevanz des Textes für die Zeit, in der er ausgelegt wird.

---

[3] Kommentar zu Mi 1,10: »Multum Hebraicum a LXX interpretatione discordat« (J.-P.Migne, Patrologia Latina XXV,6, Paris 1884, 1159).
[4] »un texte de type prémassorétique«.

Das kann nun freilich nicht bedeuten, beliebige uns heute bewegende Fragen an den Text zu richten und von ihm eine Antwort zu erwarten. Damit würden ihm sein Eigenleben genommen und seine Andersheit und Fremdheit. Texte sind keine Antwortautomaten auf unsere Fragen. So bleibt Micha etwa – anders als andere biblische Texte – gegenüber den uns heute bedrängenden ökologischen Fragen stumm. Und das ist sein gutes Recht. Anders ist es dagegen mit feministischen Fragestellungen, deren Herkunft aus unserer Gegenwart unbestreitbar ist, die aber im Michatext durchaus ein Echo finden können.

1. Micha feministisch lesen

Literatur *Sophia Bietenhard,* Das Buch Micha. Ruf nach Gerechtigkeit – Hoffnung für alle, in: L. Schottroff / M.-Th. Wacker (Hg.), Kompendium Feministische Bibelauslegung, Gütersloh 1998, 338–346. – *Athalya Brenner / Fokkelien van Dijk Hemmes,* On Gendering Texts. Female and Male Voices in the Hebrew Bible (Biblical Interpretation Series 1), Leiden u. a. 1993. – *Athalya Brenner,* Introduction, in: dies. (Hg.), A Feminist Companion to the Latter Prophets: The Feminist Companion to the Bible 8, Sheffield 1995, 21–37. – *F. W. Dobbs-Allsopp,* The Syntagma of *bat* Followed by a Geographical Name in the Hebrew Bible: A Reconsideration of Its Meaning and Grammar: CBQ 57, 1995, 451–470. – *ders.,* Weep, O Daughter of Zion: A Study of the City-Lament Genre in the Hebrew Bible (BiOr 44), Rom 1993. – *Elaine R. Follis,* The Holy City as Daughter, in: dies. (Hg.), Directions in Biblical Hebrew Poetry (JSOT.S 40), Sheffield 1987, 173–184. – *Pamela Gordon / Harold C. Washington,* Rape as a Military Metaphor in the Hebrew Bible, in: A. Brenner (Hg.), A Feminist Companion to the Latter Prophets: The Feminist Companion to the Bible 8, Sheffield 1995, 308–325. – *Judith E. Sanderson,* Micah, in: C. A. Newsom / Sh. H. Ringe (Hg.), The Women's Bible Commentary, London / Louisville 1992, 215 f. – *Elke Seifert,* Tochter und Vater im Alten Testament. Eine ideologiekritische Untersuchung zur Verfügungsgewalt von Vätern über ihre Töchter (Neukirchener Theologische Dissertationen und Habilitationen 9), Neukirchen-Vluyn 1997.

Die Frage nach einer eventuellen feministischen Relevanz des Michatextes ist auf zwei Ebenen anzugehen. Die eine ist die der *historisch-realen Aussagen.* Hier ist darauf zu verweisen, daß der Prophet ausdrücklich die Frauen als Opfer der sozialen Entwicklungen seiner Zeit thematisiert (2,9 f.), wie dies freilich auch andere Propheten tun (vgl. Jes 1,23; 10,2; Am 2,7). Ferner wird man die hervorgehobene Erwähnung Mirjams in Mi 6,4 unterstreichen müssen, die sich so in keinem anderen Text findet und die nicht nur von historischer Wertschätzung der Mirjamgestalt zeugt, sondern auch die Rolle des weiblichen Elements in der Geschichte der israelitischen Prophetie festhält.

Die andere Ebene ist die der *Metaphorik.* Dabei ist freilich zu differenzieren zwischen lebendigen Metaphern, die als solche bewußt sind, und einer abgeblaßten Metaphorik, die sich auf grammatische Formen beschränkt.

Um eine bewußte weibliche Metapher zu bilden, gehört zur grammatischen Form immer auch ein historisch bedingter Verwendungskontext. So wird im Deutschen »die Mannschaft« eines Fußballvereins trotz des femininen Genus keineswegs als weibliche Metapher aufgefaßt. Entsprechendes gilt m. E. auch für die fünfmalige Erwähnung der יושבת in Mi 1,10–16, worin *P. Gordon / H. C. Washington*, Rape 1995, 318 eine Personifizierung »as a feminine collective ›indweller‹« sehen. Doch wird im Hebräischen das Feminin der Adjektive und Partizipien häufig zur Bildung von Abstrakta oder von Begriffen, die im Deutschen mit Neutrum wiederzugeben sind, verwendet (vgl. Ges-K §122q), ohne daß damit zugleich eine weibliche Metaphorisierung gegeben wäre. Deshalb wird יושבת im Kommentar mit »Bewohnerschaft« übersetzt, was grammatisch weiblich ist, ohne damit eine weibliche Personifizierung zu verbinden.

Lebendige weibliche Metaphorik liegt dagegen vor, wenn bei der Kritik an Samaria vom »Dirnengeschenk« die Rede ist (1,7), wenn das angeredete Volk als »Tochter« apostrophiert wird (»Tochter Zion« in 1,13; 4,8.10.13; »Tochter Jerusalem« in 4,8; dazu die »Tochter der Ritzung« in 4,13), wenn diese Tochter als Gebärende in Geburtswehen gezeichnet wird (4,9f.; 5,2), oder wenn eine weibliche Gestalt vorgestellt wird, die mit ihrer ebenfalls weiblich personifizierten Feindin spricht und in diesem Kontext ein Sündenbekenntnis ablegt (7,8–10). Gelegentlich werden gegen eben diese Stellen aus feministischer Perspektive Vorbehalte formuliert, die darauf hinauslaufen, daß es ausgerechnet Schwäche und Sünde sind, die mit Frauen in Verbindung gebracht werden. So schreibt *J. E. Sanderson*, Micah 1992, 216: »... God is male and the people, whether Israel or Jerusalem, is collectively female. Even worse, God is good and just and forgiving male, while the people is at worst an evil and corrupt female and at best a repentant female.« Und *A. Brenner*, Introduction 1995, 26 fügt hinzu: »The Figure of Woman Giving Birth is a Symbol for Fear, Physical Infirmity and Suffering in Political Affairs and War«.

Allerdings beschränkt sich solche Sicht nur auf einen Teilaspekt der Texte. Denn dieselbe »Tochter Zion«, von der man in 4,9 tatsächlich sagen kann, sie werde »metaphorized into the female pain par excellence« (*A. Brenner*, Introduction 1995, 26), wird nur wenige Verse später – in ein und demselben Kontext – aufgefordert: »Auf, drisch, Tochter Zion, / denn dein Horn mache ich zu Eisen / und deine Hufe mache ich zu Erz / und du wirst viele Nationen zermalmen ...« 4,13). Das ist nicht das Bild der Frau als geborenes Opfer, sondern das der im Blut der Feinde watenden Anat oder der kriegerischen Pallas Athene. Und die Bewegung des Textes geht dahin, daß aus der in Wehen liegenden »Tochter Zion« die Siegerin über die Feinde wird. *S. Bietenhard*, Micha 1998, 341 bemerkt: »Allerdings bringt diese Auferstehung Zions vom Opfer zur Gestalterin auch die Wende zur Täterin mit sich.«

Entsprechend ist es mit der Frau in der Rolle der »reuigen Sünderin«. In der Tat legt sie in 7,9 ein Sündenbekenntnis ab. Aber immerhin ist dies dasjenige Sündenbekenntnis, das das Schicksal des Volkes wendet, während der in 6,6–8 karikierte Versuch, Sühne für die eigene Sünde zu bewirken, der des »Adam« (6,8) ist. Und überhaupt ist es keineswegs so, daß »the people is at worst an evil and corrupt female« (*J. E. Sanderson*, Micah 1992, 216). Zwar spricht 1,13 von der »Sünde für die Tochter Zion«. Aber die erste Metaphorisierung des Volkes im Michatext ist männlich, und zwar gleich in der Verbindung »Verfehlung Jakobs« (1,5), und in 3,8 wird mit der Rede von der Verfehlung Jakobs und der Sünde Israels diese Linie weitergezogen. Und wo immer konkrete Vergehen genannt werden (in 2,1–3.6–11; 3,1–12; 6,9–16; 7,3), da sind es sowohl grammatisch als auch der Sache nach Männer, denen sie vorgehalten werden.

Gewiß ist Micha ein Text, der letztlich aus männlicher Perspektive verfaßt ist, »an M voice«, wie *A. Brenner / F. van Dijk Hemmes*, Gendering 1993 sagen. Ein unscheinbarer Satz wie die Warnung in 7,5 zeigt das: »Vor der, die an deiner Brust liegt, / hüte die Pforten deines Mundes«. Das kann man nur einem Mann sagen. Aber auf diesem Hintergrund macht der Michatext durchaus auch Lebenssituationen konkreter Frauen sichtbar und verwendet in der Metaphorik Geschlechterrollen so vielfältig, daß die Gefahr ihrer Verfestigung auf wenige Geschlechterstereotypen reduziert wird.

Feministische Lesarten stellen die überaus dringende Frage, wie »wir« im Text vorkommen. Da »wir« Frauen oder Männer sind, ist dies notwendigerweise auch die Frage, wie »wir als Frauen« oder »wir als Männer« im Text vorkommen. »Wir« sind aber in der Regel auch Jüdinnen oder Juden, Christinnen oder Christen, wenn wir diesen Text lesen. Und auch diesbezüglich ist die Frage dringend, wie »wir« in diesem Text vorkommen.

2. Israel und die Völker

Literatur *A. H. J. Gunneweg*, Vom Verstehen des Alten Testaments. Eine Hermeneutik (ATD.E 5), Göttingen ²1988. – *Horst Dietrich Preuß*, Das Alte Testament in christlicher Predigt, Stuttgart u.a. 1984. – *Bernhard Stade*, Ueber die Aufgaben der biblischen Theologie des Alten Testamentes, in: ders., Ausgewählte Akademische Reden und Abhandlungen, Gießen 1899, 77–96. – *Erich Zenger*, Das Erste Testament. Die jüdische Bibel und die Christen, Düsseldorf ²1992.

Micha gehört zu den alttestamentlichen Texten, in denen immer wieder das Verhältnis Israels zu den Völkern thematisiert wird, vom Anfang in 1,2 über den zentralen Block in Kap. 4–5 bis zum Ende in 7,16f. Was bedeutet es für christliche Lektüre, daß der Friede der Völker daher kommt, daß vom Zion Weisung ausgeht (Mi 4,1–5)? Was bedeutet es, daß das Schicksal der Völker an ihr Verhältnis zu Israel gebunden wird (Mi 5,6f.)? Was bedeutet es, daß den Völkern, die über das Schicksal Judas spotten und nicht auf seinen Gott hören wollen, Vernichtung angedroht wird (Mi 4,9–13; 5,14)?

Die Erfahrung der Schoah hat auch christliches Nachdenken dafür sensibel gemacht, daß diese Fragen nicht dadurch beantwortet werden können, daß überall da, wo »Israel« steht, »Kirche«, und überall da, wo »Völker« steht, »(nichtchristliche) Heiden« gelesen wird. »Immerhin ist dieser Teil unserer Heiligen Schrift auch, ja zuallererst die jüdische Bibel« (*E. Zenger*, Das Erste Testament ²1992, 17). Das bedeutet, daß in den Texten, wenn sie von »Israel« (oder »Zion«, »Abraham« o.a.) sprechen, tatsächlich das jüdische Volk gemeint ist. Und zugleich bedeutet es, daß die Kirche »aus den Völkern« (Röm 9,24) in den Texten erst einmal da vorkommt, wo in ihnen von »den Völkern« die Rede ist.

So gelesen könnte Micha für eine Kirche, die sich dieses Zusammenhangs bewußt wird, besonders hilfreich sein. Denn Micha gehört zu den alttestamentlichen Texten, die sehr wohl eine Heilsperspektive für alle Völker entfalten, diese zugleich aber ursächlich an das Verhältnis der Völker zu Israel binden. Die Bindung an Israel kann davor bewahren, daß die Kirche sich von ihrem Wurzelgrund entfernt und dadurch unweigerlich der Gefahr des Verdorrens ausgesetzt ist, entsprechend der Erinnerung des Apostels Paulus an die Kirche »aus den Völkern«: »Nicht du trägst die Wurzel, sondern die Wurzel dich« (Röm 11,18). Die Heilsperspektive für alle Völker kann zugleich vor einer Immunisierung gegenüber den Texten bewahren; denn die Erkenntnis ihres primär jüdischen Charakters könnte ja auch zu ihrer Abwertung als »vorchristlich« führen. Gerade die historisch-kritische Forschung, die nicht mehr von der selbstverständlichen, durch die Inspiration durch den heiligen Geist vorgegebenen Einheit der gesamten Heiligen Schrift ausgeht, ist dieser Gefahr immer wieder erlegen und hat das Alte Testament der »Vorgeschichte des Christenthums« (*B. Stade*, Aufgaben 1899, 96) zugewiesen.

Die Michatexte sollten weder als vorchristlich abgewertet noch christlich so angeeignet werden, daß dabei zugleich Israel dieser Texte enteignet wird. Sie sind vielmehr als jüdische Texte anzuerkennen, ohne damit ihre Relevanz für die Kirche aufzuheben.

3. Micha der Kritiker

Literatur

Frank Crüsemann, »Das Land voll Silber und Gold, Waffen und Götzen« (Jes 2,7f.). Zur Rezeption der prophetischen Sozialkritik, in: R. Jost u.a. (Hg.), Auf Israel hören. Sozialgeschichtliche Bibelauslegung, Luzern 1992, 25–45. – *Hans-Christoph Schmitt*, Zur Gegenwartsbedeutung der alttestamentlichen Prophetie. Hermeneutische Konsequenzen eines redaktionsgeschichtlichen Verständnisses von Texten aus Jes 1–12: EvErz 37, 1985, 269–285.

Die Michaschrift ist nicht nur geprägt durch die Spannung im Verhältnis zwischen Israel und den Völkern, sondern auch durch die Spannung zwischen schärfster sozialer, politischer und kultischer Kritik auf der einen und umfassender Ansage von Heil auf der andern Seite, die – wie immer man den Aufbau der Schrift beschreiben will – nicht in einfacher Abfolge hintereinander gestellt, sondern ineinander verwoben sind. Und diese Spannung zwischen Kritik und Heil gilt sowohl für Israel als auch für die Völker, wobei für die Völker deren Stellung zu Israel als ein entscheidender zusätzlicher Faktor ins Spiel kommt. Damit stellt sich für die Kirche »aus den Völkern« die Frage, ob sie tatsächlich das Recht hat, sich aus Micha die Rosinen der Heilsverheißungen herauszupicken und die Kritik an sozialen, politischen und religiösen Mißständen dem historischen Juda des 8., 6. oder 5. Jh. zu überlassen. Dies geschieht oft durchaus subtil. So werden in der Lutherbibel durch Fettdruck hervorgehoben Mi 5,1; 6,8 und 7,18, wo vom Herrscher aus Betlehem, der göttlichen Forderung an »den Menschen« und dem Sünden vergebenden Gott die Rede ist – und sonst eben keine Stelle. Solches Herauspicken der Rosinen liegt auch vor, wenn ein Ausleger da, wo es um Sozialkritik und Unheilsankündigung geht, unbefangen vom »Unheil über Jerusalem« spricht, wo es aber um Vergebung und Heil geht und der Text eindeutig auf Zion bzw. »Jakob« und »Abraham« zu beziehen ist, einfach »den Menschen« einsetzt (»Realgrund der Erwartung, JHWH werde die Not wenden und eine Zeit des Heils heraufführen, ist seitens *des Menschen* die Einsicht in die Schuld [7,9f.], auf Seiten Gottes die Barmherzigkeit, die die Schuld *des Menschen* forträgt [7,18f.]«, *E. Otto*, Micha 1992, 699f., Hervorhebung R. K.).

Solch einseitiger Rezeption der Texte unter Ausblendung ihrer aktuellen Relevanz, sobald sie soziale, politische und religiöse Verhältnisse kritisieren (vgl. zu verschiedenen Strategien der Immunisierung gegen die prophetische Sozialkritik *F. Crüsemann*, »Land« 1992), ist aus mehreren Gründen zu widersprechen. Erstens schwächt das Neue Testament, durch das den Christinnen und Christen ja tatsächlich der Zugang zum Alten eröffnet wird, die Sozialkritik nicht ab, sondern radikalisiert sie, vor allem in der Überlieferung von Jesus, aber auch etwa im Jakobusbrief. Zweitens zeigt schon inneralttestamentlich der Vorgang der Prophetenüberlieferung, daß die Kritik und die aus ihr folgenden Unheilsankündigungen nicht für überflüssig gehalten werden, wenn die Heilsperspektive hinzukommt und tatsächlich dominant wird. Vielmehr wird in Micha nicht nur die alte Kritik weiterüberliefert (Mi 1–3*), sondern auch noch um neue Kritik erweitert (6,1–7,7) (somit wird man kaum *H.-Ch. Schmitt*, Gegenwartsbedeutung 1985, 284f. folgen können, für den »unmittelbare Relevanz für den christlichen Glauben« die alttestamentliche Prophetie »erst auf der Stufe ihrer Aktualisierung für die nachexilische Gemeinde« gewinnt, während »die vorexilische Prophetie mit ihrer politisch-sozialen Gerichtspredigt in der Gegenwart nicht direkt aktualisierbar« sei).

Und drittens zeigt schon ein erster Blick, daß es zwischen den damaligen Entwicklungen, auch wenn sie auf einem anderen gesellschaftlichen Hintergrund ablaufen, und dem, was sich an der Wende vom 20. zum 21. Jh. abspielt, nicht nur Unterschiede gibt. Die Globalisierung der Wirtschaft führt zu Phänomenen der Verarmung und Ausgrenzung, die einigen bei Micha beschriebenen Phänomenen nicht unähnlich sind. Besonders in der vom entwickelten Norden abhängigen Welt des Südens werden viele Vorgänge so erfahren, daß die Texte eines Micha unmittelbar zu sprechen beginnen (vgl. dazu den Exkurs zu »Micha in Lateinamerika«). Aber auch hierzulande wirft etwa die deutsche Einheit Fragen der Eigentumsordnung auf, die auch im Michatext eine Rolle spielen (bes. Mi 2,1–5). Eine Lektüre, die die Aktualität der Texte auch in solchen Fragen nicht von vorneherein für irrelevant erklärt, wird den Blick auf die Andersartigkeit der damaligen Verhältnisse mit der Frage nach strukturellen Gemeinsamkeiten verbinden. Und sie wird fragen müssen, ob die Micha-Texte auf der allgemeinen Ebene einer Ethik der Nächstenliebe und der Fürsorge für die Schwachen verbleiben oder ob sie nicht auch konkretere Wegmarken für unsere aktuellen Probleme anbieten.

4. Micha der Visionär

Roman Janssen, Wie war das Chorgestühl konzipiert? Grundlegung einer Rekonstruktion, in: ders. / H. Müller-Baur, Die Stiftskirche in Herrenberg 1293–1993, Herrenberg 1993, 454–508. Literatur

Im Chorgestühl der Stiftskirche im württembergischen Herrenberg findet sich eine geschnitzte Darstellung des Propheten Micha. Unter ihr steht auf einem Schriftband der Hinweis auf die Vulgatafassung von Mi 7,19: »PONAT D(OMI)N(V)S / OM(N)ES / INIQVITAT(ES)« – »der Herr möge alle Verschuldigungen niederlegen«. Der Gestalt des Micha zugeordnet ist der Apostel Simon Zelotes mit dem Satz aus dem apostolischen Glaubensbekenntnis: »(CREDO) IN REMISSIONEM PECCATORUM« – »ich glaube an die Vergebung der Sünden«. Der Prophet des Alten Testaments ist visionärer Zeuge dessen, was dann die Apostel des Neuen Testaments als den wahren christlichen Glauben formulieren werden (vgl. dazu *R. Janssen,* Chorgestühl 1993). Diese christliche Auffassung geht zurück bis ins Neue Testament selbst. Die Urchristenheit versteht ihre heilige Schrift, das spätere Alte Testament, als ein Zeugnis auf Jesus Christus hin. Und sie liest es auf der Suche nach konkreten Zeugnissen. Bei Micha wird sie sehr direkt da fündig, wo dieser als den Ort, »wo der Christus geboren werden sollte«, Bethlehem angibt (Mi 5,1, zitiert in Mt 2,4–6).

Solche Art christlicher Lektüre, die Sätze des christlichen Credos in Prophetensätzen vorgebildet findet und die in der Person Jesu Christi die Erfüllung der prophetischen Weissagungen erkennt, ist als historische Lektüre nicht haltbar. Der Michatext war von seinen Produzenten so nicht gemeint. Aber seine Rezipienten in der Urchristenheit konnten ihn durchaus so auffassen. Dies liegt daran, daß der Text in seinen Zukunftsansagen und Zukunftsbildern so offen ist, daß er in immer wieder neuen Situationen auch immer wieder neuen »Sinn macht« in dem wörtlichen Verständnis, daß er Sinn produziert. Dies zeigt die überraschende Tatsache, daß ausgerechnet der Prophet Micha das Stichwort für die DDR-Friedensbewegung ab Ende der 70er Jahre gab, das dann auch von der westdeutschen Friedensbewegung übernommen wurde: »Schwerter zu Pflugscharen«. Hier wurde in den alten Texten ein Überschuß entdeckt, der noch nicht eingelöst ist, die Vision einer friedlichen Zukunft, die noch aussteht.

Micha, den Propheten des Alten Bundes, heute lesen heißt, durch alle Kritik hindurch, die aufzugreifen und weiterzuführen ist, nach Bildern eines guten und friedlichen Lebens zu fragen, die zugleich Hoffnung geben und in politische Bewegung versetzen können. Wer als Christ oder Christin Micha so liest, wird dies nicht an Israel vorbei tun können, sondern wird gerade auf den Zion als Ort des Heils verwiesen werden. Dort wird sich auch für die Kirche »aus den Völkern« der Gott finden lassen, »der Schuld vergibt und an der Verfehlung vorübergeht für den Rest seines Eigentums« (Mi 7,18).

Kommentierung

Die Überschrift: Micha 1,1

Literatur *H. M. I. Gevaryahu*, Biblical colophons: a source for the »biography« of authors, texts and books, in: Congress Volume Edinburgh 1974, VT.S 28, Leiden 1975, 42–59. – *Gene M. Tucker*, Prophetic Superscriptions and the Growth of a Canon, in: G. W. Coats/B. O. Long (Hg.), Canon and Authority. Essays in Old Testament Religion and Theology, Philadelphia 1977, 56–70. – *Harald-Martin Wahl*, Die Überschriften der Prophetenbücher. Anmerkungen zu Form, Redaktion und Bedeutung für die Datierung der Bücher: EThL 70, 1994, 91–104.

Text

Übersetzung *Das Wort JHWHs, das an Micha, den Moreschetiter, erging in den Tagen Jotams, Ahas' und Hiskijas, der Könige von Juda, das er schaute über Samaria und Jerusalem.*

Analyse

Mi 1,1 ist die Überschrift zum Michabuch. Der Vers ist nicht als Satz formuliert, sondern bezeichnet nominal alles nun Folgende als »das Wort JHWHs«. Dieses Wort wird in zwei Relativsätzen näher bestimmt. Der erste gibt den Adressaten des Wortes, Micha, und anhand der entsprechenden judäischen Könige die Zeit an, in der das Wort erging. Der zweite nennt den Bereich der Schauung, die Hauptstadt des Nordreichs und die des Südreichs. Vom ersten zum zweiten Relativsatz findet dabei ein Wechsel des Subjekts statt, das zunächst »das Wort JHWHs«, dann aber »Micha« ist. Hier kommen verschiedene Vorstellungen von Prophetie zusammen, wie ein Blick auf die Überschriften anderer Propehtenbücher zeigt. Geht man von dem auffälligen Subjektwechsel in Mi 1,1 aus, dann lassen sich diese nach zwei Typen einteilen. Der erste Typ geht vom Propheten als Subjekt aus (»Schauung Jesajas«, Jes 1,1; vgl. Jer 1,1; Am 1,1; Obd 1; Nah 1,1; Hab 1,1), der zweite dagegen von Gott als Subjekt, wobei der Prophet nur dessen Medium ist (»das Wort JHWHs, das an NN erging«, Hos 1,1; Joel 1,1; Mi 1,1a; Zef 1,1).

Mi 1,1 vereint die Elemente der beiden Überschriftentypen: V 1a hat exakt dieselbe Struktur wie Hos 1,1 und Zef 1,1, der zweite Relativsatz in Mi 1,1b stimmt dagegen strukturell mit dem Relativsatz in Jes 1,1 und Am 1,1 überein, allerdings ohne die Zeitangabe, die ja schon in Mi 1,1a gemäß dem anderen Typ genannt war. Dies läßt den Schluß zu, daß diese Überschrift von vorneherein für einen Kontext geschaffen wurde, dem die genannten Prophetenschriften ebenfalls angehören.

Ob sich dahinter noch eine ältere Form – etwa als Überschrift über eine Teilsammlung Mi 1–3* – verbirgt, ist nicht mehr nachweisbar, wenn auch nicht völlig auszuschließen. Jedenfalls ist man, um sie zu rekonstruieren, zu Textänderungen gezwungen (*H. W. Wolff* 2: »Worte« oder »Schauung Michas, des Moreschetiters, die er über Samaria und Jerusalem schaute«). Möglicherweise ist aber auch V 1a zuerst entstanden und V 1b in einem zweiten Schritt daran angefügt worden ist (so etwa *W. Nowack* 200; *E. Sellin* 309; *W. Rudolph* 31). Dennoch ist auch dann zu beachten, daß keiner der Überschriftteile unabhängig von den Parallelen in Hosea und Zefanja auf der einen, Amos und Jesaja auf der andern Seite gesehen werden kann (vgl. *J. Vermeylen*, Isaïe 1978, 570f.). Dieser Befund stützt die von *J. Nogalski*, Precursors 1993, 127f. und *A. Schart*, Entstehung 1998, 39–49 unterstrichene Beobachtung, daß die Schriften von Hosea, Amos, Micha und Zefanja aufgrund ihrer Überschriften besonders eng zusammengehören, wobei freilich zu unterstreichen ist, daß Amos doch recht weit vom gemeinsamen Muster abweicht und dafür größere Nähe zu Jesaja zeigt, der seinerseits in diese Reihe mit hineingehört.

Der Schluß, daß die Überschrift in Mi 1,1 keinen alten Kern – zumindest keinen, der sich noch rekonstruieren ließe – hat, oder, anders ausgedrückt, daß sie von vorneherein für den Kontext weiterer Prophetenschriften geschaffen wurde, wird durch inhaltliche und sprachliche Beobachtungen gestützt: 1.) Die Worttheologie der Überschrift setzt ein vereinheitlichtes Prophetenbild voraus. 2.) Die Aufzählung der drei judäischen Könige, unter denen Micha gewirkt haben soll, verfolgt im Zusammenhang mit den übrigen Überschriften eine theologische Absicht. 3.) Die Namensform für Hiskija, »Jehiskija«, kommt nur in Hos 1,1 und Mi 1,1 vor. 4.) Die Erwähnung von Samaria setzt nicht nur den wahrscheinlich erst perserzeitlichen Text in Mi 1,2–7 voraus, sondern wird überhaupt nur verständlich, wenn die Michaschrift als Fortsetzung der ganz auf Samaria konzentrierten Schriften von Hosea und Amos aufgefaßt wird. Dies ist nun in der Einzelauslegung näher zu begründen.

Auslegung

»Das Wort JHWHs, das an Micha, den Moreschetiter, erging ...«: Hintergrund dieser Formulierung ist die sogenannte Wortereignisformel. Gedacht ist dabei an ein einzelnes Wort, das zu einem bestimmten Zeitpunkt an einen Propheten ergeht. Besonders illustrativ ist das Beispiel Jeremias, der in der Auseinandersetzung mit dem Propheten Hananja zunächst sprachlos »seines Weges geht« (Jer 28,11), bis er durch ein »Wortereignis« die Sprache wiederfindet: »Und es erging das Wort JHWHs an Jeremia« (V 12). Aus dem Zeit*punkt* der Prophetenerzählungen und -texte wird in den Buchüberschriften ein längerer Zeit*raum* (»in den Tagen ...«). Damit wird zugleich aus dem aktuellen Einzelwort eine Theologie des Wortes JHWHs, das zu verschiedenen Zeiten und durch verschiedene Propheten in verschiedenen Einzelworten, die jetzt in den einzelnen Prophetenbüchern gesammelt sind, ergeht. Eine solche prophetische Worttheologie setzt bereits einen reflektierenden Überblick über das Wirken der Propheten voraus und ist deshalb jedenfalls nicht vor dem Prozeß der systematischen Sammlung der Prophetenworte anzusetzen. V 1aα

»An Micha, den Moreschetiter«. Der Name Micha zählt in verschiedenen Schreibweisen zu den häufigsten Personennamen der Bibel. Auch epigraphisch ist er reichlich bezeugt, so allein von sieben verschiedenen Personen auf den Siegelabdrücken (Bullen), die in dem bei der Eroberung durch die Babylonier 587/586 zerstörten Jerusalemer Archiv gefunden wurden (vgl. bei *N. Avigad*, Hebrew Bullae from the Time of Jeremiah. Remnants of a Burnt Archive, Jerusalem 1986, die Nr. 27 und 90–97). Wegen der Häufigkeit des Namens müssen seine Träger voneinander unterschieden werden. So heißt Michas Prophetenkollege aus 1 Kön 22 Micha ben Jimla (V 8 f.), wird also durch den Vaternamen von andern Trägern dieses Namens unterschieden. Auch die Träger des Namens auf den Bullen fügen jeweils ein בן (»Sohn des«) plus Vatername an. Deutlich anders dagegen ist die Kennzeichnung des Micha des Prophetenbuches als »der Moreschetiter«, also durch seinen Herkunftsort. Diese Bezeichnung macht nur Sinn als Fremdbezeichnung außerhalb des Heimatortes. So weist schon diese Namensform darauf hin, daß Micha nicht nur in seiner Heimat gewirkt hat, sondern – das geht aus Mi 3 hervor – auch in Jerusalem, und daß er dort als »der Moreschetiter« von anderen Trägern dieses Namens unterschieden worden ist.

Der Heimatort Michas wird außer in Mi 1,1 und Jer 26,18 biblisch nur noch in Mi 1,14 in der Form Moreschet-Gat erwähnt (zur Diskussion um die Identifizierung der Ortslage vgl. u. S. 103 f. zu 1,10–16).

Nach der Nennung des Propheten gibt die Überschrift den Zeitraum seines Wirkens an: »in den Tagen Jotams, Ahas' und Hiskijas, der Könige von Juda«. Das wäre ein beachtlicher Zeitraum von etwa einem halben Jahrhundert, denn je nach Datierungssystem ist Jotam 759 oder 756 auf den Thron V 1aβ gekommen und Hiskija 700 oder 697 gestorben. Allerdings muß die Überschrift nicht meinen, Micha habe schon zu Beginn der Regierung Jotams und bis zum Ende der Regierung Hiskijas gewirkt, so daß sich der Zeitraum auf 25–30 Jahre verkürzen würde.

Dennoch ergeben sich Bedenken auch gegen die Annahme einer so zwar verkürzten, aber insgesamt immer noch recht langen Tätigkeit Michas. 1.) Jer 26,18 nennt für Micha nur die Zeit Hiskijas. Da dort Mi 3,12 zitiert wird, könnte die Meinung von Jer 26,18 allerdings die sein, Micha habe eben dieses Wort in den Tagen Hiskijas gesprochen, unbeschadet anderer Worte, die er schon früher gesprochen haben könnte. 2.) Der Umfang der unter Michas Namen gesammelten Aussprüche ist nicht gerade groß, selbst wenn man alles auf den Propheten selbst zurückführen wollte und zugleich den auf Zuspitzung und Konzentration mehr als auf Vollständigkeit ausgerichteten Charakter der Überlieferung berücksichtigen würde. Man müßte also mit langen Unterbrechungen seiner Tätigkeit rechnen, was nicht sehr wahrscheinlich ist. 3.) Aufgrund des Wortes gegen Samaria in Mi 1,2–7 müßte der Prophet auf jeden Fall vor 722, dem Fall Samarias, gewirkt haben. Aber gerade eine Rückführung dieses Wortes auf den Moreschetiter Micha ist eher unwahrscheinlich.

Vor allem aber muß man sich vor Augen halten, daß die Überschriften der Prophetenbücher, wie oben ausgeführt, nicht nur das einzelne Buch historisch verorten wollen, sondern zugleich ein Mittel der Sammlung der Prophetenbücher sind. Und da fällt auf, daß die Liste Usija – Jotam – Ahas – Hiskija sich auch in den Überschriften Jes 1,1 und Hos 1,1 findet, in Hos 1,1 wegen Hoseas Wirken im Nordreich noch um den Nordreichkönig Jerobeam II. ergänzt; dieser Jerobeam erscheint zudem mit dem Judäer Usija auch in Am 1,1. Da Hos 1,1 zudem in der Struktur mit Mi 1,1a völlig identisch ist, zudem der erste Spruch des Michabuches in 1,2–7 wohl schon im Blick auf die Zusammenstellung von Micha mit Hosea und Amos formuliert ist, liegt die Vermutung nahe, daß die Liste der Könige in Mi 1,1a bewußt Micha mit Hosea parallelisieren und ihn als jüngeren Zeitgenossen Hoseas (sowie Amos' und Jesajas) charakterisieren will.

Unterstützt wird diese Vermutung durch eine Beobachtung, auf die *H. W. Wolff* 3 hinweist. Der Name des Königs Hiskija erscheint nämlich in Mi 1,1 nicht in der Form חזקיה bzw. חזקיהו, wie sie in den Königebüchern (mit Ausnahme von 2 Kön 20,10) durchgängig verwendet wird (2 Kön 16,20; 18.1.9 u.ö. – insgesamt 40 Mal in 2 Kön 18–20, dazu die Parallen in Jes 36–39 –), sondern in der Form יחזקיה. Daraus folgt zweierlei. 1.) Die Form יחזקיה ist auf Hos 1,1 und Mi 1,1 beschränkt. Das bestätigt die obige Annahme, daß Hos 1,1 und Mi 1,1 im Blick auf die Sammlung des Zwölfprophetenbuches formuliert worden sind. 2.) Die nächstverwandte Form יחזקיהו wird in der Chronik (mit verschwindenden Ausnahmen) da verwendet, wo die Königebücher חזקיה(ו) schreiben, ist also jüngerer Ersatz für die ältere Form. Das weist auf eine relativ späte Entstehung der jetzigen Formulierung der Überschriften in Hos 1,1 und Mi 1,1 – auch Jes 1,1 hat übrigens die jüngere Form יחזקיהו – hin, was die Vermutung einer Formulierung im Blick auf die Sammlung des Dodekaprophetons unterstützt.

Mit Mi 1,1b setzt der Subjektswechsel ein: »das er (nämlich Micha) schaute über Samaria und Jerusalem«. Die Tätigkeit des Schauens (חזה) ist dabei nicht auf Visionen einzuschränken. Micha schaut den דבר יהוה (»das Wort JHWHs«), wobei das hebräische דבר nicht nur das akustisch vernehmbare Wort meint, sondern auch ganz allgemein eine Sache oder Begebenheit (vgl. die Redewendung »Was ist das für eine Sache [דבר], die du da tust?« [2 Sam 12,21 u.ö.]). Micha schaut also das, was Gott mit Samaria und Jerusalem vorhat, Gottes Sache über Samaria und Jerusalem. V 1b

Singulär im Prophetenkanon ist der Bereich der Schauung, nämlich »über Samaria und Jerusalem«. Bei Jesaja werden nur »Juda und Jerusalem« genannt (Jes 1,1), obwohl das Buch auch Worte über Samaria enthält (Jes 9,7–20; 28,1–6). Bei Hosea, der im Nordreich wirkt, nennt die Überschrift keinen Adressaten (Hos 1,1), und bei Amos heißt es »über Israel« (Am 1,1). Natürlich ergibt sich die Nennung von Samaria daraus, daß in Mi 1,2–7 ein Wort über Samaria folgt. Aber wie der Blick auf Jes 1,1; Hos 1,1 und Am 1,1 zeigt, wäre dies allein noch nicht zwingend. So bestätigt sich erneut die Vermutung, daß Mi 1,1 nicht nur im Blick auf das Michabuch, sondern im Blick auf die Sammlung des Zwölfprophetenbuches formuliert worden ist. Die Nennung Samarias in der Überschrift deutet an, daß mit Micha das Thema Samaria im Dodekapropheton zum Abschluß kommt.

Bedeutung

Trifft die auch in diesem Kommentar vertretene Meinung zu, daß keineswegs alle Worte, die unter dem Namen des vorexilischen Propheten Micha gesammelt sind, auch auf diesen – in welcher Form auch immer – zurückzuführen sind, ja daß vielmehr das Michabuch (wie die übrigen Bücher unter den Namen vorexilischer Propheten) in seiner Endgestalt als nachexilisches Buch zu lesen ist, das die vom Propheten angekündigte Katastrophe als mit dem Fall Jerusalems eingetreten voraussetzt, dann stellt sich in aller Schärfe die Frage: Was bedeutet angesichts dessen eine Buchüberschrift, die darauf besteht, daß das Buch als vorexilische Schrift zu lesen ist? Sie macht damit sicher keine im modernen Sinn historiographische Aussage über – in unserem Fall – die »Echtheit« der Michaworte, zumal sie das Buch ja mit:«Das Wort JHWHs« überschreibt, über dessen »Echtheit« kaum zu diskutieren ist. Sie macht vielmehr eine theologische Aussage. Diese hat eine doppelte Zielrichtung.

Zum einen hält die geschichtliche Verankerung der im Michabuch gesammelten Worte in der Zeit judäischer Könige des 8. Jh. fest, daß die dort angekündigte Katastrophe Samarias und Jerusalems kein unvorhersehbares Ereignis war. Sie war von Gott durch Micha angekündigt, ja wie das System der Überschriften über Jesaja, Hosea, Amos und Micha zeigt, nicht nur von einem, sondern zur Beglaubigung immer von zumindest zwei Propheten (vgl. dazu *A. Schart*, Entstehung 1998, 44). Und sie war mit Grund angekündigt, weshalb die im Michabuch tradierten sozialkritischen Worte des Propheten, die das Kommen der Katastrophe begründen, daraufhin zu befragen sind, welche Personen bzw. welches Verhalten verantwortlich zu machen sind für das schließliche Eintreten der Katastrophe.

Zum andern werden aber auch die im Buch enthaltenen Heilsweissagungen auf den Micha des 8. Jh. zurückgeführt. Unbeschadet der Frage, ob dies historisch zutrifft, wird damit theologisch zum Ausdruck gebracht, daß in Unheils- und Heilsankündigung gleichermaßen derselbe Gott am Werk ist und daß in allen Unheilsankündigungen und schon vor der tatsächlich eingetretenen Katastrophe Gottes Heilswille letztlich vorherrschend bleibt (*O. H. Steck*, Prophetenbücher 1996, 171 spricht von einer »Selbstexplikation Jahwes im Fortgang der Zeit«, die »sachlich gleichfalls in den Mund dieses Jahwe kündenden Propheten« gehört). Nur im Rahmen dieses umfassenden Heilswillens machen auch die Unheilsankündigungen ihren Sinn.

Teil I:

Micha 1–3: »Herabgefahren ist Unheil von JHWH«

Kontext und Komposition

Mi 1–3 bildet einen weitgehend geschlossenen Zusammenhang, der von der eröffnenden Gotteserscheinung (1,2–4) zielgerichtet auf die Ankündigung der Zerstörung Samarias (1,6 f.) und der Umwandlung Jerusalems in ein Feld- und Waldgebiet (3,12) zuläuft. Mit der Erwähnung beider Städte gleich in 1,5 wird eine Spannung erzeugt, die im Fall Samarias schnell, im Fall Jerusalems aber erst nach dem Vorspiel einer Katastrophe für die judäischen Landstädte (1,10–16) und der Entfaltung einer breiten Begründung (Kap. 2 und 3) zur Lösung kommt.

Bei aller Geschlossenheit und Zielgerichtetheit des Zusammenhangs von Mi 1–3 finden sich doch einzelne Elemente, die ihn transzendieren. Gleich der erste Vers (1,2) ruft die »Völker alle« zum Hören auf. Von den Völkern ist dann in Kap. 1–3 aber nicht mehr die Rede. Dagegen werden die anschließenden Kap. 4 und 5 vom Völkerthema beherrscht und in 5,14 mit einer Warnung an die Völker abgeschlossen, »die nicht gehört haben«. Hier wird also eine Klammer um Kap. 1–5 insgesamt gelegt. Auch in Mi 2 weisen Einzelheiten schon auf die Kap. 4 und 5 voraus. So wird 2,4 f. mit der Formel »an jenem Tag« eingeleitet, die sich dann in 4,6 und 5,9 wiederfindet und auch von der Ankündigung eines Geschehens »am Ende der Tage« in 4,1 nicht zu trennen ist. Und 2,12 f. schlägt mit der ersten Heilsverheißung im Michatext nicht nur vorwegnehmend schon das Thema der Kap. 4 und 5 an, sondern hat auch bis in den Wortlaut hineingehende Anklänge an 4,6 f.

Die große Geschlossenheit von Mi 1–3 wird seit den bahnbrechenden Arbeiten von *B. Stade* am Ende des 19. Jh. (siehe Einleitung S. 41 f.45) von einer breiten Forschungsströmung darauf zurückgeführt, daß in Mi 1–3* alter Michatext zu finden ist, der nur an einzelnen Stellen im Blick auf die Fortsetzung in Kap. 4 und 5 überarbeitet worden ist. Zwar wird bei einzelnen Versen die Zuweisung unterschiedlich vorgenommen, doch ist der Konsens weit größer als etwa bei der Zuweisung zu einzelnen Quellenschriften im Rahmen der traditionellen Pentateuchquellenhypothese. Ich selbst rechne Mi 1,10–16; 2,1–3.6–11; 3,1–12 zum alten Textbestand und spreche dabei von einer »Micha-Denkschrift« (siehe das Weitere S. 94–97).

Umstritten ist in der Forschung vor allem, wo der alte Michatext beginnt. Findet man in dem Samaria-Wort in V 2–7 einen auf Micha zurückgehenden Bestand, dann rechnet man in der Regel nicht nur diesen, sondern auch die Überleitung in V 8 f. zum alten Text. Sodann werden innerhalb von V 10–16 gelegentlich einzelne Verse oder Versteile für sekundär erklärt. In Kap. 2 herrscht weitgehende Einigkeit über den nachmichanischen Charakter von V 12 f., während im Blick auf V 4 und 5 die Meinungen auseinandergehen. Am breitesten ist die Übereinstimmung bei Kap. 3, das in der Regel als michanisches Urgestein angesehen wird. So kommt *E. Otto,* Micha 1992, 698 zur Abgrenzung eines alten Textbestandes in 1,10–13a.14 f.; 2,1–3*.4*.8–10; 3,1–12.

Micha 1,2–16: Der Schlag gegen Samaria und Juda

Ehud Ben Zvi, Micah 1.2–16: Observations and Possible Implications: JSOT 77, 1998, 103–120. – *Karl Budde,* Das Rätsel von Micha 1: ZAW 37, 1917/18, 77–108. – *Georg Fohrer,* Micha 1, in: ders., Studien zu alttestamentlichen Texten und Themen (1966–1972) (BZAW 155), Berlin/New York 1981, 53–68. – *Johannes C. de Moor,* Micah 1. A Structural Approach, in: W. van der Meer/J. C. de Moor, The Structural Analysis of Biblical and Canaanite Poetry (JSOT.S 74), Sheffield 1988, 172–185. Literatur

Mi 1 gehört zu den im Vorwort erwähnten Texten, die eine größere Einheit bilden und doch sinnvollerweise in kleineren Abschnitten kommentiert werden können. Als solche Abschnitte lassen sich recht leicht V 2–7, V 8 f. und V 10–16 erkennen. Freilich sind sie zwar deutlich voneinander unterscheidbar, aber nicht im Sinn einer »ursprünglich selbständigen Einheit« voneinander zu trennen. Am deutlichsten ist das bei den Versen 8 f., die sich sowohl auf V 2–7 zurückbeziehen als auch auf V 10–16 vorausweisen und somit das Kapitel als Ganzes zur Einheit formen.

Von der Frage der inneren Gliederung des Kapitels ist die nach seiner Entstehungsgeschichte zu unterscheiden. Im folgenden wird die Meinung vertreten, daß der alte Michatext erst in 1,10–16 beginnt und V 2–9 nachträglich vor ihn gestellt worden sind. Insofern ist den Autorinnen und Autoren zu folgen, die V 2–9 als Einheit nehmen wie *I. Willi-Plein,* Vorformen 1971, 70–72; *G. Fohrer,* Micha 1 1981, 57–62; *J. Nogalski,* Precursors 1993, 129–141, ohne daß deshalb alle sonstigen literarkritischen Operationen zu übernehmen sind, die sie vornehmen. Diachronie

Micha 1,2–7

Literatur

James L. Crenshaw, »W^{e}dōrēk ʿal-bāmŏtê ʾāreṣ«: CBQ 34, 1972, 39–53. – *Volkmar Fritz,* Das Wort gegen Samaria Mi 1,2–7, in: ders., Studien zur Literatur und Geschichte des alten Israel (SBAB 22), Stuttgart 1997, 125–140. – *Matthias Gleis,* Die Bamah (BZAW 251), Berlin / New York 1997. – *Cornelis Houtman,* Der Himmel im Alten Testament. Israels Weltbild und Weltanschauung (OTS 20), Leiden u.a. 1993. – *R. Köbert, S.J., môrād* (Mi. 1,4) »Tränke«: Bib 39, 1958, 82f. – *William McKane,* Micah 1,2–7: ZAW 107, 1995, 420–434. – *M. Ottosson,* Art. הֵיכָל *hêkāl* in: ThWAT II, Stuttgart u.a. 1977, 408–415. – *José Luis Sicre,* Los dioses olvidados. Poder y riqueza en los profetas preexílicos, Madrid 1979. – *B. Stade,* Streiflichter auf die Entstehung der jetzigen Gestalt der alttestamentlichen Prophetenschriften. 4) Mi 1,2–4: ZAW 23, 1903, 163. – *Patrick H. Vaughan,* The Meaning of ›bāmâ‹ in the Old Testament. A Study of Etymological, Textual and Archaeological Evidence (MSSOTS 3), Cambridge 1974. – *Jan A. Wagenaar,* The Hillside of Samaria. Interpretation and Meaning of Micah 1:6: BN 85, 1996, 26–30. – *Wilfred G. E. Watson,* Allusion, Irony and Wordplay in Micah 1,7: Bib 65, 1984, 103–105. – *John T. Willis,* Some Suggestions on the Interpretation of Micah I 2: VT 18, 1968, 372–379.

Zur Theophanie

James Barr, Theophany and Anthropomorphism in the Old Testament, in: Congress Volume Oxford 1959 (VT.S 7), Leiden 1960, 31–38. – *Jörg Jeremias,* Theophanie. Die Geschichte einer alttestamentlichen Gattung (WMANT 10), Neukirchen-Vluyn ^{2}1977. – *Johannes Lindblom,* Theophanies in Holy Places in Hebrew Religion: HUCA 32, 1961, 91–106. – *Julian Morgenstern,* Biblical Theophanies: ZA 25, 1911, 139–193; ZA 28, 1913, 15–60. – *Hans-Peter Müller,* Die kultische Darstellung der Theophanie: VT 14, 1964, 183–191. – *Frank Schnutenhaus,* Das Kommen und Erscheinen Gottes im Alten Testament: ZAW 76, 1964, 1–22. – *Hans Eberhard von Waldow,* Theophanie: VF 14, 1969, 69–76.

Text

Übersetzung

2 *Hört, ihr Völker alle,*
merke auf, Erde und was sie erfüllt!
Der Herr JHWH wird gegen euch Zeuge sein,
der Herr von seinem heiligen Tempel.
3 *Fürwahr, siehe: JHWH geht heraus von seiner Stätte*
und steigt herab und tritt auf die Höhen der Erde.
4 *Und es zerfließen die Berge unter ihm*
und die Täler spalten sich –
wie Wachs vor dem Feuer,
wie Wasser, hingeschüttet am Abhang.
5 *Wegen der Verfehlung Jakobs geschieht all dies*
und wegen der Sünden des Hauses Israel

– wer ist die »Verfehlung Jakobs«?
Ist es nicht Samaria?
Und wer sind die »Höhen« Judas?
Ist es nicht Jerusalem?
6 *Und ich mache Samaria zum Steinhaufen des Feldes,*
zu Weinbergspflanzungen.
Und ich schütte seine Steine hinab ins Tal
und seine Grundmauern lege ich bloß.
7 *Und all seine Gottesbilder werden zerschlagen*
und all seine Geschenke werden im Feuer verbrannt,
und all seine Götzenbilder mache ich zur Ödnis.
Denn aus Dirnengeschenk hat es gesammelt;
und zu Dirnengeschenk sollen sie wieder werden.

Zu Text und Übersetzung

2a Der Rückbezug auf den Vokativ (»ihr Völker«) erfolgt im Hebräischen mit einem Suffix der 3. ps. (כלם), das im Deutschen mit 2. ps. wiedergegeben werden muß (»ihr alle«); zum Phänomen vgl. *D. R. Hillers* 16.

2b Der Jussiv ויהי hat die Bedeutung des Imperfekts, Ges-K § 109 k. So versteht es auch der fragmentarische Micha-Kommentar aus Qumran (1Q14), der den Gottesnamen (archaisierend in althebräischer Schrift geschrieben) an erster Stelle und das Verb in der Imperfektform an dritter Stelle hat: י]הוה [אדני יהי]ה בכם (so DJD I,77 und jetzt auch *Florentino García Martínez / Eibert J. C. Tigchelaar* (Hg.), The Dead Sea Scrolls Study Edition, Volume one 1Q1–4Q273, Leiden u. a. 1997, 8 f.).

5 מי = »wer« bezieht sich zwar auf Sachen (»Verfehlung«, »Höhen«), wird aber statt מה = »was« gewählt, weil der Gedanke an Personen zugrundeliegt; vgl. Ges-K § 137 a; Waltke / O'Connor 18.2d.

7 *W. G. E. Watson*, Allusion 1984 vermutet hinter אתנן in V 7aα eine Nebenform von תנין = »Schlange« (mit *aleph protheticum*), in Anlehnung an ugaritisch *'itnn* (das *Watson* freilich selbst mit »payment« wiedergibt), so daß im Parallelismus mit »Gottesbilder« und »Götzenbilder« ein verbrennbarer realer Gegenstand stünde. Doch auch »Geschenke« können, ohne kühne Übersetzungen, real und verbrennbar sein.

Analyse

In V 2–7 liegt eine begründete Unheilsankündigung gegen Samaria vor. Sie ist in zwei Hauptteile gegliedert, die verschiedene Sprecher haben: In V 2–5 ist es der Prophet, in V 6 f. Gott. Der Text beginnt mit einem Höraufruf an die Völker und die Erde (V 2a). Der Prophet kündigt den Völkern in direkter Anrede an, daß Gott gegen sie »Zeuge« sein werde (V 2b). In V 3 f. schließt daran die Schilderung einer Theophanie JHWHs an. V 5 verbindet die Theophanieschilderung mit dem folgenden Wort gegen Samaria. Einerseits gibt er die Begründung für das Kommen JHWHs »von seiner Stätte«: Es ist wegen der Verfehlung Jakobs. Zugleich wird damit der erste, allgemeine Grund für das Strafgericht gegen Samaria genannt. In den folgenden V 6.7a kündigt JHWH im Ich der Gottesrede die Zerstörung Samarias samt seiner Gottesbilder an. Der abschließende V 7b gibt nach V 5 eine zweite, konkretere Begründung für das Zerstören der Götterbilder: Sie sind aus Dirnengeschenk entstanden.

Diachrone Erklärungsversuche

Die Nachzeichnung des Inhalts zeigt, daß Mi 1,2–7 als in sich geschlossene Einheit verstanden werden kann. Dennoch ist sie immer wieder literarkritisch auf verschiedene Schichten aufgeteilt worden, wobei das Hauptziel ist, einen »echten« michanischen Bestand nachzuweisen, indem nachmichanische Zusätze davon abgehoben werden. So hält *B. Stade*, Streiflichter 1903 V 5bff für michanisch, V 2–4 für sekundär und V 5a für »eine ziemlich ungeschickte redaktionelle Naht«. Dagegen sind für *A. Jepsen*, Zwölfprophetenbuch 1938, 96–99 fast genau umgekehrt V 2a.3–5a michanisch, während der Rest sekundär ist. Der jüngste Versuch einer literarkritischen Aufteilung des Abschnitts bei *A. Schart*, Entstehung 1998, 177–181 weist wiederum V 2b.5a.6f. einer »ältesten Schicht« zu (ohne diese freilich auf Micha selbst zurückzuführen). Resümierend beobachtet schon 1938 *A. Jepsen*, Zwölfprophetenbuch 1938, 96, was bis heute für die Literarkritik des Abschnitts gültig geblieben ist: »fast kein Vers ist dem Schicksal entgangen, für unecht erklärt zu werden.« Zu manchen der angeblichen »Spannungen« – etwa daß die Gottesrede in V 6f. nicht ausdrücklich eingeleitet wird – kann man sich dem Urteil von *D. R. Hillers* 18f. anschließen, die so begründeten Operationen seien »unnecessary and hyper-critical«. Aber trotzdem haben die Verfechter einer diachronen Erklärung natürlich ihre Anhaltspunkte im Text. Hauptsächlich berufen sie sich auf die in der Tat zahlreichen Bezüge, die Mi 1,2–7 auf das übrige Michabuch, aber auch auf Hosea und Amos aufweist.

Bezüge auf die Michaschrift

1.) Bezüge auf die Michaschrift. a) In Mi 1,2 werden gleich zu Beginn des Textes die Völker angeredet. Danach ist in V 2–7 sowie im gesamten Textbestand von Mi 1–3 nicht mehr von ihnen die Rede. Erst in Mi 4f. kommen sie wieder vor, stehen da dann aber auch im Mittelpunkt des Interesses. b) Zu dieser Beobachtung fügt sich die weitere, daß Mi 1,2 als erster Vers von Mi 1–3 aufs engste mit 5,14 als letztem Vers von Mi 4f. zusammengehört. Der Sinn des Höraufrufs an die Völker, der sich aus 1,2–7 gar nicht ergibt, erschließt sich erst von 5,14 her. Wenn nämlich am Ende von Mi 1–5 festgestellt wird: »Und ich übe in Zorn und Wut Vergeltung an den Völkern, die nicht gehört haben«, dann wird deutlich, daß die Völker von Anfang an Gottes Plan »hören« sollten, um sich nicht eigenmächtig gegen Israel zu erheben. Mi 1,2 und 5,14 bilden also eine Klammer um Mi 1–5 (zu dieser oft gemachten Beobachtung vgl. nur *Th. Lescow*, Micha 1–5 1972, 58f.). c) Das Gerichtswort gegen Samaria in V 6 verbleibt zwar anders als V 2 im Binnenkontext der Perikope. Aber es fällt auf, daß die ersten beiden Stichworte »Steinhaufen« und »Feld« auch in dem Wort gegen Jerusalem in 3,12 vorkommen. Das wirft die Frage auf, ob das Samaria-Wort nicht in Analogie zum Jerusalem-Wort formuliert worden ist (so auch *Th. Lescow,* Micha 1–5 1972, 83; *ders.,* Worte 1997, 30). d) Des weiteren fällt der Parallelismus von »Verfehlung Jakobs« und »Sünden des Hauses Israel« in V 5 auf. »Jakob und seine Verfehlung« und »Israel und seine Sünde« stehen auch in Mi 3,8 in Parallele (*A. Schart,* Entstehung 1998, 178f. spricht aufgrund des lexikalischen Befunds von einer »Inclusio« zwischen 1,5 und 3,8), ebenso »Jakob« und »Haus Israel« bzw. »Haus Jakob« und »Haus Israel« in 3,1.9. An allen Stellen ist aber das Südreich gemeint. Lehnt sich der Verfasser von 1,2–7 an diese Formulierungen an, bezieht sie nun aber auf das Nordreich? e) Die erste Erwähnung Samarias im Michabuch in 1,2–7 ist auch seine letzte, das heißt, das letzte Wort über Samaria ist das von seiner vollständigen Zerstörung. Aber in 6,16 wird am Ende eines Wortes gegen Jerusalem der Vorwurf erhoben, man beachte »die Satzungen Omris« – des Gründers von Samaria – »und alles Werk des Hauses Ahabs«, und damit wird die angedrohte Zerstörung Jerusalems begründet. 1,2–7 bildet also nicht nur eine Klammer mit 5,14, sondern auch mit 6,16.

Nimmt man diese Beobachtungen zusammen, dann ergibt sich ein klares Bild. Samaria soll zerstört werden. Den Völkern wird dies bezeugt, damit sie sich nicht eigenmächtig über Israel erheben. Und für Juda und Jerusalem, das nach der Auslöschung Samarias allein »Jakob« und »Israel« ist, dient es als Warnung, damit es nicht dasselbe Schicksal wie Samaria erleidet. Der Sinn von Mi 1,2–7 erschließt sich erst, wenn man es im Blick auf das ganze Michabuch liest. Das legt nahe, daß dieser Text auch erst im Blick auf das Ganze des Buches formuliert ist.

Bezüge auf Hosea und Amos

2.) Bezüge auf das Hosea- und Amos-Buch. a) Bei der Aufzählung der mit verschiedenen Termini belegten Götzenbilder in Mi 1,7 ist mit Händen zu greifen, wie der Verfasser des Textes aus Hosea schöpft. Alle Vokabeln kommen bei diesem Propheten meist mehrfach vor: die פסילים (»Gottesbilder«) in Hos 11,2; der אתנן (»Geschenk«) in 2,14; 9,1; die עצבים (»Götzenbilder«) in 4,17; 8,4; 13,2; 14,9; und die Zentralstellung der Dirnen-Metapher (זונה) bei Hosea wird durch die zahlreichen Verwendungen der Wurzel זנה (»huren«) belegt (1,2; 2,6f.; 3,3; 4,10–15.18; 5,3f.; 6,10; 9,1) (zum »deutlich hoseanischen Sprachgebrauch« von Mi 1,7 vgl. schon *A. Jepsen,* Zwölfprophetenbuch 1938, 97f.). b) Der deutlichste Bezug auf das Amos-Buch liegt in Mi 1,3 vor. Die Formulierung der Theophanie-Schilderung mit »und tritt auf die Höhen der Erde« (ודרך על־במתי ארץ) findet sich wörtlich in Am 4,13 wieder, das zudem wie Mi 1,3 mit »fürwahr, siehe« (כי־הנה) und anschließendem Partizip eingeleitet wird. c) Wichtiger noch als diese deutlichen semantischen Bezüge ist die Beobachtung, daß der in Mi 1,5 inhaltlich gar nicht gefüllte Vorwurf der »Verfehlung Jakobs« und der »Sünden des Hauses Israel« im Grunde den gesamten Schuldaufweis gegen Samaria aus den Büchern Hosea und Amos zusammenfaßt (vgl. dazu *J. Nogalski,* Precursors 1993, 137–141).

Mi 1,2–7 als redaktioneller Text

Versucht man nun, angesichts der Fülle der zu beobachtenden Querverbindungen von Mi 1,2–7 zu anderen Texten durch Ausscheidung einen älteren – dann eventuell auf Micha zurückzuführenden – Textbestand zu isolieren, dann gelingt dies nicht, ohne das Gefüge des Textes selbst zu zerstören. Entfernt man etwa V 2 wegen des Bezugs auf 5,14, fällt die Korrespondenz zwischen »Fülle« in V 2 und »Ödnis« in V 7 weg; trennt man literarkritisch zwischen V 2 und V 3, zerstört man den Parallelismus zwischen »von seinem heiligen Tempel« und »von seiner Stätte«; scheidet man wegen der Übereinstimmung mit Amos die Theophanie in V 3 f. aus, bleibt das Theophaniemotiv des Aufdeckens der Fundamente in V 6 in der Luft hängen und wird die Stichwortverbindung zwischen נגר hof = »hingeschüttet werden« in V 4 und נגר hif = »hinschütten« in V 6 ebenso auseinandergerissen wie die Erwähnung des »Feuers« in V 4 und V 7.

Solcher ohnehin kaum gelingenden Aufstückelung des Textes ist methodisch eine Annahme vorzuziehen, unter der die Einheit des Textes gewahrt werden kann. Sie besteht in der Vermutung, daß der Text von vornherein für einen größeren Kontext verfaßt wurde. Versteht man Mi 1,2–7 in diesem Sinn als redaktionellen Text, dann wird deutlich, daß er nicht nur eine zentrale Funktion für die im Micha-Buch folgenden Aussagen über Jerusalem und die Völker hat, sondern auch im Blick auf das Zwölfprophetenbuch oder eine Vorstufe dieser Sammlung (»within an early corpus«, *J. Nogalski*, Precursors 1993, 123). Denn mit Mi 1,2–7 wird das Thema Samaria, das die Bücher Hosea und Amos beherrscht, nicht nur aufgenommen, sondern auch zum Abschluß gebracht. Von Samaria ist im Dodekapropheton hinfort nicht mehr die Rede. Mit seiner in Mi 1,2–7 angekündigten völligen Zerstörung hat es seine eigenständige Rolle ausgespielt. Es dient jetzt nur noch – und deshalb wird es am Anfang des Micha-Buches, das sich als erstes im Zwölfprophetenbuch ganz auf Juda und Jerusalem konzentriert, noch einmal aufgegriffen – als warnendes Beispiel für das Südreich.

vaticinium ex eventu

Aus alledem ergibt sich, daß es sich bei Mi 1,2–7 um keine michanische Weissagung, sondern um ein *vaticinium ex eventu* handelt. Da der Text sich nicht nur sprachlich an die michanische Weissagung gegen Jerusalem in 3,12 anlehnt, sondern auch mit den nachmichanischen Texten zum Völkerthema in Mi 4 f. und dem aus der Perserzeit stammenden Kapitel Mi 6 verbunden ist und zudem zumindest die Vorstufe einer Sammlung der zwölf Propheten voraussetzt, dürfte er erst aus der persischen Zeit stammen. Gegen die Auffassung von Mi 1,2–7 als *vaticinium ex eventu* aus der Perserzeit hat man zwar eingewendet, daß Samaria weder durch ein Erdbeben noch für immer zerstört, sondern »von den Assyrern zwar erobert und entvölkert, aber sofort wieder neu aufgebaut wurde« (*A. Deissler* 171), weshalb eine nachträgliche Weissagung von der totalen Zerstörung Samarias gar keinen Sinn mache. Aber dieser Einwand verkennt den Sinn der Aussage. Dem wieder aufgebauten Samaria der Perserzeit, die bekanntlich von starken Spannungen zwischen Jerusalem und Samaria beherrscht ist (Esra 4; Neh 2,10.19 f.; 3,33–4,17; 6,1–14), wird aus judäischer

Sicht die völlige Vernichtung angesagt, während es für Jerusalem bei aller ebenso scharfen Kritik – so ist die ganze Micha-Schrift angelegt – eben doch noch eine heilvolle Zukunftsperspektive gibt. So ist die Zerstörungsandrohung – zumal in Gestalt einer JHWH-Theophanie mit Erdbeben – »Hinweis auf den großen zeitlichen Abstand, kaum aber auf eine Abfassung vor 722 v. Chr.« (*E. Otto*, Techniken 1991, 128,49).

Auslegung

V 2 Der Vers ist redaktionelle Klammer um den gesamten Komplex Mi 1–5 herum. In 1,2 heißt es: »Hört, ihr Völker alle!«, während 5,14 mit den Worten schließt: »Ich übe … Vergeltung an den Völkern, die nicht gehört haben«, beidemale mit שמע (»hören«). Der Bezug ist deutlich. Daß die Völker einmal als עמים, einmal als גוים bezeichnet werden, widerspricht dem nicht, werden beide Vokabeln doch in 4,1b par. 2a und in 4,3aα par 3aβ im Parallelismus bzw. in 4,11 und 13 im selben Kontext bedeutungsgleich verwendet. Neben den Völkern wird »die Erde und was sie erfüllt« zur Aufmerksamkeit gerufen. Dieser Parallelismus kommt neben Mi 1,2 nur noch in dem ebenfalls jüngeren Text Jes 34,1 vor. Da im hebräischen Parallelismus die Glieder sich gegenseitig erklären, ist mit dem, was die Erde füllt, »die hörfähige menschliche Erdbewohnerschaft« (*H. W. Wolff* 23) gemeint. Zu vergleichen ist dazu Ps 24,1: »JHWH gehört die Erde und was sie erfüllt, der Erdkreis und die ihn bewohnen«.

Nach der Aufforderung an Völker und Erde zum Hören wird ihnen angekündigt, daß JHWH »gegen euch Zeuge sein« werde. Dabei darf die Wendung אדני יהוה בכם לעד nicht zu einer Aussage im Sinn von »Zeuge unter euch« abgeschwächt werden (so *W. Rudolph* 32.39f.). Der Zeuge im israelitischen Gerichtsverfahren kann verschiedene Funktionen erfüllen, je nachdem ob er zugunsten oder zuungunsten eines Angeklagten aussagt. Dabei wird die Aussage gegen den Angeklagten immer mit ב konstruiert (Num 5,13; Dtn 19,16; Spr 24,28 u.ö.), während bei der Zeugenfunktion zugunsten eines anderen ל steht (Jes 19,20). Dies ändert sich auch nicht, wenn eine Gottheit als Zeuge vorgestellt wird. Wenn Samuel sich bei seinem Abschied von den Leuten bestätigen läßt, ihnen nichts genommen zu haben, und ihnen dann sagt: »JHWH ist Zeuge gegen euch (עד יהוה בכם) …, daß ihr nicht das Geringste bei mir gefunden habt« (1 Sam 12,5), dann hat das Zeugesein Gottes die gleiche Funktion wie an unserer Stelle in Mi 1,2: Gegen den, der später behaupten wird, von allem nichts gewußt zu haben, soll Gott bezeugen, daß es ihm doch von Anfang an bekannt war (siehe auch Jer 42,5) (zu dieser Deutung von Mi 1,2 vgl. ausführlich *J. T. Willis*, Suggestions 1968, 375–378).

Was aber sollen die Völker hören, und inwiefern ist Gott Zeuge gegen sie? Man versteht es nur, wenn man die klammernde Funktion von 1,2 und 5,14 berücksichtigt und 1,2 in diesem Horizont liest. Dann sollen nämlich die Völker hören, daß die angekündigte Zerstörung von Samaria (1,6f.) und Jerusalem (3,12) JHWHs Werk ist, daß das »Unheil«, das Juda trifft, »von JHWH« kommt (1,12). Die Völker sollen also konkret die folgenden Vernichtungsaussagen hören und damit Gottes Plan verstehen (vgl. 4,12). Hören sie nicht und handeln eigenmächtig gegen Israel, dann trifft sie Gottes Zorn (4,11–13; 5,14). Und sie tragen dafür selbst die Verantwortung, weil sie vor allem Unheil über Israel schon zum Hören aufgefordert waren. Dies kann Gott selbst bezeugen.

Am Ende des Verses heißt es, der Herr werde zum Zeugen gegen die Völker »von seinem heiligen Tempel«. Von dem Ort, von dem Gott zum Gericht gegen Samaria auszieht, wird er auch als Zeuge gegen die Völker auftreten.

V 3

In engem Parallelismus anknüpfend an V 2 (»von seinem heiligen Tempel«) schließt in V 3f. die Schilderung einer Theophanie JHWHs »von seiner Stätte« aus an. Wo ist diese Stätte zu suchen? Es könnte sich um ein himmlisches Heiligtum handeln (vgl. 2 Sam 22,10.14 = Ps 18,10.14; Jes 63,19; Ps 144,5), ebensogut aber um den Wohnsitz JHWHs auf einem heiligen Berg (vgl. Dtn 33,2; Ri 5,4; Hab 3,3) oder direkt um den Tempel auf dem Zion (vgl. Ps 50,2). Vom Text von Mi 1,2f. her läßt sich diese Frage nicht entscheiden.

Die Vokabel היכל bezeichnet zwar an der überwältigenden Zahl der Belegstellen den Tempel in Jerusalem (1 Kön 6,3.5.17 u.ö., in Zusammenstellung mit »heilig« auch in Jona 2,5.8; Ps 5,8; 65,5; 79,1; 138,2). Jedoch ist zumindest in Ps 11,4; 18,7 = 2 Sam 22,7; Ps 29,9 der Gedanke an ein himmlisches Heiligtum auch nicht ausgeschlossen (vgl. aber auch die Bedenken bei *M. Ottosson*, הֵיכָל 1977, 413; *C. Houtman*, Himmel 1993, 348f.). Ebenso wenig ist das Verb ירד (»herabsteigen«) eindeutig. Denn zwar läßt es wohl in 2 Sam 22,10 = Ps 18,10; Jes 63,19; Ps 144,5 an den Himmel denken, aber es wird eben auch für das Herabsteigen von einem Berg verwendet (vgl. Ex 19,11, wo Gott auf den Sinai hinabsteigt, mit V 14, wo Mose vom Berg herabsteigt). Ist der Text Mi 1,2–7 zu Recht aus der Perserzeit herzuleiten, dann spiegelt er möglicherweise die damals verbreitete Vorstellung von JHWH als dem »Gott des Himmels« wider (vgl. Neh 1,4f.; 2,4 u.ö.).

V 4

Die Folgen der göttlichen Erscheinung zeigen sich im Zerfließen der Berge und Aufspalten der Täler. Dies gehört zum festen Repertoire von Theophanieschilderungen (Ri 5,4f.; 2 Sam 22,8 = Ps 18,8; Jes 63,19; Hab 3,6; Ps 68,9). Auch Feuer wird im Zusammenhang mit dem Erscheinen JHWHs genannt (2 Sam 22,9 = Ps 18,9; Ps 50,3), kann aber auch – wie hier – nur im Vergleich verwendet werden (»wie Wachs vor dem Feuer«, Ps 68,3; vgl. Jes 64,1).

V 5a Erst jetzt, nach dem Höraufruf an die Völker und der Schilderung der Theophanie, wird der Grund für das Erscheinen JHWHs genannt. Es ist »wegen der Verfehlung Jakobs« und »der Sünden des Hauses Israel«. Wer weiterliest, erfährt, daß damit zunächst das Nordreich und besonders dessen Hauptstadt Samaria gemeint ist. Damit wird Samaria zum Feind JHWHs erklärt. Denn die Theophanien JHWHs richten sich immer gegen seine Feinde (in Ri 5 die »Könige Kanaans«, V 19; in 2 Sam 22 = Ps 18 zugleich die Feinde des Psalmdichters; in Jes 64,1 JHWHs Feinde, die Israel bedrängenden Völker). Zugleich aber werden sprachlich Formulierungen gewählt, die beim Weiterlesen im Michabuch eindeutig auf Juda und Jerusalem verweisen (3,1.8.9, vgl. auch 1,14 f.; 2,7). Damit wird im Ansatz einem judäischen Triumphalismus gegenüber Samaria gewehrt: Das Unheil, das Samaria getroffen hat bzw. – hier fiktiv – treffen wird, schwebt bei entsprechendem Verhalten auch über Jerusalem.

V 5b Diesen impliziten Bezug macht dann der Glossator von V 5b explizit. Denn wahrscheinlich handelt es sich bei diesem Halbvers um eine kommentierende Ergänzung, die den Zusammenhang zwischen der Begründung für JHWHs Eingreifen in V 5a und der Ankündigung des Eingreifens in V 6 f. unterbricht (so mit vielen auch *V. Fritz*, Wort 1997, 133 f., der ansonsten für die Einheitlichkeit von V 2–7 eintritt). Der Einschub kommentiert die Stichworte »Verfehlung Jakobs« aus V 5a – was auf Samaria gedeutet wird – und »Höhen« aus V 3 (die Septuaginta erleichtert, indem sie statt »Höhen« aus V 3 die »Sünden« aus V 5a als Bezugspunkt nimmt, worin ihr zahlreiche Ausleger folgen). Dabei werden die »Höhen der Erde« als »Kulthöhen« des Landes »Juda« verstanden (hebräisch במה hat die Doppelbedeutung von »Anhöhe, Bergrücken« und »Kulthöhe« – zur Bamah insgesamt vgl. *M. Gleis*, Bamah 1997, zur Stelle bes. 240 f. –, hebräisch ארץ die von »Erde« und »Land«) und auf Jerusalem gedeutet. Anders als in V 5a, wo »Jakob« par. »Haus Israel« doch wohl beidemale das Nordreich meint, werden die beiden Begriffe in der kommentierenden Glosse auf Nord und Süd aufgeteilt. Damit sprengt der Halbvers den Rahmen des Samaria-Wortes V 2–7 und weist in diesem – anders als der nur andeutende V 6 – ausdrücklich auf das Jerusalem-Wort in Mi 3,9–12 voraus. Zugleich baut der Glossator eine Spannung auf (*J. L. Sicre*, Dioses 1979, 125 spricht von »*suspense*«), die sich erst in der Lektüre bis Mi 3,12 lösen wird. Und die Lösung selbst wird überraschend sein: Die Abgötterei Jerusalems, auf die das Stichwort »Höhen« verweist, besteht in der sozialen und politischen Gewalt seiner Oberschicht (so mit Nachdruck *J. L. Sicre*, Dioses 1979, 124–128).

V 6 Mit V 6 ergreift nun JHWH selbst das Wort und kündigt die völlige Zerstörung Samarias an. Auf den sprachlichen Anklang der ersten Vershälfte an das Jerusalem-Wort in 3,12 (»Steinhaufen«, »Feld«) ist schon hingewiesen worden (vgl. auch *J. A. Wagenaar*, Hillside 1996). Er hat die Funktion, das Schicksal der beiden Städte zu parallelisieren, Samaria als warnendes Beispiel für Jerusalem hinzustellen und damit einem möglichen judäischen Triumphalismus zu wehren. Zugleich werden mit V 6b noch einmal Theophaniemotive aufgenommen. Denn die Aussage: »ich schütte seine Steine hinab ins Tal« (נגר hif) greift das Theophaniebild von V 4 auf, wonach die Berge zerfließen »wie Wasser, hingeschüttet am Abhang« (נגר hof). Und vom Bloßlegen der Grundmauern redet auch die Theophanieschilderung in 2 Sam 22,16 = Ps 18,16, nur daß es sich da um die Fundamente der Erde handelt. Ebenfalls von einer Zerstörung bis auf die Fundamente ist in Ps 137,7; Klgl 4,11 im Blick auf die babylonische Eroberung Jerusalems die Rede. Bezogen auf Mi 1,6 heißt das, daß die Zerstörung Samarias »fundamental« sein wird. *E. Sellin* 312: »Das Bloßlegen der Fundamente ... bedeutet die definitive Zerstörung der Stadt als einer solchen ...«.

V 7a nimmt das Motiv der totalen Zerstörung auf, indem es in betonter Schlußstellung davon spricht, daß JHWH die gleich noch zu nennenden Kultgegenstände »zur Ödnis machen« wolle. Dabei bezeichnet שממה keine natürliche Wüste, sondern gewaltsam herbeigeführte Verwüstung (vgl. Ex 23,29; Lev 26,33; Jos 8,28 u.ö.). Sie steht in extremer Spannung zu der in V 2 angesprochenen »Fülle« der ganzen Erde, ganz wie in Jes 6 (»Fülle« V 3, »Ödnis« V 11) (zum Motiv von »Fülle« und »Ödnis« im Anschluß an Jes 6 vgl. *Friedhelm Hartenstein*, Die Unzugänglichkeit Gottes im Heiligtum. Jesaja 6 und der Wohnort JHWHs in der Jerusalemer Kulttradition [WMANT 75], Neukirchen-Vluyn 1997, 166–183). Konkreter Gegenstand der Vernichtungen in Samaria sind »all seine Gottesbilder«, »all seine Geschenke« – sie sollen in Aufnahme des Theophaniebildes vom Wachs, das »vor dem Feuer zerfließt« (V 4), »im Feuer verbrannt« werden – und »all seine Götzenbilder«, wobei die bloße Benennung dieser Objekte zugleich den eigentlichen Grund für die Zerstörung Samarias angibt. Die Rede von der »Verfehlung Jakobs« und den »Sünden des Hauses Israel« in V 5 wird jetzt also präzisiert. Für sich genommen legt V 7a somit nahe, daß der Grund für den Untergang Samarias der Verstoß gegen das erste und das zweite Gebot ist (so *V. Fritz*, Wort 1997, 140). So richtig diese Feststellung ist, so bedarf sie doch der inhaltlichen Füllung. V 7

Diese folgt in dem die Einheit abschließenden und als Begründungssatz formulierten V 7b. Er präzisiert das besonders Verwerfliche der samarischen Bilder dahingehend, daß sie aus »Dirnengeschenk« oder »Hurenlohn« (אתנן זונה) entstanden sind und deshalb – die Strafe entspricht dem Vergehen – auch wieder dazu werden sollen. Das ist, besonders dann, wenn wir hier einen Text aus der Perserzeit vor uns haben, sicher zunächst wörtlich zu verstehen. Samaria wird ein Verstoß gegen das Verbot von Dtn 23,19 vorgeworfen: »Du sollst keinen Dirnenlohn ... in das Haus JHWHs, deines Gottes, bringen ...«. Aber in dieser wörtlichen Bedeutung geht Mi 1,7b nicht auf. Denn in der prophetischen Tradition hat die Rede vom Dirnengeschenk noch eine metaphorische Bedeutung angenommen. Nach Hos 2,14; 9,1 bezieht sie sich auf den Vorwurf, daß Israel die Gaben des Kulturlandes nicht als Geschenk seines Gottes JHWH, sondern der Baale ansieht und damit seine exklusive Beziehung zu JHWH bricht (»huren«) (vgl. auch Hos 2,7). Und in Ez 16,26–34 wird Jerusalem vorgeworfen, sich in eine als Hurerei qualifizierte Beziehung zu Ägypten, Assur und Babylonien eingelassen zu haben. Vor diesem Hintergrund reduziert sich die Aussage von Mi 1,7 nicht auf den Vorwurf eines Verstoßes gegen das erste und zweite Gebot im engeren religiösen Sinn. Nicht die Bilder als solche sind Gegenstand der Kritik an Samaria, sondern was sich in ihnen symbolisiert, nämlich die praktische Verwerfung JHWHs, dem man nicht zutraut, daß er die Gaben des Landes und die äußere Sicherheit gewähren kann. Man kann also wohl von einer Akzentverschiebung gegenüber der sozialkritisch ausgerichteten Botschaft Michas sprechen, kaum aber von einer »Verfälschung« (so *V. Fritz*, Wort 1997, 139). Auch in kultischen Verhältnissen spiegelt sich wirtschaftliches, soziales und politisches Verhalten wider.

Bedeutung

Die Bedeutung von Mi 1,2–7 ergibt sich aus seiner Doppelfunktion als Einleitung zum Michabuch und als Abschluß des Themas Samaria im Dodekapropheton.

Daß das Thema Samaria zum Abschluß gebracht wird, hat geschichtstheologische Bedeutung. Durch die Theophanie JHWHs gegen Samaria wird dieses als Feind JHWHs charakterisiert. Seine Zerstörung geht bis an die Fundamente (V 6). Sie ist deshalb so radikal, weil Samaria in seinem Bilderdienst JHWH als seinen Herrn selbst verworfen hat, weil es als »Dirne« die Ehe mit ihm aufgekündigt hat. Und – dies ergibt sich freilich erst bei der weiteren Lektüre des Michabuches (vgl. Mi 4 im Anschluß an 3,12) – anders als Jerusalem hat Samaria auch keine Zukunft mehr mit JHWH[1]. Samaria ist aus der Sicht dieses Textes aus theologischen Gründen kein Thema mehr.

Aus der Ablehnung Samarias folgt nun aber keine bedingungslose Verherrlichung Jerusalems, im Gegenteil. Indem Mi 1,2–7 das Michabuch mit seinen jerusalemkritischen Texten in Mi 1–3 und Mi 6 einleitet, indem es sprachliche Anklänge an diese Texte bringt (»Verfehlung Jakobs«, »Sünden des Hauses Israel«, Anspielung an das Jerusalem-Wort 3,12; explizite Erwähnung Jerusalems in der Glosse 1,5b), indem schließlich am Ende des jerusalemkritischen Textes 6,9–16 auf 1,2–7 zurückverwiesen wird, wird

[1] Dieselbe Botschaft, die im mit Juda befaßten Michabuch durch Voranstellung eines Samaria verurteilenden Textes formuliert wird, wird im mit Samaria befaßten Amosbuch durch Anfügung eines Juda Heil zusprechenden Textes (Am 9,11–15) ausgedrückt: »Ein unwiderrufliches ›Nein‹ also für Israel, für Juda hingegen ein ›Nein-dann-aber-Ja‹: dies ist die Botschaft des judäisch überarbeiteten Amosbuches …« (*Walter Dietrich*, JHWH, Israel und die Völker beim Propheten Amos: ThZ 48, 1992, 315–328, Zitat 316).

jedem judäischen Triumphalismus gewehrt. Jerusalem steht das Schicksal Samarias vor Augen, nicht um sich daran zu erbauen, sondern zur eigenen Warnung.

Durch den einleitenden Höraufruf an die Völker und die dadurch hergestellte Verklammerung mit 5,14 gewinnt Mi 1,2–7 zudem Bedeutung für das Völkerthema, das jetzt die Mitte des Michabuches beherrscht (Mi 4f.). Durch die Einleitung wird klargestellt, daß das Gerichtshandeln JHWHs an Samaria und Jerusalem den Völkern keinen Freibrief für eigenmächtiges Vorgehen gegen Israel ausstellt. Nach 587/586, als das Gebiet Judas zunächst babylonische und dann persische Provinz ist, stärken solche Texte politisch den Selbsterhaltungswillen Judas, indem sie den Glauben an den Gott Israels stärken, der zugleich Herr und Richter der Völker ist.

Micha 1,8–9

Literatur

Herbert Donner, Israel unter den Völkern. Die Stellung der klassischen Propheten des 8. Jahrhunderts v. Chr. zur Außenpolitik der Könige von Israel und Juda (VT.S 11), Leiden 1964, 92–105. – *Francolino J. Gonçalves,* L'expédition de Sennachérib en Palestine dans la littérature hébraïque ancienne (Publications de l'Institut Orientaliste de Louvain 34), Louvain-la-Neuve 1986.

Zu vergleichen ist auch die zu Mi 1,2–7 angeführte Literatur.

Text

Übersetzung

8 Darüber muß ich klagen und heulen,
muß barfuß und nackt gehen,
muß Totenklage halten wie die Schakale
und Trauer wie die Strauße,
9 daß der ihm versetzte Schlag unheilbar ist,
daß er bis Juda gekommen ist,
er geschlagen hat an das Tor meines Volkes,
an Jerusalem.

Zu Text und Übersetzung

9 In V 9 liegen zwei grammatische Inkongruenzen vor. In V 9a.bα steht das Nomen מכותיה (»die ihm versetzten Schläge«) im Plural, während das ihm beigeordnete אנושה (»unheilbar«) und באה (»gekommen«) im Singular stehen. Wenn kein Schreibfehler vorliegt, der sich unter Absehung von der Pleneschreibung ohnehin nur auf den Vokalbestand bezöge – die alten Übersetzungen lesen Singular –, dann ist ein Kollektivplural anzunehmen, der gelegentlich mit dem Singular konstruiert wird (vgl. Ges-K §145) und im Deutschen auch so wiedergegeben werden kann. – In V 9bβ wechselt im Hebräischen das Subjekt vom Feminin ins Maskulin. Möglicherweise ist an JHWH als implizites Subjekt gedacht, womit auf V 12 vorausverwiesen wird (»denn herabgefahren ist Unheil von JHWH an das Tor Jerusalems«).

Analyse

Aufbau

Zwischen V 2–7 und V 8f. besteht eine deutliche Zäsur. Denn das Ich, das hier spricht, ist nicht mehr Gott, wie in V 6f., sondern der Prophet selbst. In vier Verben in 1. ps. kündigt er eine Reihe von Trauerhandlungen an, die er selbst durchführen will (V 8). Er nennt zwei Gründe für seine Trauer (zweimal begründendes כי [»daß«] in V 9a und b), einmal die Unheilbarkeit »des ihm (sc. Samaria) versetzten Schlags«, zum andern die Tatsache, daß der Schlag »bis Juda gekommen ist« und »er an das Tor meines Volkes, an Jerusalem« geschlagen hat. Der doppelte Anlaß für die Trauer des Propheten verknüpft dabei den voranstehenden Abschnitt V 2–7 mit dem folgenden V 10–16. Eindeutig ist der Rückbezug in dem Suffix von מכותיה (»der ihm versetzte Schlag«), das sich auf den Schlag gegen Samaria bezieht. Mit dem zweiten Grund für die Trauer, dem Weitergehen des Schlages nach Juda und bis nach Jerusalem, wird dagegen zum folgenden Text übergeleitet, der eben einen solchen Schlag gegen judäische Städte beinhaltet, der »bis an das Tor Jerusalems« (V 12) geht.

Herkunft

Ist die Deutung richtig, daß wir in V 2–7 einen nachmichanischen Text vor uns haben, der von vorneherein im Blick auf das Ganze der Michaschrift verfaßt worden ist, dann liegt es nahe, daß auch das Verbindungsstück in V 8f. von demselben nachmichanischen Verfasser der Verse 2–7 stammt, der damit zum Beginn des alten Michatextes in V 10–16 überleitet (zum nachmichanischen Charakter der Verse vgl. auch *J. Vermeylen*, Isaïe 1978, 577–579 und *F. J. Gonçalves*, Expédition 1986, 278–280). Tatsächlich erklären sich unter dieser Annahme etliche Auffälligkeiten des Textes.

a) Die Verse verwenden für das Südreich die Bezeichnung »Juda«, die im alten Michatext nicht vorkommt (1,1.5b; 5,1, sind nachmichanisch). Dieser spricht stattdessen vom Südreich als von »Jakob« und »Israel«, und zwar nicht nur in 2,7; 3,1.8.9, sondern auffälligerweise auch gleich im folgenden, nur von Juda handelnden Text 1,10–16 (»Könige Israels«, V 14, und »Herrlichkeit Israels«, V 15).

b) Die zweite Auffälligkeit ist die Ausdrucksweise, »er« habe »an das Tor meines Volkes, an Jerusalem« geschlagen. Sachlich und sprachlich wird damit auf V 12 verwiesen, wo es heißt, »Unheil von JHWH« sei »herabgefahren an das Tor Jerusalems«. Aber die Verschiebung ist deutlich. Aus dem sachlich bedingten »Tor Jerusalems« wird »Jerusalem«, das »Tor meines Volkes«. Mit dieser Bezeichnung, die biblisch nur noch in Obd 13 belegt ist, wird die Bedeutung Jerusalems für das jüdische Volk in einer Weise herausgestellt, die für den alten, jerusalemkritischen Michatext befremdlich wäre. So schreibt eher ein Autor, der bereits die Texte vor Augen hat, die von der zukünftigen Herrlichkeit Jerusalems sprechen (4, 1–4.8).

c) Stammt Mi 1, 8 f. vom Verfasser von V 2–7, dann erklärt sich auch die sachliche Schwierigkeit, daß ein Samaria treffender und dann bis Jerusalem weitergehender Schlag nicht von Norden nach Süden geht (vgl. Jes 10, 28–32), sondern den Umweg über die Schefela nimmt. Dieses Problem ist weder mit dem Hinweis auf Michas Herkunft zu lösen (so *K. Budde*, Rätsel 1917/18, 93) – sie erklärt zwar den Text von Mi 1, 10–16, nicht aber die Überleitung von dem Samaria-Text in V 2–7 her –, noch mit militärstrategischen Überlegungen (so *H. Donner*, Israel 1964, 102 f.). Der Grund für den »Umweg« liegt einfach darin, daß dem Verfasser von V 2–9 in V 10–16 bereits ein Text vorliegt, der von der Schefela redet. Die sachliche Schwierigkeit hat ihre Ursache in den literarischen Verhältnissen.

d) Stilistisch lehnt sich der Autor von Mi 1, 8 f. an den Ich-Stil an, der für den alten Michatext charakteristisch ist. Während es im alten Michatext aber immer um das selbstbewußt herausgestellte Ich des Propheten im Gegensatz zu anderen Akteuren geht (2, 6–11; 3, 1.8), wird hier das Bild des mit seinem Volk trauernden Propheten gezeichnet. Es hat deutliche Anklänge an den ebenfalls nachmichanischen Text Mi 7, 1–7, mit dem es sogar eine gewisse Klammer um die gesamte Micha-Überlieferung bildet, und mit diesem zusammen an die Jeremia-Tradition (vgl. die Zuschreibung der Klagelieder an Jeremia).

Eigenständigkeit gegenüber V 10–16

Wenn Mi 1, 8 f. mit 1, 2–7 zusammen nachmichanisch ist, dann wird damit die verbreitete Auffassung abgewiesen, der Text sei die ursprüngliche Einleitung von V 10–16. Allerdings ist dies auch unabhängig von der Verfasserfrage eine problematische Auffassung. Denn in V 8 ist ja deutlich von Trauerriten die Rede, die der Prophet selbst durchführen will. V 10–16 ist dagegen keine Klage, sondern allenfalls Aufforderung zur Klage, und auch dies nur am Anfang und Schluß (V 10.16). Wäre V 8 f. die ursprüngliche Einleitung von V 10–16, dann müßte V 10–16 als Klage des Propheten stilisiert sein. V 8 f. reiht sich vielmehr in die zahlreichen Texte ein, die eine Aufforderung zur Klage mit anschließendem begründenden כִּי (»daß«) enthalten, ohne daß die Klage selbst zitiert würde (Jes 13, 6; 14, 31; 23, 1.14; Jer 6, 26; 25, 34; 49, 3; Ez 21, 17; Joel 1, 5 f.; Zef 1, 11; Sach 11, 2). Wo zusätzlich zu Aufforderung und begründendem כִּי (»daß«) auch der Wortlaut der Klage zitiert wird, ist dies dann im Gegensatz zu Mi 1, 10–16 tatsächlich auch eine echte Klage (Ez 30, 2 f.; Joel 1, 13–20). Mi 1, 8 f. ist also insofern ein formal in sich geschlossener Text – unbeschadet der grammatischen und semantischen Bezüge zu seinen Nachbartexten –, als er in V 8 eine (Selbst-)Aufforderung zur Klage enthält und in V 9 den Grund für die Klage nennt.

Auslegung

V 8 Die Diskussion, ob das einleitende »darüber« anaphorisch (rückverweisend) (so *H. W. Wolff* 16 f.) oder kataphorisch (vorausverweisend) (so *A. Weiser* 240 f.) zu verstehen sei, ist auf der sachlichen Ebene müßig. Nach V 9 klagt der Prophet nämlich über beides, den Schlag gegen Samaria und sein Weiterkommen bis Juda (wer die Trauer über Samaria aus V 9 heraushaben will, pflegt das zurückverweisende Suffix in מכותיה = »der ihm versetzte Schlag« ohne jeden Anhalt in der Textüberlieferung in מכת יה[וה] = »Schlag Jah[we]s« zu ändern; vgl. auch BHS) (zum sowohl anaphorischen als auch kataphorischen Gebrauch des Demonstrativums vgl. *Waltke/O'Connor* 17.4.2e).

Aber geht es bei den vom Propheten angekündigten Aktionen überhaupt (ausschließlich) um Trauerriten? Handelt es sich nicht, wie *Ch. Hardmeier*, Texttheorie 1978, 358 vorschlägt, eher um eine prophetische Zeichenhandlung? Sie wäre dann der von Jes 20,2–4 vergleichbar, wo Jesaja »nackt und barfuß« (ערום ויחף) umhergeht, um die zukünftige Kriegsgefangenschaft der Ägypter und Kuschiten zu symbolisieren. Micha würde dann entsprechend mit den in 1,8 angekündigten Handlungen das zukünftige Schicksal der Judäer vorwegnehmen.

Nun symbolisiert das Barfuß-und-Nackt-Gehen in Jes 20,2–4 unzweideutig Kriegsgefangenschaft. Aber für sich genommen können beide Handlungen durchaus auch Trauerrituale darstellen. Zwar kommt שולל/שילל (»barfuß, beraubt«) außer hier nur noch in Ijob 12,17.19 vor und steht da allgemein für Erniedrigung. Aber das Jes 20,2–4 verwendete יחף (»barfuß«) bezeichnet in anderem Kontext eindeutig Trauer (2 Sam 15,30), und auch der Imperativ »entblößt euch!« (ערה) steht in Jes 32,11 im Zusammenhang mit Trauerritualen. Und am Anfang und Ende von Mi 1,8 ist eben, anders als in Jes 20,2–4, eindeutig von Trauerhandlungen die Rede. Dies gilt sowohl für die Verben ספד (»klagen«) und das parallele ילל hif (»heulen«) (vgl. Jer 4,8; Joel 1,13) als auch für die nominale Ausdrucksweise עשה מספד ... ואבל (»Totenklage und Trauer halten«). So bleibt nur der Schluß, daß im Kontext von Mi 1,8 das Barfuß-und-Nackt-Gehen nicht künftige Kriegsgefangenschaft symbolisieren soll, sondern Teil der Trauerhandlungen des Propheten ist.

V 9 Die zwei Begründungen für die Trauer des Propheten liegen auf verschiedenen Ebenen. Über Samaria wird gesagt, daß »der ihm versetzte Schlag unheilbar« ist. Das bleibt ganz auf der Linie von V 2–7 und bestätigt die vermutete gemeinsame Verfasserschaft von V 2–7 und V 8 f. Samaria ist zur Feindin JHWHs geworden, er zerstört die Stadt bis in die Fundamente, die Geschichte JHWHs mit Samaria ist zu Ende, »der ihm versetzte Schlag ist unheilbar«.

Warum aber soll der (fiktive) Micha des Verfassers von V 2–9 über das Ende Samarias trauern, womit der Autor ja seine eigene Trauer zum Ausdruck bringt und auch seine Leser dazu auffordert? Handelt es sich nur um scheinbare Trauer, während echt nur die Trauer um Juda sei, wie oft behauptet wird (etwa von *K. Budde*, Rätsel 1917/18, 89; *H. Donner*, Israel 1964, 98 f.; *G. Fohrer*, Micha 1 1981, 73 f.)? Eine solche Deutung verkennt, daß auch für den Verfasser von Mi 1, 2–9 Samaria nicht einfach eines der Völker ist. Samaria hatte eine Geschichte mit JHWH, auch wenn sie jetzt zu Ende ist. Und dieses Ende, so verdient und selbstverschuldet es nach V 2–7 ist, ist für Juda kein Grund zum Jubel, sondern zur Trauer.

Anders als bei Samaria wird bei Juda nicht von einem »unheilbaren« Schlag gesprochen, sondern eben nur davon, daß er »bis Juda gekommen ist«. Damit lenkt der Verfasser von V 8 f. zu dem nun anschließenden Text über, der zwar von einer schweren, aber eben nicht totalen Katastrophe für Juda spricht. Und vor allem deutet er theologisch diesen Schlag anders als den gegen Samaria. Auch wenn das »Unheil von JHWH herabgefahren« ist (V 12), ist damit die Geschichte JHWHs mit Juda und Jerusalem doch nicht am Ende. Jerusalem ist trotz alledem und auch in Zukunft das »Tor meines Volkes«.

Bedeutung

Von Samaria, einem Thema, das mit 1, 2–7 abgeschlossen ist, geht der Text sofort zu Juda und Jerusalem über, dem eigentlichen Schwerpunkt der Michaschrift. Ihm droht dasselbe Schicksal wie Samaria. Erst das Schlußkapitel Mi 7 wird endgültig zeigen, daß sich wegen des Sündenbekenntnisses Zions (7, 8–10) letztlich doch JHWHs Heilswille für Juda und Jerusalem durchsetzt (7, 18–20).

Exkurs Die These einer Micha-Denkschrift in Mi 1–3*

Literatur *Karl Budde*, Micha 2 und 3: ZAW 38, 1919/20, 2–22.

Rechnet man, wie oben begründet, Mi 1, 2–9 zur nachmichanischen Überarbeitung der Prophetenschrift, dann stößt man in 1, 10–16 zum ersten Mal auf den alten Michatext. Er läuft bis 3, 12 fort und umfaßt mit zwei kleinen Ausnahmen – 2, 4 f. und 2, 12 f. – den gesamten Textbestand. Dieser Textumfang von Mi 1, 10–16; 2, 1–3.6–11; 3, 1–12 wird im folgenden auch als Mi 1–3* abgekürzt.

Innerhalb von Mi 1–3* lassen sich drei Komplexe herausheben, die einen je eigenen thematischen Schwerpunkt bilden, nämlich die jetzigen Kapitel 1, 10–16; 2* und 3. In Kap. 2 ist dabei der Spruch V 1–3 als selbständige Einheit zu beschreiben, während die Fortsetzung in V 6–11 ohne den Anfang nicht verstehbar ist (»darüber« und »Schmähungen« in V 6 bezieht sich auf V 1–3 zurück). In Kap. 3 lassen sich drei

Einheiten abgrenzen (V 1–4.5–8.9–12), die jedoch durch die gleiche Anrede in V 1.9, durch den Parallelismus von »Jakob« und »Israel« in V 1.8.9 sowie durch den das ganze Kapitel zusammenfassenden V 11 wiederum unlösbar miteinander verbunden sind. Aber nicht nur innerhalb der jetzigen Kapitelgrenzen sind die hinter dem Text noch erkennbaren Einheiten verbunden, sondern auch über diese hinaus. So ist das seltene Stichwort »Wonne« in 1,16 (»Kinder deiner Wonne«) nicht von 2,9 zu trennen (»Haus ihrer Wonne«). Nach 2,2 »reißen« die Reichen die Felder der freien Bauern »an sich«, nach 3,2 »reißen« die Führer Judas den Leuten »ihre Haut von ihnen«, wofür beide Male das Verb גזל steht. Für »das Gewand ausziehen« in 2,8 wird dasselbe Verb פשׁט hif verwendet wie in 3,3 für »die Haut abziehen«. Und das Stichwort »Krieg« verbindet 2,8 mit 3,5.

Doch nicht nur solche jeweils zwei Einheiten verbindende Stichworte tragen zur Kohärenz des Textes bei, sondern vor allem eine Reihe formaler und inhaltlicher Charakteristika, die den gesamten Textbestand umfassen.

a) Der Text handelt ausschließlich vom Südreich Juda (vgl. die Ortslagen in 1,10–16 und die ausdrückliche Nennung von Jerusalem bzw. dem Zion in 1,12; 3,10.12). Er bezeichnet dieses jedoch durchgehend als »(Haus) Israel« (1,14.15; 3,1.8.9) bzw. »(Haus) Jakob« (2,7; 3,1.8.9), wobei die Konnotationen an keiner Stelle irgendwie positiv sind. Ein besonderes Stilmittel zur Charakterisierung der mit »Israel« und »Jakob« bezeichneten herrschenden Kreise Judas ist dabei das fiktive Zitat, das in ganz kurzen Sätzen deren Angriff auf die prophetische Verkündigung (2,6), deren Gewalttätigkeit (2,10) und Heuchelei (3,5) und deren alles übertünchendes falsches Gottvertrauen (2,7; 3,11) skizziert.

b) Gegenüber diesem negativ gesehenen Israel bzw. Jakob wird das Ich des Propheten positiv herausgestellt, und zwar ausdrücklich in 3,8 und in dem 3,1 einleitenden »und ich sprach« (dieses ist keineswegs »das einzige Ich des Propheten in dem ganzen Buche«, wie *K. Budde*, Redaktion 1921, 222 f. behauptet) und indirekt, aber nicht weniger deutlich in der Auseinandersetzung um die prophetische Verkündigung in 2,6–11. Mit dem Propheten untrennbar verbunden ist das Volk, das durchgängig mit Suffix als »mein Volk« bezeichnet (2,8.9; 3,3.5) und von »diesem Geschlecht« (2,3) bzw. »diesem Volk« (2,11) abgegrenzt wird.

c) Eigentliches Leitwort des Textes ist die Wurzel רעע, die in den verschiedensten Ableitungen siebenmal in dem Text vorkommt und sein theologisches Gerüst bildet. Dabei ist zu beachten, daß diese Wurzel dem hebräischen Denken gemäß sowohl das »Böse« bezeichnet, das Menschen tun, als auch das »Unheil«, das infolgedessen über sie kommt. Eröffnet wird die Reihe der Vorkommen mit der Aussage, daß in der in 1,10–16 geschilderten Katastrophe »Unheil (רע) von JHWH an das Tor Jerusalems« herabfahre (1,12). Die Begründung für dieses Geschehen wird dann in Kap. 2 und 3 gegeben: Die Rede ist von Leuten, die »Böses« (רע) tun auf ihren Lagern« (2,1), davon, daß die Führer des Volkes »das Böse (רעה) lieben« (3,2) und »Böses tun« (Verb רעע hif in 3,4). Insgesamt handelt es sich also um eine »böse Zeit« (2,3), in der JHWH über die, die »Böses (רע) tun« (2,1), seinerseits Unheil (רעה) plant (2,3). Doch die, über die »Unheil (רע) von JHWH« kommt (1,12), merken dies gar nicht, sondern behaupten: »Es wird über uns kein Unheil (רעה) kommen« (3,11). Dieses Zitat schlägt den Bogen zurück zum Anfang in 1,12 und bindet den gesamten Text zusammen. Insgesamt läßt sich die Verwendung der Wurzel רעע in Mi 1–3* als eine konzentrische Struktur beschreiben:

1,10–16 (V 12)
»Unheil von JHWH«

3,9–12 (V 11)
»kein Unheil«

2,1 f.
»die Böses tun«

3,2
»die Böses lieben«

2,3
»Gott bringt Unheil«
»böse Zeit«

Erwähnenswert ist im übrigen die Tatsache, daß in Jer 26,17–19, wo auf Mi 1–3* Bezug genommen wird, die Botschaft Michas genau mit diesem Stichwort רעה zusammengefaßt wird. Denn als Wirkung des Auftretens Michas und der in Jer 26 behaupteten positiven Reaktion darauf durch den König wird gesagt, daß JHWH es reute »wegen des Unheils (רעה), das er über sie geredet hatte« (V 19).

»Micha-Denkschrift«

Aufgrund des ausgeprägten Ich-Stils kann man Mi 1–3* als »Micha-Denkschrift« bezeichnen, die in komprimierter Form die Botschaft Michas zusammenfassen und für die Nachwelt festhalten will (*J. P. T. Zabatiero* 50 spricht von einem »Pamphlet«). Zwar sind hinter dem Text noch einzelne Worte zu erkennen, die in unterschiedlichen Situationen vorgebracht worden sind. Aber diese sind aufs Wesentliche verdichtet (mit *E. Hammershaimb*, Hauptgedanken 1961, 12 könnte man von einem »stark verkürzten Referat« der michanischen Verkündigung sprechen) und in kunstvoller Sprache stilisiert (worauf zu Recht *J. N. Carreira*, Kunstsprache 1982 hinweist, auch wenn sein Rückschluß auf den Bildungsstand Michas zu kurz greift; es handelt sich zunächst nur um ein Phänomen des Textes). Sie sind untereinander in der beschriebenen Weise aufs Engste miteinander verknüpft, und der Gesamtaufbau der Denkschrift ist so gestaltet, daß jeder Teil nur mit den anderen zusammen verstehbar ist. So schildert 1,10–16 ein »Unheil von JHWH«, doch: »Auf das ›Warum‹ geht er (sc. Micha) hier nicht ein. Diese Frage beantwortet er in den Kapiteln 2 und 3« (*A. Deissler* 174). Ist also 1,10–16 ohne seine Fortsetzung nicht verstehbar, so sind Kap. 2 und 3 wiederum symmetrisch angeordnet, indem zuerst die Vergehen der wirtschaftlich Mächtigen und dann die der politisch Herrschenden und ihrer Ideologen kritisiert werden. Und darauf, daß der Schluß in 3,9–12 auf den Anfang zurückführt, ist schon hingewiesen worden. All dies läßt es wenig wahrscheinlich erscheinen, daß die einzelnen Einheiten der Denkschrift »Auftrittsskizzen Michas selbst« (so *H. W. Wolff* XXXVI, vgl. XXI f.) wiedergeben. Es dürfte sich in Mi 1–3* nicht um »Kodifizierung einer noch erreichbaren, schon mündlich vorgetragenen Fassung«, sondern um »verschriftende Verdichtung nicht mehr rekonstruierbarer mündlicher Formulierungsgestalt« handeln, um eine Alternative von *O. H. Steck*, Prophetenbücher 1996, 122 aufzugreifen.

Verfasserfrage

Die Möglichkeit, daß Micha selbst dem Text der Denkschrift seine Gestalt gegeben hat, ist sicher nicht *a priori* auszuschließen. Freilich wird man dafür kaum den Ich-Stil als Beleg heranziehen dürfen; denn angesichts der Tatsache, daß die prophetische Literatur durchgängig alle spätere Traditionsbildung unter den Namen des ursprünglichen Propheten stellt – also an dessen Ich bindet –, ist die Hervorhebung des Ich für sich genommen noch kein Zeichen von Authentizität im Sinne persönlicher Urheberschaft des namengebenden Propheten. Im Fall von Mi 1–3* sprechen sogar Gründe eher dafür, daß nicht Micha selbst, sondern – dann freilich recht frühe – Tradenten dem Text seine Gestalt gegeben haben. Darauf weist zum einen die Tatsache, daß der Text die Wirkung des prophetischen Auftretens mit einbezieht (besonders in 2,6–11) und ausdrücklich über die prophetische Rolle reflektiert (besonders in 3,5–8) (auch für *E. Otto*, Techniken 1991, 128,48 –»deutet die Tatsache, daß die Legitimationsfrage in den Mittelpunkt gestellt wird, eher auf einen gewissen Abstand von der Wirksamkeit des Propheten« hin). Noch gewichtiger aber ist die andere Beobachtung, auf die in der Einleitung schon hingewiesen wurde [S. 48f.], daß nämlich der alte Michatext deutliche Anklänge an die Jesaja- und Amos-Überlieferung hat, was eher auf eine Abfassung durch Tradenten als durch den Propheten selbst führt.

Abfassungszeit

Wenn der erste Text der Denkschrift, Mi 1,10–16, tatsächlich die Ereignisse von 701 widerspiegelt, wie im folgenden vorgeschlagen wird, dann wäre die Zeit danach der frühest mögliche Zeitpunkt für die Entstehung des Gesamttextes. *Terminus ad quem* ist Jer 26,17–19, wo Mi 1–3* vorausgesetzt wird, also eine Zeit um die Wende vom 7. zum 6. Jh. Wann des näheren im 7. Jh. Mi 1–3* seine Gestalt erhalten hat, läßt sich freilich nicht mehr feststellen.

Micha 1,10–16

Literatur

A. Demsky, The Houses of Achzib. A Critical Note on Micah 1:14b: IEJ 16, 1966, 211–215. – *Karl Elliger*, Die Heimat des Propheten Micha, in: ders., Kleine Schriften zum Alten Testament (ThB 32), München 1966, 9–71. – *William Creighton Graham*, Some Suggestions toward the Interpretation of Micah I:10–16: AJSL 47, 1931, 237–258. – *Paul Haupt*, Micah's Capucinade: JBL 29, 1910, 85–112. – *Joachim Jeremias*, Moreseth-Gath, die Heimat des Propheten Micha: PJ 29, 1933, 42–53. – *Siegfried Mittmann*, »Königliches *bat*« und »*ṭēt*-Symbol«. Mit einem Beitrag zu Micha 1,14b und 1 Chronik 4,21–23: ZDPV 107, 1991, 59–76. – *ders.*, Hiskia und die Philister: JNWSL 16, 1990, 91–106. – *Nadav Na'aman*, »The House-of-no-Shade Shall Take Away Its Tax from You« (Micah I 11): VT 45, 1995, 516–527. – *O. Procksch*, Gat: ZDPV 66, 1943, 174–191. – *Wilhelm Rudolph*, Zu Micha 1,10–16, in: J. Schreiner (Hg.), Wort, Lied und Gottesspruch. Beiträge zu Psalmen und Propheten, FS J. Ziegler 2 (FzB 2), Würzburg 1972, 233–238. – *G. Schmitt*, Moreschet Gat und Libna. Mit einem Anhang: Zu Micha 1:10–16: JNWSL 16, 1990, 153–172. – *Siegfried J. Schwantes*, Critical Notes on Micah I 10–16: VT 14, 1964, 454–461. – *Charles S. Shaw*, Micah 1:10–16 Reconsidered: JBL 106, 1987, 223–229. – *Wolfram von Soden*, Zu einigen Ortsbenennungen bei Amos und Micha: ZAH 3, 1990, 214–220. – *Stephen Stohlmann*, The Judaean Exile after 701 B.C.E., in: W. W. Hallo u.a. (Hg.), Scripture in Context II. More Essays on the Comparative Method, Winona Lake 1983, 147–175. – *Shmuel Vargon*, El-Amarna *Muṙašt* and Biblical *Moresheth*, in: J. Klein / A. Skaist (Hg.), Bar-Ilan Studies in Assyriology, Ramat Gan 1990, 207–212. – *ders.*, Gedud: A Place-Name in the Shephelah of Judah: VT 42, 1992, 557–564. – *A. S. van der Woude*, Micha I 10–16, in: Hommages à André Dupont-Sommer, Paris 1971, 347–353.

Zu vergleichen ist auch die zu Mi 1,2–7 und zu Mi 1,8f. angegebene Literatur.

Text

Übersetzung

10 In Gat verkündet es nicht,
weint nur ja nicht!
In Bet-Leafra
wälz dich im Staube!
11 Geh deines Weges,
Bewohnerschaft von Schafir, in schmählicher Entblößung!
Nicht rückt aus die Bewohnerschaft von Zaanan.
Die Totenklage von Bet-Ezel
nimmt von euch seine Unterstützung.
12 Ja, es windet sich nach Gutem
die Bewohnerschaft von Marot.
Denn herabgefahren ist Unheil von JHWH
an das Tor Jerusalems.
13 Binde den Wagen an das Gespann,
Bewohnerschaft von Lachisch!
– der Anfang der Sünde ist sie für die Tochter Zion,
denn in dir finden sich die Verfehlungen Israels.
14 Deshalb gibst du Abschiedsgaben
für Moreschet-Gat.
Die Häuser von Achsib werden zum Trugbach
für die Könige Israels.
15 Noch bringe ich den Eroberer zu dir,
Bewohnerschaft von Marescha.
Adullam kommt gleich
die Herrlichkeit Israels.
16 Mache dich kahl und schere dich
wegen der Kinder deiner Wonne,
mach deine Glatze weit wie der Geier,
denn in die Verbannung werden sie von dir weggeführt!

Zu Text und Übersetzung

10 Das Qere verlangt, התפלשתי als Imperativ zu lesen wie in Jer 6,26; 25,34. Den Imperativ התפלשי liest auch die Handschrift aus dem Wadi Murabba'ât, DJD II 192. Dem folgt die Übersetzung. Geschrieben ist die 1. ps. »habe ich mich gewälzt«. In ihr klingt nach der Nennung von Gat die Zugehörigkeit zum Land der Philister = פלשתים an.

11 לכם in עברי לכם (»geh deines Weges«) am Anfang des Verses ist dat. eth., Meyer III 81; vgl. Gen 27,43; Dtn 1,7; Jes 36,9.

עמדה* ist hap. leg. Ich verstehe es metaphorisch als »Stütze, Unterstützung«.

12 Das Verb חלה ist von חיל I = »kreißen, schreien, sich winden« abzuleiten, das auch in Mi 4,9f. vorkommt, vgl. die Auslegung.

13 Beim einleitenden Imperativ רתם (»binde«) steht mask. für fem.; zum Phänomen vgl. Ges-K § 110k.

15 Der masoretische Text liest das erste Verb אבי als 1. ps. Dies wäre Gottesrede, die jedoch in dem gesamten Abschnitt V 8–16 nicht vorkommt. Deshalb liegt wahrscheinlich eine Änderung von ursprünglichem יבוא = »er kommt« in אבי = »ich bringe« im Gefolge der Einfügung von V 13b (siehe unten) vor.

Zur Wiedergabe von בוא עד mit »gleichkommen« vgl. 2 Sam 23,19 und dazu *W. Rudolph* 37.48 f. sowie *ders.*, Micha 1,10–16 1972 237.

Der Textzustand von Mi 1,10–16 ist eine uralte *crux* aller Ausleger. Schon Hieronymus klagt darüber[2]. Dabei liegen die Schwierigkeiten auf verschiedenen Ebenen. a) Ein Teil der Ortsnamen ist unbekannt, so daß die Frage aufkommt, ob es sich wirklich um echte Ortsnamen handelt. Septuaginta und Vulgata ziehen fast immer eine wörtliche Übersetzung vor (z. B. V 11: יושבת שפיר = κατοικοῦσα καλῶς = *habitatio Pulchra*). b) Semantische Schwierigkeiten bereiten vor allem עמדתו (V 11) und die Wurzel von חלה (V 12). c) Grammatisch finden sich Inkongruenzen, so in V 11aα.13a. In V 11bβ ist fraglich, welches »euch« angeredet wird. In V 14a ist das Subjekt der 2. sg. unklar, in V 15aα irritiert die einmalige 1. sg. – Geht man vom semantisch-grammatischen Bereich in den formalen und poetischen über, treten weitere Schwierigkeiten hinzu. d) Der Text ist voll von Wortspielen. Was macht man dann mit den Versen, wo diese nicht erkennbar sind? e) In etlichen Versen kann man den Qinah-Rhythmus finden (3 + 2 Hebungen). Andere aber sind erkennbar kürzer (V 11bα) oder länger (V 11a.bβ).

Es liegen zahlreiche scharfsinnige Versuche vor, den Text sinnvoll zu rekonstruieren. Wenn hier auf solche Rekonstruktionsversuche weitestgehend verzichtet wird, dann geschieht das nicht aufgrund der Annahme, der Text sei ganz ohne Beschädigungen auf uns gekommen. Der Verzicht beruht vielmehr auf der Einsicht, daß jeder Rekonstruktionsversuch mit soviel willkürlichen Momenten behaftet ist, daß er in Wirklichkeit keine größere Nähe zum ursprünglichen Text herstellen kann, als sie der masoretisch überlieferte Text auch bietet.

Wenn also auch nicht von einem gänzlich unversehrten Text auszugehen ist, so haben doch die Verderbnisse keineswegs das Ausmaß, das in den erwähnten Rekonstruktionsversuchen unterstellt wird, weshalb sich neuere Untersuchungen in dieser Hinsicht auch weit größere Zurückhaltung auferlegen (man vgl. etwa *A. van der Woude*, Micha I 10–16 1971; *J. C. de Moor*, Micah 1 1988; *Th. Lescow*, Worte 1997, 68–74; *G. Metzner*, Kompositionsgeschichte 1998, 17–25). a) Der Text macht nur Sinn, wenn mit wirklichen Ortsnamen sprachlich gespielt wird. Tatsächlich läßt sich in jeder Zeile ein Ortsname finden. b) Die semantisch unsicheren Worte verhindern dennoch nicht das Verständnis des jeweiligen Textes. c) Die grammatische Inkongruenz zwischen Singular und Plural in V 11aα ist sachlich begründet, weil die angeredete »Bewohnerschaft« sowohl als Kollektivgröße als auch als Mehrzahl einzelner Personen aufgefaßt werden kann. Die Schwierigkeiten in V 14a.15a sind literarkritisch erklärbar (siehe unten). d) Erkennt man, daß der Text nicht nur Klangspiele (V 10a.b.11bα.13a.14b.15a), sondern auch Sinnspiele enthält, dann läßt sich in der Tat in jeder Zeile ein Wortspiel finden, das entweder auf dem Klang oder auf der Bildung eines inhaltlichen Gegensatzpaares beruht. e) So schön ein metrisch einheitlicher Text ist – ein Metrumszwang ist nicht zu unterstellen, und schon gar nicht kann er als Argument für tiefgehende Eingriffe in den Text verwendet werden. Vielmehr ist gerade die zerrissene Gestalt des Textes ernst zu nehmen. Möglicherweise ist sie durchaus bewußt gewählt, um dem Inhalt – der Schilderung einer chaotischen

[2] Kommentar zu Mi 1,10–16, J.-P.Migne, Patrologia Latina, XXV,6, Paris 1884, 1158–1165.

Katastrophensituation – sprachlich angemessenen Ausdruck zu geben (*N. A. Schuman* 22: »Ist das Zeichen von Panik nicht gerade, daß man sich nicht mehr um ›die‹ Regeln [von Grammatik und Syntax] kümmert?«[3]). Anders läßt sich nämlich kaum erklären, warum mitten in dem »verderbten« Text von Mi 1,10–16 die zentralen Aussagen in V 12b und V 16 »sich durch gute Überlieferung und klare Sprache« auszeichnen (*G. Metzner*, Kompositionsgeschichte 1998, 22) und warum direkt neben dem angeblich so korrupten Text so »gut erhaltene« Abschnitte wie Mi 3 stehen (darauf macht mit Nachdruck *D. N. Freedman*, Discourse 1983, 143–145 aufmerksam; er selbst interpretiert den Sprachstil als Nachahmung ekstatischen Offenbarungsempfangs, 157f.). Wahrscheinlich ist Mi 1,10–16 im Sinne seines Urhebers durchaus »gut erhalten«.

Analyse

Aufbau

Mi 1,10–16 nennt eine große Zahl von Ortschaften, die alle geographisch in einem eng umgrenzten Raum liegen. Durchgängig in Wortspielen wird der Ort selbst oder die jeweilige Bewohnerschaft entweder im Imperativ zu bestimmten Handlungen aufgerufen – die nochmals zu differenzieren sind in solche, die in den Bereich der Trauerriten gehören (V 10a.b.16), und solche, die mit militärischen Ereignissen zusammenhängen (V 11a.13a) –, oder es werden in Verbal- oder Nominalsätzen Aussagen über diese Orte gemacht (V 11bα.β.12a.14a.b.15a.b). Aus dieser hektischen Abfolge von Befehls- oder Aussagesätzen ragt zunächst V 12b heraus. Er deutet das im sonstigen Text anklingende Geschehen als »Unheil«, das von JHWH »herabgefahren ist« »an das Tor Jerusalems«. Dieser Deutesatz steht wohl nicht zufällig genau in der Mitte des Textes: Davor werden sechs Orte genannt, danach fünf bzw. – wenn man in V 16 das nicht genannte Jerusalem angesprochen findet – ebenfalls sechs. Der Text wird also durch V 12b in zwei Teile oder Strophen gegliedert (*A. S. van der Woude*, Micha I 10–16 1971 findet in V 10–12 und V 13–16 sogar zwei ursprünglich selbständige Texte). Neben V 12b hat auch V 16 eine Sonderstellung. Dieser Schlußvers enthält keinen Ortsnamen, sondern nur die Anrede an eine nicht genannte weibliche Gestalt, in ihm fehlt das Wortspiel, er umfaßt zwei Zeilen im Gegensatz zu den sonstigen Einzeilern, und er gibt deutlich wie sonst kein Vers den Grund für den befohlenen Trauerritus an: die »Kinder deiner Wonne« werden »von dir in die Verbannung weggeführt«. Somit erklärt sich V 16 – nach dem Mittelpunkt der Komposition in V 12b – als deren Zielpunkt (die Sonderstellung von V 16 ist also kompositionell bedingt und muß nicht diachron erklärt werden,

[3] »Maar is het kenmerk van paniek nu juist niet dat man zich niet meer aan ›de‹ regels (van grammatica en syntaxis) stoort?«

wie *J. Vermeylen*, Isaïe 1978, 577–579 und *E. Otto*, Techniken 1991, 128; *ders.*, Micha 1992, 698 vorschlagen).

Dieser im einzelnen zwar schwierige, im Gesamtduktus aber gleichwohl klare Text ist durch eine Ergänzung in V 13b in seinem Charakter geändert worden (so in breitem Konsens etwa *J. Jeremias*, Deutung 1971, 339; *I. Willi-Plein*, Vorformen 1971, 74; *J. Vermeylen*, Isaïe 1978, 576f.). Formal fällt dieser Vers heraus, weil er als einziger in V 10–16 einen Ort theologisch (dis-)qualifiziert. Inhaltlich nimmt er den Gedanken der Sündhaftigkeit der Streitwagenrüstung (vgl. Jes 2,7; 31,1ff.; Hos 10,13ff.; 14,4; Mi 5,9, dazu *H. W. Wolff* 32) auf. Sprachlich lehnt er sich an den Parallelismus von פשע und חטאת (»Verfehlung« und »Sünde«) in Mi 1,5; 3,8 an. Typisch glossierend ist in der ersten Vershälfte das היא (»sie«), während erst die zweite Vershälfte wieder in die Anrede mit »du« (fem.) aus V 13a zurückkehrt. Die theologische Disqualifizierung von Lachisch zieht dann am Anfang von V 14 das לכן (»deshalb«) und die Änderung der Verbform in 2. sg. ebenso nach sich wie auch die Änderung von יבוא (»er kommt«) in אבי (»ich bringe«) in V 15a. Damit entsteht der Eindruck eines zweigliedrigen Prophetenspruches mit der Begründung in V 13b und der Folge in V 14f., die durch das Verb in 1. sg. in V 15a als Gottesrede stilisiert wäre. Doch widerspricht dies deutlich dem Gesamtaufbau wie dem Inhalt von V 10–16.

Textart

Wie ist dann die Textart von Mi 1,10–16 zu qualifizieren? Zu V 8f. war schon ausgeführt worden, daß es sich in V 10–16 zumindest nicht direkt um eine Klage des Propheten handelt – so die herkömmliche Gattungsbestimmung (etwa bei *D. R. Hillers* 24 »lament« und *J. L. Mays* 48 »wail«) –, denn dieser klagt ja nicht selbst, sondern ruft nur gelegentlich andere zur Klage auf. Von daher hat man den Text als Aufruf zur Untergangsklage bestimmt (so *Ch. Hardmeier*, Texttheorie 1978, 355–361, dem sich *H. W. Wolff* 17f. und *Ch. S. Shaw*, Speeches 1993, 223–227 anschließen). Doch deckt auch diese Definition nur einen Teil des Textes ab. Denn einen wirklichen Aufruf zu Klageriten enthalten überhaupt nur V 10b und V 16 (V 10a ruft sogar dazu auf, *nicht* zu weinen). Die übrigen Imperative in V 11a und V 13a rufen jedenfalls nicht zu Trauerhandlungen auf, und die restlichen Sätze sind allesamt Aussagesätze.

Nun ist zu beobachten, daß die vielfältigen Elemente, die den Text von Mi 1,10–16 ausmachen, auch in anderen Texten vorkommen, und zwar auch in vergleichbaren Kombinationen. An erster Stelle zu nennen sind Jes 10,28–32; Jer 46,3–12 und Jer 48,1–8, wobei sich aber einzelne Elemente und Kombinationen auch in anderen ähnlichen Texten finden. Gemeinsam ist all diesen Texten, daß sie eine militärische Niederlage schildern. Sie tun das aber wie Mi 1,10–16 nicht in einer Abfolge von Aussagesätzen, sondern in einer lebendigen Mischung von Aussagen und Befehlen, die sich sowohl auf die militärische Vorbereitung wie auf die Reaktion auf die Niederlage (schreien, Heilung suchen, fliehen) beziehen. Hinzu können deutende und zusammenfassende Elemente kommen. Von daher liegt es nahe, daß der Text Mi 1,10–16 einfach als eine solche lebendige Schilderung einer militärischen Niederlage zu qualifizieren ist, als »a litany of disaster« (*D. N. Freedman*, Discourse 1983, 149) oder »als ein ›atemloser‹ und ›atemberaubender‹ Kriegsbericht« (*Th. Lescow*, Worte 1997, 73 f.).

Tatsächliches oder angekündigtes Geschehen

Mit der Qualifizierung des Textes als Katastrophenschilderung stehen wir vor der Frage, ob Mi 1, 10–16 rückblickend ein tatsächliches Geschehen wiedergibt (so mit vielen *K. Elliger*, Heimat 1966; *F. J. Gonçalves*, Expédition 1986, 282–286; *J. C. de Moor*, Micah 1 1988) oder aber prophezeiend ein künftiges Geschehen vorwegnimmt (so mit vielen anderen *G. Fohrer*, Micha 1 1981, 65–68 und *H. W. Wolff* 18). Nun darf der Gegensatz zwischen den beiden Positionen nicht so scharf gesehen werden, wie es oft geschieht. Denn auch wenn Michas Text eine Prophezeiung darstellt, kommt diese doch nicht aus heiterem Himmel, sondern setzt auf jeden Fall das Heranrükken eines feindlichen Heeres voraus. Handelt es sich umgekehrt um die Schilderung eines tatsächlichen Geschehens, dann ist wiederum davon auszugehen, daß Micha keine bloße Chronik der Ereignisse darbietet, sondern diese in den Wortspielen und in dem Deutesatz V 12b prophetisch interpretiert.

Der geschichtliche Hintergrund

Ist also auch im Fall, daß in Mi 1, 10–16 eine Prophezeiung vorliegt, mit dem tatsächlichen Anrücken eines feindlichen Heeres zu rechnen, dann kommen dafür mehrere Ereignisse in Frage. 734 zieht der Assyrerkönig Tiglat-Pileser III. mit seinem Heer durch die palästinische Küstenebene bis zur ägyptischen Grenze und berührt dabei das in Mi 1, 10–16 umschriebene Gebiet (TGI 56). Im selben Jahr und wohl als Reaktion darauf rücken im Rahmen des sog. syrisch-ephraimitischen Krieges die vereinigten Aramäer und Israeliten gegen Jerusalem vor (vgl. 2 Kön 16, 5–9; Jes 7, 1–16) (an diesen Feldzug denken *D. N. Freedman*, Discourse 1983, 155 und *Ch. S. Shaw*, Speeches 1993, 277–279). 724–722 belagert Salmanassar V. Samaria (TGI 60 f.). 712/11 wirft Sargon II. das aufständische Aschdod nieder, stößt nach Juda vor und nimmt Aseka ein (TGI 63 f.; TUAT I,384)[4]. Und 701 erfolgt schließlich Sanheribs Feldzug gegen Juda, bei dem er 46 Städte erobert und bis vor die Tore Jerusalems vorrückt (TGI 67–69).

Am wahrscheinlichsten ist wohl, daß der Text von Mi 1, 10–16 die Ereignisse von 701 widerspiegelt (so auch *K. Elliger*, Heimat 1966, 61 f.; *F. Gonçalves*, Expédition 1986, 282–286; *J. C. de Moor*, Micah 1 1988, 182–185 u. v. a.). Vor 722 muß man nämlich nur gehen, wenn man das Samariawort in 1, 2–7 für michanisch und 1, 2–16* für eine zeitgleich entstandene Einheit hält, was beides nicht zwingend ist (zu dieser Argumentation vgl. *K. Budde*, Rätsel 1917/18, 106 f.; *H. W. Wolff* 22 f.). Von den Ereignissen nach 722 ist der Vorstoß von 712/11 auf Aseka beschränkt. Für 701 spricht dagegen, daß Sanheribs Feldzug nicht nur von Südwesten her auf Jerusalem zielt, sondern

---

[4] Zu Text und Deutung der sog. Aseka-Inschrift vgl. jetzt *Gershon Galil*, A New Look at the »Azekah Inscription«: RB 102, 1995, 321–329.

daß in seinem Verlauf auch eine große Zahl judäischer Landstädte in die Hände der Assyrer fällt, von denen Micha einige Orte aus seiner näheren Heimat nennt. Zu diesem Feldzug paßt auch, daß im Text von Mi 1,10–16 allein Lachisch zu einer militärischen Aktion aufgerufen wird (V 13a), die Stadt, deren Eroberung in den Augen der Assyrer das herausragende Ereignis des Feldzugs ist, wie die Reliefdarstellung aus Nimrud belegt (ANEP Nr. 371–374; AOB Nr. 137–141; vgl. 2 Kön 18,14.17; 19,8).

Die Ortslagen

Die in Mi 1,10–16 genannten Orte sind entsprechend den beiden Strophen des Textes in zwei Gruppen eingeteilt (V 10–12a und V 13–15). Die Orte der zweiten Gruppe sind außer Moreschet-Gat (V 14a) alle außerhalb des Micha-Buches biblisch belegt. In verschiedenen Kontexten werden sie als benachbarte Ortschaften aufgeführt (Jos 12,11.15; Jos 15,35.39.44; Neh 11,30; 2 Chr 11,7–9). Sie liegen alle in einem relativ engen Umkreis im Gebiet der judäischen Schefela. Anders steht es mit den Orten der ersten Gruppe. Außer Gat, das aufgrund der Liste in 2 Chr 11,7–9 im Bereich der Orte der zweiten Gruppe zu suchen ist, ist keiner der Orte biblisch belegt. Allenfalls Zaanan (Mi 1,11a) könnte mit dem Zenan von Jos 15,37 identisch sein (so *G. Schmitt*, Moreschet Gat 1990, 167; *N. Na'aman*, »House« 1995, 519) und gehörte dann aufgrund der Liste von Jos 15 in denselben Bereich wie die Orte der zweiten Gruppe.

Der Befund, daß in Mi 1,10–16 zunächst eine Gruppe sonst biblisch nicht belegter Orte mit Gat an der Spitze steht und dann eine Gruppe von Orten folgt, die auch sonst in der Bibel als Nachbarorte aus der Schefela bekannt sind, hat verschiedene

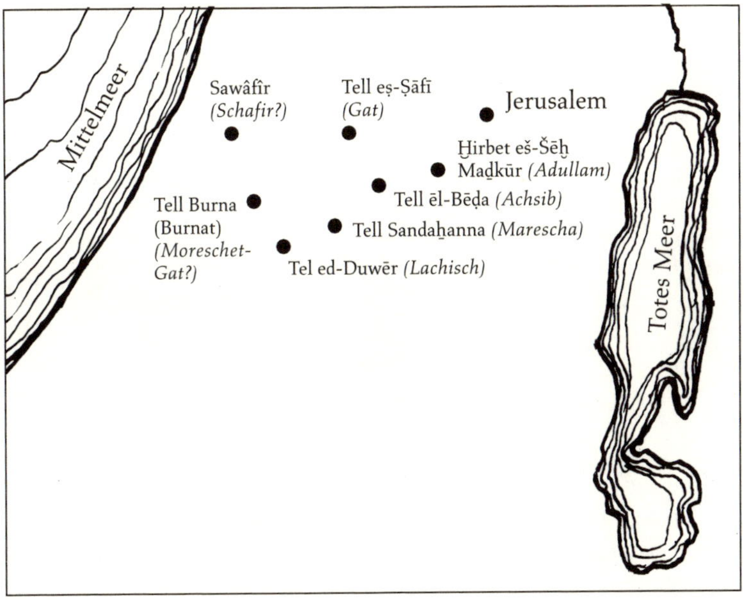

Deutungen erfahren. So hat man versucht, die Besonderheit der ersten Namensgruppe damit zu erklären, daß hier Sprachspiele vorliegen. *W. von Soden*, Ortsbenennungen 1990, 216–219 etwa geht davon aus, daß alle Namen in V 10–12 bewußte Entstellungen sind (wie »Bet-Awen« für »Bet-El« in Hos 4,15; 5,8; 10,5). Hier ist freilich zu fragen, warum dies dann nur bei V 10–12 der Fall ist. Vor allem aber ist zweifelhaft, daß das Stilmittel der Namensentstellung zugleich mit dem des Wortspiels möglich ist, weil letzteres ja gerade das Spiel mit dem richtig wiedergegebenen Namen voraussetzt. Von daher ist der Unterschied zwischen erster und zweiter Namensgruppe wohl doch eher in den realen Verhältnissen zu suchen. Ob allerdings die Orte von V 10–12 überwiegend deshalb unbekannt sind, weil sie nicht zum alten judäischen Gebiet gehören (so *S. Mittmann*, Hiskia 1990, 101 f.; *ders.*, *»bat«* 1991, 59; *G. Schmitt*, Moreschet Gat 1990, 167–169), oder ob sie zu im Feldzug Sanheribs zerstörten und später nicht wieder besiedelten Orten gehören (so *N. Na'aman*, »House« 1995, 523 f.), wird man dabei als mögliche Deutung offen lassen müssen.

Archäologische Identifizierung

Zur archäologischen Identifizierung (einiger) der in Mi 1,10–16 genannten Ortslagen liegen verschiedene Vorschläge vor (zur Diskussion insgesamt vgl. *Ph. J. King* 58–60). *Gat*, eine alte Philisterstadt (vgl. Am 6,2 »Gat der Philister«, ferner 1 Sam 5,8; 6,17; 17,4 u. ö.), nach der Liste von 2 Chr 11,7–9 später zu Juda gehörig und möglicherweise 711 unter assyrische Herrschaft geraten (vgl. TGI 64; zur Geschichte von Gat insgesamt vgl. *S. Mittmann*, Hiskia 1990, 98 f.) wird von den meisten Neueren mit dem *Tell eṣ-Ṣāfī* identifiziert (vgl. *F. Gonçalves*, Expédition 1986, 281,64; *G. Schmitt*, Moreschet Gat 1990, 158.164). Für *Schafir* schlagen schon *P. Haupt*, Capucinade 1910, 87 und jetzt wieder *S. Mittmann*, Hiskia 1990, 101 und *G. Schmitt*, Moreschet Gat 1990, 168 f. den Ort *Sawâfîr* 13 km westlich von Gat und 7 km südöstlich von Aschdod vor, was freilich deren Auffassung voraussetzt, daß die in V 10–12a genannten Orte insgesamt nicht zu altem judäischen Gebiet gehören, sondern relativ weit westlich davon zu suchen sind. *Lachisch* wird praktisch übereinstimmend auf dem *Tell ed-Duwēr* gefunden (*Volkmar Fritz*, Das Buch Josua [HAT I/7], Tübingen 1994, 134). *Moreschet-Gat* wurde lange nach dem Vorschlag von *J. Jeremias*, Heimat 1933 mit dem *Tell el-Ǧudēde* identifiziert. Das wird in neuerer Zeit mit guten Gründen bestritten, ohne daß sich ein neuer Konsens abzeichnete; so hält *G. Schmitt*, Moreschet Gat 1990, 153–161 den Ort für nicht indentifizierbar, während *Sh. Vargon* den *Tell Burna (Burnat)* 3½ km westlich des *Tell el-Ǧudēde* oder *Ḫirbet Rasm eḍ-Ḍabʿ* 2½ km nordöstlich davon vorschlägt (*Sh. Vargon*, Gedud 1992, 564,31). *Achsib* wird gewöhnlich mit dem *Tell ēl-Bēḍa* (nordöstlich von Lachisch) (so meist seit *K. Elliger*, Heimat 1966, 46), *Marescha* mit dem *Tell Sandaḫanna* (*Ph. J. King* 60) und *Adullam* mit der *Ḫirbet eš-Šēḫ Maḏkūr* (*V. Fritz* a. a. O. 134) identifiziert.

Auslegung

Der mit V 10 beginnende alte Micha-Text setzt mit einem Wortspiel ein: V 10
בגת אל־תגידו (V 10a). Dieses »in Gat verkündet es nicht« ist wörtliches Zitat (mit einer Wortumstellung) aus 2 Sam 1,20, der Totenklage Davids auf Saul und Jonathan, von der es heißt, sie sei im »Buch des Wackeren« aufgezeich-

»Wälz dich im Staube« (Mi 1,10)
Trauernde Frauen aus einer ägyptischen Grabmalerei der 19. Dynastie (1345–1200 v. Chr.)
Quelle: AOBPs 297.

net (V 18). Daß dieser Text im Juda des 8. (bzw. 7.) Jh. bekannt ist, ist anzunehmen (*W. Rudolph* 44). Er führt an einen ersten Tiefpunkt der Königsgeschichte Israels, die schwere Niederlage gegen die Philister und den Tod des ersten Königs und seines Sohnes. Bei der antiken Zitationsweise, bei der der Textanfang für das Ganze des zitierten Textes steht (vgl. Jesu Ruf am Kreuz nach Mt 27,46; Mk 15,34 »Mein Gott, mein Gott, warum hast du mich verlassen« = Ps 22), wird auch in Mi 1,10 diese gesamte Situation mit assoziiert. Mit der letzten Anspielung in Mi 1,10–16 an Adullam (V 15b) wird dann noch einmal an einen anderen Tiefpunkt im Leben Davids erinnert, so daß sich in V 10a und V 15b eine inhaltliche Klammer um die gesamte Katastrophenschilderung legt (vgl. *F. J. Gonçalves*, Expédition 1986, 276; *B. Renaud* 33 f.; *J. C. de Moor*, Micah 1 1988, 180), die diese als einen weiteren Tiefpunkt in der Geschichte Israels charakterisiert.

In dem Ort Bet-Leafra wird ein weibliches Individuum, in dem man aufgrund des folgenden Textes unschwer die Bewohnerschaft (eigentlich »Bewohnerin« = יושׁבת, V 11a.bα.12a.13a.15a) erkennen kann, aufgefordert, sich im Staub zu wälzen. Das Wortspiel zwischen dem Ortsnamen, בית

»Geh deines Weges … in schmählicher Entblößung« (Mi 1,11)
Nackte Kriegsgefangene auf einer Elfenbeinritzung aus Megiddo (1350–1150 v. Chr.)
Quelle: AOBPs 214.

לעפרה, und dem »Staub« = עפר springt ins Auge. Der Ritus selbst ist ausweislich Jer 6,26; 25,34; Ez 27,30 Ausdruck von Schmerz und Trauer.

Als nächstes wird die Bewohnerschaft von Schafir angeredet (V 11a). Sie V 11
wird aufgefordert, »in schmählicher Entblößung« ihres Weges zu gehen. Bei der Entblößung bleibt offen, ob sie sich die Bewohner selbst antun, was dann ein Trauerritus wäre (vgl. Mi 1,8; Jes 32,11), oder ob sie ihnen von den Eroberern angetan wird, die sie damit demütigen (vgl. Ez 16,39; 23,29) und als Kriegsgefangene (vgl. Jes 20,2–4) behandeln. Da aus dem Namen Schafir die Bedeutung »die Schöne« herausklingt (vgl. den Frauennamen Schifra, Ex 1,15), beruht in dieser Verszeile das Wortspiel nicht auf dem Klang (wie in V 10a.b), sondern auf dem Sinn (»die Schöne« – »schmähliche Entblößung«) (vgl. *N. Na'man*, »House« 1995, 519).

In der kurzen Zeile über die Bewohnerschaft von Zaanan (V 11bα) liegt zum ersten Mal keine Aufforderung, sondern ein Aussagesatz vor. Er ist als Klangspiel zwischen dem Ortsnamen צאנן und dem Verb יצא gebildet. יצא kann dabei als *terminus technicus* für das Ausziehen eines Heeres in den Kampf verstanden werden (vgl. Dtn 20,1; 1 Sam 8,20; Am 5,3 u.ö.). Die Aussage wäre dann die, daß die Bewohnerschaft von Zaanan nicht in den Kampf zieht, was innerhalb der Katastrophenschilderung genug aussagt, auch wenn der Grund dafür nicht genannt wird.

Das Wort über Bet-Ezel (V 11bβ) ist das unklarste des ganzen Textes. Das sonst nicht belegte Nomen עמדה*, das sehr wahrscheinlich von der Wurzel עמד abzuleiten ist, ist wohl in die Nähe von עמוד = »Stütze, Säule« zu rücken und versuchsweise ebenfalls mit »Stütze« wiederzugeben (anders jetzt wieder *N. Na'man*, »House« 1995, 521, der an Herkunft von akkadisch *imdu* = »Steuer, Arbeitsverpflichtung« denkt). Hört man aus dem Ortsnamen Bet-Ezel die Wurzel אצל, die im Nifal in Ez 42,6 wohl »terrassieren« heißt, bzw. das Nomen אציל, das in Ez 41,8 ein bautechnischer Ausdruck ist, heraus, dann könnte das Sinnspiel in der Entgegensetzung eines Ortsnamens, der Festigkeit symbolisiert, mit der weggenommenen Stütze bestehen (vgl. *A. S. van der Woude*, Micha I 10–16 1971, 349,7; dagegen denken *W. von Soden*, Ortsbenennungen 1990 und *N. Na'man*, »House« 1995, 520f. an einen Zusammenhang von אצל mit צל = »Schatten«). Der Sinn wäre dann etwa, daß wegen der Totenklage in Bet-Ezel der Ort keine Stütze oder Unterstützung für die übrigen Ortschaften wäre, so wie in der Zeile davor die nicht ins Feld ziehende Bewohnerschaft von Zaanan niemandem helfen kann. Das Suffix an עמדתו müßte sich dann auf den Ortsnamen Bet-Ezel beziehen. Ungewöhnlich ist freilich die in לכם (»von euch«) implizierte Anrede an eine von dem Ort Bet-Ezel zu unterscheidende Größe, während sonst immer nur die Orte selbst angeredet werden. Eines jedenfalls ist klar: In diesem Ort wird Totenklage gehalten, was sich gut in den Duktus des Gesamttextes einfügt.

In der Zeile über die Bewohnerschaft von Marot (V 12a) ist die Herlei- V 12 tung der Verbform חלה umstritten. Leitet man sie von der Wurzel חלה = »krank sein« ab, stimmt die maskuline Verbform mit dem femininen Subjekt (»Bewohnerin«) nicht überein. Bei einer Ableitung von der Wurzel יחל ל pi = »warten auf« ergibt sich zwar ein guter Sinn, aber dazu muß zuerst der masoretische Text geändert werden (vgl. den Apparat der BHS). Die Masoreten selbst lesen eine 3.fem.sg.qal *qatal* von חיל I. Dieses Wort hat die Grundbedeutung »kreißen« (Jes 23,4f.; 26,17f.; 45,10 u.ö.). In übertragener Bedeutung bezeichnet es dann eine bebende oder erschreckte Reaktion auf ein gewaltiges Ereignis. Dabei wird die Metaphorik gelegentlich ausdrücklich angezeigt (»wie die Gebärende«, Jes 13,8; Mi 4,10; »wie die Kreißende«, Jer 4,31), meist aber steht das Verb ohne ausdrücklichen Bezug auf seine Herkunftsbedeutung (Dtn 2,25; 1 Sam 31,3 = 1 Chr 10,3; Jer 5,3 u.ö.). Im Deutschen wird es im Allgemeinen mit »beben, sich winden« wiedergegeben; wegen der etymologisch gleichen Ableitung wie bei »kreißen« könnte man auch »kreischen« vorschlagen.

Bei allen Verwendungen steht חיל absolut, während es hier ein Objekt bei sich hat: »nach Gutem«. Bei einem Text, der insgesamt spielerisch frei mit der Sprache umgeht, zwingt das freilich nicht dazu, die überlieferte Textform abzuändern, zumal חיל ausweislich der obigen Belege immer wieder im Kontext kriegerischer Niederlagen verwendet wird. Auch findet sich in Dtn 30,9 wie hier die Verbindung eines Verbs, das emotionale Bewegung ausdrückt, mit לטוב in der Phrase לשׂושׂ לטוב = »sich zum Guten freuen«; חיל לטוב könnte geradezu als sprachliche Gegenbildung dazu verstanden werden.

Wie in V 11a beruht das Wortspiel in V 12a auf dem Inhalt. Da aus dem Ortsnamen von Marot »Bitterkeit« herauszuhören ist, kontrastiert damit das »Warten auf« oder »Sich Winden nach Gutem«.

Der anschließende V 12b markiert die Mitte des Textes. Der Vers unterbricht die Aufrufe an oder Aussagen über einzelne Orte. Seine Sonderstellung zeigt sich auch daran, daß er kein Wortspiel enthält. Sein Zweck ist vielmehr, den davor und danach stehenden Text zu deuten, und zwar auf doppelte Weise: Das Geschehen ist »Unheil von JHWH«, und das eigentliche Ziel der in V 10–15 durchscheinenden Operation sind gar nicht die dort genannten Orte, sondern »das Tor Jerusalems«. Wenn in Mi 1,10–16 die Verwüstung Judas auf JHWH selbst als Urheber zurückgeführt wird, erhebt sich sogleich die Frage, warum er so handelt. Sie wird in Mi 1 nicht beantwortet. Es entsteht eine Spannung, die im Text von Mi 2 und 3 anhand des Stichworts רע(ה) (»Böses«/«Unheil«) weiterverfolgt wird und erst in 3,9–12 zur Auflösung kommt (die Glossatoren von 1,5bβ und 1,13b geben mit dem Hinweis auf die »Höhen« bzw. auf »Sünde« und »Verfehlungen« zwar eine vorläufige Antwort, die aber insofern die Spannung nicht ganz auflöst, als auch diese Stichworte allererst durch das Folgende inhaltlich gefüllt werden).

Am Anfang der zweiten Gruppe von Orten, die im alten judäischen Gebiet liegen, wird Lachisch genannt, die bedeutendste judäische Festung (V 13a). Der Bedeutung dieser Festung gerade auch im Feldzug Sanheribs von 701 entspricht es, daß einzig die Bewohnerschaft von Lachisch zu einer militärischen Handlung aufgefordert wird. Denn dazu soll doch wohl der Streitwagen eingesetzt werden und nicht (wie *P. Haupt*, Capucinade 1910, 90 und *F. J. Gonçalves*, Expédition 1986, 282 vorschlagen) zur Flucht. Freilich geht aus dem Duktus des ganzen Textes hervor, daß dieser militärische Einsatz vergeblich sein wird. In der Formulierung entsteht dabei ein Klangspiel zwischen רכשׁ = »Gespann« und dem Ortsnamen לכישׁ, das bei der wahrscheinlich ursprünglichen Schreibweise לכשׁ (so im Lachisch-Ostrakon Nr. 4, HAE 422) auch graphisch noch deutlicher sichtbar war. V 13

Der Glossator von V 13b nimmt die Erwähnung des Streitwagens zum Anlaß, die Bewohnerschaft von Lachisch theologisch zu disqualifizieren. Er kennt die auch an Stellen wie Jes 2,7; 31,1; Mi 5,9 u.ö. niedergelegte Vorstellung, wonach das Vertrauen auf die Streitwagenrüstung als Verweigerung des geforderten Vertrauens auf Gott ausgelegt wird. Entsprechend sieht er in den in Lachisch befindlichen Streitwagen »die Verfehlungen Israels« und in der Bewohnerschaft selbst den »Anfang der Sünde für die Tochter Zion«, auf die es ihm offenbar eigentlich ankommt. Daß er dabei von Jerusalem (so noch V 12) als von der »Tochter Zion« spricht, erinnert an die in der frühen babylonischen Epoche entstandenen Texte Mi 4,8.10.13. Zugleich lehnt sich mit dem Parallelismus von חטאת und פשׁעים (»Sünde« und »Verfehlungen«) der Glossator an Mi 3,8 an (vgl. auch 1,5).

Der Anfang der Zeile über Moreschet-Gat (V 14a) ist offenbar im Gefolge der Glosse in V 13b verändert worden. Dies gilt nicht nur für das einleitende לכן (»deshalb«), durch das der Eindruck eines zweigliedrigen Prophetenspruchs erweckt wird, sondern auch für das Verb »du (fem.) gibst«. Sein Subjekt ist die »Bewohnerschaft von Lachisch« aus V 13. Dies wäre der einzige Fall in Mi 1,10–16, wo zwischen zwei Orten eine direkte Beziehung hergestellt wird, während sonst jede Zeile für sich steht. Daß dies ursprünglich sein sollte, ist wenig wahrscheinlich. Vielleicht hieß der Anfang einmal »man gibt« oder im Nifal »es werden gegeben« (vgl. BHS). V 14

Moreschet-Gat ist der sonst nicht näher bekannte Heimatort Michas. Möglicherweise wird er bereits in der Amarna-Korrespondenz im 14. Jh. v. Chr. erwähnt, doch ist die Identifizierung nicht sicher (vgl. *Sh. Vargon, Mur'ašt* 1990). Ihm sollen »Abschiedsgaben« gegeben werden. Das Wort שׁלוחים kommt nur noch in Ex 18,2, wo es die Entlassung einer Frau, und in 1 Kön 9,16, wo es die Abschiedsgabe eines Vaters an seine wegheiratende Tochter bezeichnet, vor. In Mi 1,14 ist wohl daran gedacht, daß Moreschet-Gat durch die kriegerischen Ereignisse für Juda verlorengeht. Aus Moreschet kann man die Wurzel ירשׁ = »in Besitz nehmen, beerben« heraushören, ebenso auch eine Anspielung an das Wort für »Verlobte« = מארשׂה (so

H. Donner, Israel 1964, 95). In beiden Fällen entsteht auf der inhaltlichen Ebene ein Sinnspiel, sei es zwischen »Erwerb, Besitz«, sei es zwischen »Verlobung« auf der einen und »Entlassung, Abschied« auf der andern Seite.

In der Zeile über Achsib (V 14b) springt das Klangspiel zwischen dem Ortsnamen, der ursprünglich wohl **אכזב** geschrieben wurde (so im Lachisch-Ostrakon Nr. 8, HAE 428), und dem »Trugbach« = **אכזב** ins Auge. Auch die Metaphorik ist deutlich, führt der Trugbach im Gegensatz zum immer fließenden Bach eben dann, wenn es darauf ankäme, kein lebensnotwendiges Wasser (vgl. Jer 15,18).

V 15 In der Zeile über Marescha (V 15a) sind Klangspiel und Sinn offenkundig. In »der Eroberer« = הירשׁ klingt der Ortsname מרשׁה an, und daß der Eroberer auch noch dorthin kommt, paßt in die Schilderung des katastrophalen Geschehens.

Der letzte der in Mi 1,10–16 genannten Ortsnamen ist Adullam (V 15b). Er ist aus der Geschichte Davids als sein Zufluchtsort vor Saul bekannt (1 Sam 22,1, vgl. 2 Sam 23,13 = 1 Chr 11,15). Wenn es in Mi 1,15 heißt, »die Herrlichkeit Israels« »komme nach Adullam« oder »komme Adullam gleich«, dann dürfte damit auf diesen Tiefpunkt in der Geschichte Davids angespielt sein (so schon *C. von Orelli* 113). Vergleichbare Verwendungen tatsächlicher Ortsnamen, bei denen ein an den Ort gebundenes Ereignis symbolische Bedeutung erhält, sind in unserer Kultur z. B. für Canossa, Waterloo oder Auschwitz belegt. Das Sinnspiel der Zeile besteht dann in dem Gegensatz von Adullam als Symbol der Niederlage und der »Herrlichkeit Israels«, die jetzt wieder da ist, wo David einst war (zu diesen auf Gegensätzen beruhenden Sinnspielen vgl. schon V 11a.11bβ.12a.14a). Zugleich wird mit der Anspielung auf die Geschichte Davids die Klammer zur ersten Zeile des Textes geschlossen (siehe zu 1,10a).

V 16 Mit der Doppelzeile von V 16 ist der Zielpunkt des Textes erreicht. Eine nicht genannte weibliche Gestalt wird zu Trauerritualen aufgerufen (zum Scheren der Haare, bei Männern auch des Bartes, als Ausdruck der Trauer vgl. Dtn 14,1; Jes 15,2; 22,12; Jer 7,29; 41,5; Ez 7,18; Am 8,10).

Immer wieder hat man versucht, diese weibliche Gestalt mit Jerusalem zu identifizieren und den Ausfall des Ortsnamens anzunehmen (vgl. BHS). Aber warum sollte in einem Text, der bei allen sonstigen Unsicherheiten in jeder Zeile einen Ortsnamen enthält, dieser ausgerechnet auf dem Höhepunkt und in dem ansonsten zudem sprachlich völlig einwandfreien V 16 ausgefallen sein? Aber auch sachlich fällt es schwer, an Jerusalem zu denken. Der Vers nennt ja den Grund für die Trauer: »die Kinder deiner Wonne« werden »in die Verbannung von dir weggeführt«. Das bezieht sich offenkundig auf Angehörige der judäischen Landstädte, die vorher genannt sind, und es ist schwer einzusehen, warum diese ausgerechnet als »Kinder Jerusalems« bezeichnet werden sollten. Tatsächlich war es 701 auch so, daß Jerusalem selbst verschont blieb, während Sanherib Teile der judäischen Landbevölkerung exilierte (vgl. TGI 68, auch wenn die Zahl von 200150 Personen sicher übertrieben

»… denn in die Verbannung werden sie von dir weggeführt« (Mi 1, 16)
Deportierte judäische Familie nach der Eroberung von Lachisch durch Sanherib 701. Aus den Palastreliefs in Ninive
Quelle: David Ussishkin, The Conquest of Lachish by Sennacherib, Tel Aviv: Tel Aviv University. The Institute of Archaeology 1982, 84 (Zeichn. v. Judith Dekel).

ist; zur historischen Rekonstruktion des judäischen Exils nach 701 vgl. *St.Stohlmann*, Exile 1983, der in Mi 1, 16 »the clearest reference to this exile from Judah after 701« in der biblischen Literatur findet, 173).

So wird man in der weiblichen Gestalt von V 16 entweder eine kollektive Wiederaufnahme der vielfach genannten »Bewohnerschaft« einzelner Orte oder, da nicht nur Städte, sondern auch Völker weiblich personifiziert werden können (vgl. die »Jungfrau Israel«, Am 5, 2), das Kollektiv der Bewohnerschaft von Juda sehen müssen (vgl. *J. Wellhausen* 137: »Die Anrede scheint an das Land Juda gerichtet zu sein«; *I. Willi-Plein*, Vorformen 1971, 75: »die feminin vorgestellte Volkseinheit«). Alle militärischen Katastrophen der judäischen Landstädte kommen in der Gola der »Kinder deiner Wonne« zum Ziel- und absoluten Tiefpunkt.

Bedeutung

Mi 1, 10–16 schildert eine katastrophale militärische Niederlage judäischer Landstädte, unbeschadet der Frage, ob sie schon geschehen ist oder als unmittelbar bevorstehend geschaut wird. Ihr Tiefpunkt ist die Gola von Teilen der Bevölkerung. Durch die Anspielungen auf die Frühgeschichte des israelitischen Königtums bei der Nennung des ersten (V 10a) und des letzten (V 15b) Ortes wird sie in die Reihe der immer wieder geschehenen militärischen Niederlagen in der Geschichte Judas eingegliedert, zugleich aber durch den Hinweis auf die Brüchigkeit dieses Königtums schon bei seiner Entstehung qualitativ von diesen abgehoben. Diese Niederlage stellt den Bestand Judas in Frage, ohne daß freilich eine explizite Aussage über die Zukunft Judas gemacht würde. Der Text bleibt beim Erschrecken über das bevorstehende oder schon eingetretene Geschehen stehen.

Aber er begreift das Geschehen nicht als blinden Schicksalsschlag, sondern als »Unheil von JHWH« (V 12b). Damit richtet er eine Spannung auf, die von der Frage ausgeht, warum JHWH solches tut. Sie findet im Text von Mi 1,10–16 selbst keine Antwort. Damit weist dieser Text über sich hinaus auf die beiden folgenden Kapitel des Michabuches. Erst von ihnen her wird deutlich werden, warum solches Unheil über Juda kommt.

Dennoch gibt der Text schon eine Andeutung. Das Unheil »steigt herab von JHWH« und zielt hin »an das Tor Jerusalems«. Das erweckt den Eindruck, als bestünde der eigentliche Streit zwischen JHWH auf der einen und Jerusalem auf der andern Seite, und es stellt sich die Frage, ob die in Mi 1,10–16 genannten Orte mit dem Streit zwischen JHWH und Jerusalem direkt gar nichts zu tun haben. Erst von 3,12 her wird man verstehen, daß dies in der Tat so ist. »Um euretwillen«, nämlich um der Führungsschicht von Jerusalem willen, wird der Zion zerstört werden, und es ist die Bevölkerung der judäischen Landstädte, die darunter mit zu leiden hat. »Die ›Großen‹ machen die Politik, und die ›Kleinen‹ bezahlen die Zeche!«[5].

Micha 2,1–11: Die Schuld der reichen Grundbesitzer

Mi 2,1–11 ist eine zusammengehörige Einheit. In ihr sind V 1–3 völlig in sich geschlossen und aus sich heraus verständlich. Die Verse sind das Grundwort, an das dann in V 4f. und V 6–11 weitere Worte angefügt sind, die sich auf dieses Grundwort zurückbeziehen und deshalb nur von ihm her zu verstehen sind. Von daher wäre selbstverständlich auch eine Behandlung von 2,1–11 als *einer* Einheit möglich. Wenn hier der andere Weg gewählt wird, dann nur aus Gründen der Übersichtlichkeit.

Micha 2,1–3

Literatur

Albrecht Alt, Micha 2,1–5. *ΓΗΣ ΑΝΑΔΑΣΜΟΣ* in Juda, in: ders., Kleine Schriften zur Geschichte des Volkes Israel III, München ²1968, 373–381. – *Hans Bardtke*, Die Latifundien in Juda während der zweiten Hälfte des achten Jahrhunderts v. Chr. (Zum Verständnis von Jes 5,8–10), in: Hommages à André Dupont-Sommer, Paris 1971, 235–254. – *Rainer Kessler*, Das

[5] *J. P. T. Zabatiero* 41: »Os ›grandes‹ faciam a política, e os ›pequenos‹ pagavam o pato!«

hebräische Schuldenwesen. Terminologie und Metaphorik: WuD NF 20, 1989, 181–195. – *ders.*, Staat und Gesellschaft im vorexilischen Juda. Vom 8. Jahrhundert bis zum Exil (VT.S 47), Leiden u.a. 1992. – *William McKane*, Micah 2:1–5: Text and Commentary: JSSt 42, 1997, 7–22. – G. Wallis, Art. חָמַד ḥāmad̲, in: ThWAT II, Stuttgart u.a. 1977, 1020–1032. – *John T. Willis*, On the Text of Micah 2,1aα-β: Bib 48, 1967, 534–541.

Zum Wehe-Ruf

Richard J. Clifford, S.J., The Use of *HÔY* in the Prophets: CBQ 28, 1966, 458–464. – *Erhard Gerstenberger*, The Woe-Oracles of the Prophets: JBL 81, 1962, 249–263. – *Christof Hardmeier*, Texttheorie und biblische Exegese. Zur rhetorischen Funktion der Trauermetaphorik in der Prophetie (BEvTh 79), München 1978. – *Delbert R. Hillers*, *Hôy* and *Hôy*-Oracles: A Neglected Syntactic Aspect, in: C. L. Meyers/M. O'Connor (Hg.), The Word of the Lord Shall Go Forth, FS D. N. Freedman, Winona Lake 1983, 185–188. – *Waldemar Janzen*, Mourning Cry and Woe Oracle (BZAW 125), Berlin/New York 1972. – *Hans-Joachim Krause*, *hôj* als profetische Leichenklage über das eigene Volk im 8. Jahrhundert: ZAW 85, 1973, 15–46. – *Gunther Wanke*, אוֹי und הוֹי: ZAW 78, 1966, 215–218. – *Claus Westermann*, Grundformen prophetischer Rede (BEvTh 31), München ^{5}1978, 137–142. – *James G. Williams*, The Alas-Oracles of the Eighth Century Prophets: HUCA 38, 1967, 75–91.

Text

Übersetzung

1 *Wehe, die Unrecht planen*
und Böses tun auf ihren Lagern:
Beim Morgenlicht führen sie es aus,
denn es steht in ihrer Hände Macht.
2 *Sie begehren Felder und reißen sie an sich,*
Häuser, und nehmen sie.
Sie unterdrücken den Mann und sein Haus,
den Menschen und seinen Erbbesitz.
3 *Deshalb hat so JHWH gesprochen:*
Siehe, ich plane über dieses Geschlecht Unheil,
aus dem ihr eure Hälse nicht ziehen könnt,
und nicht werdet ihr aufrecht gehen,
denn eine böse Zeit ist dies.

Zu Text und Übersetzung

Der masoretische Text ist einwandfrei. Die von BHS vorgeschlagenen Änderungen beziehen sich entweder auf Kleinigkeiten oder haben keinen textkritischen Anhalt in der Überlieferung und geben nur die Vorstellung des Bearbeiters von gutem Stil wieder.

Die Übersetzung des einleitenden הוֹי mit »wehe denen, die …« (so Lutherbibel, Zürcher Bibel, Einheitsübersetzung und praktisch alle wissenschaftlichen Kommentare) ist anscheinend ebenso unausrottbar, wie sie mißverständlich ist. »Wehe« mit Dativ wird im Deutschen bei einer Drohung verwendet. Eine solche liegt hier jedoch nicht vor, sondern vielmehr (Toten-)Klage. Das Nötige dazu s. bei *Ch. Hardmeier*, Texttheorie 1978, 167–169.188, weiteres in der Auslegung unten.

Analyse

Literarkritik

Da in Mi 2,6 erkennbar eine gegenüber V 1–5 neue Ebene betreten wird – nach den Anklagen selbst geht es jetzt um die Bestreitung der Berechtigung derselben durch Michas Gegner –, und da die Verse 1–5 von denselben Leuten und denselben Problemen handeln – nämlich von reichen Grundbesitzern und deren ständiger Besitzvermehrung –, hat man viele Versuche unternommen, V 1–5 als eine in sich geschlossene Einheit aufzufassen. Dazu hat man literarkritisch alle Signale entfernt, die eine Gliederung des Textes in V 1–3 und V 4f. nahelegen. Wichtigstes Opfer ist V 3bβ, der V 1–3 resümierende und abschließende Satz (zu seiner Abtrennung vgl. etwa *J. Jeremias*, Deutung 1971, 335; *A. Schart*, Entstehung 1998, 184; *J. Vermeylen*, Isaïe 1978, 579). Daß durch seine Streichung – und durch weitere, vor allem des לכן (»deshalb«) in V 3 oder in V 5 oder an beiden Stellen (s. u. zu V 5) – ein durchgehender Text für V 1–5 gewonnen würde, ist natürlich kein Argument, denn es setzt voraus, was es beweisen will. Auch der Hinweis darauf, daß die Phrase כי עת רעה היא (»denn eine böse Zeit ist dies«) wörtlich gleich in Am 5,13 wiederkehrt, besagt nur, daß die dort arbeitende Redaktion – der ganze Vers Am 5,13, nicht nur die in Frage stehende Wendung, ist sichtlich ein kommentierender Nachtrag zu V 10–12 – den alten Michatext kennt. Vor allem aber übersieht der Vorschlag einer Abtrennung von Mi 2,3bβ, daß solche kurzen, nachhängenden und eine Einheit abschließenden Sätze für den alten Michatext geradezu typisch sind. Man vergleiche nur unser כי עת רעה היא mit dem כאשר הרעו מעלליהם (»entsprechend der Bosheit ihrer Taten«) als Abschluß von 3,1–4 und dem כי אין מענה אלהים (»denn es gibt keine Antwort Gottes«) als Abschluß von 3,5–7. – Gerne streicht man in V 3 auch die Botenformel am Anfang, die die Zweigliedrigkeit des Prophetenspruchs V 1–3 hervorhebt, sowie das Objekt »über dieses Geschlecht«, wozu unten zur Stelle das Nötige auszuführen ist. – Gegenüber dieser, etwa von *Th. Lescow*, Micha 1–5 1972, 50–52; *ders.*, Worte 1997, 56–58.102–107 ausgearbeiteten Position, wonach V 1–5 insgesamt eine Einheit bilden (mit den genannten Kürzungen in V 1–4* und mit V 5 als Nachtrag), wird hier die Auffassung vertreten, daß Mi 2,1–3 entsprechend den Struktursignalen des Textes zunächst als in sich geschlossene Einheit zu lesen ist. Es wird sich zeigen, daß V 4f. als ebenfalls in sich geschlossener Nachtrag zu V 1–3 ohnehin am besten zu verstehen ist (vgl. dazu weiter zu V 4f. sowie insgesamt *S. J. deVries*, Revelation 1995, 193–196).

Aufbau

Mi 2,1–3 sind als zweigliedriger Prophetenspruch aufgebaut. V 1f. enthält den Lagehinweis, u.zw. in der besonderen Gestalt eines Wehe-Wortes. In V 3a.bα folgt die Zukunftsansage, klassisch eingeleitet mit לכן (»deshalb«) und der Botenspruchformel. Dabei geht die Gottesrede von der 3. Person, in der über die Bedrohten gesprochen wird, in die 2. Person Plural über, in der diese angeredet werden – ein Wechsel, der auch sonst im alten Michatext üblich ist (vgl. 3,1–4: V 2 2.ps.pl., V 3f. 3.ps.pl.; 3,5–7: V 6f. Übergang von der 2. in die 3.ps.pl.; 3,9–12: V 9–11 direkte Anrede, dann 3.ps., V 12 2.ps.) (nach *D. R. Hillers*, *Hôy* 1983, der auf Jes 1,4f.; 5,8; 10,1–3 u.ö. verweist, wäre der Übergang von der 3. in die 2. Person geradezu typisch für Wehe-Orakel). Lagehinweis und Zukunftsansage sind sprachlich und sachlich eng aufeinander bezogen. Denen, »die Unrecht planen (חשב pt.) und

Böses (רע) tun« (V 1), wird der Gott entgegengestellt, der seinerseits »über dieses Geschlecht« »Unheil« (רעה) »plant« (חשב pt.). Und auf der sachlichen Ebene entsprechen sich die Tat und ihre Folge darin, daß sie im Bereich der Ökonomie, genauer des Schuldenwesens, angesiedelt sind. Ein kurzer, mit כי (»denn«) eingeleiteter Satz schließt den Spruch ab, indem er die Zeit, in der solche Taten geschehen und Gott deren Folgen auf die Täter zurückkehren läßt, als »böse Zeit« oder »Zeit des Unheils« (עת רעה) qualifiziert und dabei das Stichwort רע(ה) nach V 1 und V 3a zum drittenmal verwendet.

Auslegung

Das den Text einleitende »Wehe!« (הוי) ist in den zurückliegenden Jahrzehnten Gegenstand zahlreicher Untersuchungen gewesen. Sie haben zu dem Ergebnis geführt, daß als Hintergrund des Wehe-Rufs weder ein der Rechtspraxis zugehörendes Fluchritual (*C. Westermann,* Grundformen [5]1978) noch das Sippenethos (*E. Gerstenberger,* Woe-Oracles 1962), sondern die Totenklage anzunehmen ist (so mit verschiedenen Nuancierungen *R. J. Clifford,* Use 1966; *G. Wanke,* אוי 1966; *J. G. Williams,* Alas-Oracles 1967; *W. Janzen,* Mourning Cry 1972; *Ch. Hardmeier,* Texttheorie 1978). In ihr wird über dem Verstorbenen das הוי ausgerufen und dieser zusätzlich durch ein Nomen charakterisiert (vgl. 1 Kön 13,30; Jer 22,18; 34,5, vgl. Am 5,16). Die Propheten, die ihre Sprüche mit »Wehe!« beginnen lassen, schlüpfen also in die Rolle von Trauernden während des Totenritus. Aber, und darin besteht das Verfremdende ihres Gebrauchs, sie betrauern gar keine wirklich Toten, sondern sehr lebendige Menschen. Wenn sie über diese sprechen, als seien sie schon tot, dann ist das mehr als nur ein rhetorischer Kniff, um die Aufmerksamkeit ihrer Zuhörer zu erregen; es bringt vielmehr zum Ausdruck, daß diese Menschen, die durchweg zu den Mächtigen der Gesellschaft gehören, in den Augen des Propheten tatsächlich schon wie tot, also ohnmächtig sind. Unterstrichen wird dies durch die angefügte Untergangsdrohung gegen die, über die das »Wehe!« ausgerufen wurde: Ihr Untergang ist bei Gott so fest beschlossen, daß sie der Prophet jetzt schon wie Tote beklagen kann. V 1

Anders als bei der echten Totenklage, wo auf das »Wehe!« eine Bezeichnung des Toten folgt (»mein Bruder«, 1 Kön 13,30; Jer 22,18; »Herr«, Jer 22,18; 34,5; »Schwester«, »Majestät«, Jer 22,18), schließt sich bei der metaphorischen Verwendung der Totenklage in einer Vielzahl prophetischer Sprüche an das »Wehe!« eine Partizipialkonstruktion an, durch die die »Beklagten« charakterisiert werden (vgl. Jes 5,8.11.18 u.ö.). So auch in Mi 2,1.

Mit der Charakterisierung der »Beklagten« als solchen, »die Unrecht planen und Böses tun auf ihren Lagern«, bleibt der Vers zunächst im Bereich konventioneller Sprache, wie sie vor allem aus den Psalmen belegt ist. Dort sind es die Feinde des Beters, die mit ähnlichen Ausdrücken gezeichnet werden können (zu חשב = »planen« vgl. Ps 10,2; 35,4.20; 41,8; 52,4; 140,3.5; geradezu stereotyp ist die Rede von den פעלי און = »die Unrecht tun«, vgl. Ps 5,6; 6,9; 14,4 u.ö.; die ganze Phrase »Unrecht plant er auf seinem Lager« steht in Ps 36,5). Die sprachliche Nähe zeigt, daß in der prophetischen Sozialkritik häufig von außen eben die Zustände kritisiert werden, die in den Klagen des Einzelnen der Betende als Betroffener beklagt.

Man hat sich gefragt, ob sich der Text nicht irrt, wenn er sagt, die Beschuldigten würden schon auf ihren Lagern »Böses tun«; das täten sie doch wohl erst am folgenden Tag bei der Ausführung ihrer Pläne. Zahlreiche Änderungen des Textes hat man deshalb vorgeschlagen (vgl. die Zusammenstellung und Diskussion bei *J. T. Willis*, Text 1967). Doch verkennt man mit solcher besserwisserischen Kritik die Aussageabsicht des Textes. Er will die von ihm Kritisierten gerade als solche charakterisieren, bei denen »planen« und »tun« gleichsam dasselbe sind, eben weil es »in ihrer Hände Macht steht« (V 1b), weil bei ihnen »begehren« und »an sich reißen« (V 2a) in einem Atemzug genannt werden müssen. Genauso ist dann in V 3a Gott nicht einer, der bloß plant, sondern der so plant, daß damit die Ausführung schon mitgesetzt ist (V 3b).

Was sie nachts planen (V 1a), führen sie am nächsten Morgen aus (V 1b). Das ist nun freilich mehr als eine bloße zeitliche Abfolge. Vielmehr wird dadurch das Tun der Übeltäter als widergöttlich charakterisiert. Das Alte Testament belegt nämlich häufig die Vorstellung, daß die Nacht der Raum ist, in dem die Übeltäter ungestört wirken können, daß aber mit dem Anbruch des Morgens Gott ihrem Tun ein Ende bereitet (vgl. Zef 3,5; Ps 46,6; 90,14; 143,8; Ijob 38,12–15; Klgl 3,23 u. ö.). Religionsgeschichtlich steht dahinter die Vorstellung vom Sonnengott, der mit seinem morgendlichen Erscheinen die Ordnung der Welt wieder herstellt (vgl. *Bernd Janowski*, Rettungsgewißheit und Epiphanie des Heils. Das Motiv der Hilfe Gottes »am Morgen« im Alten Orient und im Alten Testament. Band I: Alter Orient [WMANT 59], Neukirchen-Vluyn 1989). Wenn nun in Mi 2,1 die Übeltäter »beim Morgenlicht« ihre Pläne ausführen, dann setzen sie damit die göttliche Ordnung der Welt außer Kraft. Sie können das, weil es »in ihrer Hände Macht steht«. Wörtlich heißt das, weil es »im Gott (אל) ihrer Hand steht«. Zwar ist dies im Hebräischen eine eingeschliffene Redewendung (Gen 31,29; Dtn 28,32; Spr 3,27; Neh 5,5; Sir 5,1; 14,11). Aber zusammen mit dem Motiv des Morgens, an dem eigentlich Gottes Hilfe und nicht die Ausführung der Gewalttaten ihren Ort hätte, gewinnt es doch tiefere Bedeutung. Die Gewalttäter setzen sich an die Stelle Gottes.

V 2 Wenn jetzt V 2 konkret benennt, was die von Micha Attackierten tun, dann steht das also bereits unter einem doppelten Vorzeichen. Es ist Unrecht und Böses, und es steht dem Gerechtigkeit schaffenden Handeln Gottes direkt entgegen. Das kritisierte Verhalten ist also mehr als ein unschöner Ausrutscher. Es stellt die göttliche Ordnung der Gesellschaft in Frage. Dieses Verhalten ist das Begehren und An-Sich-Reißen von Feldern, das Wegnehmen von Häusern, die Unterdrückung von Mann, Haus und Erbbesitz. Mit dieser Beschreibung bildet Mi 2,2 zusammen mit Jes 5,8 (»Wehe, die Haus an Haus reihen, Feld an Feld fügen, bis kein Platz mehr ist und ihr allein ansässig seid inmitten des Landes«) die klassische Belegstelle für eine gesellschaftliche Entwicklung, die für Juda eben mit den Texten von Jesaja und Micha erstmalig zu fassen ist, die sich dann bis zum Untergang des judäischen Staates dramatisch zuspitzt, um allerdings auch nach dem Exil ungebrochen weiterzugehen.

Nimmt man Mi 2,2 und Jes 5,8 mit weiteren Texten vorexilischer Propheten und anderer, leider nur spärlich vorhandener Quellen zusammen, dann ergibt sich in Umrissen das folgende Bild (ausführlich bei *R. Kessler*, Staat 1992, besonders 117–126; vgl. auch *W. McKane*, Micah 2:1–5 1997, 9–13). Eine bis ins 8. Jh. auf relativer Gleichheit der Grundbesitzer beruhende Gesellschaft bricht auseinander und entwickelt sich hin zu einer Klassengesellschaft. Gab es bis dahin ein Gleichgewicht zwischen den reicheren Grundbesitzern, die mit dem Königshof eng verbunden waren und aus denen sich auch die hohen Beamten rekrutierten, und den kleineren Bauern insofern, als alle aufgrund ihres Besitzes selbständig und frei waren, so gelingt es den Angehörigen der Oberschicht jetzt, die bis dahin freien Bauern um ihren Besitz zu bringen und ihn sich selbst anzueignen.

In Mi 2,2 spiegelt sich dieser Vorgang auf dreifache Weise wider. Zum einen ist von Feldern und Häusern bzw. vom Haus und vom Erbbesitz die Rede, also der ökonomischen Grundlage der freien Bauernfamilie. Dann heißt es, daß diese in den Besitz der in V 1 charakterisierten mächtigen Übeltäter übergehen, was polemisch als »an sich reißen« bezeichnet wird. Und schließlich wird der, der Opfer dieser ökonomischen Entwicklung ist, als גבר bzw. איש (beides eigentlich = »Mann«) bezeichnet; er ist wegen seines Grundbesitzes ein freier Mann, der durch den Verlust seines Besitzes auch seine bisherige Freiheit verliert. Die hier kritisierte ökonomische Entwicklung geht also sehr viel weiter als die immer schon bekannte Gefährdung gesellschaftlich schwacher Schichten, für die traditionell Witwe, Waise und Fremdling stehen. Jetzt wird das Fundament der Gesellschaft, die freie Bauernschaft, angegriffen. Und dies ist, so sagt es die Einführung in V 1, eben ein Angriff auf die gottgewollte gerechte Ordnung.

Auf welche Weise die Mächtigen den Besitz der bisher Freien an sich bringen, führt der Text nicht aus. Vergleicht man andere Texte, die entsprechende Vorgänge kritisieren (vgl. *R. Kessler*, Staat 1992), dann ist als Grundlage an die ökonomische Überlegenheit der Mächtigen zu denken. Sie sind in der Lage, den wirtschaftlich Schwächeren in Notzeiten Kredite zu geben. Gelingt es diesen aufgrund von Mißernten,

Krankheit, feindlichen Einfällen oder anderen Unglücksfällen nicht, das Darlehen zurückzuzahlen, dann tritt das unerbittliche antike Schuldenwesen in Kraft, an dessen Ende nach Pfandnahme und Personalhaftung (Schuldsklaverei von Familienmitgliedern) die Übereignung des Grundbesitzes des Verschuldeten an seinen Gläubiger steht (zu den Mechanismem des antiken Kreditwesens vgl. *R. Kessler,* Schuldenwesen 1989). Zu der Entfaltung der rein ökonomischen Überlegenheit tritt, wie andere Texte belegen, die Anwendung außerökonomischer Gewalt, etwa durch Betrügereien (vgl. dazu unten zu Mi 6,9–16) oder den Einfluß auf staatliche Entscheidungsträger (vgl. zu Mi 7,3).

Auch wenn die Verben, mit denen Mi 2,2 das Tun der Mächtigen bezeichnet, diese Mechanismen nicht direkt benennen, kritisieren sie doch ihr Vorgehen als ungerecht und gewalttätig. חמד = »begehren« bedeutet nämlich mehr als nur ein inneres Wünschen; es umfaßt alle Vorgänge bis zur schließlichen Inbesitznahme des Begehrten (*G. Wallis,* Art. חָמַד 1977). Dies belegen besonders klar das zehnte Dekaloggebot (Ex 20,17; Dtn 5,21) sowie Ex 34,24, wo das Begehren jeweils ein Aussein auf das meint, was einem anderen gehört (vgl. *Frank Crüsemann,* Bewahrung der Freiheit. Das Thema des Dekalogs in sozialgeschichtlicher Perspektive [KT 128], Gütersloh 1993, 76–78). גזל = »an sich reißen, rauben« drückt ganz klar die Gewalttätigkeit des Vorgehens der Mächtigen aus, ist aber keineswegs wörtlich im Sinne eines Diebstahls zu verstehen, was bei Immobilien ohnehin schwer vorstellbar ist. Es ist vielmehr hier wie an vielen anderen Stellen (vgl. *R. Kessler,* Schuldenwesen 1989) metaphorisch-polemisch gemeint, wie auch in vergleichbaren modernen Polemiken (»Eigentum ist Diebstahl«, »Akkord ist Mord«). עשק = »unterdrücken« schließlich gehört dem Wortfeld wirtschaftlicher (Lev 19,13; Dtn 24,14; Hos 12,8 u. ö.), politischer (1 Sam 12,3 f.; Jes 52,4; Jer 50,33 u. ö.) und gesellschaftlicher (Jer 7,6; Ez 22,29; Am 4,1 u. ö.) Gewaltanwendung an.

V 3 Nachdem der Prophet in V 1 f. im Wehe-Ruf das Vergehen der von ihm kritisierten Mächtigen aufgezeigt hat, kündigt er nun in V 3 als Bote Gottes diesen das Eingreifen Gottes an. Es entspricht genau ihrem Tun. Sie »planen Unrecht und tun Böses«, entsprechend »plant« Gott »Unheil« über sie. Wenn dabei die Mächtigen als »dieses Geschlecht« oder »diese Sippschaft« bezeichnet werden, dann ist dies abschätzig gemeint. Sie gehören nicht mehr zu »meinem Volk« (2,4.8; 3,3.5, vgl. 1,9), das sie berauben und unterdrücken, sondern sind »dieses Geschlecht« oder auch »dieses Volk«, wie 2,11 sagen wird.

Auf den Vorschlag, die Worte המשפחה הזאת (»dieses Geschlecht«) in V 3a als Nachtrag aufzufassen, ist einleitend zur Literarkritik schon hingewiesen worden (vgl. etwa *J. Jeremias,* Deutung 1971, 333 f.; *A. Schart,* Entstehung 1998, 183). Weder die sprachliche noch die sachliche Begründung sind stichhaltig. a) Sprachlich ist die oft beanstandete Abfolge חשב על רעה = »über jemand Unheil planen« durchaus üblich (vgl. Gen 50,20; Jer 48,2; Nah 1,11 und dazu *J. A. Wagenaar,* Oordeel 1995, 9). b) Sachlich ist keineswegs richtig, daß die Worte »den Kreis der Angeklagten von einer bestimmten Gruppe von Unterdrückern auf das gesamte Volk« ausweiten (*A. Schart,* Entstehung 1998, 183). Bleibt man im Binnenkontext von Mi 2,1–3, dann ist mit המשפחה הזאת (»dieses Geschlecht«) nicht ganz Israel gemeint, sondern nur die wirtschaftlich mächtige Oberschicht (so auch *A. Niccacci,* Profeta 1989, 11). Aber auch die scheinbare Parallele in Am 3,1 kann für Mi 2,3 nicht auf eine kollektive Deutung führen, denn in Am 3,1 heißt es eben כל־המשפחה = »das ganze Geschlecht«, was nicht ausschließt, daß die Tradenten der Micha- und die der Amos-Überlieferung in Beziehung standen und sich dies in der Wortwahl von Am 3,1 und Mi 2,3 niederschlägt.

V 3bα geht in die direkte Anrede an die Mächtigen über und präzisiert, worin das Unheil besteht, das Gott über sie plant. Es ist wie ein Joch oder eine Halsfessel, aus der sie ihre Hälse nicht werden ziehen können und die sie daran hindert, aufrecht zu gehen. Dies könnte auf die Lage von Kriegsgefangenen anspielen. Dann würde den Mächtigen die Verbannung angekündigt. Es kann aber auch, und damit wäre ein engerer Zusammenhang von Tun und Ergehen gegeben, auf die Lage von Sklaven anspielen. So wie der um Haus und Feld gebrachte freie Mann in der Gefahr steht, in die Sklaverei zu geraten, so sollen die, die ihm dieses Schicksal bereiten wollen, ihrerseits in die Sklaverei geraten (vgl. *J. Jeremias,* Deutung 1971, 334).

Der den ganzen Spruch abschließende V 3bβ charakterisiert die Zeit, in der dies geschieht, als »böse Zeit« oder »Zeit des Unheils« (רעה kann Adjektiv oder Substantiv sein). Da das Stichwort רעה nicht nur in V 3a, sondern auch schon in V 1 vorkam, ist damit wohl nicht nur die Zeit gemeint, in der die Mächtigen das von Gott geplante Unheil treffen wird, sondern auch schon die Gegenwart, in der sie ihrerseits Böses tun. Die Gegenwart wie die aus ihr sich herausentwickelnde Zukunft sind insgesamt »böse Zeit«. Mit dem dreimal verwendeten Stichwort רע(ה) wird Mi 2,1–3 zugleich an den Zentralvers in 1,10–16 zurückgebunden, wo es in V 12b heißt, daß »Unheil (רע) von JHWH an das Tor Jerusalems« herabgefahren ist. Was dort noch rätselhaft bleiben mußte, warum nämlich Unheil von Gott herabfährt, erfährt jetzt eine erste Erhellung. Die Mächtigen tun Böses (רע), sie machen damit die Zeit zur bösen Zeit (עת רעה), deshalb trifft sie Unheil (רעה) von Gott.

Bedeutung

Mi 2,1–3 führt in der Komposition des alten Micha-Textes von Mi 1–3* einen entscheidenden Schritt weiter. Hatte 1,10–16 mit der Schilderung einer Katastrophe für Juda eingesetzt und diese als »Unheil von JHWH«

gedeutet (V 12b), dann wird jetzt zum erstenmal klar, warum solches Unheil hereinbricht. Es sind die Gewalttaten der Mächtigen, die die bisher Freien um die Grundlage ihrer Freiheit bringen, die Gesellschaft aufspalten und damit die gottgewollte Ordnung zerstören, die solches Unheil heraufbeschwören.

Mi 2,1–3 ist ein verdichteter Text. Es wird kein Einzelfall aufgegriffen, für den dann einen Einzelnen Strafe treffen könnte (wie etwa beim Übergriff Ahabs gegen den Weinberg Nabots, 1 Kön 21), sondern eine gesellschaftliche Tendenz aufgedeckt. Was immer der historische Micha in Einzelfällen gesagt haben mag, hier ist nicht ein acht Zeilen umfassendes Einzelwort protokolliert, sondern der Kern seiner Anklage gegen die ökonomisch Mächtigen der Zeit und ihre Praktiken in verdichteter Form zusammengefaßt.

Micha 2,4–5

Literatur

Kevin J. Cathcart, Micah 2:4 and Nahum 3:16–17 in the Light of Akkadian, in: Y. L. Arbeitman (Hg.), Fucus. A Semitic / Afrasian Gathering in Remembrance of Albert Ehrman (Current Issues in Linguistic Theory 58), Amsterdam / Philadelphia 1988, 191–200. – *B. Stade*, Miscellen. 12. Mich. 2,4: ZAW 6, 1886, 122 f.

Zu vergleichen ist auch die zu 2,1–3 angeführte Literatur.

Text

Übersetzung

4 *An jenem Tage erhebt man über euch einen Spruch*
und stimmt die in Erfüllung gegangene Wehklage an; man sagt:
»Völlig verwüstet sind wir!
Den Bodenanteil meines Volkes vertauscht man!
Wie entzieht man ihn mir!
Dem Abtrünnigen verteilt man unser Feld.«
5 *Deshalb wirst du keinen haben,*
der den Strick wirft im Losverfahren
in der Gemeinde JHWHs.

Zu Text und Übersetzung

Auch wenn man die zum Teil abweichenden Wiedergaben der antiken Übersetzungen nicht berücksichtigt, enthält der Text etliche sprachliche Schwierigkeiten. Das macht es nötig, die vorgelegte und so eng wie möglich am masoretischen Text bleibende Übersetzung zu begründen.

4 In der Wendung ונהה נהי נהיה ist das letzte Wort auffällig. Angesichts des ausschließlichen Vorkommens der Buchstaben Nun, He und Jod kann es durchaus ein Schreibfehler (Dittographie) sein (vgl. *J. Wellhausen* 138). Läßt man es aber stehen,

dann ist es als pt. nif. von היה (»sein«) aufzufassen (so *A. Niccacci*, Profeta 1989, 13). Dieses ist in Spr 13,19 in der Wendung »erfülltes Verlangen« belegt. Die Auslegung wird zeigen, daß es durchaus Sinn macht, in Mi 2,4 von einer »in Erfüllung gegangenen Wehklage« zu sprechen.

Das Verb מור hif (»vertauschen«) verlangt ein Objekt. Dieses ist in dem vorangestellten חלק עמי (»den Bodenanteil meines Volkes«) gegeben, wobei dann das Subjekt des Verbs im Deutschen unpersönlich wiederzugeben ist. Da das Verb in Ez 48,14 in Parallele zu »verkaufen« steht und das Nomen תמורה (»Tausch«) in Rut 4,7 im Zusammenhang eines Grundstückswechsels durch Lösung vorkommt, macht es im Kontext wirtschaftlicher Vorgänge wie in Mi 2,4f. durchaus Sinn.

Das Verb מוש hif (»entziehen«) kam schon in V 3 vor. Dort hatte es ein Objekt (»den Hals herausziehen«). Dieses fehlt hier, ist aber aus dem vorhergehenden Halbvers leicht zu ergänzen: man »entzieht« den Bodenanteil.

In לשובב ist entweder ein inf. cs. mit ל von שוב pil zu sehen, wofür die Bedeutung »um zu vergelten« oder »zur Vergeltung« naheliegt. Oder die Form ist im Anschluß an Jes 57,17; Jer 3,14.22; 31,22; 49,4 als Nomen in der Bedeutung »abtrünnig, treulos« zu verstehen.

Analyse

Nimmt man Mi 2,4f., wie es meistens geschieht, noch zum zweiten Teil von 2,1–3, der Zukunftsansage, hinzu, ist man gezwungen, dreifach in den überlieferten Text einzugreifen. Man muß erstens den die Verse 1–3 zusammenfassenden und damit abschließenden Halbvers 3bβ streichen, zweitens den Neueinsatz in V 4 mit »an jenem Tag« entfernen und drittens das den V 5 einleitende לכן (»deshalb«), das dann in Doppelung zu dem לכן am Anfang von V 3 steht, übergehen. Gegen solch tiefgreifende Eingriffe bestehen grundsätzliche methodische Bedenken, weil sie sich den Text zurechtmachen, anstatt ihn, wie er überliefert ist, verstehen zu wollen.

Versucht man, den vorliegenden Text beizubehalten (wie es in vorbildlichem Bemühen *A. Niccacci*, Profeta 1989, 31–33 tut), dann ist bei der Deutung von dem לכן (»deshalb«) am Anfang von V 5 auszugehen. Es charakterisiert die Verse als zweigliedrigen Prophetenspruch, wobei V 4 den Schuldaufweis und V 5 die daraus abgeleitete Strafansage enthält. Inwieweit dies inhaltlich zu vertreten ist, muß die folgende Auslegung zeigen. Jedenfalls läßt sich auf diese Weise der deutliche formale Abschluß am Ende von 2,1–3 und der Neueinsatz in V 4 zwanglos beibehalten. Dennoch sind V 4f. natürlich kein isoliertes Einzelwort, sondern setzen V 1–3 voraus. Am offenkundigsten ist dies darin, daß V 4 die Anrede in 2. ps. pl. aus V 3 einfach weiterführt, ohne die Angeredeten neu einzuführen oder näher zu kennzeichnen. Aber auch auf der inhaltlichen Ebene setzen V 4f. die Gedanken von V 1–3 voraus und führen sie weiter. Die folgende Auslegung wird zu zeigen versuchen, daß V 4f. nicht zum alten Michatext von Mi 1–3* gehören, sondern diesen auf der Ebene des Textes von Mi 1–5 fortschreiben.

Auslegung

V 4 Die einleitende Wendung »an jenem Tag« kennzeichnet das folgende als ein zukünftiges Geschehen. Sie verweist damit auf eine Zeitstruktur, die der Textkomposition Mi 1–5 und dem Michabuch insgesamt zugrundeliegt. Sie wird im Anschluß an die Auslegung von V 4 f. in einem Exkurs behandelt.

Was »an jenem Tag« mit den wirtschaftlich jetzt noch Mächtigen zu geschehen hat, formuliert Mi 2,4 f. in Gestalt eines zweigliedrigen Prophetenspruches. Dabei kommt V 4 die Rolle des Schuldaufweises zu. Um diese Sicht (vgl. dazu *A. Niccacci*, Profeta 1989, 91–104 und bes. 91–101) zu begründen, ist den Fragen nachzugehen, was mit dem »Spruch« gemeint ist, der »über euch« angehoben wird, worin die »Klage« besteht und wer das redende Wir bzw. Ich in dem ausdrücklich als Zitat eingeleiteten Schlußabschnitt des Verses ist.

Die herkömmliche Deutung ist die, daß der »Spruch« ein Spottlied über die mächtigen Grundbesitzer sei, wobei die, die das Spottlied singen, zur Verhöhnung so tun, als seien sie die bestraften Grundbesitzer selbst (»Völlig verwüstet sind wir!«). Dazu verweist man auf Jer 9,16–20. Dort werden die Klagefrauen aufgerufen, sie sollen »über uns die Wehklage erheben« (ותשׂנה עלניו נהי, Jer 9,17a; vgl. Mi 2,4a: ישׂא עליכם משׁל ונהה נהי = »man erhebt über euch einen Spruch und stimmt die Wehklage an«), und dann hört man die Stimme der Klagenden, und zwar im Wir derer, die Grund zur Klage haben (איך שׁדדנו = »wie sind wir verwüstet!«, Jer 9,18; vgl. Mi 2,4a: שׁדוד נשׁדנו = »völlig verwüstet sind wir!«). Aber Jer 9,16–20 denkt an wirkliche Klage und nicht an eine Travestie, bei der die Klagenden nur so tun, als hätten sie Grund zur Klage, während sie in Wahrheit andere verhöhnen. Die entscheidende Schwierigkeit bei dieser Deutung ist aber, wie ein Spottlied über die schon Gestraften zur Begründung für die in V 5 angekündigte Strafe werden soll, wie es das לכן (»deshalb«) am Anfang von V 5 fordert.

Diese Schwierigkeit gibt Anlaß, nach einer anderen Lösung für V 4 zu suchen. Zunächst ist davon auszugehen, daß משׁל an sich keineswegs »Spottspruch« heißt, sondern jede Art von »Spruch« bezeichnen kann. Erst der Kontext definiert den »Spruch« näher, als Spottspruch (1 Kön 9,7 u.ö.), als Rätsel (Ez 17,2 u.ö.), als Sinnspruch (Spr 1,6 u.ö.) oder, wie hier, eben als Klage. Und nichts weist darauf hin, daß diese Klage, wie auch die von Jer 9,16–20, nicht ernst gemeint ist. Zu Wort kommen mit ihrer Klage die, die »den Spruch erheben« und »die Wehklage anstimmen«, wobei על dann, was vom Hebräischen her gut möglich ist, in die Nähe des deutschen »gegen« gerät (*A. Niccacci*; Profeta 1989, 12 übersetzt »contro di voi«). Deren Klage ist kunstvoll chiastisch aufgebaut im Schema Wir – Ich / Ich – Wir. Man kann also geradezu von einem Klagechor sprechen, der im Wir anfängt und aufhört und aus dem sich in der Mitte zweimal ein Ich herauslöst. Die Frage, wer die Klagenden sind und was sie beklagen, ist von V 1–3 her leicht zu beantworten. Es klagen die, die nach V 2 von den mächtigen Grundbesitzern um Haus und Feld gebracht worden sind (*W. McKane*, Micah 2:1–5 1997, 22: »a lament of the small farmers of Judah rather than a landlord's lament«). Auch wenn textlich in dem Zitat manches fraglich bleibt, so ist unverkennbar, daß über den Verlust von Land geklagt wird, was nach V 2 ja auch naheliegt. Die Wurzel חלק als Nomen und Verb (»Bodenanteil« bzw. »verteilen«) und die Erwähnung der Felder sind da eindeutig.

Versteht man V 4 so, dann wird als erstes das oft in Frage gestellte נהיה verständlich. »An jenem Tag«, wenn die entscheidenden Voraussetzungen für eine heilvolle Zukunft geschaffen werden, erheben die um Haus und Feld Gebrachten ihre Wehklage. Und dies ist dann eben »die in Erfüllung gegangene Wehklage«. Und zum zweiten wird verständlich, warum V 4 als Begründung für das in V 5 angekündigte Geschehen dienen kann. Weil in dem Augenblick, wo der Grundbesitz in der »Gemeinde JHWHs« neu geregelt wird, die von den Mächtigen Beraubten ihren Klagechor anstimmen, »deshalb« (לכן) werden diese mächtigen Grundbesitzer bei der Neuverteilung des Landes nicht berücksichtigt. Dabei ist die Vorstellung, daß die Klage der Geschädigten der Grund dafür ist, daß die, die sie schädigen, leer ausgehen, nicht einmal singulär. Sie begegnet in Dtn 15,9; 24,15 in der Vorstellung, daß der Arme »gegen dich zu JHWH rufen« und dann »bei dir Sünde sein wird« (vgl. *Rainer Kessler*, Die Rolle des Armen für Gerechtigkeit und Sünde des Reichen. Hintergrund und Bedeutung von Dtn 15,9; 24,13.15, in: F. Crüsemann u.a. (Hg.), Was ist der Mensch ...? Beiträge zur Anthropologie des Alten Testaments, FS H. W. Wolff, München 1992, 153–163). Was im Deuteronomium abstrakt und als Verhaltensregel formuliert ist, erscheint in Mi 2,4f. konkret als ausgeführte Wehklage und Strafansage an die Mächtigen.

Damit sind wir bei V 5. Er geht nach der Anrede in 2. pl. in V 3b.4 in die V 5
2. sg. über, was ein Schreibfehler (Haplographie des Mem von ursprünglich לכם משליך, vgl. BHS z.St.), was aber auch Stilmittel sein kann. Angeredet sind immer noch die, die die Häuser und Felder rauben (V 2) und die schon in V 3b.4 angeredet waren. Ihnen wird ganz im Denken der Entsprechung von Vergehen und Folge angesagt, daß sie bei der künftigen Landverteilung leer ausgehen werden.

Dabei wird bei der Landverteilung ein Strick (חבל) als Meßschnur benutzt, wie es auch sonst belegt ist (vgl. Am 7,17; Sach 2,5; Ps 78,55). Die Zuteilung der einzelnen Landstücke aber erfolgt nach dem Losverfahren. Damit wird auf die Vorstellung zurückgegriffen, daß die israelitischen Stämme nach der Landnahme ihre jeweiligen Anteile zugelost bekamen, wie sie gehäuft in Jos 14–21 belegt ist (*H. W. Wolff* 50 spricht von der »Terminologie sakraler Landverteilungstraditionen«). Die Formulierung בגורל geht dabei fließend von der Grundbedeutung »durch das Los« über in die Bedeutung »durch das« oder »in dem Losverfahren« (vgl. Num 26,55; 33,54; 34,13 u.ö.), die hier in Mi 2,5 vorliegt.

Zwar ist es methodisch nicht auszuschließen, daß in Mi 2,5 der früheste Beleg der Wendung קהל יהוה (»Gemeinde JHWHs«) vorliegen könnte (so *Leonhard Rost*, Die Vorstufen von Kirche und Synagoge im Alten Testament. Eine wortgeschichtliche Untersuchung, Darmstadt ²1967, 11.31 f.) und daß dieser deshalb noch nicht die umfassende Bedeutung hat wie in den späteren Belegen, wo קהל יהוה nie eine irgendwo zusammenkommende Versammlung, sondern immer ganz Israel bezeichnet (vgl. Num 16,3; 20,4; sechsmal im Gemeindegesetz Dtn 23,2–9, das Neh 13,1 angeführt wird, und 1 Chr 28,8). Nimmt man aber hinzu, daß Mi 2,4 f. von einem Vorgang sprechen, der »an jenem Tag« stattfinden wird, dann scheint es wahrscheinlicher, daß hinter den Versen »die Erinnerung an die Auslosung des Jahwelandes an die Stämme Israels vor der Landnahme… (steht), die aktualisierend nach der Rückkehr aus dem Exil neu erwartet wird« (*R. Oberforcher* 46; zur Spätdatierung von Mi 2,5 vgl. schon *K. Marti* 274; *H. W. Wolff* 50). Bei dieser Neuordnung, so die Aussage der Verse, werden die, die die alte Ordnung zerstört haben, nicht berücksichtigt werden. Damit ist Mi 2,4 f. Teil des perserzeitlichen Konflikts um das Land, das sich nach der Exilierung der Oberschicht die kleinen Leute angeeignet hatten (Jer 39,9 f.) und das die Rückkehrer jetzt wieder für sich beanspruchen. Dabei ist der Text scharf oppositionell gegen die Rückgabeansprüche der Gola-Heimkehrer, freilich nach allem, was wir wissen, erfolglos. Vielleicht spricht er gerade deshalb vom vorstaatlichen קהל יהוה (der »Gemeinde JHWHs«) als Hoffnung auf nachstaatliche Verhältnisse, in denen die früheren Opfer der reichen Grundbesitzer nicht erneut um ihr Eigentum gebracht werden.

Bedeutung

Mi 2,4 f. geht über den Horizont des alten Michatextes in Mi 1–3* hinaus. Dieser geht aus von dem hereinbrechenden Unheil in 1,10–16 und läuft über die Begründungen für das Unheil in Mi 2 f.* auf die Ankündigung der Katastrophe Jerusalems in 3,12 hinaus. Was danach kommen wird, interessiert diesen Text nicht. Anders Mi 1–5! Und nur als Teil dieses größeren Komplexes ist auch Mi 2,4 f. verständlich. Es geht hier um die Frage, was nach der Bestrafung der wirtschaftlich Mächtigen, die V 3 angekündigt hat, was aber auch im Horizont der heilvollen Zukunft, die Mi 4 f. ankündigen wird, mit der von den Mächtigen zerstörten Wirtschaftsordnung geschehen soll. Und die Antwort von 2,4 f. darauf ist, daß die früheren Machthaber an der in Zukunft wiederhergestellten alten gottgewollten Ordnung keinen Anteil haben sollen.

Exkurs

Die Zeitstruktur des Michabuches

Literatur *Helmut Utzschneider,* Michas Reise in die Zeit. Ein Werkstattbericht, in: W. Sommer (Hg.); Zeitenwende – Zeitenende. Beiträge zur Apokalyptik und Eschatologie, Stuttgart u.a. 1997, 11–42. – *ders.,* Michas Reise in die Zeit. Studien zum Drama als Genre der prophetischen Literatur des Alten Testaments (SBS 180), Stuttgart 1999.

Der alte Michatext von Mi 1–3* bewegt sich zunächst in der einfachen Zeitstruktur von (kritisierter) Gegenwart und angesagter Zukunft. Dabei sind unter Gegenwart nach Auskunft des Buchtitels die »Tage Jotams, Ahas' und Hiskijas, der Könige von Juda« zu verstehen. Dieser Zeitraum, nach christlicher Rechnung das letzte Drittel des 8. Jh. v. Chr., ist der »Point of View« (*H. Utzschneider,* Studien 1999, 37), von dem aus der Autor der Schauung, Micha, die im Buch aufgezeigten Zeithorizonte erschließt (unbeschadet der Frage, ob kritische Forschung an vielen Stellen von einem fiktiven Autor Micha sprechen muß). Die angesagte Zukunft dagegen wird in Mi 1–3* kaum zeitlich näher bestimmt. Mit dem »dann« von 3,4 wird sie einmal kurz verbalisiert, und 1,10–16 sind als Anbruch dieser unheilvollen Zukunft zu verstehen. Weitere Textsignale finden sich nicht.

Demgegenüber ist die Zeitstruktur von Mi 1–5 durchaus komplizierter. Sie hat ihre Mitte in dem dreifachen »jetzt« von Mi 4,9.11.14, das zugleich den Einbruch der Katastrophe wie die Wende zum Heil markiert. Von diesem »jetzt« aus ist die Gesellschaftskritik von Mi 1–3* bereits Vergangenheit. Sie gibt den Grund für die »jetzt« gekommene Katastrophe an, indem die Zukunftsansagen des alten Textes eben »jetzt« in Erfüllung gehen. Mit diesem »jetzt« kommt neben dem Autor Micha aus dem 8. Jh. der »jetzt« lesende Micha-Leser in den Blick: Er muß die Zukunftsansagen der alten Micha-Denkschrift »auf seine eigene Gegenwart beziehen und sich dabei fragen: Erlebe ich jetzt diese Zukunft?« (*H. Utzschneider,* Werkstattbericht 1997, 14).

Dem »jetzt« von Katastrophe und Wende hält Mi 4,1–4 – und zwar noch vor Eintritt der Katastrophe – das Bild der Zukunft entgegen, wie sie »am Ende der Tage« sein wird. Damit ist der am weitesten in die Zukunft weisende Zeithorizont der Michaschrift erreicht – »der entfernteste Punkt, zu dem Micha in seiner Zeitreise vorstößt« (*H. Utzschneider,* Werkstattbericht 1997, 36). Er wird in 4,7 in die liturgische Formel »von nun an bis in Ewigkeit« (מעתה ועד-עולם) gefaßt (vgl. auch 4,5: »für immer und ewig«, לעולם ועד).

An drei Stellen aber, die alle mit »an jenem Tag« eingeleitet sind (2,4f.; 4,6f.; 5,9–14) (zur Formel vgl. *S. J. De Vries,* Revelation 1995, 38–63), wird der Frage nachgegangen, was zwischen dem »jetzt« von eintretender Katastrophe und Wende zum Heil und dem endgültigen Heilszustand »am Ende der Tage«, den Mi 4,1–4 schildert, geschehen muß, damit dieser Endzustand auch wirklich erreicht werden kann. Die erste dieser Voraussetzungen legen 2,4–5 dar: Die, die jetzt noch wirtschaftlich mächtig sind und diese Macht widergöttlich zur Spaltung der Gesellschaft ausnutzen (2,1–3), dürfen in der zukünftigen »Gemeinde JHWHs« keinen Anteil haben. Die zweite Voraussetzung ist die Sammlung der Zerstreuten (4,6–7), die dritte die Entfernung der Mittel der Selbstsicherung, die der unumschränkten Gottesherrschaft entgegenstehen (5,9–14). Diese »Theologie zwischen den Zeiten« (so *E. Otto,* Micha 1992, 699 zu Mi 1–5*) nimmt dann der Michaschluß noch einmal auf, indem er in 7,11f. betont vom »Tag« spricht.

Auffälliger an der Gesamtstruktur von Mi 1–7, wie sie vor allem durch die Kap. 6–

7 geprägt wird, ist aber, daß auch die Linie in die Vergangenheit hinein betont ausgezogen wird. In 5,1 ist sie schon angelegt, denn der zukünftige Herrscher hat seinen Ursprung »von der Vorzeit, von den Tagen der Urzeit her« (מקדם מימי עולם). Damit ist auf die Zeit Davids angespielt. Weiter zurück gehen dann 6,4f., die von Exodus und Landnahme sprechen, 7,14f., die ebenfalls Exodus und Landnahme erwähnen und dazu das Stichwort von den »Tagen der Urzeit« (ימי עולם) aus 5,1 aufgreifen und schließlich 7,20, wo von den Erzvätern Jakob und Abraham die Rede ist und ihre Zeit als »Tage der Vorzeit« (ימי קדם) bezeichnet wird. Insgesamt also spannt sich der Zeithorizont des Michabuches vom עולם und קדם der Väter-, Exodus- und Landnahme- sowie Davidszeit bis zum עולם »am Ende der Tage«.

Dieser gewaltige Zeithorizont erschließt sich nach Meinung der Michaschrift durch den Ende des 8. Jh. v. Chr. auftretenden Propheten Micha. Aber durch das »jetzt« in Mi 4,9.11.14 erhält die Erschließung – wie in einer Ellipse – einen zweiten Brennpunkt, den der jeweiligen Rezipienten. Dies »ergibt eine eigentümliche Spannung: Manches, was aus textinterner Perspektive Zukunft ist, ist in der realen Perspektive der Leser bereits Vergangenheit ... Manche der Zukunftsaussagen des Buches kann der Hörer/Leser auf seine eigene Gegenwart beziehen ... Und schließlich gibt es Elemente des Textes, die aus der Perspektive des Lesers wie des Textes zukünftig sind ...« (*H. Utzschneider*, Werkstattbericht 1997, 14).

Micha 2,6–11

Literatur

G. W. Ahlström, אֶדֶר: VT 17, 1967, 1–7. – *A. Büchler*, אֶדֶר = Fell in LXX zu Micha 2,8: ZAW 30, 1910, 64f. – *Karl Budde*, Micha 2 und 3: ZAW 38, 1919/20, 2–22. – *Jürgen Ebach*, Über »Freiheit« und »Heimat«. Aspekte und Tendenzen der מְנוּחָה, in: ders., Hiobs Post. Gesammelte Aufsätze zum Hiobbuch, zu Themen biblischer Theologie und zur Methodik der Exegese, Neukirchen-Vluyn 1995, 84–107. – *A. Ehrman*, A Note on Micah II 7: VT 20, 1970, 86f. – *Robert D. Haak*, A Study and New Interpretation of *QṢR NPŠ*: JBL 101, 1982, 161–167. – *Edward A. Neiderhiser*, Micah 2:6–11: Considerations on the Nature of the Discourse: BTB 11, 1981, 104–107. – *Jorge Pixley*, Miqueas 2,6–11. ¿Qué quiso silenciar la casa de Jacob?: RevBíbl NF 35, 1989, 143–162. – *ders.*, Micah – A Revolutionary, in: D. Jobling u.a. (Hg.), The Bible and the Politics of Exegesis, FS N. K. Gottwald, Cleveland 1992, 53–60. – *Joseph Reider*, The Etymology of Hebrew *mūl* or *mōl* and its Bearing on *tmōl* and *'etmōl*: HUCA 12–13, 1937–1938, 89–96. – *F. Stolz*, Rausch, Religion und Realität in Israel und seiner Umwelt: VT 26, 1976, 170–186. – *J. G. Strydom*, A Critical Evaluation into A S van der Woude's Analysis of Micah with Special Reference to Micah 2:6–11b: OTE 4, 1986, 197–215. – *John T. Willis*, Micah 2:6–8 and the »People of God« in Micah: BZ NF 14, 1970, 72–87. – *A. S. van der Woude*, Waarheid als leugen (Mi 2:6–11): VoxTh 40, 1970, 65–70. – *ders.*, Micha II 7a und der Bund Jahwes mit Israel: VT 18, 1968, 388–391.

Text

Übersetzung

6 *»Weissagt nicht!«, weissagen sie,*
»man weissagt nicht darüber!
Die Schmähungen treffen nicht ein.«

7 *Kann man das sagen, Haus Jakob:*
»Ist JHWH unmutig?
Oder sind dies seine Taten?
Sind meine Worte nicht gut
mit dem, der rechtschaffen wandelt?«
8 *Erst gestern erhob sich mein Volk*
gegen den Feind.
Vom Mantel weg
zieht ihr das Gewand aus
denen, die sicher vorübergehen,
dem Krieg abgeneigt.
9 *Die Frauen meines Volkes vertreibt ihr*
aus dem Haus ihrer Wonne,
ihren Kindern nehmt ihr
meine Ehre für immer.
10 *»Auf! Geht!*
Denn hier habt ihr keine Ruhestätte mehr.«
Wegen einer Unreinheit verdirbst du,
und zwar mit schmerzhaftem Verderben.
11 *Wenn da einer ginge*
und Wind und Trug löge:
»Ich weissage dir
von Wein und Bier«,
das wäre ein Weissager für dieses Volk.

Zu Text und Übersetzung

Der Text ist in vielem so problematisch, daß das, was präzise gemeint ist, oft nur erraten werden kann. Auch hier liegen oft Textänderungen nahe und sind auch vielfach vorgeschlagen worden. Doch wie schon zu 1,10–16 bleibt die Frage, ob man mit Textänderungen näher an den ursprünglichen Text herankommt oder sich nicht durch neue Fehlerquellen noch weiter von ihm entfernt. Vor allem ist auch hier zu fragen, ob die Schwierigkeiten des Textes wirklich alle auf Verderbnis im Lauf der Überlieferung zurückzuführen sind – warum sind dann 2,1–3 und 3,1–12 so »gut erhalten«? –, oder ob nicht dahinter die Absicht steht, eine heftige Diskussion mehrerer Teilnehmer wiederzugeben, die eben nicht immer in gesetzten Worten abläuft.

6bβ In den drei Worten לא יסג כלמות stecken drei Probleme. 1.) Da ist zunächst die Inkongruenz zwischen Prädikat und Subjekt in Numerus und Genus. Solche Inkongruenzen sind jedoch keine Seltenheit (vgl. die Beispiele in Ges-K §145). Zudem könnte man durch eine Änderung des Plurals כְּלִמּוֹת in den Singular כְּלִמּוּת ohne Änderung der Bedeutung die Übereinstimmung von Subjekt und Prädikat im Numerus herstellen, so daß dieses Problem das Verstehen des Versteils nicht hindert. 2.) כלמה meint sowohl die objektive »Schmach«, in die jemand gerät (Jes 30,3; 45,16; 61,7 u.ö.), als auch die subjektiven »Schmähungen«, die einem angetan werden; an der einzigen Stelle, die außer Mi 2,6 den Plural verwendet, hat es diese subjektive Bedeutung (Jes 50,6). 3.) Eine Entscheidung wäre möglich, wäre das Verb יסג eindeutig. Die masoretische Form ist wohl ein Nifal von סוג (vgl. Ges-K §72dd).

Aber das heißt »weichen« und macht hier keinen Sinn (trotz *E. A. Neiderhiser*, Micah 2:6–11, 1981, 107: »the reproaches will not be averted«; doch wo kommt das Passiv her? Und heißt כלמות »Vorwürfe«?). Vielleicht liegt auch eine Nebenform von נשג vor (wie in 6,14). Dessen Hifil steht in Jes 35,10; 51,11 in Opposition zu נוס = »fliehen« und ist mit »eintreffen, sich einstellen« einzudeutschen. Ändert man die Punktierung ins Hifil, dann ist der in der Übersetzung wiedergegebene Sinn möglich.

7 Das erste Wort des Verses האמור ist als pt. pass. mit Fragepartikel eindeutig zu bestimmen. Wörtlich wäre zu übersetzen: »Ist es ein Gesagtes?« Das ist eindeutig und verlangt keine Textänderung, wie sie *A. S. van der Woude*, Micha II 7a 1968 und *ders.*, Waarheid 1970, 67f. vorschlägt (in האמיר, das im Anschluß an Dtn 26,17f. angeblich auf eine Bundesverpflichtung anspielt). Die Schwierigkeiten von V 7b liegen nicht in der Übersetzung, sondern in der Frage, wer das Ich ist, das spricht, und wer der Sprecher des ganzen Satzes ist.

8aα Das einleitende ואתמול wirft zwar inhaltliche Fragen auf, ist sprachlich aber einwandfrei; wegen seiner Stellung an der Spitze des Satzes trägt es eine gewisse Emphase (»erst gestern«), so zu Recht *A. Niccacci*, Profeta 1989, 19. – Das Verb des Satzes, das Pilel von קום, kommt außer hier nur noch in Jes 44,26; 58,12; 61,4 in transitiver (»etw. aufrichten, aufstellen«) und in Sir 11,9; 35,9 in intransitiver Bedeutung vor (»sich erheben, auftreten«). Im letzteren Sinn verstehen es durchweg die alten Übersetzungen, wobei sie »mein Volk« als Subjekt und den »Feind« als Objekt nehmen (V: *populus meus in adversarium consurrexit*). Unter den Neueren ist es vor allem *J. Pixley*, Miqueas 2,6–11 1989 und *ders.*, Micah 1992, der sich nicht aus inhaltlichen Gründen an dieser Auffassung stößt (vgl. dazu auch u. S. 171 den Exkurs »Micha in Lateinamerika«).

8aβ.γ מול ist die »Vorderseite«, ממול heißt in 2 Sam 5,23 »von … her«. Mit dem folgenden eindeutigen שלמה = »Mantel« und dem Verb פשט hif = »(ein Kleidungsstück) ausziehen« (vgl. Gen 37,23; Ijob 22,6) ergibt sich: »Vom Mantel weg zieht ihr aus«. Das Objekt des Ausziehens muß in אדר stecken, das nur noch in Sach 11,13 vorkommt und dort gewöhnlich mit »Pracht« wiedergegeben wird. Das macht wenig Sinn (trotz *A. Niccacci*, Profeta 1989, 20). Nimmt man aber Haplographie des Taw vom Anfang des folgenden Wortes oder eine Nebenform zu אדרת = »Gewand« (Gen 25,25; Jos 7,21–24 u.ö.) an, erhält man ein Objekt, das zu »ausziehen« paßt. Auch an eine Schnalle oder Spange ließe sich im Anschluß an *G. W. Ahlström*, אֶדֶר 1967 denken.

8b שובי kann als pt. pass. von שוב im pl. cs. aufgefaßt werden und ergibt mit der vermuteten Bedeutung »abhold, abgeneigt« einen verständlichen Sinn.

9 An »Wonne« und »Kindern« irritiert das Suffix im Singular, wo doch davor der Plural »die Frauen meines Volkes« steht. Eine Textänderung in das pluralische Suffix, wie sie die BHS vorschlägt, würde aber den Sinn leicht verfälschen (auch wenn im Deutschen das Possessivpronomen in den Plural gesetzt werden muß). Gemeint ist mit der Verbindung »die Frauen meines Volkes« nicht die Summe aller einzelnen Frauen (was sachlich wohl auch gar nicht richtig wäre), sondern »der weibliche Teil meines Volkes« als eine kollektive Größe (nach dem ebenfalls kollektiven »Mann« von V 2), was dann im Rückbezug des Suffixes durch den Singular aufgenommen wird.

10b בעבור טמאה heißt »wegen Unreinheit«, gleich, ob man טָמְאָה als Infinitiv des Verbs טמא = »unrein sein« oder als Nebenform zu טֻמְאָה = »Unreinheit« auffaßt. Der Stamm טמא ist fest mit der Vorstellung kultischer oder sexueller Unreinheit verbunden (die Deutung als »uncleanness of social injustice«, so *E. A. Neiderhiser,* Micah 2:6–11 1981, 106, trägt etwas ein, was sonst nirgends belegt ist). Da ab V 9 von Frauen die Rede ist, ist an Stellen wie Gen 34,5.13.27; Ez 18,6.11.15 u.ö. zu denken, wo das Verb im Piel das »Entehren« (KBL) oder »Schänden« einer Frau meint, ferner an Klgl 1,9, wo טמאה sexuelle Schande bezeichnet.

In der zweiten Vershälfte von V 10b bereitet die zweimal verwendete Wurzel חבל Schwierigkeiten. Sie kommt als $חבל_1$ in der Bedeutung »pfänden« vor (Ex 22,25; Dtn 24,6; Ez 18,16 u.ö), allerdings nur im Qal und Nifal, während hier das Piel steht. Dieses hat als $חבל_2$ die Bedeutung »verderben, zugrunde richten«. Wie hier steht es auch in Jes 54,16 absolut. Das in einer figura etymologica hinzugesetzte חבל נמרץ kommt zwar sonst nicht in der hebräischen Bibel vor, dafür aber in 1QH[a] XI 8.11 (Kolumnenzählung nach der Ausgabe von *F. García Martínez / E. J. C. Tigchelaar,* The Dead Sea Scrolls. Study Edition, Leiden u.a. 1997, 165) und bezeichnet da den Schmerz bei der Geburt. Auch das paßt zur Anrede an eine Frau.

11 In V 11aα ist רוח ושקר wegen der Kopula ְו als Paarbegriff zusammenzunehmen (»Wind und Trug«). Dies verbietet, die beiden Nomen auf die beiden Verben des Verses aufzuteilen (so *H. W. Wolff* 38: »Wenn einer mit Wind daherkäme und Trug lügen würde«).

Das אטף לך ליין ולשכר von V 11aβ.γ heißt weder »durch Wein und Rauschtrank« im Sinne einer durch Rauschmittel erzeugten Prophetie, vgl. Jes 28,7 (so *F. Stolz,* Rausch 1976, 179), noch »für Wein« im Sinne einer entsprechenden Bezahlung. Vielmehr bezeichnet ein verbum dicendi mit doppeltem ל zum einen den Angeredeten und zum andern den Gegenstand der Rede, hier also »weissagen von Wein und Bier«; vgl. Ez 12,27; Ps 22,31 und besonders Gen 20,13, wo ל in V 13a die Angeredete und in V 13b den Gegenstand der Rede angibt.

Analyse

Struktur des Textes

So sehr die sprachlichen Probleme des Textes sein Verständnis im einzelnen behindern, läßt sich seine Gestalt als Ganze doch einigermaßen klar erkennen. Zunächst bildet נטף hif (»weissagen«), das in V 6a.bα dreimal und in V 11 zweimal verwendet wird, eine deutliche Inklusion um den Text. Sie bezeichnet, worum es geht, nämlich um die Art des Weissagens.

Sodann läßt der Text eine Dreiteilung erkennen. In V 6f. werden in einem ersten Teil die Gegner des Propheten zitiert, wobei die Zitate mit ישיפון (»weissagen sie«) bzw. האמור (»kann man das sagen?«) als solche kenntlich gemacht sind. In V 6 geben die Zitate in drei verneinten Sätzen an, was die Gegner dem Propheten bestreiten. In V 7 dagegen, der selbst als (rhetorische) Frage eingeleitet ist, werden in wiederum drei rhetorischen Fragen die Behauptungen der Gegner zitiert (zu dieser Beschreibung der Struktur von V 6f. vgl. besonders *J. T. Willis,* Micah 2:6–8 1970).

In V 8–10 holt dann der Prophet zum Gegenschlag aus, indem er das Verhalten der Gegner charakterisiert und damit ihre Behauptungen von V 6f. widerlegt. Dabei spricht V 8 von deren Verhalten gegenüber Männern

(עברים = »Vorübergehende«, שובי = »Abgeneigte«) und V 9 von dem gegenüber Frauen (נשי עמי = »die Frauen meines Volkes«), woran V 10a mit der Anrede an die vertriebenen Frauen und deren Kinder (deshalb die maskulinen Imperative) und V 10b mit der auf Frauen zu beziehenden Ausdrucksweise (siehe die Bemerkungen zum Text) direkt anschließt.

V 11 als dritter Teil nimmt von der direkten Auseinandersetzung Abstand und reflektiert abschließend über die Art der Weissagung, von der der Prophet unterstellt, daß sie sich seine Gegner wünschen, wobei sie wieder fiktiv zitiert werden. In seinem distanziert reflektierenden Charakter ist dieser Schlußvers mit dem Schlußvers von 3,5–8 vergleichbar.

Die hier vorgeschlagene Dreiteilung – V 6f. »Zitat der Gegner des Propheten«, V 8–10 »Antwort in Gestalt eines Scheltwortes«, V 11 »Antwort als Ironisierung der von den Gegnern erwarteten Prophetie« – findet sich so etwa auch bei *I. Willi-Plein*, Vorformen 1971, 77–79 (Zitat 79). In der Einzelauslegung werden gelegentlich abweichende Auffassungen angeführt werden, die angesichts mancher Unklarheiten im Text keineswegs unbegründet sind.

Art des Textes

Insgesamt gibt der Text also ein Streitgespräch des Propheten mit seinen Gegnern wieder. Freilich wird man es kaum als Protokoll einer tatsächlich stattgefundenen Auseinandersetzung ansehen können. Dazu ist der Text zu kunstvoll aufgebaut und sind die zitierten Behauptungen der Gegner und die Gegenbehauptungen des Propheten zu grundsätzlich formuliert, ganz zu schweigen von dem distanziert reflektierenden Schlußvers. Vielmehr dürften in dem Text zahlreiche Einzelerfahrungen des Propheten und seiner Anhängerschaft mit ihren Gegnern zusammengefaßt und im wahrsten Sinne des Wortes verdichtet sein.

Wie der einleitende V 6 zeigt, dreht sich die Auseinandersetzung um die vorangegangene Verkündigung des Propheten (seine »Schmähungen«). Noch konkreter geht es um das, was jetzt in V 1–3 niedergelegt ist, worauf mit einfachem »darüber« zurückverwiesen wird. Mi 2,6–11 setzt also Mi 2,1–3 voraus, und 2,1–11* insgesamt faßt zusammen, was Micha zu den wirtschaftlichen Entwicklungen seiner Zeit zu sagen hatte und wie die Auseinandersetzung darüber geführt wurde.

Auslegung

V 6 Das in V 6 und V 11 insgesamt fünfmal verwendete und damit den Text umklammernde נטף hif ist in der Übersetzung mit »weissagen« wiedergegeben worden. Das Qal des Verbs bedeutet »tropfen, triefen« (Ri 5,4; Joel 4,18; Ps 68,9 u.ö.; im Hifil auch Am 9,13), das Hifil entsprechend »tropfen oder triefen lassen«. Übertragen auf das Reden von Menschen steht dahinter gewiß die Vorstellung des Geiferns, wie es bei ekstatischer Rede vorkommt. Da aber an den drei einzigen Belegstellen neben Mi 2 das Verb immer im Parallelismus mit נבא nif = »prophezeien« steht (Ez 21,2.7; Am 7,16), dürfte ein pejorativer Anklang doch schon weitgehend verblaßt sein. Zwischen Micha und seinen Gegnern geht der Streit nicht um die Art des Weissagens, sondern um dessen Inhalt.

Auffällig ist, daß die Gegner Micha nicht als Einzelnen im Singular anreden, sondern den Plural verwenden (*F. Hitzig* 203: »Anrede an mehrere Propheten«). Hier wird greifbar, daß Micha zwar als herausragende Persönlichkeit, nicht aber als isolierter Einzelner seinen Gegnern gegenübersteht. Wer aber sind diese Gegner? Die Einleitung ihrer Rede mit dem Verb נטף hif = »weissagen« ist wohl um des rhetorischen Effekts willen gewählt worden und sollte nicht dazu verführen, in ihnen Propheten sehen zu wollen. Mit diesen setzt sich Micha erst in 3,5–8 und 3,11 auseinander. Hier sind die, die Micha angreifen und die in 2,6 ja auch gar nicht benannt werden (»weissagen sie«), eben dieselben, die Micha zuvor angegriffen hat, nämlich die reichen Grundbesitzer. Der folgende Text bestätigt dies dreifach. 1.) V 7 bezeichnet sie als »Haus Jakob«, was nicht auf Propheten eingeschränkt werden kann. 2.) Die Einwände, die Michas Gegnern in V 6f. in den Mund gelegt werden, haben nichts Prophetisches an sich. 3.) Und auch Michas Gegenvorwürfe in V 8–10 setzen das Thema der ökonomischen Gewalt aus V 1–3 fort. Erst V 11 spricht dann tatsächlich von einem Propheten oder »Weissager«. Aber das ist eben ein »Weissager für dieses Volk«, und »dieses Volk« ist dasselbe wie »dieses Geschlecht« aus V 3, nämlich die reichen Grundbesitzer. Mit ihnen, die ihm das Wort verbieten wollen und das Eintreffen seiner »Schmähungen« bestreiten, setzt sich der Prophet im folgenden auseinander.

Die Einleitung des Zitats der Gegner in V 7 bezeichnet diese als »Haus V 7
Jakob«. Das ist zunächst erstaunlich, werden dieselben Leute doch in V 3 als »dieses Geschlecht« und in V 11 als »dieses Volk« mit eher abschätzigen Vokabeln belegt. Nimmt man aber den alten Michatext in Mi 1–3* als Ganzen, dann erweist sich die Ausdrucksweise als durchaus konsequent. Denn »Jakob« und »Israel« bzw. »Haus Jakob« und »Haus Israel« werden in ihm durchgängig in einem Atemzug mit den Verbrechen dieser Größe genannt (3,1.8f., auf gleicher Linie auch die Zusätze in 1,5.13b). Will der Text dagegen positiv von den Menschen in Israel reden, verwendet er durchgängig die Redeweise »mein Volk« (2,8f.; 3,3.5; ebenso in den Zusätzen in 1,9; 2,4). Die gespaltene Redeweise bringt zum Ausdruck, daß das Volk selbst gespalten ist, in die Mächtigen und Herrschenden, die sich selbst für das Ganze halten, und in die von ihnen Ausgebeuteten und Unterdrückten, mit denen sich der Prophetentext solidarisiert, indem er sie als »mein Volk« bezeichnet.

Was die Gegner des Propheten in rhetorischen Fragen ihrerseits behaupten, ist gut theologisch. Sie verdrehen nicht so sehr die Wahrheit von Gott, sondern erniedrigen sie zur Ideologie und beschränken sie darauf (vgl. die entsprechenden Bemerkungen bei *A. S. van der Woude*, Waarheid 1970, 70): »JHWH ist nicht unmutig«, wörtlich: »Sein Geist ist nicht zu kurz« – man vergleiche die Redewendung von der »Hand JHWHs«, die »nicht zu kurz ist« in Num 11,23; Jes 50,2; 59,1; »dies sind nicht seine Taten« – im Gegensatz zu den Taten der Menschen, deren Bosheit oft betont wird (in Micha vgl. 3,4; 7,13; sonst Jes 1,16; 3,8; Hos 5,4 u.ö.), gilt dies nicht von Gottes Taten (Ps 77,12; 78,7); »meine Worte sind gut mit dem, der rechtschaffen wandelt« – daß Gott gut handelt, wird wiederholt von ihm ausgesagt (Gen 32,10.13; Ex 1,20 u.ö.), ebenso, daß seine Zuwendung dem Rechtschaffenen gilt (Ps 7,11; 36,11; 97,11 u.ö.). Es ist im alten Michatext von Mi 1–3* durchaus üblich, daß die Gegner mit Worten zitiert werden, die theologisch gut fundiert sind (vgl. zu Mi 3,5.11), auch wenn keines der den Gegnern in den Mund gelegten Zitate eine vollständige wörtliche Parallele in der überlieferten alttestamentlichen Literatur hat.

Eine Schwierigkeit stellt in V 7b die 1. ps. sg. dar. Deren Subjekt kann schwerlich das redende »Haus Jakob« sein. Erleichtert man nicht mit der Septuaginta den Text, indem man ihn in die 3. ps. setzt (»sind nicht seine Worte gut ...«), dann muß man den Vers wohl so verstehen, daß im Zitat der Gegner diese ihrerseits ein Gotteswort zitieren (*E. A. Neiderhiser*, Micah 2:6–11 1981, 105: »a direct quote of the Lord«). Auf dem Höhepunkt dessen, was ihnen in den Mund gelegt wird, berufen sie sich nicht mehr nur auf ihre theologischen Meinungen, sondern auf Gottes Wort selbst.

V 8 Wie auch später in 3,5 und besonders in 3,11 wird die theologische Argumentation der Gegner nicht auf der theologischen Ebene bestritten – sie sagen ja durchaus Richtiges. Vielmehr verweist Micha auf die Feindschaft, die zwischen dem Volk und diesen Leuten besteht und die sich, wenn der Text richtig überliefert ist, in einem Aufstand des Volkes niedergeschlagen hat. Man wird daraus nicht so weitreichende Folgerungen wie *J. Pixley*, Miqueas 2,6–11 1989 und *ders.*, Micah 1992 ziehen können, der – unterstützt von Textänderungen – in Mi 2,6–11 insgesamt einen Aufruf zum Aufstand findet. Aber andrerseits gibt es auch keinen Grund zur Annahme, daß solche Übergriffe, wie sie schon 2,1f. benannt werden, ohne jegliche Gegenwehr der betroffenen Bauern vonstatten gingen, zumal der Text offenläßt, ob er an einen organisierten Aufstand denkt oder an vereinzelte Widerstandsaktionen. Doch selbst wenn man meint, den Text so verstehen zu müssen, daß das Volk nicht Subjekt, sondern Objekt des Satzes wird (*A. S. van der Woude*, Waarheid 1970, 68: »ihr tretet auf gegen mein Volk als Feind«[6]; *A. Niccacci*, Profeta 1989, 18: »... mein Volk haben sie als Feind auf-

6 »jullie treden op jegens mijn volk als een vijand«.

gestellt«[7]), bleibt die Tatsache bestehen, daß zwischen den reichen Grundbesitzern und »meinem Volk« Feindschaft besteht.

V 8aβ.γ.b belegt die Feindschaft konkret mit Übergriffen gegen Männer. Die Worte »Mantel« und »ausziehen« sind eindeutig zu bestimmen. Da der Kontext der eines Vorwurfes ist, da die vorhergehende Zeile von Feindschaft und die folgende von trügerischer Sicherheit spricht, ist das Ausziehen des Mantels oder des Gewandes deutlich als ein Übergriff zu verstehen. Daß dieser allerdings in einem Überfall von Straßenräubern (*W. Rudolph* 58.61) oder plündernden Soldaten (*H. W. Wolff* 53) bestehen sollte, trägt doch in den Text einen ihm sonst ganz fremden Gedanken ein. Dieser spricht vom Ausspielen ökonomischer Macht, und dabei geht es um Häuser und Felder (V 2) und nicht nur um Mäntel. Da aber der Mantel im ökonomischen Kontext insofern eine wichtige Rolle spielt, als er das bevorzugte Pfand für ein Darlehen ist (Ex 22,24–26; Dtn 24,10–13; vgl. Am 2,8; Ijob 22,6) und das Wegnehmen der Häuser und Felder wahrscheinlich im Prozeß der Verschuldung stattfindet (s.o. zu V 2), könnte der Mantel hier als Pfand gedeutet werden (so *R. Vuilleumier* 32; *A. Weiser* 251; *D. R. Hillers* 37; *J. L. Sicre*, Pobres 1984, 277f.). Freilich ist das Ausziehen auch ein Akt der Demütigung, der an Kriegsgefangenen vorgenommen wird. Nun ist im folgenden einerseits von trügerischer Sicherheit derer, die Opfer der verhandelten Übergriffe werden, andrerseits von »Krieg« die Rede. Dies könnte auch auf ein eher metaphorisches Verständnis des Textes führen. Den Reichen wird vorgeworfen, daß sie die Bauern nicht nur enteignen, sondern im Grunde wie Kriegsgefangene entwürdigen und demütigen (so wie V 10b vielleicht sagen will, daß sie die Frauen wie Huren behandeln). Zu beachten ist, daß das Stichwort »Krieg« auch in 3,5 noch einmal auftaucht, wo den Propheten vorgeworfen wird, denen, die ihnen nichts geben, den Krieg zu erklären.

Der folgende Vers wendet sich nun den Frauen zu, die als »die Frauen V 9
meines Volkes« bezeichnet werden. Daß dies Witwen seien (so *W. Rudolph* 61 und mit geradezu rührend schlichter Begründung *R. von Ungern-Sternberg* 45: »Da kein Mann erwähnt ist, meint das Wort wohl Witwen und Waisen«; anders *H. W. Wolff* 53), ist nicht gesagt und auch eher unwahrscheinlich, werden diese in der prophetischen Sozialkritik doch sonst immer ausdrücklich als solche bezeichnet (vgl. Jes 1,17.23; 10,2; Ez 22,7). Vor allem aber handelt Mi 2,1–11 nicht von den traditionellen personae miserae, sondern von den bis dahin freien Bauernfamilien. Werden diese um ihr Haus gebracht (V 2), dann ist es nur naheliegend, daß nun der neue Eigentümer auch die Frauen aus den Häusern verjagt (zu Recht bezieht *J. L. Sicre*, Pobres 1984, 276 V 9 auf denselben Vorgang wie V 2). Warum aber werden nur die Frauen genannt und nicht auch die Männer? Man kann nur vermuten, daß die Männer entweder schon in Schuldsklaverei sind, oder

[7] »… il mio popolo come nemico hanno posto«.

aber, daß sie sich angesichts der hoffnungslosen Überschuldung davongemacht haben, ein Phänomen, das bei Verelendungsprozessen besonders in der Dritten Welt auch heute noch häufig zu beobachten ist. Umso mehr ist hervorzuheben, daß der Prophet das Schicksal der Frauen (und ihrer Kinder) nicht in der allgemeinen Verelendung untergehen läßt, sondern ausdrücklich benennt.

Daß das Haus, aus dem die Frauen vertrieben werden, »Haus ihrer Wonne« genannt wird, muß angesichts des seltenen Wortes תענוג (nur noch Spr 19,10; Hld 7,7; Koh 2,8) mit Mi 1,16 zusammengesehen werden, wo mit derselben Vokabel von den »Kindern deiner Wonne« die Rede ist. Beidemale geht es um den Verlust von Heimat, in 1,16 um Verbannung infolge kriegerischer Ereignisse, in 2,9 um Vertreibung infolge wirtschaftlichen Ruins. Beides ist nach dem alten Michatext aus der Sicht der Opfer zusammenzusehen. Und die Täter, die wirtschaftlich Mächtigen in Israel, die die Frauen aus ihren Häusern verjagen, gelangen damit auf eine Stufe mit einem auswärtigen Feind, der ins Land eingefallen ist, wozu in V 8 die Rede vom »Feind« und vom »Krieg« zu vergleichen ist.

Mit den Frauen werden in V 9b deren Kinder, genauer Kleinkinder (von עול = »säugen«), genannt. Ihnen wird »meine Ehre für immer« genommen.

Das Suffix der 1. sg. ist dabei schwierig. Denn es redet der Prophet, doch ist kaum an dessen Ehre zu denken. Liegt nicht ein Schreibfehler vor (*W. Rudolph* 56.58 f. und *H. W. Wolff* 38.41 ändern, doch ohne Anhalt in der Textüberlieferung), dann könnte die »Ehre JHWHs« gemeint sein. Damit ginge der Satz allerdings unvermittelt in Gottesrede über. Oder liegt doch in V 8–10 insgesamt nicht Propheten-, sondern Gottesrede vor (so *K. Budde*, Micha 2 und 3 1919/20,9)? Freilich ginge dann der Charakter von 2,6–11 als Streitgespräch zwischen dem Propheten und seinen Gegnern verloren, der doch durch die übrigen Verse gut belegt ist. Angesichts der Textüberlieferung ist eine sichere Deutung nicht möglich.

Sachlich dürfte es bei der verlorenen Ehre der Kinder darum gehen, daß sie in Schuldsklaverei weggeben werden (so *J. Wellhausen* 139; *J. L. Sicre*, Pobres 1984, 276 f.), eine Praxis, die in Ijob 24,9 als besonders brutales Verhalten belegt ist (diese Stelle widerlegt auch den Einwand von *E. Sellin* 321: »seit wann werden denn die Säuglinge in Sklaverei verkauft …?«). Nach Ps 8,6 »bekränzt« Gott den Menschen mit כבוד והדר (Luther: »Ehre und Herrlichkeit«). Dies ist die ihm von Gott verliehene Würde. Wird sie ihm genommen, wird der Mensch um sein Menschsein gebracht. Hier klingt in der Polemik gegen die reichen Unterdrücker der Gedanke der – modern gesprochen – Menschenrechtsverletzung an. Diese ist umso schwerwiegender, als der Verlust der Ehre »für immer« erfolgt, wie es betont am Schluß des Satzes heißt. Damit dürfte auf die Vorstellung angespielt sein, daß (Schuld-)Sklaverei im Prinzip zeitlich begrenzt ist (Ex 21,2–6; Dtn 15,12–18) und Sklaverei »für immer« auf Freiwilligkeit beruhen sollte (Ex 21,6; Dtn

15,16f.). Selbst wenn es also einen legalen Grund gibt, den Kindern »meine Ehre zu nehmen«, dann doch nicht »für immer«.

In V 10a schließt ein imp.pl. an. Es ist umstritten, ob hier der Prophet seine Gegner anredet und ihnen die Verbannung androht (so *R. Vuilleumier* 33; *A. S. van der Woude*, Waarheid 1970, 69; *A. Niccacci*, Profeta 1989, 112–114), oder ob diese ihrerseits mit den Worten zitiert werden, mit denen sie die Frauen vertreiben (so *K. Budde*, Micha 2 und 3 1919/20, 12; *W. Rudolph* 56.61; *A. Weiser* 251; *H. W. Wolff* 38.51.54). Da in 2,6–11 Micha den reichen Grundbesitzern kein neues Gericht ankündigt, sondern über den Schuldaufweis und die Strafansage von V 1–3 diskutiert, ist die Auffassung ungezwungener, hier würden die Worte der Mächtigen zitiert, mit denen sie die Vertreibung der Frauen begleiten. Dabei braucht die maskuline Form der Imperative nicht zu irritieren, da sie nach dem männlichen עלליה = »ihre Kinder« hebräischem Sprachgebrauch nach zu erwarten ist. V 10

Ist die Auffassung des Satzes als Zitat im Mund der Gegner richtig, dann kommt die מנוחה = »Ruhe«, die sie den Frauen und ihren Kindern verweigern, in Parallele zum »Haus ihrer Wonne« aus V 9a, aus dem sie sie vertreiben. Dies entspricht genau dem Gebrauch in Rut 1,9 (vgl. 3,1), wo »מנוחה finden« heißt, daß »eine Frau im Haus ihres Mannes« ist. Die מנוחה ist die Heimat (die Zürcher Bibel übersetzt in Rut 1,9 mit »Heimstätte«), die zugleich Freiheit gewährt (zu diesem Zusammenhang vgl. *J. Ebach*, »Freiheit« 1995).

Auf die sprachlichen Schwierigkeiten von V 10b ist in den Bemerkungen zum Text hingewiesen worden. Bezieht man die »Unreinheit« im Anschluß an Stellen wie Gen 34,5.13.27; Ez 18,6.11.15; Klgl 1,9 u.ö. auf sexuelle Schändung von Frauen, die ihnen – so pervers das ist – in den Augen ihrer Schänder als Schande zugerechnet wird, und bringt man das »schmerzhafte Verderben« im Gefolge von 1QH^{a} XI 8.11 in Zusammenhang mit den Schmerzen bei der Geburt, dann würde der Vers, was nach dem Kontext auch zu erwarten ist, weiter von den Frauen reden. Der Vorwurf an den hier überraschend im Singular angeredeten Unterdrücker könnte dann meinen, daß er die Frauen nicht nur »schändet«, sondern ihnen aufgrund dieser »Schande« auch noch Verderben zufügt (so wie nach V 8 vielleicht die Männer wie Kriegsgefangene entehrt werden). Über den Grad einer Vermutung kommt solche Deutung freilich nicht hinaus.

Mit V 10 ist die direkte Auseinandersetzung mit den Gegnern des Propheten, wie sie sich in deren ständiger Anrede in 2. ps. pl. (V 8aβ–10a) bzw. 2. ps. sg. (V 10b) niederschlägt, abgeschlossen. Mit V 11 tritt der Prophet gewissermaßen einen Schritt zurück und reflektiert, welche Art von »Weissager« für »dieses Volk« geeignet wäre, wenn es ihn als »Weissager« ablehnt. Die Reflexion gerät zur sarkastischen Polemik: »Dieses Volk« – wie in 2,3 (»dieses Geschlecht«) nur die reichen Unterdrücker und eben nicht »mein Volk« (wie in V 8 und V 9) – will »Wind und Trug« hören, also Lüge. V 11

Nicht die Wahrheit, für die Micha steht, sondern »Wein und Bier« wäre für diese Leute ein angemessener Gegenstand des Weissagens. Nimmt man zu unserer Stelle den Schlußvers von 3,5–8, der im Anschluß an die Auseinandersetzung mit »den Propheten« das Bild des wahrhaft bevollmächtigten Micha zeichnet, dann kann man ermessen, wie tief die gesellschaftliche Spaltung in jener Zeit ist und wie umfassend sie auf allen Ebenen des gesellschaftlichen Lebens ausgefochten wird.

Bedeutung

Wie 2,1–3, an das V 6–11 anschließen und das sie voraussetzen, ist auch dieser Text aufs äußerste verdichtet. Er gibt nicht ein einzelnes Streitgespräch wieder, sondern faßt die Polemik der Gegner grundsätzlich zusammen (V 6f.) und hält ihnen nach V 1f. nochmals insgesamt ihre Taten vor. In einer Art Generalabrechnung wird komprimiert, was in vielen Einzeldebatten hin und her gegangen sein wird.

Mit 2,1–11* ist im alten Michatext von Mi 1–3* alles gesagt, was zu den wirtschaftlichen Verhältnissen im damaligen Juda zu sagen war. Mi 3 wird danach zu den politischen Mißständen übergehen und dabei auch die Rolle der Propheten als Ideologen der Herrschenden aufdecken. Auf ökonomischem Gebiet diagnostiziert der Text eine scharfe Spaltung der Gesellschaft. Auf der einen Seite stehen die reichen Grundbesitzer, die ihren Reichtum an Boden und Häusern ständig vermehren, auf der andern Seite die bis dahin noch freien Bauern und deren Frauen und Kinder, die um ihre Heimat gebracht werden, die ihnen zugleich Freiheit gewährt hatte. Aber der Text konstatiert diese Entwicklung nicht wie ein sachverständiger Begutachter der Wirtschaftslage, der die Zahl der Insolvenzen erfaßt, sondern er denunziert sie als aggressiv geführte soziale Auseinandersetzung.

Daß der Text sich mit den Opfern der Entwicklung solidarisiert, die er als »mein Volk« bezeichnet, ist offenkundig. Dann geht es aber nicht an zu behaupten – wie immer wieder zu lesen ist –, in Mi 2,1–11* werde »Israel« Gericht angesagt. Strafe wird tatsächlich nur »diesem Geschlecht«, also den reichen Grundbesitzern, angedroht. Was mit deren Opfern wird, bleibt im Grundtext von V 1–3.6–11 offen und wird erst in dem Nachtrag von V 4f. reflektiert, der von einer neuen Landverteilung spricht.

Damit baut Mi 2,1–11* im Anschluß an 1,10–16 eine Spannung auf. Denn die Frage ist, was das dort geschilderte Unheil, das von JHWH kommt (1,12) und das die gesamte judäische Landbevölkerung trifft, mit den denunzierten Taten der reichen Grundbesitzer zu tun hat, deren Opfer ebenfalls die judäische Landbevölkerung sind. Erst der Schlußsatz von Mi 1–3* wird diese Spannung auflösen.

Micha 2,12–13: Erste Hoffnung für Verbannte und Vertriebene

Literatur

Gershon Brin, Micah 2,12–13. A Textual and Ideological Study: ZAW 101, 1989, 118–124. – *Karl Budde*, Micha 2 und 3: ZAW 38, 1919/20, 2–22. – *Albert Condamin, S.J.*, Interpolations ou transpositions accidentelles? (Michée 2, 12, 13; Osée 2, 1–3, 8,9; Isaïe 5, 24, 25; 19, 21, 22): RB 11, 1902, 379–397. – *J. J. Glück*, The PRṢ in the Bible and in the Qumran literature, in: RdQ 5, 1964/65, 123–127. – *William McKane*, Micah 2:12–13: JNWSL 21/2, 1995, 83–91. – *Norbert Mendecki*, Die Sammlung und der neue Exodus in Mi 2, 12–13: Kairos 23, 1981, 96–99. – *Werner E. Müller*, Die Vorstellung vom Rest im Alten Testament, Neukirchen-Vluyn, Neuauflage 1973. – *J. M. Powis Smith*, Some Textual Suggestions. I: Mic. 2:12: AJSL 37, 1920/21, 238 f. – *J. G. Strydom*, A Critical Evaluation into A S van der Woude's Analysis of Micah with Special Reference to Micah 2:6–11b: OTE 4, 1986, 197–215. – *Christopher Toll*, Die Wurzel PRṢ im Hebräischen: OrSuec 21, 1972, 73–86. – *Wilfred G. E. Watson*, The Hebrew Word-Pair *'sp // qbṣ*: ZAW 96, 1984, 426–434. – *Geo Widengren*, The Gathering of the Dispersed: SEÅ 41–42, 1976–77, 224–234. – *ders.*, Yahweh's Gathering of the Dispersed, in: W. B. Barrick / J. R. Spencer (Hg.), In the Shelter of Elyon. Essays on Ancient Palestinian Life and Literature, FS G. W. Ahlström (JSOT.S 31), Sheffield 1984, 227–245.

Text

Übersetzung

12 *Sammeln, ja sammeln will ich dich insgesamt, Jakob,*
zusammenbringen, ja zusammenbringen will ich den Rest Israels,
will sie zusammentun wie die Schafe Bozras,
wie die Herde inmitten der Trift –
und sie tosen von Menschen.
13 *Herauf zieht der Durchbrecher vor ihnen,*
sie breiten sich aus und durchschreiten das Tor
und gehen durch es hinaus.
Und es schreitet ihr König vor ihnen her,
JHWH an ihrer Spitze.

Zu Text und Übersetzung

12aα Die Septuaginta liest statt »dich insgesamt« »ihn insgesamt« (vgl. BHS). Dies erleichtert den Text, der sonst keine Anrede in 2. ps. hat. Doch ist ein Wechsel zwischen 2. und 3. ps. in Micha und anderswo nichts Ungewöhnliches, vgl. nur Mi 2, 3.

12aβ Die Rede von den »Schafen Bozras« ist auffällig. Da die Vulgata בצרה mit *in ovili* = »im Schafstall« wiedergibt, könnte es ursprünglich בַּצָּרָה = »im Pferch« geheißen haben. Das ergäbe einen gewissen Parallelismus zu V 12bα (»inmitten der Trift«) (vgl. *D. R. Hillers* 38). Allerdings ist die Vokabel צרה* sonst nicht belegt. Vielleicht war ja das edomitische Bozra (vgl. Gen 36, 33; Jes 34, 6; 63, 1 u. ö.) für seine Schafe berühmt – der König des ebenfalls ostjordanischen Moab entrichtet jedenfalls seinen Tribut in Schafen (2 Kön 3, 4) und Jes 60, 7 erwähnt »Schafe Kedars« und »Widder Nebajots«. Die »Schafe Bozras« wären dann sprichwörtlich wie die »Kühe

Basans« (Am 4,1) oder die Zedern des Libanon (zu diesem Vorschlag vgl. *J. M. P. Smith*, Suggestions 1920/21).

12bα Das Wort הדברו ist mit Artikel und Personalsuffix doppelt determiniert, was der hebräischen Grammatik widerspricht. Wahrscheinlich ist das Waw am Ende als Kopula zum folgenden Wort zu nehmen (vgl. Ges-K §127i). בתוך הדבר heißt dann »inmitten der Trift« (V: *in medio caularum*), vgl. Jes 5,17.

12bβ Das Verb תהימנה steht in 3.f.pl., was nach dem femininen Kollektivum צאן = »Schafe« gut möglich ist. Form und Wurzel sind freilich schwierig zu bestimmen. Am regelmäßigsten wäre ein impf.hif. von הום (vgl. Ges-K §72i und k). Das aber müßte so etwas bedeuten wie »sie stiften Verwirrung« (vgl. Ps 55,3, der aber seinerseits textlich unsicher ist). Das macht hier keinen Sinn. Gemeint ist wahrscheinlich eine Form von המה = »tosen, lärmen«, die analog zu הום vokalisiert ist (vgl. *B. M. Zapff*, Studien 1997, 23f.).

13a Das zweimal verwendete Verb פרץ nimmt im Hebräischen Nuancen an, die im Deutschen nicht mit demselben Wort wiedergegeben werden können. An erster Stelle, als Partizip für Gott, meint es den, der »durchbricht« oder »einreißt«, wobei freilich ein Objekt fehlt. An zweiter Stelle ist wegen des Plurals Jakob bzw. die Herde Subjekt. Fraglich ist, ob das auf das nächste Verb (»sie durchschreiten«) folgende Objekt »das Tor« auch für פרצו gilt; dann hieße es: »sie reißen das Tor nieder, sie durchbrechen das Tor« (vgl. Jes 5,5). פרצו kann aber auch absolut gebraucht sein; dann hieße es »sie breiten sich aus« (vgl. Gen 28,14; Ex 1,12; Ijob 1,10 u.ö. und dazu *B. M. Zapff*, Studien 1997, 34f.). Zur weiteren Diskussion ist auf die Auslegung zu verweisen.

Analyse

Mit Mi 2,12f. stoßen wir auf die erste Heilsweissagung im Michabuch. Sie schließt nach dem Aufbau der Endgestalt des Michabuches dessen ersten Teil, die Kapitel 1 und 2, ab. Sie überlagert damit die Struktur des älteren Michatextes in Mi 1–3* und ist diesem gegenüber als sekundär anzusehen.

Dies ist freilich mit dem Argument bestritten worden, hier liege gar keine echte Heilsweissagung vor, sondern Micha zitiere hier seine Gegner, nämlich die in V 11 erwähnten lügnerischen Weissager. Damit stoßen wir bei Mi 2,12f. erstmals auf das sog. Disputationsmodell, das Unheils- und Heilsweissagungen auf Micha und seine pseudoprophetischen Gegner verteilt. Neben den in der Einleitung (S. 59f.) angeführten generellen Bedenken gegen dieses Modell ist bei Mi 2,12f. speziell auf den abgeschlossenen Charakter der davor stehenden Einheit hinzuweisen. Denn durch die Inklusion, die das fünffache נטף hif = »weissagen« in V 6 und V 11 bildet, ist V 6–11 als abgeschlossene Einheit ausgewiesen. Auch die Aufnahme von »dieses Geschlecht« aus V 3 durch das am Ende stehende »dieses Volk« in V 11 weist in dieselbe Richtung. Wären V 12f. Zitat der Gegner, müßte dies nach dem deutlichen Abschluß in V 11 kenntlich gemacht werden.

Die Heilsweissagung in V 12 f. zitiert also nicht Worte der Gegner, sondern bringt nach der Auffassung des Michabuches Worte des in 1, 1 genannten Propheten Micha. Dabei ist V 12 zunächst als Gottesrede formuliert, während die Fortsetzung in V 13 in 3. ps. von Gott und Volk spricht. Daß damit dennoch die literarische Einheitlichkeit der beiden Verse nicht in Frage gestellt wird, wird die Auslegung zu zeigen haben (zur Einheitlichkeit der Verse vgl. auch *B. M. Zapff*, Studien 1997, 27).

Auslegung

V 12aα setzt damit ein, daß Gott die Sammlung Jakobs ankündigt (zum Motiv vgl. *G. Widengren*, Gathering 1976–1977 und *ders.*, Yahweh's Gathering 1984). Wie die Fortsetzung zeigt, ist dabei an das Einsammeln einer Herde gedacht (*W. G. E. Watson*, Word Pair 1984, 430 kommt durch allerhand Textänderungen, für die es keinen Anlaß gibt, dazu, hier nicht das Bild vom Einsammeln einer Herde, sondern vom Einsammeln der Ernte zu finden). Das Bild von Gott, der die Herde sammelt, ist durchaus konventionell (vgl. Jes 11, 12; 40, 11; Jer 23, 3; 31, 10; Ez 11, 17; 34, 13; Zef 3, 19 u. ö.). Fast immer ist eindeutig vorausgesetzt, daß dabei an die Sammlung der in die Gola zerstreuten Israeliten gedacht ist. Dies belegen Zusätze wie »von den vier Enden der Erde« (Jes 11, 12) oder »aus all den Ländern, wohin ich sie versprengt habe« (Jer 23, 3) u. ä. So sehr sich Mi 2, 12 an derartige Formulierungen anlehnt, enthält er jedoch keinen entsprechenden Zusatz. Vorausgesetzt ist im Bild vom Sammeln natürlich, daß die Tiere der Herde gegenwärtig zerstreut sind. Aber wer sie zerstreut hat und wohin sie zerstreut worden sind, sagt der Vers selbst nicht. Dies geht aber umso deutlicher aus dem Kontext hervor, in den der Vers hineingestellt wurde. Denn der spricht zweimal von Zerstreuung. Mi 1, 10–16 endet mit dem Satz, daß »die Kinder deiner Wonne« »in die Verbannung von dir weggeführt« werden (V 16). Und das Streitgespräch in 2, 6–11 erhebt den Vorwurf: »Die Frauen meines Volkes vertreibt ihr aus dem Haus ihrer Wonne« (V 9). Wenn man von diesen Texten herkommend V 12 liest, ist eindeutig, wer gesammelt wird: die aufgrund der in 1, 10–16 geschilderten Ereignisse Exilierten und die infolge des in 2, 1–11 denunzierten Klassenkampfes von oben aus ihrem Besitz Vertriebenen. Bei ihrer »Sammlung« geht es also um die Wiederherstellung derer, die Opfer äußerer und innerer Aggression geworden sind. V 12

Sie werden im Parellelismus »Jakob insgesamt« und »Rest Israels« genannt. Die Bezeichnung »Jakob insgesamt« nimmt dabei deutlichen Bezug auf den alten Michatext. In ihm nämlich ist »Jakob« oder »Haus Jakob« immer Bezeichnung für die, die gegen »mein Volk« vorgehen (2, 7; 3, 1.8 f.). Dabei bezieht sich 2, 12 nicht nur deutlich auf die Aussage von der Vertreibung durch das »Haus Jakob« zurück (2,7.9), sondern weist auch schon auf den folgenden Text 3,1–4 voraus. Dort ist nämlich in Herdenmetaphorik wie in 2,12 davon die Rede, daß die »Häupter Jakobs« wie brutale Hirten »mein Volk« schlachten und auffressen. Wenn jetzt die einstigen Opfer des »Hauses Jakob« als »Jakob insgesamt« bezeichnet werden, dann heißt das, daß diese Opfer bei der zukünftigen Restitution das wahre »Haus Jakob«, eben »Jakob insgesamt«, sein werden. Die Täter von einst werden dagegen in ihm keinen Platz mehr haben (*A. Niccacci*, Profeta 1989, 131: »das wahre Volk Gottes … unter Ausschluß der Unterdrücker«[8]; anders *H. W. Wolff* 55, der heraushört: »keiner soll ausgenommen werden«). Dies liegt ganz auf der Linie von 2,4f., der für die einstigen Täter in der zukünftigen »Gemeinde JHWHs« keinen Grundbesitz mehr vorsieht.

Die Vorstellung vom »Rest«, die in Parellele zu »Jakob insgesamt« verwendet wird, hat ihre Wurzel in Katastrophenaussagen. Sie bringt da zum Ausdruck, daß entweder gar kein Rest bleibt (Jer 11,23; 50,26; Am 1,8), oder daß nur ein Rest bleibt (2 Kön 19,4 = Jes 37,4; Jer 8,3; 40,11 u.ö.), oder daß auch der Rest noch der Katastrophe verfällt (2 Kön 21,14; Jes 14,30; 15,9 u.ö.). Auch in Mi 2,12 ist die Vorstellung einer vorausgegangenen Katastrophe vorausgesetzt, bei der ein Rest geblieben ist, wobei vom Kontext her nur die Katastrophenschilderung von 1,10–16 in Frage kommt. Aber anders als in den zitierten Belegen wird nun dem Rest die zukünftige Rettung angesagt. Dies hat, wie die Vorstellung vom Sammeln, Parallelen in Textstellen, die deutlich die Situation des Exils voraussetzen (vgl. 2 Kön 19,31 = Jes 37,32; Jes 10,20f. u.ö.) (vgl. dazu *W. E. Müller*, Vorstellung 1973 und *J. Hausmann*, Rest 1987). Am nächsten steht unserer Textstelle dabei Jer 23,3, wo ebenfalls die Vorstellung vom Sammeln und vom Rest verbunden werden (Jer 23,3 ואני אקבץ את־שארית צאני = »zusammenbringen will ich den Rest meiner Herde«; Mi 2,12 קבץ אקבץ שארית ישראל = »zusammenbringen, ja zusammenbringen will ich den Rest Israels«).

Mi 2,12aα setzt also deutlich 1,10–16 und 2,1–11 voraus. Nimmt man dazu den Bezug auf die Herdenmetaphorik in 3,1–4, läßt sich daraus der Schluß ableiten, daß unser Vers kein isoliertes Fragment unbekannter Herkunft, sondern ein Text ist, der für seinen Kontext formuliert wurde.

Das erste Ziel der Sammlung gibt V 12aβ.bα an, indem nun die Herdenmetaphorik des Verses offengemacht wird. Die Gesammelten will Gott »zusammentun«, wie ein Hirte seine Schafe »im Pferch« – nach der einen möglichen Lesart von בצרה (siehe Bemerkungen zum Text) –, »inmitten der Trift« sammelt. Auch dieses Bild begegnet in verwandten Texten, die die Exilssituation voraussetzen (vgl. Jer 23,3; Ez 34,14). Es bringt zum Ausdruck, daß die gesammelte Herde in Sicherheit sein und üppiges Weideland vorfinden wird. Dagegen wird ein geographischer Ort der Sammlung nicht

[8] »il vero popolo di Dio … con esclusione degli oppressori«.

genannt. Im hiesigen Kontext als Abschluß von Mi 1,10–2,11 ist wohl am ehesten von einer Sammlung in den bisherigen Wohnorten in der Landschaft Juda auszugehen (allein schon wegen der unsicheren Textüberlieferung, aber auch aus sachlichen Gründen steht die Annahme, der Text denke an eine Sammlung in Bozra – so *B. M. Zapff*, Studien 1997, 21–23.30f. – auf äußerst wackeligen Füßen).

Als zweites Ziel der Sammlung nennt zum Abschluß V 12bβ die Mehrung der Herde. Denn so ist das nicht unproblematische תהימנה מאדם = »sie tosen von Menschen« (siehe Bemerkungen zum Text) im Anschluß an Ez 36,37f., wo die Gesammelten zweimal mit einem צאן אדם = »Menschenherde« verglichen werden, wohl am ehesten zu verstehen. Auch das Mehrungsmotiv ist aus Texten bekannt, die exilischen Hintergrund erkennen lassen (vgl. neben Ez 36,37f. auch Jer 23,3).

Mit der hier vorgelegten Deutung des Verses auf eine Sammlung der Zerstreuten und Vertriebenen im Land werden verschiedene andere Auslegungen implizit zurückgewiesen. 1.) Meist wird an eine Sammlung in Babylonien gedacht, von wo aus dann in V 13 der Zug nach Jerusalem beginnen soll (vgl. *N. Mendecki*, Sammlung 1981; *H. W. Wolff* 55). Daß V 12f. insgesamt durchaus vom Auszug aus der Gola sprechen, wird zu V 13 noch näher auszuführen sein. Dennoch ist die Vorstellung, daß zunächst eine Sammlung in Babylonien erfolgen sollte, angesichts der vielen Parallelen des Textes, die eine Sammlung im Land voraussetzen, eher unwahrscheinlich. 2.) Da das Stichwort »sammeln« sich nicht nur auf Herden, sondern auch auf die Sammlung eines Heeres beziehen kann (vgl. 2 Sam 10,17; 12,28f. u.ö.), denkt *J. T. Willis*, Structure 1969, 24–26 im Gefolge einer angeblich vorliegenden davidischen Tradition an eine solche militärische Bedeutung. Doch das Sammeln eines Heeres ist eine andere Vorstellung als die vom Sammeln zerstreuter Herdentiere. 3.) Andere denken an eine Sammlung nach Jerusalem angesichts eines feindlichen Einfalls, von wo aus dann in V 13 ein Ausbruch gegen eine militärische Belagerung erfolgen soll (vgl. *E. Sellin* 322f.). Doch paßt auch dazu nicht die Herdenmetaphorik, die Zerstreuung, nicht aber militärische Bedrohung voraussetzt. 4.) Vollends von der Bildsprache entfernt sich die Auffassung, in Mi 2,12f. liege überhaupt kein Heilswort vor, sondern der Text verstehe das Sammeln negativ als eine Sammlung, um ins Exil wegzuführen (vgl. *J. L. Mays* 73–76; *ders.*, Purpose 1977, 279f.; *D. G. Hagstrom*, Coherence 1988, 51–54; *G. Brin*, Micah 2,12–13 1989; *N. A. Schuman* 55f.; vgl. auch *G. Metzner*, Kompositionsgeschichte 1998, 71f.119–129). – Sowohl die hier vertretene wie die hier abgewiesenen Auffassungen von V 12 müssen sich an V 13 bewähren, dem wir uns nun zuwenden.

Mit V 13 wechselt der Text von Gottesrede zu Rede über Gott. Solche abrupten Wechsel irritieren. Sie sind aber im Michabuch so häufig – man denke an die unvermittelt einsetzende Gottesrede in 1,6f., an die mehrfachen Subjektwechsel in 5,1–3 oder gar an den Michaschluß in 7,8–20, der von ständigen Perspektivwechseln beherrscht wird –, daß ihnen mit literarkritischen Operationen nicht beizukommen ist; ohnehin können diese das Problem ja nicht wirklich lösen, sondern es allenfalls auf die Stufe der End- V 13 redaktion verlagern. Außer der Sprecherperspektive wechselt auch das Tempus. Wie die Deutung des Verses zeigen wird, ist der Tempuswechsel vom *yiqtol* ins *qatal* bzw. *wayyiqtol* dabei durchaus signifikant, allerdings nicht so, daß V 13 anders als V 12 etwa keine Zukunft ansagte. An anderer Stelle kann sogar dieselbe Aussage einmal im *qatal* und einmal im *yiqtol* stehen (vgl. Jer 28,2 שברתי את־על מלך בבל = »ich zerbreche das Joch des Königs von Babel« mit V 4 אשבר את־על מלך בבל »ich zerbreche das Joch des Königs von Babel«), und beidemale ist damit ein zukünftiges Geschehen gemeint (darauf macht *A. Niccacci*, Profeta 1989, 37f. aufmerksam).

Bei der Deutung der inhaltlichen Aussage von V 13 ist zum einen von der durch V 12 vorgegebenen Metaphorik, zum andern von dem auffälligen Tempuswechsel auszugehen. Dieser besagt, daß das Heraufziehen des Durchbrechers, das Sich-Ausbreiten und das Durchschreiten des Tores in der Vergangenheit liegen – doch in welcher Vergangenheit? *B. M. Zapff*, Studien 1997 nimmt die Gegenwart des Sprechers als Ausgangspunkt und kommt so zu dem Schluß, daß »dieser Text ... eine Reminiszenz an den *einstigen* Auszug aus Ägypten ist« (33, Hervorhebung im Original). Zwingend ist das freilich nicht, denn nimmt man die in V 12 für die Zukunft angekündigte Sammlung als Ausgangspunkt, dann besagt der Text von V 13 nur, daß es vor dieser Sammlung zum Heraufziehen des Durchbrechers usw. gekommen sein muß. Nach dieser Auffassung spielen die Verse auf die Situation im babylonischen Exil an und sagen einen neuen Exodus voraus, an den besonders das Verb עלה = »heraufziehen« anspielt (vgl. im Qal mit dem Volk als Subjekt Ex 12,38; 13,18; Num 32,11 u.ö.; mit Gott als Subjekt Ex 33,3.5; im Hifil mit Gott als Subjekt des Heraufführens Ex 3,8.17; Num 14,13 u.ö.) (so mit Nachdruck *N. Mendecki*, Sammlung 1981). Dazu sind deuterojesajanische Texte zu vergleichen, in denen die Exilierten aufgerufen werden, aus Babel auszuziehen (Jes 48,20; 52,11f.). Dort ist auch die Vorstellung, daß Gott dem Zug vorangeht, belegt (לפניכם יהוה = »JHWH vor euch her« Jes 52,12 wie hier).

Freilich darf man den Gegensatz zwischen der futurischen und der präteritalen Auffassung des Verses nicht zu sehr verabsolutieren. Denn bekanntlich sind die futurischen Aussagen bei Deuterojesaja mit Anspielungen an den vergangenen Exodus durchsetzt, und umgekehrt spricht auch *B. M. Zapff* als Verfechter der präteritalen Auffassung vom »vergangenen und gleichzeitig als künftig erhofften neuen Exodus« (Studien 1997, 36). Versteht man V 13 als gegenüber V 12 vorzeitig, dann entgeht man einigen Schwierigkeiten, die sich bei der Auffassung, die Verse seien gleichzeitig und schilderten ein aufeinander folgendes Geschehen, ergeben. Dann müßte man nämlich annehmen, die Sammlung von V 12 erfolge in die Stadt Babylon und von dort würden die Exilierten dann ausbrechen (so tatsächlich *N. Mendekki*, Sammlung 1981, 98f.). Das aber ist biblisch nirgends belegt und entspricht ja wohl auch nicht den tatsächlichen Verhältnissen.

Nimmt man die Herdenmetaphorik von V 12 auf und versteht V 13 als Verweis auf das Geschehen, das schließlich zur Sammlung im Land führt, dann ergibt sich folgender Ablauf: Der »Durchbrecher«, mit dem JHWH gemeint ist (zu Gott als Subjekt des Verbs פרץ vgl. Ex 19,22.24; 2 Sam 5,20 = 1 Chr 14,11; 2 Sam 6,8 = 1 Chr 13,11; Ps 60,3; 80,13; 89,41; Ijob 16,14; 1 Chr 15,13; 2 Chr 20,37), »zieht vor ihnen«, den Zerstreuten, »herauf« wie beim einstigen Exodus, indem er jedes Hindernis aus dem Weg räumt. Die Folge ist, daß die Herde sich ausbreitet, denn genau so wird absolutes פרץ in Ijob 1,10 von einer gesegneten Herde verwendet. Schließlich kommt sie an ein »Tor«. Das kann nicht das Stadttor von Babel sein, denn die Vorstellung, JHWH würde erst die Exilierten in Babel sammeln, um dann von da gewaltsam auszubrechen, ist doch zu merkwürdig. Vielmehr ist es das schon in 1,12 erwähnte Tor Jerusalems. Der Verfasser von 2,12 f. weiß natürlich, daß es nicht nur 701 (worauf 1,10–16 anspielt) tatsächlich zur Einschließung der Stadt durch das assyrische Heer kam, sondern daß 587/586 Jerusalem sogar zerstört wurde und unter Fremdherrschaft gelangt ist. Damit aber soll nun Schluß sein: Die Gesammelten können frei durch das Tor von Jerusalem schreiten und die Stadt ebenso frei wieder verlassen (*A. Niccacci*, Profeta 1989, 128: »das Volk Israel geht frei durch das Tor hinein und hinaus«[9]).

Wenn es anschließend in V 13b heißt, daß »ihr König« vor ihnen herschreite »und JHWH an ihrer Spitze«, dann ist wohl nicht daran gedacht, daß der irdische König neben JHWH an diesem Zug beteiligt ist (kopulatives Waw), sondern daß JHWH »ihr König« ist (explikatives Waw). Denn V 13a spricht nur von JHWH (als dem Durchbrecher) und von »ihnen«, also der zu sammelnden Bevölkerung. Der irdische König käme danach in V 13b nicht nur sehr unvermittelt, es wäre auch höchst erstaunlich, daß er im Parallelismus der beiden Vershälften noch vor JHWH genannt sein sollte (vgl. auch *Marc Zvi Brettler*, God is King. Understanding an Israelite Metaphor [JSOT.S 76], Sheffield 1989, 172 f., n.2).

Bedeutung

Mi 2,12 f. sind kein versprengtes Textstück, das auch irgendwo anders stehen könnte und vielleicht gar an diese Stelle nur gestellt worden ist, weil es »eine klaffende Lücke der Handschrift ausfüllen« sollte (so *K. Budde*, Micha 2 und 3, 1919/20, 2). Die Verse weisen vielmehr klare Bezüge auf ihren Kontext auf und stellen wohl überhaupt »einen für diesen heutigen Ort im Michabuch komponierten redaktionellen Text« dar (*B. M. Zapff*, Studien 1997, 39). Nimmt man diese Kontextbezüge und den Kontext der Verse selbst

[9] »il popolo di Israele entra ed esce liberamente per la porta«.

ernst, dann wird man sich davor hüten müssen, in den Versen theologische Aussagen finden zu wollen, die sie nicht machen. Als Beispiel für solche von Text und Kontext losgelösten Auffassungen sei *J. Hausmann*, Rest 1987, 171 f. zitiert: »Der negativen Aussage in Mi 2,5 ... wird als Kontrast eine Heilszusage gegenübergestellt. Damit wird angeknüpft an den Gedanken ..., daß Heil durch das Gericht hindurch erfahren wird und nur auf dem Hintergrund des Gerichts zu verkündigen ist. Gericht ist erfahren worden als Durchgangsstadium, das auf Heil zielt.«

Derartige Aussagen abstrahieren völlig von Text und Kontext. Denn über wen kommt im Kontext das »Gericht«? Nach 1,10–16 kommt über die Bevölkerung von Juda »Unheil von JHWH« (1,12). Der Text selbst sagt nichts über die Ursachen, weshalb der Ausdruck »Gericht« zumindest voreilig und auf jeden Fall nicht dem Text entnommen ist. Die Lektüre von Mi 1–3 wird zeigen, daß das Unheil über Juda wegen der Gewalttaten der »Häupter des Hauses Jakob und Führer des Hauses Israel« hereinbricht (3,9–12). Ihnen wird nun in 2,12 f. aber keineswegs Heil verkündigt. Sondern diejenigen, die nicht aus eigener Schuld (was der Ausdruck »Gericht« impliziert), sondern um anderer willen – 3,12 sagt ausdrücklich »um euretwillen« – Unheil durch Zerstörung und Verbannung (1,16) erfahren, sollen nach 2,12 f. aus ihrer Not befreit werden. Und auch 2,1–11, der unmittelbar vor 2,12 f. stehende Text, spricht nicht von einem Gericht über ganz Israel, sondern nur von einer Bestrafung der reichen Grundbesitzer (2,3, was von dem Zusatz 2,4 f. aufgenommen wird). Dasselbe gilt für den folgenden Text 3,1–4, der nur von einer Bestrafung der gewalttätigen »Häupter Jakobs und Führer des Hauses Israel« spricht. Nicht ihnen wird nach dem »Gericht« nun in 2,12 f. »Heil« verkündigt. Sondern diejenigen, die von ihnen um Haus und Feld gebracht (2,2), aus ihren Häusern vertrieben (2,9) und abgeschlachtet (3,2 f.) wurden, sollen nun wieder gesammelt werden und in Sicherheit leben können. Mi 2,12 f. kündigt kein »Heil« nach verdientem und nun überstandenem »Gericht« an, sondern die künftige Wiederherstellung der Geschädigten und Opfer von einst.

Micha 3,1–12: Die Schuld der politischen und geistigen Führung

Literatur *Margaret B. Crook,* Did Amos and Micah know Isaiah 9,2–7 and 11,1–9?: JBL 73, 1954, 144–151. – *Thomas Pola,* Micha 3. Eine exegetische Besinnung zur ökumenischen Bibelwoche 1995/96: ThBeitr 26, 1995, 285–291.

In Mi 3 sind klar erkennbar drei Einheiten miteinander verbunden (V 1–4.5–8.9–12), die jeweils mit einer Benennung der Adressaten beginnen, dann deren Vergehen aufweisen und schließlich ihnen zukünftiges Unheil ansagen. Nicht nur dieser weitgehend parallele Aufbau verbindet die drei Einheiten, sondern auch die Tatsache, daß sich der Text nach 2,1–11, wo es um die wirtschaftlich Mächtigen ging, nun der politischen und ideologischen Führung zuwendet. Ihr »Wirkungsbereich« wird mit dem Stichwort מִשְׁפָּט = »Recht« umschrieben, das in allen drei Einheiten vorkommt (V 1.8.9) und als »Motivwort« (*Th. Pola,* Micha 3 1995/96, 287) das Kapitel durchzieht. Das einleitende »und ich sprach« in 3,1a markiert diesen Neueinsatz nach Mi 2 deutlich (eine ausführliche Analyse der Kohärenz der drei Einheiten von Mi 3 findet sich bei *D. G. Hagstrom,* Coherence 1988, 29–43).

Obwohl die drei Einheiten des Kapitels in sich geschlossen sind, lassen sie sich dennoch nicht völlig voneinander isolieren und als selbständige Sprüche behandeln. Schon die erste Einheit in V 1–4 ist sprachlich und inhaltlich aufs engste mit ihrem Kontext verwoben. Für die Stichwortverbindungen wird dies gleich zu zeigen sein. Für den Inhalt sei nur darauf hingewiesen, daß die Zukunftsankündigung in V 4 die eigentliche Katastrophe gar nicht ansagt, sondern voraussetzt und damit ohne V 12 nicht verständlich ist. Am eigenständigsten ist noch das Wort über die Propheten mit Adressatenangabe, Lagehinweis und Zukunftsansage in V 5–7. Aber V 8, wo Micha sich in Ich-Form mit den gegnerischen Propheten vergleicht, weist doch zugleich deutlich auf die Auseinandersetzung in 2,6–11, ja eigentlich auf den gesamten Kontext der Micha-Denkschrift hin. Und auch der dritte Spruch enthält in V 11 einen Satz, der das ganze Kapitel zusammenfaßt, indem er neben den Häuptern die Propheten nennt und diese beiden Gruppen noch um die Priester ergänzt, die sonst im Kapitel keine Erwähnung finden. Um all dieser Träger der Macht willen wird die Zerstörung Jerusalems kommen, womit die Zukunftsansage nicht nur die Einheit 3,9–12, sondern das ganze Kapitel 3, ja sogar den ganzen alten Text von Mi 1–3* abschließt.

Schon diese einleitenden Beobachtungen bestätigen die bisher gewonnene Auffassung, daß hinter der ältesten rekonstruierbaren Überlieferungsstufe von Mi 1–3* zwar noch ehemals selbständige Einheiten als solche erkennbar, diese in ihrem Wortlaut aber nicht mehr wiederherstellbar sind.

Dies ist nicht auf einen Mangel unserer Erkenntnisinstrumente zurückzuführen, der durch deren Verfeinerung behoben werden könnte, sondern beruht darauf, daß die Texte in ihrer jetzigen Gestalt von vorneherein für ihren Kontext in der Denkschrift Mi 1–3* formuliert worden sind.

Micha 3,1–4

Literatur

J. R. Bartlett, The Use of the Word ראשׁ as a Title in the Old Testament: VT 19, 1969, 1–10. – *John T. Willis*, A Note on ואמר in Micah 3,1: ZAW 80, 1968, 50–54.

Text

Übersetzung

1 *Und ich sprach:*
Hört doch, Häupter Jakobs
und Führer des Hauses Israel!
Ist es nicht an euch,
das Recht zu kennen?
2 *Die das Gute hassen*
und das Böse lieben,
die ihre Haut von ihnen reißen
und ihr Fleisch von ihren Knochen,
3 *und die das Fleisch meines Volkes gefressen haben*
und ihnen die Haut abgezogen haben
und ihre Knochen zerschlagen haben
und sie zerstückt haben wie im Topf
und wie Fleisch inmitten des Kessels!
4 *Dann werden sie zu JHWH schreien,*
und er wird ihnen nicht antworten
und wird sein Angesicht verbergen vor ihnen zu jener Zeit
entsprechend der Bosheit ihrer Taten.

Zu Text und Übersetzung

3 In V 3bα (»und sie zerstückt haben wie im Topf«) könnte ein Schreibfehler vorliegen. G setzt statt כאשׁר = »wie« nämlich כשׁאר = »wie Fleisch« voraus. Damit entstünde ein vollständiger Parallelismus zwischen V 3bα (»wie Fleisch im Topf«) und V 3bβ (»wie Fleisch inmitten des Kessels«), wobei das Hebräische und Griechische, anders als das Deutsche, zwei verschiedene Vokabeln für »Fleisch« haben. Die Verschreibung könnte auf Augensprung zu V 3aα (ואשׁר = »und die«) (*H. W. Wolff* 61) oder auf Metathesis der identischen Buchstaben (so *D. N. Freedman*, Discourse 1983, 145) beruhen.

Analyse

Nach dem überleitenden ersten Wort des Textes (»und ich sprach«) wendet sich der Rest von V 1a in der direkten Anrede eines Höraufrufs an die Angehörigen der herrschenden Klasse. Immer noch in direkter Anrede werden sie in V 1b an das erinnert, was nach Meinung des Propheten ihre eigentliche Pflicht wäre. V 2 f. schildert dann das pflichtwidrige tatsächliche Verhalten der Herrschenden. Die Verse gehen von der Anrede in die Beschreibung in 3. Person über, ein Wechsel, wie er umgekehrt auch in Mi 2, 1–3 zu beobachten war und auch in den beiden folgenden Einheiten vorkommen wird.

Angesichts des durchgehenden zweigliedrigen Parallelismus in den beiden Versen irritiert die Dreigliedrigkeit von V 3a. Man hat deshalb verschiedene Streichungen vorgeschlagen. So entfernt *J. Wellhausen* 140 V 2b als Parallele zu V 3a, während umgekehrt *Th. Lescow,* Micha 1–5 1972, 47 f.; *ders.,* Worte 1997, 88 in V 3aα die Worte »und ihnen die Haut abgezogen haben« streichen möchte (vgl. auch BHS). Nach *J. Vermeylen,* Isaïe 1978, 583–588 wiederum liegt alter Text überhaupt nur in V 1a.2b.3b.4a vor.

Behält man den überlieferten Text von V 1–4 bei, dann ergibt sich ein Aufbau von zwei mal zwei Doppelstichen, in deren Mitte ein Einzelstichos steht, nämlich V 3aα^1. Dieser Satz, daß sie »das Fleich meines Volkes gefressen haben«, erhält dadurch als Spitzensatz eine hervorgehobene Betonung. Es ergibt sich so folgendes Schema:

V 2a	Gutes hassen	par. Böses lieben
V 2b	ihre Haut	par. von ihren Knochen
V 3aα^1	»das Fleisch meines Volkes haben sie gefressen«	
V 3aα^2.β	ihre Haut	par. ihre Knochen
V 3b	Topf	par. Kessel

Entsprechend dem Schema des zweigliedrigen Prophetenspruches folgt auf den Schuldaufweis in V 4 die Strafansage. Anders als in 2, 1–3 ist sie jedoch nicht in Gottesrede gehalten, sondern setzt die Prophetenrede von V 1–3 fort. Diese Stileigentümlichkeit wird auch in den beiden folgenden Sprüchen zu beobachten sein.

Auslegung

Das einleitende »und ich sprach« markiert im Endtext des Michabuches den V 1
Übergang von Mi 1 f. zu Mi 3–5. Auch im alten Michatext von Mi 1–3* bezeichnet es den thematischen Übergang von Mi 2 zu Mi 3 (es besteht also

keine Notwendigkeit, mit *J. T. Willis,* Note 1968, 54 das ואמר erst dem Redaktor der Endgestalt des Michabuches zuweisen zu müssen; in der Endgestalt überlagert das Wort sogar die klare Markierung der drei Textabschnitte durch das einleitende [שמעו[־נא = »hört [doch]« in 1,2; 3,1 und 6,1). Hatte sich Mi 2 an die Reichen im allgemeinen gewendet (*R. Vuilleumier* 37 »riches en général«), so richtet sich Mi 3 jetzt an die herrschende Klasse (*R. Vuilleumier* 37 »classe dirigeante«; *D. R. Hillers* 42 »the ruling class«). Zugleich aber verbindet es auch die beiden Kapitel miteinander. Denn es schließt da an den reflektierenden Satz 2,11 an und hält dem, was der »Weissager für dieses Volk« weissagen würde, entgegen, was Micha selbst sagt. Es ist nach dem Selbstverständnis des Textes nicht die Lüge von »Wind und Trug«, sondern das Aufdecken der Wahrheit. Damit bezieht sich das Mi 3 einleitende ואמר zugleich auch nach vorne auf 3,8, wo eben diese Tätigkeit des bevollmächtigten Micha reflektiert wird.

Versteht man wie *A. S. van der Woude* 94–98 und *ders.,* Dispute 1969 Mi 2,12f. als Teil des alten Michatextes und sieht darin ein Zitat der »falschen Propheten«, dann bezieht sich ואמר = »und ich sprach« natürlich auf dieses Zitat. Doch muß *A. S. van der Woude,* Dispute 1969, 256f. selbst zugestehen, daß 3,1–4 nicht gerade eine sehr passende Erwiderung auf 2,12f. wäre.

Erst mit dem Höraufruf שמעו־נא = »hört doch« wird dann der Spruch 3,1–4 selbst eingeleitet. Im Endtext des Michabuches dient der Höraufruf zugleich zur Gliederung in die drei Abschnitte Mi 1f., Mi 3–5 und Mi 6f., die jeweils mit (שמעו(־נא eröffnet werden. Daß dies freilich nicht die ursprüngliche Funktion der Worte ist, zeigt ihre Wiederholung in 3,9 (und dann auch in 6,2 und 6,9), wo sie diese Aufgabe der Gliederung größerer Abschnitte nicht haben.

Zum Hören aufgerufen werden die »Häupter Jakobs und Führer des Hauses Israel«. Weder ראש noch קצין sind dabei im engeren Sinn als Titel zu verstehen, die fest umrissene Ämter bezeichnen würden (wie z.B. אשר על הבית = »Palastvorsteher« oder אשר על המס = »Fronminister«, die als Titel auf Siegeln belegt sind[10]). Man sollte im Blick auf Mi 3,1.9 also besser nicht von »Gremien« (*W. Rudolph* 69) oder »Ämtern« (*H. W. Wolff* 67) sprechen. Vielmehr geben sie, wie ihre deutschen Äquivalente »Haupt, Oberhaupt« und »Führer« (mit einer bekannten Ausnahme) Funktionen an, die die betreffenden Personen einnehmen (zu ראש vgl. *J. R. Bartlett,* Use 1969, 9f.: »The title ›head‹ is clearly used of men chosen and appointed for their ability, and not merely of men who by accident of birth stand at the head of their

---

[10] Vgl. *Nahman Avigad,* The Chief of the Corvée: IEJ 30, 1980, 170–173 und *ders.,* Hebrew Bullae from the Time of Jeremiah. Remnants of a Burnt Archive, Jerusalem 1986, 21–23; *Francesco Vattioni,* I sigilli ebraici: Bib 50,1969, Nr. 149.

family, clan or tribe«). Worin ihre Funktionen bestehen, geht dann erst aus dem jeweiligen Kontext hervor (so wird z. B. nach Ri 11, 1–11 Jiftach von den »Ältesten von Gilead« erst zum militärischen »Führer« und nach dem Sieg zum politischen »Haupt« gemacht).

Mi 3, 1 grenzt den Funktionsbereich der Häupter und Führer in zweierlei Hinsicht ein. Zum einen ist ihre Funktion auf »Jakob« bzw. das »Haus Israel« bezogen. Das ist in seiner Allgemeinheit insofern signifikant, als ihr Aufgabenbereich sich nicht auf ein Teilgebiet des Gemeinwesens beschränkt, sondern das Ganze umfaßt. Bestätigt wird dies durch V 3, wo den Häuptern und Führern »mein Volk« entgegengesetzt wird. Zum andern sind sie in besonderer Weise für »das Recht« verantwortlich. Auch משפט muß in seiner näheren Bedeutung jeweils vom Kontext her definiert werden. Es kann »Recht« im engeren juristischen Sinn meinen (so z. B. in Jes 1, 21–26), auch kodifiziertes, ist darauf aber nicht beschränkt. Da es im folgenden V 2 mit dem Gegensatzpaar »gut« und »böse« umschrieben wird, ist eine solche enge juristische Bedeutung hier eher unwahrscheinlich (vgl. auch *E. Hammershaimb*, Hautpgedanken 1961, 15–18). Vielmehr dürfte daran gedacht sein, daß die Häupter und Führer für die gerechte Ordnung im Volk insgesamt Verantwortung tragen. Damit liegt es in der monarchischen Gesellschaft des 8. Jh. aber nahe, bei den »Häuptern Jakobs und Führern des Hauses Israel« an den König und seinen Beamtenapparat zu denken (*J. L. Mays* 78: »public officials in Jerusalem«).

Der Vorwurf, die Häupter und Führer haßten das Gute und liebten das Böse, bezichtigt diese nicht nur, die heilvolle Ordnung der Welt zu pervertieren, sondern zugleich damit auch, widergöttlich zu handeln. Denn Gott liebt צדקה = »Gerechtigkeit« und משפט =«Recht« (Ps 33, 5; 37, 28; vgl. Ps 11, 7; Jes 61, 8), die die Führer Israels nicht kennen (V 1), und er haßt »alle, die Unrecht tun« (Ps 5, 6). Wie in Mi 2, 1–3 und dann auch in 3, 9–12 wird den Mächtigen und Herrschenden in Israel vorgehalten, daß sie gegen Gott stehen. V 2a

»Mi 3, 2a bildet den exakten Gegensatz zu Am 5, 15a« (*A. Schart*, Entstehung 1998, 185), wo nämlich gefordert wird: »Haßt das Böse und liebt das Gute!«. »Das kann kaum anders als eine bewußte Bezugnahme interpretiert werden« (ebd.). Sie weist darauf hin, daß die Tradenten der Micha-Denkschrift in engem Bezug zu den Tradenten des Amos im Südreich stehen. Dagegen genügt diese »bewußte Bezugnahme« kaum, Mi 3, 2a für »sekundär« zu erklären (*A. Schart*, Entstehung 1998, 185), und der Hinweis, daß das Bikolon Mi 3, 2a »rhythmisch kürzer« sei, gibt der Argumentation auch kein größeres Gewicht.

Mit dem Stichwort רעה, das hier »Böses« heißt, wird das Leitwort von Mi 1–3* aufgegriffen (vgl. das Schema oben S. 96). Besonders eng ist der Parallelismus von 3, 2 ואהבי רעה = »die das Böse lieben« zu 2, 1 ופעלי רע = »die Böses tun« (er ist wahrscheinlich auch der Grund, weshalb die Masoreten in 3,2 das Ketib רעה wie in 2,1 als רע lesen lassen). Durch ihn wird unterstrichen, was auch schon durch das Nebeneinander von Mi 2 und Mi 3 in der Komposition zum Ausdruck gebracht wird: Es sind die wirtschaftlich Starken und die politisch Mächtigen, die gemeinsam »mein Volk« in den Würgegriff nehmen und sich damit zugleich gegen Gott stellen.

V 2b.3 Die folgenden Zeilen gehen in eine metaphorische Sprache über, die ein Geschehen ins Bild faßt, das an Grausamkeit kaum zu überbieten ist. Die »Häupter Jakobs und Führer des Hauses Israel« werden als Hirten gezeichnet, die das Gegenteil dessen tun, was die Hirtenmetapher sagen will: Sie häuten die Herdentiere (V 2bα.3aα²), beinen sie aus (V 2bβ), zerschlagen ihre Knochen (V 3aβ), zerstücken das Fleisch (V 3bα) und bereiten es im Kessel zu (V 3bβ). Betont in der Mitte (V 3aα¹) dieses logischen Ablaufs steht die Aussage, die das Ziel angibt, nämlich »das Fleisch zu fressen«. Zugleich fällt dieser Satz aus der Metaphorik heraus, indem er statt von Herdentieren offen von »meinem Volk« spricht.

Auffällig ist, daß in den Vorwürfen gegen die Führer Israels zwei Stichworte aufgegriffen werden, die auch schon in den Beschuldigungen gegen die reichen Grundbesitzer eine Rolle spielten. Es ist zum einen גזל = »rauben, an sich reißen, von einem reißen«, dort auf Felder und Häuser (2,2), hier auf »ihre Haut« bezogen. Das zweite Stichwort ist פשט hif = »abziehen, ausziehen«, das hier ebenfalls »ihre Haut« (3,3), in 2,8 aber »das Gewand« zum Objekt hat. Wie das kompositionelle Nebeneinander von Mi 2 und Mi 3, wie die Leitworte רע(ה) = »Böses/Unheil« und »mein Volk« dienen auch diese Stichwortverknüpfungen dem Ziel, die doppelte Unterdrückung der kleinen Leute durch die wirtschaftlich Mächtigen und die politisch Herrschenden herauszustellen.

So drastisch und in ihrem Bildgehalt auch durchaus verständlich die Sprache von Mi 3,2 f. ist, so wenig wird allerdings klar, was den Führern konkret vorgeworfen wird. Nun ist es nicht Aufgabe metaphorischer Rede, ihre Übertragung jeweils gleich mitzuliefern. Im Gegenteil würde ein Redner, der in »michanischer« Sprache einer erregten Menge zuruft: »Man will euch das Fell über die Ohren ziehen!« (an diese deutsche Wendung erinnert schon *F. Hitzig* 209), den Effekt seiner Worte eher zunichte machen, wenn er im gleichen Atemzug die Details eventueller Regierungsvorhaben zur Kürzung der Kinderfreibeträge, Erhöhung der Salzsteuer und Streichung anrechnungsfähiger Ausbildungsjahre für die Rentenberechnung ausbreitete. Die Kraft der Metapher beruht darauf, daß sie auf eine Wirklichkeit verweist, die Redner und Hörern bekannt ist, und diese in zugespitzter Weise deutet. So ist es auch bei Mi 3,1–4, und zwar unabhängig davon, ob man hinter den Versen noch ein einmal tatsächlich gesprochenes Wort erkennen will oder hinter die Ebene des alten Textes von Mi 1–3* nicht glaubt zurückgehen zu können. Da Mi 3 aber in V 9–12 erneut die Häupter und Führer anspricht und dort konkreter den Vorwurf des Blutvergießens bei Baumaßnahmen und den der Bestechlichkeit erhebt, ist es sicher nicht falsch, diese unter den Bildern von V 2 f. auch mitzuhören.

Daß 3, 1–4 tatsächlich auf den Kontext des ganzen Kapitels Mi 3 verweist, V 4
geht nun deutlich aus der den Spruch abschließenden Zukunftsansage hervor. Sie ist mit אז = »dann« eingeleitet. Damit ist sie sprachlich unterschieden von dem Schema des zweigliedrigen Prophetenspruchs, wo mit »deshalb« aus dem Schuldaufweis die Strafansage abgeleitet wird (so 2, 1–3 und dann auch 3, 9–12). אז = »dann« verweist demgegenüber auf einen Zeitpunkt in der Zukunft, an dem ein hier noch nicht genanntes Geschehen eintreffen wird. Welches das ist, wird erst der Schlußvers des Kapitels sagen. Wenn dann also die in 3, 12 angekündigte Katastrophe über Jerusalem hereinbrechen wird, dann werden die Häupter und Führer wie jeder fromme Mensch, der in Not ist, »zu JHWH schreien«. Sie sind ja, wie die ihnen und ihresgleichen in den Mund gelegten Zitate zeigen, keine Verächter der überkommenen Religion, sondern berufen sich dauernd auf sie (vgl. 2, 7; 3, 11). Nicht ihre Worte oder ihre innere Einstellung, sondern ihre Praxis machen sie in den Augen Michas zu Menschen, die direkt widergöttlich handeln (vgl. 2, 1; 3, 1 f. 9). Deshalb wird Gott ihnen gegenüber aber auch nicht so handeln, wie er einem in Not Geratenen gegenüber zu handeln pflegt: Er wird auf ihr Schreien »nicht antworten« (zum Wortpaar זעק – vom Menschen – und ענה – von Gott [= »schreien/antworten«] – vgl. 1 Sam 7, 9; 8, 18; Jes 30, 19; entsprechende Paare sind זעק – שמע [= »schreien/hören«], Ex 2, 23 f.; Jer 11, 11; Neh 9, 28; 2 Chr 20, 9; קרא – ענה [= »rufen/antworten«], Ps 3, 5; 4, 2; 17, 6 u. a. [zur Wiedergabe von ענה mit »antworten« vgl. *Rainer Kessler*, Der antwortende Gott: WuD 21, 1991, 43–57]). Desweiteren wird er »sein Angesicht verbergen vor ihnen«, also das tun, was der fromme Beter als Zustand der Verwerfung erfährt, auf deren Überwindung er allerdings hofft und oft auch schon zurückschauen kann (vgl. Ps 13, 2; 22, 25; 27, 9 u. ö.). Für die Machthaber in Jerusalem bleibt solche Verwerfung aber das letzte Wort.

Der abschließende Satz »entsprechend der Bosheit ihrer Taten« rekapituliert noch einmal den Schuldaufweis und variiert dabei das Leitwort רעה = »Böses/Unheil«, das hier als das Verb רעע hif erscheint (etwa: »wie sie ihre Taten böse gemacht haben«).

Solche mit כי = »denn« oder wie hier mit כאשר = »wie« eingeleiteten kurzen, eine Einheit abschließenden Sätze sind eine Stileigentümlichkeit der Micha-Denkschrift. Außer in 3, 4bβ begegnen sie noch in 2, 3bβ und 3, 7b. Es geht also nicht an, sie hier – und meist auch an den anderen Stellen – als späte Zusätze auszuscheiden (so etwa *Th. Lescow*, Micha 1–5 1972, 47: »nachexilischer Zusatz«).

Bedeutung

Für die Komposition von Mi 1–3* hat 3,1–4 eine herausragende Brückenfunktion am Übergang von Mi 2 zu Mi 3. Sie wird durch das einleitende gliedernde ואמר = »und ich sprach« angekündigt und setzt sich in der Parallele von ואהבי רעה = »die das Böse lieben« (3,2) mit ופעלי רע = »die Böses tun« (2,1) und in der Aufnahme der Stichworte גזל = »von einem reißen« und פשט hif = »abziehen« aus 2,2.8 fort. Beides verbindet mit Mi 2. Zugleich weisen die Wiederaufnahme der Anrede von V 1 in 3,9, die reine Metaphorik der Vorwürfe gegen die Herrschenden und die Art der Strafankündigung, die die eigentliche Katastrophe bereits voraussetzt, auf das übrige Kapitel 3 voraus. Mit all dem werden Mi 2 und Mi 3 zwar voneinander abgegrenzt, aber zugleich auch in Parallele zueinander gebracht. Es geht dem alten Michatext um den Aufweis, daß die Bevölkerung Judas nicht nur von den Reichen um ihre wirtschaftliche Eigenständigkeit gebracht wird, sondern daß die Machthaber in Jerusalem, die eigentlich für die Aufrechterhaltung des משפט, der gerechten Ordnung, zuständig wären, nicht nur dieser Aufgabe nicht nachkommen, sondern sich selbst höchst aktiv und brutal daran beteiligen, »das Fleisch meines Volkes zu fressen«.

Micha 3,5–8

Literatur

R. P. Carroll, Night without Vision. Micah and the Prophets, in: F. García Martínez u.a. (Hg.), The Scriptures and the Scrolls, FS A. S. van der Woude (VT.S 49), Leiden u.a. 1992, 74–84. – *Innocent Himbaza*, »Se couvriront-ils la moustache?« (Michée 3:7): BN 88, 1997, 27–30. – *Othmar Keel*, Rechttun oder Annahme des drohenden Gerichts? (Erwägungen zu Amos, dem frühen Jesaja und Micha): BZ NF 21, 1977, 200–218.

Zum prophetischen Konflikt

Martin Buber, Falsche Propheten, in: ders., Werke. Zweiter Band. Schriften zur Bibel, München / Heidelberg 1964, 943–949. – *James L. Crenshaw*, Prophetic Conflict. Its Effect Upon Israelite Religion (BZAW 124), Berlin / New York 1971. – *A. H. Edelkoort*, Prophet and Prophet: OTS 5, 1948, 179–189. – *Klaus Harms*, Die falschen Propheten. Eine biblische Untersuchung, Göttingen 1947. – *Hans-Jürgen Hermisson*, Kriterien »wahrer« und »falscher« Prophetie im Alten Testament. Zur Auslegung von Jeremia 23,16–23 und Jeremia 28,8–9: ZThK 92, 1995, 121–139. – *Frank Lothar Hossfeld / Ivo Meyer*, Prophet gegen Prophet. Eine Analyse der alttestamentlichen Texte zum Thema: Wahre und falsche Propheten (BibB 9), Fribourg 1973. – *Edmond Jacob*, Quelques remarques sur les faux prophètes: ThZ 13, 1957, 479–486. – *Jörg Jeremias*, Die Vollmacht des Propheten im Alten Testament: EvTh 31, 1971, 305–322. – *Hans-Joachim Kraus*, Prophetie in der Krisis. Studien zu Texten aus dem Buch Jeremia (BSt 43), Neukirchen-Vluyn 1964. – *Burke O. Long*, Social Dimensions of Prophetic Conflict, in: Anthropological Perspectives on Old Testament Prophecy (Semeia 21) 1982, 31–53. – *Ivo Meyer*, Jeremia und die falschen Propheten (OBO 13), Freiburg (Schweiz) / Göttingen 1977. – *Sigmund Mowinckel*, »The Spirit« and the »Word« in the Pre-Exilic Reforming Prophets: JBL 53, 1934, 199–227. – *Gerhard Münderlein*, Kriterien wahrer und falscher Prophetie. Entstehung und Bedeutung im Alten Testament (EHS.T 33), Bern u.a. ²1979. – *Eva Oßwald*, Falsche Prophetie im Alten Testament, Tübingen 1962. – *Gottfried Quell*, Wahre und falsche Propheten. Versuch einer Interpretation (BFChTh 46/1), Gütersloh 1952. – *Gerhard von Rad*, Die falschen Propheten, in: ders., Gesammelte Studien zum Alten Testament. Band II (ThB 48), München 1973, 212–223. – *Eduard Sachsse*, Die Propheten des A-T. und ihre Gegner (Zeit- und Streitfragen des Glaubens, der Weltanschauung und Bibelforschung XIII), Berlin-Lichterfelde 1919. – *James A. Sanders*, Hermeneutics in True and False Prophecy, in: G. W. Coats / B. O. Long (Hg.), Canon and Authority. Essays in Old Testament Religion and Theology, Philadelphia 1977, 21–41. – *Christoph Schneider*, Krisis des Glaubens. Zur Frage der sogenannten falschen Prophetie im Alten Testament (ThA 46), Berlin/DDR 1988. – *H. Seebass*, Jeremias Konflikt mit Chananja. Bemerkungen zu Jer 27 und 28: ZAW 82, 1970, 449–452. – *Gerald T. Sheppard*, True and False Prophecy within Scripture, in: G. M. Tucker u. a. (Hg.), Canon, Theology, and Old Testament Interpretation, FS B. S. Childs, Philadelphia 1988, 262–282. – *W. Staerk*, Das Wahrheitskriterium der alttestamentlichen Prophetie: ZSTh 5, 1928, 76–101. – *Fritz Stolz*, Der Streit um die Wirklichkeit in der Südreichsprophetie des 8. Jahrhunderts: WuD NF 12, 1973, 9–30. – *D. W. van Winkle*, 1 Kings XIII: True and False Prophecy: VT 39, 1989, 31–43.

Text

Übersetzung

5 *So hat JHWH gesprochen*
über die Propheten, die mein Volk irreführen,
die, wenn sie zwischen ihren Zähnen zu beißen haben,
»Heil!« rufen –
wer ihnen aber nicht wunschgemäß gibt,
dem erklären sie den heiligen Krieg.
6 *Deshalb kommt Nacht über euch ohne Schauung,*
und finster ist sie für euch ohne Wahrsagen,
und die Sonne geht unter über den Propheten,
und es verdunkelt sich über ihnen der Tag,
7 *und zuschanden werden die Seher*
und beschämt die Wahrsager,
und sie werden allesamt den Schnurrbart verhüllen,
denn es gibt keine Antwort Gottes.
8 *Ich aber hingegen bin erfüllt*
mit Kraft – dem Geist JHWHs –
und Recht und Stärke,
Jakob seine Verfehlung zu verkünden
und Israel seine Sünde.

Zu Text und Übersetzung

5 Die Phrase על־פה in der Wendung נתן על־פה heißt sonst »nach dem Mund = Befehl« (Gen 45,21; Num 3,51; 2 Kön 23,35), hier also: »wer ihnen nicht wunschgemäßt = befehlsgemäß gibt«. Sinngemäß bildet es einen Gegensatz zu dem davorstehenden »wenn sie zwischen ihren Zähnen zu beißen haben« und kann auch, wie schon in den alten Übersetzungen, mit »in den Mund geben« übersetzt werden; zur Diskussion vgl. *J. A. Wagenaar*, Oordeel 1995, 33 f.

6 In V 6aβ vokalisiert der masoretische Text die Konsonanten וחשכה als 3. ps. f. sg. q *w^{e}qatal* von חשך = »finster sein«. Als Verbform gibt auch 8ḤevXIIgr den Text wieder (σκοτασθ[ήσεται]), vgl. *J. A. Wagenaar*, Oordeel 1995, 35. Dem schließt sich die Übersetzung an. Möglich wäre auch, mit G und V das Nomen חֲשֵׁכָה = »Finsternis« zu lesen. Der Text hieße dann: »... und Finsternis für euch ohne Wahrsagen«.

Analyse

V 5–7 sind ein zweigliedriger Prophetenspruch, wobei V 5 den Lagehinweis und V 6f., klassisch eingeleitet mit לכן = »deshalb« (vgl. auch Mi 2,3; 3,12), die Zukunftsansage enthält. Auffällig ist, daß die Botenformel gleich am Anfang des Spruches steht und nicht erst bei der Einleitung der Zukunftsansage (so etwa 2,3 u.ö.), ferner, daß die Personengruppe, der die Zukunftsansage gilt, ebenfalls gleich am Anfang benannt wird. Doch sind beide Phänomene nicht singulär (zur Verbindung von Botenformel und Empfängerangabe am Anfang vgl. Jes 8,11; 18,4; 21,6; Jer 14,15; 29,4; Ob 1; zur Botenformel am Anfang vgl. ferner Am 1,3.6.9.11.13; 2,1.4).

Aus der Empfängerangabe »über die Propheten« geht der Text ohne Einschnitt in den Schuldaufweis über, indem »die Propheten« zuerst durch zwei Partizipien charakterisiert werden, die dann in finite Verbformen übergehen. Mit der Zukunftsansage wechselt der Text in V 6a in direkte Anrede, um aber in V 6b.7 sogleich wieder in die 3. Person zurückzukehren. Zu diesem fließenden Gebrauch der Personen vgl. schon 2,1–3; 3,1–4 und dann 3,9–12.

Mit V 7 ist der zweigliedrige Prophetenspruch abgeschlossen. Dies geht nicht nur eindeutig aus dem Inhalt hervor, sondern wird formal auch durch den kurzen כי-Satz (»denn«) V 7b unterstrichen (vgl. einen ebensolchen kurzen כי-Satz als Abschluß eines zweigliedrigen Wortes in 2,3bβ; eine entsprechende Funktion hat der כאשר-Satz (»wie«) in 3,4bβ). Dann muß der anschließende V 8, der im Ich-Stil die Person Michas in Abgrenzung von den kritisierten Propheten hervorhebt, gegenüber V 5–7 sekundär sein. Dies geht auch daraus hervor, daß V 8 gar nicht an die Zukunftsansage V 6f., sondern eigentlich direkt an V 5 anschließen müßte, wo »die Propheten« als das direkte Gegenteil des michanischen Ich geschildert werden. Aber V 8 ist nicht nur V 5–7 gegenüber sekundär, sondern setzt auch schon den Kontext von Mi 3 voraus. Dies erhellt zum einen daraus, daß Micha den משפט (»Recht«) für sich reklamiert, den er bei den Häuptern und Führern Israels vermißt (3,1.9), zum andern daraus, daß er als sein Gegenüber wie in 3,1.9 »Jakob« und »Israel« benennt (vgl. auch 2,7). Zugleich erinnert der Vers in seinem reflektierenden Charakter stark an 2,11. Beide Verse setzen sich in der Endgestalt der Denkschrift Mi 1–3* mit der Rolle des bevollmächtigten Propheten Micha auseinander und grenzen sie polemisch von einem Weissagertyp ab, wie ihn sich die Herrschenden wünschen würden (2, 11) und wie ihn die zeitgenössischen Propheten tatsächlich repräsentieren (3, 8).

Auslegung

Die einleitende Botenformel ist ergänzt um die Angabe des Empfängers der Botschaft; es sind »die Propheten«. Da die Septuaginta gelegentlich an Stellen, wo Jeremia in Auseinandersetzung mit bestimmten »Propheten« steht, das Wort mit »Pseudoprophet« wiedergibt (Jer G 35, 1 = M 28, 1 u. ö.), entsteht leicht die Vorstellung, Texte wie Mi 3, 5–8 polemisierten gegen »falsche Propheten«. Doch ist das zunächst und von vorneherein so wenig der Fall, wie eine Polemik gegen Priester, Beamte oder Älteste eine Polemik gegen »falsche Priester, falsche Beamte oder falsche Älteste« wäre. Es sind jeweils durchaus richtige Priester usw., und so handelt es sich hier auch um richtige Propheten (*R. P. Carroll*, Night 1992, 79: »Prophets are prophets«). Vereinfacht könnte man sagen, daß es in den die ganze Epoche der Prophetie begleitenden Auseinandersetzungen (vgl. 1 Kön 22; Jer 23, 9–40; 27 f.; Ez 13 u. ö.) nicht um wahre oder falsche Propheten, sondern um wahre oder falsche Prophetie geht. Anders gesagt, nicht die Personen sind ausschlaggebend, sondern ihre Botschaft (so auch *F. Stolz*, Streit 1973, 27): ob sie Zuverlässiges sagen oder »Wind und Trug lügen« (Mi 2, 11). V 5

Nach Beobachtungen bei *H. W. Wolff* XV (»Nie nannte er sich selbst einen Propheten ...«) geht *R. P. Carroll*, Night 1992 so weit zu sagen, Micha werde überhaupt nicht als Prophet gesehen. Daran ist durchaus etwas Richtiges, wie die weitere Auslegung zeigen wird, und ein wenig erinnert die Polemik der kanonisch gewordenen Propheten gegen »die Propheten« immer an den Kreter, der sagt, daß alle Kreter lügen. Dennoch ist die Auffassung von *R. P. Carroll* überspitzt, wie die Verwendung der Botenformel in 2, 3; 3, 5, die Gestalt des zweigliedrigen Prophetenspruches und vor allem auch die Tradition, die Micha eben unter die Propheten einreiht, belegen.

Micha wirft den Propheten vor, daß sie »mein Volk irreführen«. Die Wurzel תעה, im Qal »umherirren« und im Hifil »irreführen, umherirren lassen«, läßt dabei an eine Herde denken (so Ex 23, 4; Jes 53, 6; Jer 50, 6 u. ö.). Dann wäre es Aufgabe der Propheten, wie Hirten für das Zusammenbleiben und die Führung dieser Herde zu sorgen. Auch wenn die Herdenmetaphorik nur angedeutet ist, rücken die Propheten damit in die Nähe der Häupter und Führer, denen in 3, 1–4 ebenfalls die Verletzung ihrer Hirtenpflichten vorgehalten wird. Wie die Zusammenstellung der zwei Worte über die Häupter und Führer mit dem über die Propheten in Mi 3 zeigt, bilden diese gemeinsam die herrschende politische und ideologische Schicht, die dem Volk gegenübersteht (»mein Volk« in 3,3 und 3,5).

Die Aussage, daß die Propheten die herrschende ideologische Schicht bilden, darf nicht dahingehend mißverstanden werden, daß sie deshalb auch im Reichtum leben müßten. Beides gehört nicht notwendig zusammen (später wurde z. B. ein Bettelorden Träger der Inquisition). Eher zeigt der folgende Halbvers, demzufolge sie den Inhalt ihrer Verkündigung davon abhängig machen, ob sie »zwischen ihren Zähnen zu beißen haben« oder einer »ihnen nicht wunschgemäß gibt«, daß sie auf eine Vergütung ihrer Dienste angewiesen sind. Ihnen diese bloße Tatsache vorzuwerfen, wäre freilich schäbig und geschieht hier so wenig wie sonst (vgl. zur Selbstverständlichkeit der Entlohnung von Propheten 1 Sam 9,7–10; 1 Kön 14,3; 2 Kön 4,8; 5,15; 8,9). Vielmehr besteht der Vorwurf darin, daß sie den Inhalt ihrer Weissagungen von den erfolgenden oder nicht erfolgenden Zahlungen abhängig machen. Damit hören sie auf, Sprecher der Gottheit zu sein, in deren Namen sie auftreten. Ihre Rede ist nicht mehr zuverlässig, sondern sie »lügen Wind und Trug« (2,11).

Es liegt nahe, daß die Propheten denen, die ihnen zu beißen geben, Heil, Friede = שלום verkünden, während sie denen, die ihnen nichts ins Maul geben, den Krieg = מלחמה erklären. Wird dadurch ihre Botschaft an sich schon unglaubwürdig, so erhalten diese Vorwürfe im Kontext von Mi 1–3* zusätzlich noch ein besonderes Profil. Es sind sicher am ehesten die Angehörigen der wirtschaftlichen und politischen Oberschicht, die den Propheten ihre Dienste vergüten können und denen dafür Heil, Friede und Wohlergehen angekündigt wird. Nach 2,6–11 sind es aber eben diese Angehörigen der wirtschaftlichen Oberschicht, die reichen Grundbesitzer, die die Auseinandersetzung mit den verarmten Bauernfamilien als Klassenkampf von oben führen, was unter anderem unter Verwendung des Wortes Krieg = מלחמה beschrieben wird (2,8). Und auch die Schilderung des Vorgehens der Häupter und Führer gegen das Volk in 3,1–4 zeigt eine Aggressivität und Gewalttätigkeit auf Seiten der Herrschenden, wie sie im Krieg nicht schlimmer sein könnte. Und diesen »Krieg«, den die Reichen und Herrschenden gegen die Armen führen, überhöhen die Propheten nun noch religiös, indem sie dem, der ihnen nichts ins Maul gibt, »den Krieg heiligen«; sie deklarieren den Armen, der ihnen nichts geben kann, zum Feind Gottes und erklären ihm im Namen Gottes den »heiligen Krieg«. Indem Micha die Zusammenhänge zwischen dem Krieg der Reichen und Herrschenden gegen die Armen und der Kriegserklärung der Propheten gegen die, die ihnen nichts zu beißen geben, aufdeckt, entlarvt er die Propheten nicht nur als solche, die Unzuverlässiges prophezeien, sondern als aktive Stützen im Dienst der herrschenden Klasse (daß die Kritik an den Propheten »zu Michas Kritik an den sozialen Verhältnissen seiner Zeit [Kap. 2 f.]« gehört, betont auch G. *Münderlein*, Kriterien ^{2}1979, 24).

Die mit »deshalb« eingeleitete Strafe für die Propheten entspricht genau V 6
ihrem Vergehen. Weil sie sich in ihrer Verkündigung von der Gottheit unabhängig und von ihren Geldgebern abhängig gemacht haben, werden jegliche Offenbarungen für sie aufhören. V 6a schildert dies in zwei parallelen Oppositionspaaren (»Nacht – ohne Schauung« par. »sie ist finster – ohne Wahrsagen«), deren erstes Element in V 6b dann noch einmal im Parallelismus entfaltet wird (»die Sonne geht unter« par. »es verdunkelt sich der Tag«). Wegen des Parallelismus mit חזון = »Schauung« wird man in קסם = »Wahrsagen« (derselbe Parallelismus auch noch in V 7a) kaum eine an sich negativ bewertete Art prophetischen Offenbarungsempfangs sehen dürfen, auch wenn die Vokabel sonst im alttestamentlichen Sprachgebrauch häufig negativ besetzt ist (Dtn 18,10.14; 1 Sam 15,23 u.ö.; vgl. dazu *F. Stolz*, Streit 1973, 22–25). Vor allem ist auffällig, daß Schauung und Wahrsagen der Propheten mit Tag, Licht und Sonne in Verbindung gebracht werden, also an sich nichts mit »Dunkelmännertum« zu tun haben, sondern mit Klarheit und »Aufklärung«. Erst der Entzug von Schauung und Wahrsagen führt in Nacht, Finsternis, Sonnenuntergang und Dunkelheit. Mi 3,5–7 bestreitet »den Propheten« nicht, daß sie göttliche Gesichte haben, sondern kündigt ihnen an, daß diese aufhören werden, weil sie von ihnen mißbraucht werden (vgl. *J. Jeremias*, Vollmacht 1971, 316; *Ch. Schneider*, Krisis 1988, 32).

Die Folge davon, daß die Offenbarungen aufhören, schildert V 7a als Bla- V 7
mage der Seher und Wahrsager. Dabei umfassen die Vokabeln בוש = »zuschanden werden« und חפר = »beschämt werden« (wie hier stehen sie häufig in Parallele, so Jes 1,29; 24,23; Jer 15,9 u.ö.) sowohl die objektive Seite des Scheiterns und Zuschandenwerdens als auch die subjektive Seite der Schmach und Beschämung. Zum rituellen Ausdruck ihrer Erniedrigung und ihrer Beschämung darüber werden die Seher und Wahrsager »den Schnurrbart verhüllen«, nach Lev 13,45 ein Zeichen, an dem man Aussätzige erkennt, nach Ez 24,17.22 Teil verschiedener Trauerrituale. V 7b faßt dann abschließend noch einmal knapp zusammen, was V 6 breit entfaltet hatte: Die Offenbarungen für die Propheten werden aufhören. War aber in V 6 von »Schauung« und »Wahrsagen« die Rede, so heißt es hier: »es gibt keine Antwort Gottes«. »Antwort« setzt Anfrage voraus. Gedacht ist wohl daran, daß die, die den Propheten etwas zu beißen geben, dafür ein Orakel erwarten. Dieses aber wird ausbleiben, so daß die Propheten schnell ihre Kundschaft verlieren werden. Die Antwort selbst wird als »Antwort Gottes« oder »Gottesantwort« bezeichnet = מענה אלהים. Wichtig ist an der Formulierung, daß sie unter Vermeidung des Gottesnamens JHWH die Gattungsbezeichnung »Gott, Gottheit« verwendet. Den Propheten wird jeglicher Kontakt zur Sphäre des Göttlichen abgeschnitten sein.

Mit dem die Rolle des bevollmächtigten Propheten reflektierenden V 8 V 8
wird die direkte Auseinandersetzung mit »den Propheten« verlassen. Doppelt akzentuiert durch das Adverb אולם = »hingegen« und das betonte Per-

sonalpronomen אנכי = »ich« – mit Alliteration des Aläf – wird die Gestalt des Micha von der seiner Kontrahenten abgehoben. Der Unterschied wird auf zwei Ebenen festgemacht, der der Bevollmächtigung (V 8a) und der des daraus folgenden Inhalts der Verkündigung (V 8b). »Die Propheten«, von denen Micha abgesetzt wird, haben nach der Polemik gegen sie ihre Vollmacht dadurch verraten, daß sie sich von ihren Geldgebern abhängig machen, und werden deshalb überhaupt keine Gesichte und Wahrsagungen mehr haben. Micha dagegen sei erfüllt mit »Kraft … und Recht und Stärke«.

Dabei ist die »Kraft« wohl erst nachträglich mit dem »Geist JHWHs« identifiziert worden (so meist seit *J. Wellhausen* 141), worauf die vor den übrigen drei Worten fehlende nota accusativi vor את־רוח יהוה = »dem Geist JHWHs« hinweist. Auch das Metrum von V 8a deutet auf Überfüllung hin, verrät aber natürlich nicht, welches Wort zu streichen wäre. *E. Jacob*, Remarques 1957, 482 hält כח = »Kraft« als Doppelung zu גבורה = »Stärke« für sekundär; aber das formale Kriterium der nur einmal stehenden nota accusativi hat doch größeres Gewicht als inhaltliche Urteile.

Mit »Kraft … und Recht und Stärke« werden Micha Eigenschaften zugesprochen, die wohl jedem Menschen zukommen können, wie man sie aber besonders von Personen erwartet, die mit Autorität ausgestattet sind und Führungsaufgaben haben. So sind mit כח = »Kraft« ausgezeichnet der »Starke« (Am 2,14), der Kriegsheld (Ps 33,16; 103,20) und insbesondere der Jüngling (Spr 20,29); im einzelnen ist sie bei Leuten wie dem Anführer der Kalebiter, Kaleb (Jos 14,11), dem Retter Israels, Gideon (Ri 6,14), und besonders dem sagenhaften Helden Simson (Ri 16,5 f.9.15.17.19) zu finden. Aber כח ist auch die Lebenskraft, die jeder gewöhnliche Mensch nötig hat (Ps 31,11; 38,11; 71,9 u.ö.). Ähnlich verhält es sich mit משפט, im Deutschen unzulänglich mit »Recht« wiedergegeben. Ihn zu tun, kann von jedermann erwartet werden (vgl. Jes 5,7; Ez 18,5.8.19.21.27 u.ö.), auf jeden Fall aber von den Großen (Jer 5,1–5) und ganz besonders von den Königen (Jer 22,15; Spr 29,4 u.ö.). Und im Kontext unserer Stelle sind es die Häupter und Führer, die den משפט kennen sollten (Mi 3,1, vgl. V 9). Und auch die גבורה = »Stärke« ist in der engeren Bedeutung der kriegerischen Tüchtigkeit eine Eigenschaft, die besonders Königen zugeschrieben wird (so in den Rahmennotizen der Königebücher, 1 Kön 15,23; 16,5.27; 22,46; 2 Kön 10,34; 13,8.12; 14,15.28; 20,20; sonst noch 2 Kön 18,20 = Jes 36,5; Jes 11,2; Ez 32,29 f.; Est 10,2; 1 Chr 29,30), ebenso wie auch sonst allen Kriegshelden (Ri 8,21; Jer 9,22; 51,30). Aber ähnlich wie כח ist auch גבורה nicht nur die außergewöhnliche Eigenschaft herausragender Gestalten, sondern die – in diesem Falle besonders große – Lebenskraft, die jeder Mensch haben kann (Ps 90,10).

Mit Kraft, Recht und Stärke kann, wie der Durchgang gezeigt hat, wohl jeder Mensch erfüllt sein, aber vorrangig sind es doch Eigenschaften, die Menschen in besonderen Autoritätspositionen auszeichnen. Und es sind durchweg keine besonderen geistlichen, sondern sehr weltliche Eigenschaften (*R. Oberforcher* 74: »drei überraschend profan wirkende Tugenden«). Damit wird ein Bild von Micha gezeichnet – in 3, 8 ganz betont, aber durchgängig auch sonst in Mi 1–3* –, das zum einen seine Persönlichkeit stark betont; die Gruppe, die sich um ihn gebildet hat und die dann die Tradition von ihm weiterführt, sieht in ihm den entscheidenden Bezugspunkt ihres Tuns und Denkens. Zum andern wird dieser Micha nicht als der in einem engeren Sinn religiöse Führer angesehen. Sondern indem er nicht nur den Propheten (3, 5–7), sondern auch den reichen Grundbesitzern (2, 1–11*) und den politischen Häuptern und Führern (3, 1–4.9–12) entgegentritt, werden ihm Eigenschaften zugesprochen, wie sie insbesondere weltlichen Autoritäten zukommen (freilich nicht nur dem König, wie *A. Niccacci*, Profeta 1989, 122 einseitig – besonders unter Hinweis auf Jes 11, 2 – betont). 3, 8 sieht in der Gestalt Michas die Verkörperung jeglicher Opposition gegen wirtschaftlichen, politischen und religiösen Machtmißbrauch (*H. W. Wolff* XVf.75 f., der den weltlichen Charakter der Eigenschaften in 3, 8 stark herausarbeitet, schließt von da direkt auf das weltliche »Amt« Michas als eines Ältesten). Erst die Überarbeitung von V 8a, die den »Geist JHWHs« einführt, betont damit den religiösen Charakter der michanischen Tätigkeit stärker.

Aus der besonderen Vollmacht Michas, die V 8a unterstreicht, folgt, daß sich auch seine Verkündigung von der der Propheten unterscheidet (V 8b), und zwar sowohl hinsichtlich ihres Inhalts als auch hinsichtlich ihrer Adressaten. Inhalt der Verkündigung der Propheten waren »Heil« oder »Krieg«, womit den Betreffenden ein bestimmtes künftiges Schicksal angekündigt wurde. Inhalt von Michas Verkündigung sind dagegen »Verfehlung« und »Sünde« Israels, also die Aufdeckung gegenwärtig herrschender Mißstände. Vom zweigliedrigen Prophetenspruch her gesehen könnte man sagen, der Schwerpunkt bei den Propheten liegt bei der Zukunftsansage, während er bei Micha beim Lagehinweis liegt. Micha wird also nicht in erster Linie als derjenige gesehen, der eine bestimmte Zukunft ansagt, sondern als der, der die Gegenwart schonungslos analysiert. Was er dann über die Zukunft zu sagen hat (siehe 2, 3; 3, 4.6 f.12), ist eigentlich nur noch die Konsequenz aus dieser Analyse.

Gerade Mi 3, 8 spricht also gegen das lange Zeit dominante Verständnis der Prophetie einseitig von der »Gerichtsankündigung« her. Zur Kritik an dieser Position vgl. *O. Keel*, Rechttun 1977, mit besonderem Hinweis gerade auch auf Mi 3, 8 (206 f.).

Von der Analyse her, die »Verfehlung« und »Sünde« aufdeckt, wird dann auch erst der Adressat der Verkündigung Michas verständlich. Die Propheten hatten sich an einzelne gewendet und diesen – möglicherweise auf Anfrage (vgl. die Rede von der »Gottesantwort« in 3, 7) – je nach ihrer Zahlungsfähigkeit und -willigkeit Heil oder Krieg angesagt. Faktisch haben sie sich damit auf die Seite der Reichen und Mächtigen, die sie bezahlen konnten, und gegen die Armen, die ihnen nichts geben konnten, gestellt. Michas Gegenüber ist dagegen »Jakob« bzw. »Israel«. Wendet er sich damit gegen das Volk als Ganzes – er, der einsame und bevollmächtigte Prophet, gegen das von Verfehlung und Sünde erfüllte Volk? Deckt er eine kollektive Schuld Israels auf? So werden die Worte weitgehend verstanden, z. B. bei *Ch. Schneider*, Krisis 1988, 33: In der Botschaft des Micha komme zum Ausdruck, »daß Jahwe ... in scharfen Gegensatz zu seinem Volk tritt«. Und doch kommt man mit einer solchen Auffassung in unüberwindliche Widersprüche zu dem, was in Mi 1–3* sonst gesagt wird. Da wird ja deutlich, daß der Micha, den dieser Text zeichnet, in enger Solidarität zu »seinem Volk« steht (»mein Volk« in 2,8 f.; 3,3.5), und daß er die reichen Grundbesitzer, die Führer und Häupter und die Propheten als diejenigen sieht, die »sein Volk« befeinden und vertreiben (2,8 f.), sein Fleisch fressen (3,3) und es in die Irre führen (3,5). Sollte diese differenzierte Sicht nun plötzlich einer undifferenzierten kollektiven Beschuldigung des Volkes als Ganzen gewichen sein? Eine solche Auffassung wäre, wie gesagt, mit dem übrigen Text von Mi 1–3* nicht vereinbar. Sie ist aber auch nicht nötig, wenn man sieht, daß »Jakob« und »Israel« in Mi 1–3* immer nur dann verwendet werden, wenn von denen die Rede ist, die »meinem Volk« als Feinde gegenüberstehen (2,7; 3,1.9; in 1,14 f. fehlt dieser feindliche Gegensatz zwar zunächst noch, aber nach der Lektüre von Mi 1–3* weiß man, daß die »Könige Israels« und die »Herrlichkeit Israels« tatsächlich nicht auf der Seite »meines Volkes« zu finden sind). So ist es zwar richtig, daß »Jakob« und »Israel« in Mi 1–3* faktisch Juda meinen, aber eben nicht als statistische Gesamtheit, als undifferenziertes Kollektivum, sondern als die wirtschaftlich, politisch und religiös Dominierenden. Diese halten sich zwar in jeder Gesellschaft für das Ganze, in dessen Namen zu handeln und zu sprechen sie die Macht haben. Aber die Analyse von Mi 1–3* deckt auf, daß »dieses Volk« (2,11) eben nicht das ganze Volk ist, sondern nur die Herrschenden, vom denen »mein Volk« klar zu unterscheiden ist. Und nach dem Michabild von 3,8 besteht seine Vollmacht eben darin, daß er »Verfehlung« und »Sünde« dieser Herrschenden aufdeckt.

Bedeutung

Mi 3,5–8 ist die vorletzte Einheit in dem alten Text von Mi 1–3*. Sie rundet das Bild, das dieser Text von den Verhältnissen in Juda zeichnet, dahingehend ab, daß nach den ökonomisch Reichen und den politischen Führern auch »die Propheten« als die religiösen Ideologen der Mächtigen mit in die

Kritik einbezogen werden, denen der zusammenfassende Vers 3,11 dann noch die Priester an die Seite stellen wird. Zum andern rundet 3,8 vor der entscheidenden Schlußeinheit von Mi 1–3* auch das Bild ab, das der Text von der Person Michas zeichnet. War dessen Ich in der Rede von »meinem Volk« und in dem »ich sprach« am Anfang von Mi 3 immer schon hervorgetreten, hatte er sich in der Auseinandersetzung in 2,6–11 und besonders in dem reflektierenden Vers 2,11 schon von seinen Gegnern und der ihnen unterstellten Erwartung an einen Weissager abgesetzt, dann wird er jetzt als der Bevollmächtigte herausgestellt, der mit aller Autorität die Vergehen der wirtschaftlich, politisch und religiös Dominierenden aufdeckt.

Sowohl was das Bild von den Verhältnissen in Juda angeht als auch von Seiten der Schilderung der Gestalt Michas ist mit 3,5–8 das Gesamtbild von Mi 1–3* im wesentlichen abgeschlossen. In der nun folgenden Schlußeinheit geht es zwar auch noch einmal um neue Beschuldigungen. Aber größeres Gewicht hat in ihr die Zukunftsansage, von der her erst der gesamte Text von Mi 1–3* verständlich wird.

Micha 3,9–12

Literatur

Erhard S. Gerstenberger, Kritik an Autoritäten (Mi 3,9–12): BiKi 51, 1996, 159–162. – *Paul Humbert*, Le substantif *toʿēba* et le verbe *tʿb* dans l'Ancien Testament: ZAW 72, 1960, 217–237. – *Jean M. Vincent*, Michas Gerichtswort gegen Zion (3,12) in seinem Kontext: ZThK 83, 1986, 167–187.

Zu vergleichen ist auch die zu Mi 3 insgesamt und zu 3,5–8 angeführte Literatur.

Text

Übersetzung

9 *Hört doch dies, Häupter des Hauses Jakob*
und Führer des Hauses Israel!
Die das Recht verabscheuen
und alles Gerade verdrehen,
10 *der Zion mit Blut baut*
und Jerusalem mit Unrecht!
11 *Seine Häupter richten um Bestechung*
und seine Priester geben Weisung um Bezahlung
und seine Propheten wahrsagen um Geld;
und auf JHWH stützen sie sich, indem sie sagen:
»Ist JHWH nicht in unsrer Mitte?
Es wird über uns kein Unheil kommen.«

12 *Deshalb: Um euretwillen*
wird Zion als Feld gepflügt
und Jerusalem wird zu Steinhaufen
und der Tempelberg zu Waldeshöhen.

Zu Text und Übersetzung

10 Nach der Anrede der Häupter und Führer im Plural und den pluralischen Verbformen von V 9 irritiert der Übergang in das Partizip im Absolutus Singular, בנה (»bauend«). Die Versionen glätten den sprachlich gewaltsamen Numeruswechsel und übersetzen pluralisch. Nahezu einhellig wird in der exegetischen Literatur vertreten, die Versionen hätten tatsächlich das Partizip statt im Absolutus des Singulars (בנה) im Constructus des Plurals gelesen (בני). Entsprechend wird der Text geändert (so seit *J. Wellhausen* 141, vgl. BHS). Der graphisch leicht verständliche Schreibfehler in 3,10 sei durch die Nähe von Hab 2,12 beeinflußt (הוי בנה עיר בדמים = »wehe, der die Stadt mit Blut baut!«), wo in der Reihe der Partizipien in 2,6–20 der Singular fest verankert ist. Gegen diese Textänderung macht mißtrauisch, daß sie die textkritische Grundregel, wonach die schwierigere Lesart die wahrscheinlichere ist, nicht beachtet. Die Auslegung wird zeigen, daß die Phrase vom Bauen einer Stadt in biblischer und verwandter epigraphischer Literatur gar nicht selten belegbar ist, und zwar immer in singularischer Formulierung. Es ist anzunehmen, daß Mi 3,10 diesen Sprachgebrauch bewußt aufnimmt, auch wenn es unserem Sprachempfinden gewaltsam vorkommt. *Th. Lescow,* Micha 1–5 1972, 49; *ders.,* Worte 1997, 89.97, der für Beibehaltung des masoretischen Textes plädiert, glättet den harten Übergang zum Singular durch unpersönliche Übersetzung: »man baut …«.

Analyse

Wie in den beiden anderen Einheiten in Mi 3 liegt auch in V 9–12 ein zweigliedriger Prophetenspruch vor. Dabei geht wie in 3,1–4 der Höraufruf an die beschuldigten Häupter und Führer in Partizipien und finite Verben über, durch die die Betreffenden charakterisiert werden. Der zweite Teil des Spruchs, die Zukunftsansage, ist wie in 3,5–7 durch לכן = »deshalb« eingeleitet. Wie 3,1–4 und anders als 3,5–8 ist 3,9–12 nicht als Gottesrede stilisiert. Schließlich stimmt 3,9–12 mit den beiden anderen Einheiten des Kapitels auch darin überein, daß der Text zwischen Rede über die Beschuldigten in 3. Person (V 9–11) und Anrede in 2. Person (Höraufruf am Anfang und V 12) wechselt.

Es fällt nicht schwer, hinter 3,9–12 eine kürzere Form zu rekonstruieren, in der V 11 fehlt. In ihr schließt an die Aussage vom »Bauen des Zion« (V 10) direkt die Ankündigung der Zerstörung des Zion (V 12) an. Dieser kürzeren Form gegenüber führt V 11 Themen ein, die mit dem »Bauen des Zion« keinen direkten Bezug haben, nämlich die Geldnahme durch Häupter, Priester und Propheten bei ihrer Tätigkeit und die Proklamierung einer bestimmten Zionstheologie durch die Angehörigen der herrschenden Schicht.

Eine am originellen Autor orientierte Exegese wird den Vers deshalb möglicherweise literarkritisch als sekundär ausscheiden (so *J. Vermeylen*, Isaïe 1978, 591 f.; *G. Münderlein*, Kriterien [2]1979, 26 f.; *J. M. Vincent*, Gerichtswort 1986, 169). Versteht man den Text dagegen nicht als unmittelbaren Niederschlag mündlicher Rede, sondern als Teil des schriftlich fixierten Diskurses von Mi 1–3*, dann entdeckt man, daß V 11 drei Aufgaben erfüllt. 1.) Der Vers faßt Mi 3 noch einmal zusammen, indem er die »Häupter« zusammen mit der Wurzel שׁפט (»richten«) aus 3, 1.9 und die Propheten zusammen mit der Wurzel קסם (»wahrsagen«) aus 3, 5–7 aufnimmt. Solche das ganze Kapitel verbindenden Züge waren auch schon in 3, 4.8 zu beobachten gewesen. 2.) Der Vers ergänzt den Diskurs um die Herrschenden sachgemäß, indem er von der Bestechlichkeit der »Häupter« spricht, die Priester als Teil der Herrschenden nachträgt und darauf hinweist, daß die Angehörigen der herrschenden Schicht eine Zionstheologie verbreiten, die dem von Micha Angekündigten diametral entgegensteht (dazu *Ch. Schneider*, Krisis 1988, 103 Anm. 6: »Der Zusammenhang von 3, 9–12 soll gerade zeigen, wie soziales Unrecht theologisch bemäntelt wird«). 3.) Literarisch erfüllt V 11 in Zusammenfassung und Ergänzung des Diskurses von Mi 3 zwei Funktionen. Zum einen faßt er retardierend vor der abschließenden Unheilsankündigung in V 12 noch einmal das Kapitel zusammen. Zum andern schlägt er mit dem Zitat, daß »kein Unheil kommen« werde, die Brücke zum Anfang des Textes Mi 1–3* mit seiner dort zentralen Aussage, daß »Unheil von JHWH an das Tor Jerusalems« herabgefahren sei (1, 12). Ohne 3, 11 würde Mi 1–3* ein wesentliches Bauelement fehlen.

Auslegung

Die Anrede an Häupter und Führer ist um zwei Worte ausführlicher als in V 9
V 1a. Statt »hört doch« heißt es »hört doch dies« und statt »Häupter Jakobs« »Häupter des Hauses Jakob«. Eine inhaltliche Bedeutungsverschiebung ist hinter dieser stilistischen Variante nicht zu erkennen. Sachlich stimmt auch die erste Charakterisierung der Beschuldigten mit der in 3, 1b.2a überein. Zentral geht es um den Bereich des משׁפט (»Recht«). War das Stichwort dort mit dem »Guten«, das zu lieben wäre, aber gehaßt wird, erläutert worden, so steht es hier in Parallele zum »Geraden«, das die Häupter und Führer »verdrehen«. Die Wurzel ישׁר = »gerade sein« und ihre nominalen Ableitungen gehören zu den Lieblingsworten der Weisheit (vgl. Spr 2, 7.13.21 u. ö.), und auch עקשׁ = »verdrehen« samt Ableitungen ist hauptsächlich in dieser Gedankenwelt beheimatet (vgl. Spr 2, 15; 8, 8; 10, 9 u. ö.). Die beiden Vokabeln weisen also darauf hin, daß auch in Mi 3, 9 wie in 3, 1 f. unter משׁפט nicht die Rechtsordnung im engeren, sondern die gerechte Ordnung im umfassenden Sinn gemeint ist. War zu 3, 2 festzustellen, daß den Häuptern und Führern geradezu widergöttliches Handeln vorgeworfen wird (vgl. auch 2, 1 f.), so gilt dies auch zu 3, 9. Denn תעב pi = »verabscheuen« ist von תועבה = »Abscheu, Greuel« denominiert, welches in herausragender Weise Dinge be-

zeichnet, die Gott zuwider sind (vgl. Lev 18,22.26f. u.ö.; außerisraelitisch vgl. die phönizische Inschrift KAI 13, Z. 6, wo von einem Greuel für Aschtarte die Rede ist). Wenn nun die Häupter ihrerseits die gerechte Ordnung »verabscheuen«, dann »behandeln (sie) in ihrem Verhalten Jahwes Normen als tôʿebā – sie verkehren alles von Jahwe in Geltung Gesetzte ins Gegenteil« (*F. Stolz*, Streit 1973, 10; zur Wurzel תעב insgesamt vgl. *P. Humbert*, Substantif 1960).

V 10 Läuft Mi 3,9 also in allem mit 3,1.2a aufs engste parallel, dann gehen mit V 10 die Wege auseinander. War nämlich 3,2b.3 in metaphorische Sprache übergegangen und hatte so die Gewalttätigkeit der Herrschenden ausgedrückt, so verbleibt 3,10 im Bereich konkreter Maßnahmen und macht an ihnen die Brutalität der Herrschenden fest. Diese Maßnahmen sind das »Bauen Zions und Jerusalems«, und zwar »mit Blut und mit Unrecht«. Damit kann nur die rücksichtslose Anwendung von Fronarbeit durch die Führung des Staates beim Ausbau von Jerusalem gemeint sein (anders *A. Weiser* 261: »Es scheint sich also weniger um öffentliche als um private Bauten zu handeln, die sich die Angehörigen der führenden Kreise in Jerusalem errichten ließen«).

Schon die im Parallelismus an erster Stelle gebrauchte Bezeichnung »Zion« für Jerusalem wäre wohl kaum möglich, wenn von privaten Baumaßnahmen die Rede wäre (darauf weist *J. M. Vincent*, Gerichtswort 1986, 170 hin). Aber nicht nur das eine Wort »Zion«, sondern vor allem die ganze Phrase בנה ציון ... וירושלם (»der Zion baut ... und Jerusalem«) schließt aus, daß hier an private Bauvorhaben gedacht ist. Denn die Formulierung von בנה = »bauen« mit einer ganzen Stadt als Objekt wird häufig dann verwendet, wenn ein König eine Stadt neu errichten oder eine bestehende ausbauen läßt. Auf der Stele des moabitischen Königs Mescha (9. Jh.) (KAI Nr. 181) heißt es zweimal über den »König von Israel« (Z. 10f.18f.) und siebenmal über Mescha selbst (Z. 9f.21.26f.29f.), er habe eine bestimmte Stadt »gebaut« (בנה in verschiedenen Verbformen). Der mit Micha zeitgenössische späthethitische Herrscher Azitawadda seinerseits sagt von sich, er habe die Stadt Adana »gebaut« (dreimal die Wurzel בנה in KAI Nr. 26, II, Z. 9.11). Und dieser Sprachstil findet dann auch Eingang in die biblischen Berichte über die israelitischen Könige. So »baut« Salomo Geser und andere Städte (1 Kön 9,17–19), »baut« Jerobeam I. Sichem und Penuel (1 Kön 12,25), »baut« Bascha Rama (1 Kön 15,17.21f.), »baut« Asa Geba und Mizpa (1 Kön 15,22f.), »baut« Omri Samaria (1 Kön 16,24), »baut« Ahab eine ungenannte Zahl von Städten (1 Kön 22,39), »baut« Asarja Elat (2 Kön 14,22).

Nur der König ist schließlich auch in der Lage, Arbeitskräfte zwangsweise zu rekrutieren und bei Baumaßnahmen einzusetzen, und zwar im Rahmen der Fron. Schon in den Beamtenlisten Davids und Salomos taucht ein Fronminister (על־המס) auf (2 Sam 20,24; 1 Kön 4,6; vgl. 1 Kön 5,28; 12,18), und noch aus dem 7. Jh. ist das Siegel des »Pelajahu אשר על המס« bekannt[11]. Die Anwendung von Fronarbeit bei Bauten wird von der Zeit Salomos und Rehabeams (1 Kön 5,27 f.; 9,15–23; 12) bis zur Zeit Jojakims Ende des 7. Jh. berichtet (Jer 22,13–19). Sprachlich nahe bei Mi 3,10 liegt dabei 1 Kön 15,22, wonach Asa ganz Juda aushebt, um die Festungen Geba und Mizpa zu »bauen«. Auch aus der Zeit Michas sind in Jerusalem große Baumaßnahmen unter der Herrschaft Hiskias sowohl biblisch (2 Kön 20,20) als auch archäologisch (Siloah-Tunnel mit Inschrift, KAI Nr. 189; HAE I 178–189, sowie die Ausgrabungen von Stadterweiterungen unter Hiskia und Manasse[12]) belegt. Auf sie bezieht sich Mi 3,10.

Wenn Micha die königliche Bautätigkeit kritisiert, dann meint er nicht, der König habe persönlich die Kelle in die Hand genommen noch auch nur die Bauaufsicht geführt. Er benennt ihn vielmehr als Initiator und Verantwortlichen der betreffenden Baumaßnahmen. Er nimmt also keineswegs, wie immer wieder behauptet wird (so *R. Vuilleumier* 42 f.; *D. R. Hillers* 48; *E. S. Gerstenberger*, Kritik 1996, 160), den König aus der Kritik aus. Der König gehört zu den »Häuptern des Hauses Jakob und Führern des Hauses Israel« (zur Bezeichnung von Königen als ראש = »Haupt« vgl. Jes 7,8 f.), und als solcher ist er verantwortlich für die Baumaßnahmen. Im übrigen versteht auch Jer 26,17–19 das Michawort als gegen den König gerichtet.

Indem Micha den Monumentalstil der Inschriften und den chronistischen Stil der Königebücher zitiert, verfremdet er ihn freilich zugleich. Denn die Phrase, der König habe eine bestimmte Stadt gebaut, wird dort ja zum höheren Ruhm des Herrschers gebraucht. Micha aber stellt, wie über zweieinhalb Jahrtausende später *Bertolt Brecht*, die Frage:

> Wer baute das siebentorige Theben?
> In den Büchern stehen die Namen von Königen.
> Haben die Könige die Felsbrocken herbeigeschleppt?
> Und das mehrmals zerstörte Babylon –
> Wer baute es so viele Male auf? In welchen Häusern
> Des goldstrahlenden Lima wohnten die Bauleute?
> Wohin gingen an dem Abend, wo die Chinesische Mauer fertig war
> Die Maurer? Das große Rom
> Ist voll von Triumphbögen. Wer errichtete sie? … [13]

Dabei muß man sehen, daß bei Micha weder die Bautätigkeit als solche kritisiert wird noch auch die Anwendung von Fronarbeit. Erstere gehört zu den

[11] *N. Avigad*, The Chief of the Corvee: IEJ 30, 1980, 170–173.
[12] *M. Broshi*, The Expansion of Jerusalem in the Reigns of Hezekiah and Manasseh: IEJ 24, 1974, 21–26.
[13] *Bertolt Brecht*, Fragen eines lesenden Arbeiters, in: ders., Gesammelte Werke 9, Frankfurt am Main 1967, 656 f.

selbstverständlichen Pflichten, letztere zu den ebenso selbstverständlichen Rechten des antiken Staates. Wohl aber wird die Art der Durchführung kritisiert, nämlich »durch Blut« und »durch Ungerechtigkeit«. Und damit kommen dann tatsächlich die Bauleute und Maurer in den Blick. Denn ihr Blut ist es, das bei der Durchführung der Baumaßnahmen fließt. Dabei ist sicher nicht nur im wörtlichen Sinn an Arbeitsunfälle zu denken. Sondern der Ausdruck דמים, der im Deutschen kaum wiederzugeben ist, weil wir keinen Plural von »Blut« kennen, ist nicht nur emotional hoch besetzt. Er gehört auch zum Standardrepertoire der Königskritik von ihren Anfängen an. So wird der Vorwurf der Bluttaten erhoben gegen Saul (2 Sam 21,1), gegen David (2 Sam 16,7f.; 1 Kön 2,5), gegen Ahab (1 Kön 21,19), gegen Jehu (Hos 1,4) und nach Micha gegen Manasse (2 Kön 21,16) und gegen Jojakim (2 Kön 24,4). Den heiligen Zion mit Blut bauen, das ist geradezu der Inbegriff widergöttlichen Handelns (auf den über den wörtlichen Sinn hinausgehenden Charakter des Redens vom Blut weist besonders *Pedro Jaramillo Rivas,* La injusticia y la opresión en el lenguaje figurado de los profetas [Institución San Jerónimo 26], Estella [Navarra] 1992, 253–265 hin).

Dagegen wird ein falscher Gegensatz konstruiert, wenn man schreibt, hier sei »weniger« an konkrete »Bautätigkeit ... gedacht ... als an ›bauen‹ im übertragenen Sinn« (so *Th. Pola,* Micha 3 1995, 289). Es ist durchaus an konkrete Bautätigkeit gedacht, aber diese wird zum Symbol für Aufbau überhaupt.

V 11 Weil es in der Rede vom Bauen Zions mit Blut und Jerusalems mit Unrecht zwar zunächst konkret um Baumaßnahmen geht, dies aber über sich hinaus weist auf die Grundlagen, die Fundamente – dies ist ja eine Baumetapher – der Herrschaft in der Stadt, wendet sich V 11 diesen zu. Diese Fundamente sind brüchig, weil alle Herrschenden ihre je spezifischen Tätigkeiten nicht nach deren eigenen Anforderungen, sondern für Geld ausführen.

Aufgabe der Häupter ist das שפט, was im weiteren Sinn herrschen und im engeren Sinn richten meint (vgl. dazu insgesamt *H. Niehr,* Herrschen 1986). Sein inneres Prinzip müßte der משפט sein, also im weiteren Sinn die gerechte Ordnung und im engeren Sinn das geltende Recht. An seiner Stelle lassen sie sich von Bestechung leiten. Aufgabe der Priester ist es, Weisung zu geben, »Tora« (so Hagg 2,11, vgl. ferner Jer 18,18; Ez 7,26; 22,26 u.ö.), wozu das in Mi 3,11 gebrauchte Verb ירה hif gehört. Maßstab der priesterlichen Tora müßte das priesterliche Berufswissen sein. Tritt an seine Stelle der Wunsch nach Bezahlung, dann hört die priesterliche Tora auf, »Tora Gottes« (vgl. Hos 4,6) zu sein. Aufgabe der Propheten schließlich ist das Wahrsagen (vgl. schon zu 3,6f.). Allen politischen und finanziellen Beeinflussungsversuchen gegenüber hat sein einziger Maßstab das »Wort JHWHs« zu sein (vgl. Jer 18,18), wie es Michas Namensvetter Micha ben Jimla formuliert: »Das, was JHWH zu mir sagt, das rede ich« (1 Kön 22,14; vgl. die entsprechenden Worte Bileams in Num 23,12.26; 24,13). Wahrsagen die Propheten dagegen »um Geld«, dann »wahrsagen sie Lüge« (Ez 22,28).

Die Angehörigen der herrschenden Schicht in Jerusalem verstehen sich freilich keineswegs als Feinde JHWHs, im Gegenteil, sie »stützen sich« geradezu auf ihn. Auch denen, die die wirtschaftliche Macht im Lande haben, hatte Micha ja schon eine durchaus »richtige« Theologie bescheinigt (2,7). Wie in der Zionstheologie, in der die Sicherheit des Zions im Angesicht wankender Grundlagen des Kosmos und zusammenbrechender Reiche gepriesen und und mit der Präsenz Gottes in der Stadt begründet (אלהים בקרבהּ = »Gott ist in ihrer Mitte«, Ps 46,6, vgl. Jes 12,6; Jer 14,9; Zef 3,15.17) wird, wird hier aus der Gegenwart JHWHs (יהוה בקרבנו) gefolgert, daß »kein Unheil über uns kommen wird«. Wenn die Micha-Denkschrift tatsächlich erst nach 701 aufgeschrieben wurde, wie die Aufnahme von 1,10–16 wahrscheinlich macht, dann dürften ihre Verfasser die Erfahrung der als wunderbar erlebten Bewahrung der Stadt angesichts der assyrischen Belagerung von 701 hier kritisch gewendet als Warnung vor falscher Sicherheit und Überheblichkeit aufnehmen.

Mit dem betont an den Schluß des Zitats gestellten Stichwort רעה = »Unheil« wird im alten Michatext von Mi 1–3* das Leitwort aufgenommen, mit dem in dessen erster Einheit die Spannung aufgebaut wurde, die bis jetzt noch nicht vollends gelöst ist: Die Katastrophe der judäischen Landstädte war gedeutet worden als »Unheil« (רע), das »von JHWH herabgefahren ist an das Tor Jerusalems« (1,12). Und verschiedene Wiederaufnahmen der Worte רע, רעה und des Verbs רעע in 2,1.3; 3,2.4 hatten begründet, daß solches »Unheil« wegen der »Bosheit« der in Wirtschaft und Politik Mächtigen kommt. Und ausgerechnet diese sind es jetzt, die in dem retardierenden vorletzten Vers des alten Textes behaupten, über sie könne gar kein Unheil kommen. Damit ist dann auch der Schlüssel zur Lösung des hermeneutischen Problems gegeben, daß im biblischen Kanon sowohl Texte überliefert sind, die ein unbedingtes Vertrauen in den Zion zum Ausdruck bringen (vgl. Ps 46; 48; 76; 87 und – unserer Stelle sehr viel näher – Mi 4,11–13), als auch die Kritik an denen, die sich auf solche Zionstheologie stützen. Ein kritischer Text wie Mi 3,9–12 entlarvt Vertrauen in die schützende Gegenwart Gottes dann als Ideologie, wenn die Praxis derer, die solches Vertrauen bekunden, in Wahrheit nicht die Gegenwart Gottes, sondern von ihm selbst ausgehendes Unheil heraufbeschwört.

Der Schlußvers Mi 3,12 ist in seiner Stellung vielfach herausgehoben. Er V 12
schließt den Abschnitt 3,9–12 ab, indem er dem Bauen des Zion dessen Zerstörung kontrastiert. Er schließt Mi 3 ab, indem er zum Ende der Worte gegen die, die in Jerusalem herrschen, das Ende der Stadt ankündigt. Und er schließt den alten Text von Mi 1–3* ab, indem er die mit 1,12 aufgebaute Spannung löst: Das Unheil von JHWH fährt herab an das Tor Jerusalems um der dort Herrschenden willen. (Daß Mi 3,12 zugleich der mittlere Vers des

Zwölfprophetenbuches ist, wie die Masora am Rand und am Schluß des Dodekaprophetons vermerkt, sei auch hier nur »am Rande vermerkt«).

Mit לכן = »deshalb« wird wie in 2,3; 3,6 zur Ankündigung des zukünftigen Geschehens übergeleitet. Hier allerdings ist die nun folgende Ankündigung nicht ausdrücklich als Gotteswort gekennzeichnet. Das Zitat unserer Stelle in Jer 26,18 trägt dagegen die einleitende Botenformel nach und hat darin die auffälligste Abweichung von der zitierten Stelle.

Das zweite Wort des Verses, das erste Wort der eigentlichen Zukunftsankündigung, ist dann der Schlüssel, mit dem der alte Michatext aufgeschlossen werden kann. בגללכם = »um euretwillen« wird die Zerstörung Jerusalems erfolgen. »Ihr«, das sind die, die Haus und Feld rauben und die Frauen vertreiben (Mi 2), das sind die Häupter und Führer und die Propheten, die das Volk verführen (Mi 3). Um ihretwillen wird Jerusalem zerstört. Um ihretwillen fährt auch das Unheil von JHWH herab an das Tor Jerusalems, unter dem die judäische Landbevölkerung zu leiden hat (1,10–16). Hier schlägt sich die Erfahrung nieder, daß das Verhalten sei es einer Minderheit, sei es einer Mehrheit eine ganze Gesellschaft ins Verderben stürzen und damit auch das Leiden Unschuldiger heraufbeschwören kann. In Gen 18,16–33 wird dieses Problem angesichts der bevorstehenden Zerstörung Sodoms zwischen Abraham und JHWH regelrecht verhandelt und von Gott schließlich zugegeben, daß um zehn Gerechter willen die Stadt verschont werden könnte. In Jer 4–6 begibt sich der Prophet auf die Suche nach solchen Gerechten, die das Unheil noch abwenden könnten (5,1–5); aber am Ende muß er im Bild eines fehlgeschlagenen Silberscheideversuchs feststellen: »Die Bösen lassen sich nicht ausscheiden« (6,29). Was in derartigen biblischen Texten reflektiert wird, ist geschichtliche Erfahrung bis in die Gegenwart. Das Unheil, das die Nationalsozialisten über Deutschland in Gestalt der alliierten Bombenangriffe heraufbeschworen hatten, machte keinen Unterschied zwischen Verfolgern und Verfolgten, zwischen Mitläufern und Widerstandskämpfern. »Um euretwillen«, so Mi 3,12, kommt solches Unheil.

Und doch ist auch dies nur die eine Seite der Wahrheit. Zwar brachte das Ende des Zweiten Weltkriegs ungeheures Leid auch für große Teile der deutschen Bevölkerung, und das Geschehen wurde als Zusammenbruch erlebt. Aber es war zugleich auch die Befreiung von der Gewaltherrschaft des Nationalsozialismus. Und eben diese Dialektik gilt nun auch für die Ankündigung von Mi 3,12. Sie ist keineswegs nur das schaurige Unheilswort, als das manche Kommentatoren sie sehen (*B. Duhm* XXVI: »das furchtbare Wort«; *J. L. Mays* 86: »the terrible word«). Denn wenn der Zion die mit Blut gebaute Zwingburg ist, was werden dann die, auf deren Blut er gebaut ist, zu seiner Zerstörung sagen? Das Ende des Zion ist auch das Ende ihrer Fron.

Dieser Zusammenhang ist auch in herkömmlicher europäischer Exegese gesehen worden. So schreibt etwa schon *A. Bruno*, Micha 1923, 4: »... der Untergang der Hauptstadt bedeutet das Heil derer, die im Gegensatz zu den Städtern dem Propheten als das Volk Jahves gelten«. Besonders herausgearbeitet aber wird er in der lateinamerikanischen Micha-Auslegung, sofern sie befreiungstheologisch beeinflußt ist. So formuliert der Nikaraguaner *J. Pixley*, Miqueas 2,6–11 1989, 150: »Das gerechte Ergebnis wird sein, daß der Berg Zion zu seinem bäuerlichen Ursprung zurückkehrt und ein Feld wird, das gepflügt wird. ...Das Ergebnis wird eine Wohltat für die Bauern sein, sowohl wegen der Zerstörung der Stadt derer, die ihr Fleisch fraßen, als auch wegen der Wiedereingliederung ihres Bodens in die bäuerliche Produktion«[14]. Und der Brasilianer *H. Reimer*, Ruina 1997, 86 sieht in der Zerstörung Jerusalems »die utopische Hoffnung der Prophetie«[15]. Ein Exkurs im Anschluß an diese Auslegung von Mi 3,9–12 wird sich der lateinamerikanischen Micha-Exegese zuwenden.

Der alte Michatext zieht diese Linie nicht aus. Das bleibt den Texten vorbehalten, die in der persischen Zeit auch über die Zukunft der einstigen Opfer reflektieren: Nach 2,4f. sollen nur sie zukünftig Landbesitz haben, nach 2,12f. sollen sie, die aus ihrem Land Verbannten und von ihrem Besitz Vertriebenen, wieder gesammelt werden; und nach 4,1–4 sollen sie im Schatten des neuen Zion sicher unter ihrem Weinstock und Feigenbaum wohnen – »und keiner schreckt auf«.

Wenn also auch 3,12 solche heilvolle Zukunft keineswegs explizit ankündigt, so ist doch die Formulierung auffällig, in der er von der angedrohten Zerstörung Jerusalems spricht. Der Vers verwendet keine gewalttätigen Zerstörungsbilder, wie das in der jetzigen Komposition von Mi 1–3 auf ihn bezogene Samariawort in Mi 1,6f. (Steine ins Tal stürzen, Grundmauern bloßlegen; zerschlagen, im Feuer verbrennen, zur Öde machen). Er reflektiert auch nicht den Übergang von der einst bestehenden Stadt zur Landwirtschaftsfläche, wie es das an 3,12 angelehnte Samariawort in 1,6 mit dem zweifachen ל tut: »ich mache Samaria *zum* Steinhaufen des Feldes, *zu* Weinbergspflanzungen«. Er beschränkt sich darauf, den zukünftigen Zustand der Stadt zu beschreiben. Aber auch dies tut er nicht in den im Orient beliebten Bildern, die eine zerstörte Stadt als den menschenleeren Wohnort allerlei wilder Tiere schildern (vgl. Jes 13,20–22; 34,11–15; Jer 50,39; Zef 2,14f.). Mi 3,12 zeichnet vielmehr ein geradezu idyllisches Bild: ein Feld, das gepflügt wird, Steinhaufen, die die Bauern auf den steinigen Feldern Palästinas immer wieder aufrichten, bewaldete Höhen.

---

[14] »El justo resultado será que el monte de Sión regresará a su origen campesino y será un campo que se ara. ... el resultado será un beneficio para los campesinos, tanto por la destrucción de la ciudad de quienes comían su carne como por el reintegro de su suelo a la producción campesina.«

[15] »la esperanza utópica de la profecía«.

Dieses Verständnis der drei Aussagen des Verses ist nicht unumstritten. a) Die Zürcher Bibel übersetzt שׂדה תחרשׁ mit »wird zum Feld umgepflügt«. Das aber ist Angleichung an 1,6, wo das hier fehlende ל tatsächlich steht. Zu beachten ist auch der Hinweis von *H. Reimer*, Ruina 1997, 86, daß das Verb חרשׁ = »pflügen« immer den Bauern zum Subjekt hat, also keine zerstörende, sondern bebauende Tätigkeit bezeichnet. b) Der Steinhaufen = עי erinnert zwar natürlich an die Steine der zerstörten Stadt (und in diesem Sinn wird Mi 3,12 in der Klage über das zerstörte Jerusalem in Ps 79,1 aufgenommen), aber עי ist an sich eben keine Zerstörungsvokabel wie חרבה = »Trümmerhaufen«, das von חרב = »verwüstet sein« abgeleitet ist. Deshalb sollte in Mi 3,12 auch nicht mit »Trümmerhaufen« übersetzt werden (wie es wiederum die Zürcher Bibel tut). c) Bei den »bewaldeten Höhen« ist schließlich an nichts anderes zu denken als an Anhöhen, auf denen Bäume wachsen. Denn במה nimmt zwar häufig die Bedeutung »Kulthöhe« an (so auch in dem kommentierenden Vers Mi 1,5b; Gesenius[18] nimmt sie auch für 3,12 an), doch ist dies nicht seine Grundbedeutung (vgl. Num 21,28; 2 Sam 1,19.25 u.ö.). Und welchen Sinn sollte die Umwandlung des JHWH-Tempels in Jerusalem in eine Kulthöhe machen?

Die idyllische Art der Schilderung steigert die innere Dialektik der Ankündigung ins Extrem. Zum einen wird die Zerstörung so total sein, daß nicht einmal mehr die Trümmer der Stadt von ihr zeugen werden. Zum andern wird sie zur landwirtschaftlichen Nutzfläche werden. Und wer wird das Feld pflügen? Vielleicht die, die nach 2,2 um ihre Felder gebracht wurden?

Bedeutung

1.) Die Linien, die in 3,9–12 und, weil dies Abschluß und Höhepunkt des Textes ist, in dem alten Michatext von Mi 1–3* insgesamt angelegt sind, werden bei der weiteren Tradierung des Michatextes in zweifacher Weise ausgezogen.

a) Das in 1,2–7 vorangestellte Samariawort zieht die Parallele zwischen der angedrohten Zerstörung von Samaria und von Jerusalem, die durch den dort sekundären Vers 1,5b noch unterstrichen wird. Allen späteren Rezipienten des Michatextes wird dadurch vor Augen gestellt, daß das Schicksal Samarias drohend auch über Jerusalem schwebt. Dennoch ist die fiktiv angekündigte Zerstörung Samarias im Kern anderer Art als das, was über Jerusalem gesagt wird. Von Samaria wird das Ende seiner Geschichte mit dem Gott Israels ausgesagt; die Theophanie, die Zerstörungsvokabeln, das Motiv vom Bloßlegen der Fundamente weisen in diese Richtung. Bei Jerusalem dagegen ist die Zerstörung des Zion zugleich die Zerstörung der Zwingburg. Dadurch, daß die angekündigte Zerstörung Jerusalems nicht, wie im Fall von Samaria, mit kultischen Verfehlungen begründet wird, sondern mit den Verfehlungen der wirtschaftlich und politisch dominierenden Oberschicht, die für die Leiden der als »mein Volk« bezeichneten übrigen Bevölkerung verantwortlich ist, verbindet sich die Ankündigung der Zerstörung mit dem Moment der Befreiung. Das Ende Jerusalems fällt nicht zusammen mit dem Ende der Beziehung JHWHs zu denen, die »mein Volk« genannt werden.

b) Diese Linie der Hoffnung, die indirekt in Mi 1–3* mit angelegt ist, wird freilich erst bei der weiteren Tradierung des Textes ausgezogen, da aber dann überdeutlich. Zu 2,4 f. und zu 2,12 f. ist dies schon ausgeführt worden. Zu dem direkt anschließenden Text Mi 4,1–5 wird dies auch zu beobachten sein. Anders als mit Samaria ist Gottes Geschichte mit Jerusalem noch nicht am Ende. Und das Leiden, das die Führungsschicht Judas über ihre Bevölkerung bringt, ist nicht das letzte Wort der Geschichte.

2.) Mi 3,12 ist das einzige Prophetenwort des Alten Testaments, das in einer anderen prophetischen Schrift unter ausdrücklichem Bezug auf seine Herkunft zitiert wird, nämlich in Jer 26,18. Zwar ist unter den Auslegern des Jeremiabuches umstritten, inwieweit 26,17–19 zum ursprünglichen Text von Jer 26 gehört (so *Ch. Hardmeier*, Propheten 1991, 174–179) oder sekundär zu ihm hinzugekommen ist (so *I. Meyer*, Jeremia 1977, 15–45), doch tut dies für die Frage, wie Mi 3,12 in Jer 26,17–19 aufgenommen wird, wenig zur Sache. Auch wird man die Tatsache, daß Mi 3,12 in Jer 26,18 mit der Botenformel eingeführt wird, nicht überbewerten dürfen. Wichtig ist dagegen, welches Gesamtverständnis die Verfasser von Jer 26,17–19 von Mi 3,12, das dort sichtlich als Abschluß von Mi 1–3* zitiert wird, haben. Sie greifen das für Mi 1–3* zentrale Leitwort רעה = »Unheil, Bosheit« auf, beziehen die Ankündigung Michas auf die Belagerung Sanheribs im Jahr 701 und auf deren glimpfliche Beendigung und deuten das damalige Nichteintreffen der Ankündigung Michas so, daß der König und ganz Juda sich zur Gottesfurcht bekehrten und JHWH es sich daraufhin gereuen ließ. Damit wird Micha noch nicht zum deuteronomistischen Umkehrprediger wie jene in Sach 1,4 erwähnten »früheren Propheten«, deren Botschaft als Bußruf zusammengefaßt wird (»kehrt doch um von euren bösen Wegen und euren bösen Taten!«). Er bleibt der Unheilsprophet, als der er in Jer 26,18 ja wörtlich zitiert wird. Aber solche Unheilsankündigung wird nicht als ein sich selbst erfüllender Mechanismus verstanden, dem die Menschen und letztlich auch Gott selbst unterworfen wären. Auch die Ankündigung bei Gott beschlossenen Unheils – Unheil, das »von JHWH an das Tor Jerusalems« herabfährt (Mi 1,12) – beraubt die Menschen nicht der Freiheit umzukehren und Gott nicht der Freiheit, das Unheil zurückzunehmen. Und dies ist kein Verständnis, das von Jer 26 aus von außen an Mi 1–3* herangetragen würde. Denn ohne diese Voraussetzung der Freiheit Gottes und der Menschen auch gegenüber dem angekündigten Unheil wäre der alte Michatext nach der Verschonung Jerusalems im Jahr 701 nie weiter überliefert worden.

Micha in Lateinamerika

Exkurs

Literatur

Euclides Martins Balancin / Ivo Storniolo, Como ler o livro de Miquéias. Um profeta contra o latifúndio, São Paulo 1990. – *Michael Fricke*, Bibelauslegung in Nicaragua. Jorge Pixley im Spannungsfeld von Befreiungstheologie, historisch-kritischer Exegese und baptistischer Tradition (exuz 2), Münster 1997. – *Antonio Roberto Monteiro de Oliveira*, Miqueas, profeta revolucionario de los campesinos: Taller de Teología 12, 1983, 31–51. – *Jorge Pixley*, Miqueas 2,6–11. ¿Qué quiso silenciar la casa de Jacob?: RevBíbl NF 35, 1989, 143–162 (= [gekürzt] *ders.*, Miquéias – Profecia e Insurreição, in: A teologia se fez terra, São Leopoldo / Rio de Janeiro 1991, 72–81 = [unwesentlich verändert] *George V. Pixley*, Micah – A Revolutionary, in: D. Jobling u. a. [Hg.], The Bible and the Politics of Exegesis, FS N. K. Gottwald, Cleveland 1992, 53–60). – *Haroldo Reimer*, Richtet auf das Recht! Studien zur Botschaft des Amos (SBS 149), Stuttgart 1992. – *ders.*, Ruina y reorganización – El conflicto campo – ciudad en Miqueas: RIBLA 26, 1997, 78–88. – *ders.*, Sair da crise. Anotações a partir do imaginário dos profetas menores do séc. VIII aC: Estudos Bíblicos 42, 1994, 28–36. – *Fernando B. Santillana*, Miqueas. Profeta Para Latino America, San Francisco u. a. 1998. – *Milton Schwantes*, »Meu povo« em Miquéias (A Palavra na Vida 15), Belo Horizonte 1989. – *ders.*, Das Land kann seine Worte nicht ertragen. Meditationen zu Amos (KT 105), München 1991. – *Júlio Paulo Tavares Zabatiero*, Miquéias – Voz dos sem-terra, Petrópolis 1996.

Vorstehende Titel stellen nur einen kleinen Ausschnitt aus der Fülle der lateinamerikanischen Micha- und Prophetenliteratur dar, die sich außer in Zeitschriftenartikeln und Verlagspublikationen auch in zahlreichen Schriften der sog. grauen Literatur findet. All diese Publikationen werden umfassend in der seit 1988 am Instituto Metodista de Ensino Superior in São Bernardo do Campo (Brasilien) jährlich herausgegebenen *Bibliografia Bíblica Latino-Americana* dokumentiert.

Die seit den 80er Jahren aufblühende befreiungstheologisch orientierte Bibellektüre in Lateinamerika hat sich früh schon der Prophetie zugewendet, ja: »Die Begegnung mit den Propheten war eine fundamentale Erfahrung bei der Ausbildung einer bodenständigen, lateinamerikanischen Theologie« (*H. Reimer*, Recht 1992, 14). Da sich dabei das Interesse auf die prophetische Sozialkritik konzentriert, nimmt zunächst »Amos eine Vorrangstellung … ein«, »denn bei Amos kommt die Sozialkritik am deutlichsten und massivsten zum Ausdruck« (*H. Reimer*, Recht 1992, 16). Deutschsprachige Leserinnen und Leser können sich hierüber in den Veröffentlichungen der brasilianischen Lutheraner *M. Schwantes*, Meditationen 1991 und *H. Reimer*, Recht 1992 gut informieren. Weniger leicht zugänglich ist dagegen die befreiungstheologische Micha-Auslegung, weshalb hier ein kurzer Blick auf sie geworfen werden soll.

Als Auftakt kann der Artikel des Brasilianers *A. R. Monteiro de Oliveira*, Miqueas 1982 angesehen werden. Er enthält Charakteristika der lateinamerikanischen Micha-Lektüre, die im Fortgang der Diskussion teils sich durchhalten, teils modifiziert werden: Konzentration auf den alten Micha-Text Mi 1–3* (*J. P. T. Zabatiero*, Miquéias 1996, 50 und *H. Reimer*, Ruina 1997, 83 nennen ihn ein »Pamphlet«) – Betonung des Gegensatzes von Stadt und Land, der sich am Widerstand des Landjudäers Micha gegen die Kapitale Jerusalem festmacht – Sicht Michas als »revolutionärer Prophet der Bauern« (so der Titel des Aufsatzes von *A. R. Monteiro de Oliveira*). Diese letztgenannte Auffassung steht im Mittelpunkt des Interesses von *A. R. Monteiro de Oliveira* und erlangt eine gewisse Wirkung dadurch, daß sie von dem US-stämmigen nikaraguanischen Baptisten *J. Pixley*, Miqueas 2,6–11 1989 aufgegriffen und dann in der Gottwald-Festschrift 1992 auch einem englischsprachigen Publikum zugänglich gemacht wird. Besonders *J. Pixley* versucht dabei durch ausführliche Textkritik an Mi 2,6–11 zu zeigen, daß dieser Text ursprünglich zu einem

Bauernaufstand aufruft. Aus dieser Perspektive heraus werden dann auch die Zerstörungsaussagen in 1,10–16 so gedeutet, daß sie sich nur gegen die städtischen Eliten richten, zu denen Micha und die ihn tragende revolutionäre Bewegung in Opposition stehen.

Diese »revolutionäre« Sicht Michas findet in der Folge nur äußerst zurückhaltende Aufnahme. So schließt der brasilianische Presbyterianer *J. P. T. Zabatiero* aus seiner Exegese von Mi 2 zwar, daß »die Bauernschaft eine soziale Widerstandsbewegung organisiert«[16]. Er betont aber zugleich deren konservativen Charakter, der auf Erhalt und Wiederherstellung der alten, durch die Entwicklungen in der Königszeit zerstörten Ordnung abzielt, und lehnt die Bezeichnung »Bauernrevolution« für diese Bewegung als »Anachronismus« ab (58). Und auch *H. Reimer* findet zwar unter ausdrücklicher Erwähnung von *J. Pixley* in Mi 1–3* die Beschreibung einer »aktiven Bauernaktion gegen die Städter und Höflinge«[17], verzichtet aber gleichfalls auf deren Charakterisierung als »revolutionär«. Und im Blick auf die Zerstörungsaussagen in Mi 1,10–16 sehen beide Autoren klar, daß hier Leiden des judäischen Landvolkes beschrieben werden, für die freilich letztlich die städtischen Eliten verantwortlich sind.

Wichtiger als diese etwas kurzschlüssige »revolutionäre« Interpretation Michas wird vielmehr in der Folge der sozialgeschichtliche Ansatz der befreiungstheologischen Exegese, wonach grundsätzlich »zwischen dem Volk (›povo‹) und den herrschenden Eliten unterschieden« und »von oft konträr und konfliktreich sich in der Geschichte gegenüberstehenden Größen« ausgegangen wird (*H. Reimer*, Recht 15). Bezogen auf Micha heißt das: »›Dieses Volk‹ sind die Ausbeuter ›meines Volkes‹. ›Dieses Volk‹ ist nicht ›mein Volk‹«[18]. Diese Sicht führt nicht nur dazu, daß der Stadt-Land-Gegensatz, der im Michabuch ja gut greifbar ist, betont wird. Sie führt vor allem dazu, daß gesehen wird, daß die Zerstörungsankündigungen gegen Jerusalem zugleich Hoffnungsaussagen für diejenigen sind, die unter der Dominanz der Stadt zu leiden haben. So formuliert *J. P. T. Zabatiero*, daß angesichts der sozialen Ungerechtigkeit und des Götzendienstes »die Israeliten nur noch auf die Zerstörung ihrer Hauptstadt hoffen konnten«[19]. Und für den Methodisten *F. B. Santillana* liegt »in der Niederlage und Eroberung der Reiche und ihrer unterdrückerischen Herrscher«, wie sie in Mi 4,9f. beschrieben wird, »die Befreiung des entfremdeten, ausgeschlossenen und unterdrückten Volkes«[20].

Auf diese Weise kommen dann auch die ausdrücklichen Hoffnungsaussagen der Michaschrift, die anfangs wegen der Konzentration auf die Sozialkritik des alten Michatextes kaum Beachtung fanden, in den Blick. So teilen *E. M. Balancin / I. Storniolo* 1990 ihren Kurzkommentar in die zwei Teile »Die Feinde des Volkes« (11) und »Der Weg der Hoffnung«[21]. Hier spielt natürlich die Ankündigung eines Herrschers aus der Landstadt Betlehem eine besondere Rolle (*H. Reimer*, Ruina 1997, 87f.), auf den sich die Erwartung einer »politischen Reorganisation, die von der Peripherie

[16] *J. P. T. Zabatiero* 56: »o campesinato organiza um movimento social de resistência«.

[17] *H. Reimer*, Ruina 1997, 83: »la acción activa de campesinos contra los urbanos y palaciegos«.

[18] *M. Schwantes*, »Meu povo« 1989, 18: »›Este povo‹ são os exploradores de ›meu povo‹. ›Este povo‹ não é ›meu povo‹«.

[19] *J. P. T. Zabatiero* 39: »os israelitas só poderiam esperar a destruição de sua capital«.

[20] *F. B. Santillana*, Miqueas 1998, 41: »En la derrota y conquista de los reinos, y sus gobernantes opresores, está la liberación del pueblo alienado, excluido y oprimido.«

[21] »Os inimigos do povo« und »O Caminho da esperança«.

ausgeht«, richtet[22]. Für *F. B. Santillana* ist dieser neue Messias aus Betlehem geradezu »ein Mann des Bauernvolks, der Ausgebeuteten«[23]. Er soll eine zukünftige Gesellschaft leiten, in der die städtischen Eliten vernichtet (Mi 3) und »die latifundistische Landelite ihrer Güter und des Besitzes ihrer Landstücke beraubt« sein wird (Mi 2,4 f.)[24].

Lateinamerika ist nicht Mitteleuropa, und gerade wenn man die alten Texte in ihren heutigen Kontexten zur Sprache bringen will, wird man die Unterschiede nicht nivellieren dürfen. So spielt etwa, soweit ich sehe, in der bisherigen lateinamerikanischen Michaexegese die Fragestellung keine Rolle, wo denn die Kirche aus den Völkern im Michatext mit seinem spannungsvollen Verhältnis zwischen Israel und den Völkern zu situieren ist. Im deutschen Kontext ist dies eine Frage, die keineswegs mit einer schnellen Identifizierung mit den unterdrückten judäischen Bauern beantwortet werden kann. Und dennoch gibt, läßt man sich auf die sozialgeschichtliche Fragestellung ein, der lateinamerikanische Ansatz auch für eine in Deutschland getriebene Exegese wichtige Impulse.

---

22 *H. Reimer*, Sair 1994, 36: »uma reorganização política a partir da periferia«.

23 *F. B. Santillana*, Miqueas 1998, 49: »El nueve mesias que saldrá de Belén Efrata será un personaje del pueblo campesino, de los explotados.«

24 *H. Reimer*, Ruina 1997, 87: »Y la élite campesina latifundaria será despojada de sus bienes y de la posesión de sus partes de tierra.«

Teil II:

Micha 4–5: »Der Rest Jakobs unter den Völkern«

Kontext und Komposition

Auf den alten Michatext von Mi 1–3*, der in 3,12 mit der Ankündigung der Zerstörung Jerusalems zu seinem Schluß- und Höhepunkt gelangt ist, folgt in Mi 4–5 ein Block von Heilsweissagungen. In allen Textabschnitten der beiden Kapitel geht es um ein Thema, das seit 1,2 keine Rolle mehr gespielt hatte, nämlich um die Völker und Israels Verhältnis zu ihnen. Um die stark divergierenden Aussagen dieser zwei Kapitel recht zu verstehen, ist die ebenso einfache wie kunstvolle Ringstruktur zu beachten, in der der Text aufgebaut ist:

A	4,1–5	Weltweiter Friede				
	B	4,6f.	Israel unter den Völkern: Rückkehr			
		C	4,8–5,5	Jetzt-Zeit und Wende		
	B′	5,6–8	Israel unter den Völkern			
A′	5,9–14	Friede durch Vernichtung der Waffen				

Es sind besonders die Arbeiten von *B. Renaud*, Structure 1964, 11–26; *ders.*, Formation 1977, 271–287; *ders.*, 115–118, die die Untersuchung der Ringstruktur von Mi 4–5 vorangebracht haben. Daß er den Mittelteil C noch einmal in C 4,8–14 und C′ 5,1–5 unterteilt, gehört zu den vielen kleinen Varianten, die sich im einzelnen ergeben und die die Grundauffassung nicht in Frage stellen. *D. G. Hagstrom*, Coherence 1988, 72–84 referiert und diskutiert eine ganze Reihe solcher Strukturierungsvorschläge. Eine stärkere Abweichung von der weitgehend akzeptierten Auffassung als konzentrische Struktur (vgl. auch *E. Otto*, Techniken 1991, 140–147) vertritt *J. T. Willis*, Structure 1969, 204–213. Er findet sieben parallel aufgebaute Perikopen (4,1–5 / 6–8 / 9f. / 11–13 / 4,14–5,5 / 5,6–8 / 9–14), die alle in sich den Umschlag von Unheil zu Heil enthielten und die Wiederherstellung Israels ankündigten. So gekünstelt teilweise die Argumentation ist – in 4,6–8 schrumpft das angebliche Unheil auf das Wort »hinkend« –, so nützlich sind *Willis'* Beobachtungen für den Mittelteil der Komposition (4,8–5,5), in dem tatsächlich der Umschlag von Unheil zu Heil dominiert.

Im Zentrum der Komposition von Mi 4–5 steht also 4,8–5,5, eine ihrerseits kunstvoll komponierte Abfolge von Worten, die alle von der »jetzt« herrschenden Not und ihrer Wende sprechen. In diesem Text ist das noch aus der Exilszeit stammende früheste Element der jetzigen Komposition zu sehen. In seiner Mitte wiederum steht der Text (4,11–13), der den schärfsten Gegensatz zwischen Israel und den Völkern formuliert: Die Völker sammeln sich gegen Jerusalem, aber die Tochter Zion soll sie zermalmen.

Alle Texte, die um diesen innersten Kern gelegt sind, behandeln dann Themen, die Teil des Diskurses der Perserzeit sind. In einem inneren Ring ist 4,8–5,5 von zwei kurzen Textstücken umfaßt, die sich ohne Polemik gegen die Völker mit dem Verhältnis Israels zu ihnen auseinandersetzen. Dabei verheißt 4,6f. die Rückkehr der Verbannten aus dem Exil. Dies ist sozusagen der wünschenswerte Endzustand. 5,6–8 dagegen fragt, was der gegenwärtige Zustand einer Existenz Israels unter den Völkern für die Völker bedeutet. Dieser innere Ring ist wiederum von einem äußeren Ring gerahmt, dessen gemeinsames Thema Friede ohne Waffen ist. 4,1–5 bezieht dabei ausdrücklich die Völker in diesen Frieden ein, ja genau besehen ist in diesem Text von Israel als eigener Größe nicht einmal die Rede. 5,9–14 dagegen handelt zunächst nur von Israel und bezieht erst in seinem Schlußvers die Völker ein, und zwar so, daß die Möglichkeit göttlicher Vergeltung an denen ins Auge gefaßt wird, »die nicht gehört haben«.

Die Komposition von Mi 4–5 hat somit neben der Ringstruktur auch ein Gefälle. Ihr Anfang in 4,1–5 und 4,6f. richtet den Blick am weitesten in die Zukunft, auf das, was באחרית הימים = »am Ende der Tage« sein wird. In der Mitte geht es um die Not- und Wende-Zeit, die für die perserzeitlichen Rezipienten freilich schon Vergangenheit ist. Und der Schluß richtet dann den Blick auf die Gegenwart, in der Israel inmitten der Völker existiert und in der es noch Völker gibt, »die nicht gehört haben«. Äußerlich wird dieses Gefälle dadurch betont, daß im Schlußteil drei Einheiten (5,4f.6–8.9–14) mit והיה (»und dies/er/es wird sein/geschehen«) beginnen und so eine kleine Komposition mit eigenem Gewicht entsteht, die auch nicht völlig mit der beobachteten Ringstruktur zur Deckung kommt (zum Phänomen sich überlagernder Strukturen s. die Einleitung). Allerdings setzt die והיה-Reihe in 5,4–14 nur einen Nebenakzent in Mi 4–5, der die Grundstruktur nicht zerstört, weil והיה in 5,4–14 nicht exklusiv ist, sondern in 4,1 auch die Gesamtkomposition von Mi 4–5 eröffnet (»und es wird geschehen«). Dennoch ist das Achtergewicht von 5,4–14 nicht zu übersehen.

Das beobachtete Gefälle in Mi 4–5 markiert zugleich eine Leseanleitung. Indem nämlich die am weitesten in die Zukunft blickenden Texte am Anfang stehen, wird bedeutet, daß alles folgende bereits unter ihrem Aspekt zu lesen ist. Konkret heißt das, daß auch die Aufforderung, die »jetzt« gegen den Zion sich sammelnden Völker zu »dreschen«, unter dem Vorzeichen des allgemeinen Völkerfriedens »in den künftigen Tagen« steht.

In einer ansprechenden Überlegung vermutet *L. Schwienhorst-Schönberger*, Zion 1993, 124f., der Text aus Mi 4,1–3 sei deshalb an den Anfang des Jesaja-Buches und damit des ganzen (hinteren) Prophetenkanons gestellt worden – siehe dazu unten –, um alle prophetischen Worte über die Völker »gewissermaßen pazifistisch zu interpretieren«. Damit wiederholt sich in der kanonischen Großstruktur, was im Kleinen schon in Mi 4–5 angelegt ist.

Micha 4,1–5: Weltweiter Friede

Literatur

Peter A. Ackroyd, A Note on Isaiah 2,1: ZAW 75, 1963, 320f. – *ders.*, Isaiah I–XII: Presentation of a Prophet, in: Congress Volume Göttingen 1977 (VT.S 29), Leiden 1978, 16–48. – *Rainer Albertz*, Konfliktschlichtung durch Machtverzicht – Jesaja 2,2–5 auf dem Hintergrund der alttestamentlichen Kriegs- und Friedenstraditionen, in: ders., Der Mensch als Hüter seiner Welt. Alttestamentliche Bibelarbeiten zu den Themen des konziliaren Prozesses (ctb 16), Stuttgart 1990, 114–131. – *H. A. Brongers*, Die Wendung *b^{e}šēm jhwh* im Alten Testament: ZAW 77, 1965, 1–20. – *Walter Brueggemann*, »Vine and Fig Tree«: A Case Study in Imagination and Criticism: CBQ 43, 1981, 188–204. – *Karl Budde*, Verfasser und Stelle von Mi. 4,1–4 (Jes. 2,2–4): ZDMG 81, 1927, 152–158. – *E. Cannawurf*, The Authenticity of Micah IV 1–4: VT 13, 1963, 26–33. – *Henri Cazelles*, Qui aurait visé, à l'origine, Isaïe II 2–5?: VT 30, 1980, 409–420. – *Irmtraud Fischer*, Tora für Israel – Tora für die Völker. Das Konzept des Jesajabuches (SBS 164), Stuttgart 1995, 24–36. – *Robert Gordis*, Micah's Vision of the End-Time, in: ders., Poets, Prophets, and Sages. Essays in Biblical Interpretation, Bloomington / London 1971, 268–279. – *Bernard Gosse*, Michée 4,1–5, Isaïe 2,1–5 et les rédacteurs finaux du livre d'Isaïe: ZAW 105, 1993, 98–102. – *Roland Gradwohl*, »Denn von Zion geht die Lehre aus …«. Jes 2,1–5, in: ders., Bibelauslegungen aus jüdischen Quellen. Band 1: Die alttestamentlichen Predigttexte des 3. Jahrgangs, Stuttgart 1986, 140–150. – *Heinrich Groß*, Die Idee des ewigen und allgemeinen Weltfriedens im Alten Orient und im Alten Testament (TThSt 7), Trier ^{2}1967. – *Hubert Junker*, Sancta Civitas, Jerusalem Nova. Eine formkritische und überlieferungsgeschichtliche Studie zu Is 2, in: Ekklesia, FS M. Wehr (TThSt 15), Trier 1962, 17–33. – *Kosuke Koyama*, The Mountain of the Lord. Micah 4:1–7: IRM 77, 1988, 194–200. – *Tobias Kriener*, Völkerwallfahrt zum Zion – heute – praktisch: BiKi 51, 1996, 166f. – *J. S. Kselman*, A Note on Isaiah II 2: VT 25, 1975, 225–227. – *E. Lipinski*, באחרית הימים dans les textes préexiliques: VT 20, 1970, 445–450. – *Gerhard Lohfink*, »Schwerter zu Pflugscharen«. Die Rezeption von Jes 2,1–5 par Mi 4,1–5 in der Alten Kirche und im Neuen Testament: ThQ 166, 1986, 184–209. – *Theophile James Meek*, Some Emendations in the Old Testament: JBL 48, 1929, 162–168. – *Eberhard Nestle*, Miszellen: ZAW 29, 1909, 230–234. – *Gerhard von Rad*, Die Stadt auf dem Berge, in: ders., Gesammelte Studien zum Alten Testament (ThB 8), München ^{4}1971, 214–224. – *Helmer Ringgren*, Oral and Written Transmission in the O.T. Some observations: StTh 3, 1949, 34–59. – *J. J. M. Roberts*, Isaiah 2 and the Prophet's Message to the North: JQR 75,1984/1985, 290–308. – *E. Sachsse*, Untersuchungen zur hebräischen Metrik. (Jes 2,2–4 Mich 4,1–3 Jes 1,4–9 Gen 49 Jes 39,22–29.): ZAW 43, 1925, 173–192. – *E. H. Scheffler*, Micha 4,1–5: An Impasse in Exegesis?: OTE 3, 1985, 46–61. – *Willy Schottroff*, Die Friedensfeier. Das Prophetenwort von der Umwandlung von Schwertern zu Pflugscharen (Jes 2,2–5/Mi 4,1–5), in: ders., Gerechtigkeit lernen. Beiträge zur biblischen Sozialgeschichte (ThB 94), Gütersloh 1999, 205–224. – *Ludger Schwienhorst-Schönberger*, Zion – Ort der Tora. Überlegungen zu Mi 4,1–3, in: F. Hahn u.a. (Hg.), Zion – Ort der Begegnung, FS L. Klein (BBB 90), Bodenheim 1993, 107–125. – *R. B. Y. Scott*, The Literary Structure of Isaiah's Oracles, in: H. H. Rowley (Hg.), Studies in Old Testament Prophecy, FS Th. H. Robinson, Edinburgh 1950, 175–186. – *H. Seebaß*, Art. אַחֲרִית, in: ThWAT I, Berlin / New York 1973, 224–228. – *W. Staerk*, Der Gebrauch der Wendung באחרית הימים im at. Kanon: ZAW 11, 1891, 247–253. – *Odil Hannes Steck*, Friedensvorstellungen im alten Jerusalem. Psalmen, Jesaja, Deuterojesaja (ThSt 111), Zürich 1972, 69–71. – *J. G. Stry-*

dom, Micah 4: 1–5 and Isaiah 2: 2–5: Who said it first? A critical discussion of A S van der Woude's view: OTE 2/2, 1989, 15–28. – *Th. C. Vriezen*, Einige Notizen zur Übersetzung des Bindewortes *kī*, in: J. Hempel / L. Rost (Hg.), Von Ugarit nach Qumran. Beiträge zur alttestamentlichen und altorientalischen Forschung, FS O. Eißfeldt (BZAW 77), Berlin 1958, 266–273. – *Wolfgang Werner*, Eschatologische Texte in Jesaja 1–39. Messias, Heiliger Rest, Völker (FzB 46), Würzburg 1982, 151–163. – *Hans Wildberger*, Die Völkerwallfahrt zum Zion. Jes II 1–5: VT 7, 1957, 62–81. – *Robert L. Wilken, In novissimis diebus:* Biblical Promises, Jewish Hopes and Early Christian Exegesis: Journal of Early Christian Studies 1, 1993, 1–19. – *Hans Walter Wolff*, Schwerter zu Pflugscharen – Mißbrauch eines Prophetenwortes? Praktische Fragen und exegetische Klärungen zu Joël 4,9–12, Jes 2,2–5 und Mi 4,1–5, in: ders., Studien zur Prophetie. Probleme und Erträge (ThB 76), München 1987, 93–108 [= Use of the Bible in Theology: A Case Study: ERT 11, 1987, 37–52]. – *A. van der Woude*, Micah IV 1–5: An Instance of the Pseudo-Prophets Quoting Isaiah, in: M. A. Beck (Hg.), Symbolae Biblicae et Mesopotamicae Francisco Mario Theodoro de Liagre Böhl Dedicatae, Leiden 1973, 396–402.

Text

Übersetzung

1 *Und es wird geschehen am Ende der Tage,*
da wird der Berg des Hauses JHWHs
von Dauer sein an der Spitze der Berge,
und er wird erhabener sein als die Hügel.
Und strömen werden zu ihm Nationen
2 *und gehen viele Völker und sagen:*
»Auf! Wir wollen hinaufziehen zum Berg JHWHs
und zum Haus des Gottes Jakobs,
daß er uns in seinen Wegen unterweise
und wir auf seinen Pfaden gehen!«
Denn vom Zion geht Weisung aus
und das Wort JHWHs von Jerusalem.
3 *Und er wird richten zwischen vielen Nationen*
und starken Völkern Entscheidung geben bis in die Ferne.
Und sie werden ihre Schwerter umschmieden zu Pflugscharen
und ihre Spieße zu Winzermessern.
Nicht wird mehr ein Volk gegen das andere das Schwert erheben,
und sie werden den Krieg nicht mehr lernen.
4 *Und ein jeder wird unter seinem Weinstock wohnen*
und unter seinem Feigenbaum – und es gibt keinen, der aufstört.
Denn der Mund JHWHs der Heerscharen hat es geredet.
5 *Wenn auch alle Nationen gehen*
eine jede im Namen ihres Gottes,
so gehen wir doch
im Namen JHWHs, unseres Gottes,
für immer und ewig.

Zu Text und Übersetzung

Der hebräische Text bereitet keinerlei Verstehensprobleme. Zur Parallelüberlieferung von Mi 4, 1–3 in Jes 2, 2–4 bestehen geringfügige Abweichungen, die allesamt keine wesentlichen inhaltlichen Differenzen darstellen.

2 *J. S. Kselman*, Note 1975, 226 schlägt vor, in Parallele zu dem komparativischen מן von V 1aβ auch das ב in V 1aα komparativisch zu verstehen, also etwa mit »dauerhafter als der Gipfel der Berge« zu übersetzen. Seine für solchen Gebrauch von ב angeführten Belegstellen (Spr 24, 5, vgl. Ps 51, 4; 68, 35 f.; 93, 4) sind jedoch allesamt nicht überzeugend.

5 Das den Vers einleitende כי ist im Anschluß an *Th. C. Vriezen*, Notizen 1958 konzessiv wiedergegeben; vgl. KBL s. v. II כִּי, Nr. 12. Derselbe Gebrauch von כי wird dann auch in 7, 8 zu finden sein.

Analyse

Mi 4, 1–5 besteht leicht erkennbar aus zwei Elementen. Das erste ist die Verheißung der zukünftigen Erhöhung des Tempelberges in V 1–4. Sie wird in zehn Zeilen entfaltet, die bis auf die erste alle im synonymen Parallelismus gehalten sind. Abgeschlossen wird diese Schilderung durch die Schlußformel V 4b כי־פי יהוה צבאות דבר (»denn der Mund JHWHs der Heerscharen hat es geredet«).

Deutlich davon abgehoben ist V 5. In ihm spricht zum ersten Mal im Michabuch ein Wir, das sich dann wieder in 5, 4b.5 und in 7, 15–20 zu Wort melden wird. Zusammen mit den Gebetsanreden an Gott in 5, 8 und 7, 14–20 weist es auf einen liturgischen Gebrauch des Textes hin, was in 4, 5 durch die Schlußformel לעולם ועד (»für immer und ewig«) noch unterstrichen wird.

Das Verhältnis von Mi 4, 1–5 zu Jes 2, 1–5

Mi 4, 1–3 hat in Jes 2, 2–4 eine nahezu wörtliche Parallelüberlieferung. Vor dem mit Micha parallelen Text steht in Jes 2, 1 eine Überschrift: »Das Wort, das Jesaja, der Sohn des Amoz, über Juda und Jerusalem schaute«. Der Schluß der Zukunftsschilderung in Mi 4, 4 fehlt hinter Jes 2, 4, und der auch in Jes 2, 5 den Text abschließende liturgische Schlußsatz mit dem Wir der Gemeinde ist ganz anders formuliert als Mi 4, 5.

Grundsätzlich läßt sich diese Doppelüberlieferung auf fünf verschiedene Möglichkeiten erklären. 1.) Der Text stammt ursprünglich von Jesaja (*H. Wildberger*, Völkerwallfahrt 1957; *H. Junker*, Sancta Civitas 1962; *G. von Rad*, Stadt 1971; *H. Cazelles*, Isaïe II 2–5 1980). 2.) Er stammt ursprünglich von Micha (*V. Ryssel*, Untersuchungen 1887, 218–224; *A. Niccacci*, Profeta 1989, 141–153, erwägend auch *D. R. Hillers* 51–53). 3.) Er stammt von einem »dritten älteren Vf. …, von welchem Beide, Micha und Jesaja, geborgt haben« (*F. Hitzig* 213) oder in deren Bücher der Text sekundär eingestellt wurde (vgl. *A. S. Kapelrud*, Eschatology in the Book of Micah 1979, 106 f.; *R. Gordis*, Vision 1971; *R. Vuilleumier* 47 f.; *I. Willi-Plein*, Vorformen 1971, 83; *J. Vermeylen,* Isaïe 1978, 592–594; *H. W. Wolff* 88f.). Schließlich kann er in einem der Bücher ursprünglich sein – wenn auch nicht von dem Propheten selbst verfaßt – und von da in das andere Buch übertragen worden sein, also entweder 4.) als ursprünglicher Zusatz in Jesaja in die Michaschrift oder 5.) als ursprünglicher Zusatz in Micha in die Jesajaschrift gelangt sein.

Gegen die Herkunft von Micha spricht vor allem, daß in Jer 26,18 das Wort von der Zerstörung des Zion aus Mi 3,12 so zitiert wird, daß ausgeschlossen ist, daß auch das Wort Mi 4,1–4 damals schon bekannt war. Für Jesaja als Autor wird auf die Nähe von Jes 2,1–4 zu einer »Vorstellungswelt Jesajas« (so *G. von Rad,* Stadt 1971, 215) hingewiesen, die freilich nur zu rekonstruieren ist, wenn man im Jesajabuch sehr viele Stellen für den Propheten des 8. Jh. reklamiert und es zugleich mit den wörtlichen Parallelen und entsprechenden Gedankenvergleichen nicht zu eng nimmt. Vor allem muß man bei der Behauptung jesajanischer Autorschaft die enge Einbindung von Jes 2,1–4 par. Mi 4,1–5 in den Diskurs der frühen Perserzeit (siehe unten) ganz außer acht lassen. Mit einer Datierung in die persische Zeit entfällt von selbst auch die Möglichkeit, daß der historische Jesaja oder Micha oder beide unabhängig voneinander einen ihnen vorgegebenen Text aufnehmen. So bleibt nur noch die Alternative, daß der Text entweder ursprünglich für den jesajanischen Kontext geschaffen und dann auch in Micha eingestellt wurde, oder daß dies umgekehrt verlaufen ist. Diese Alternative läßt sich einigermaßen sicher zugunsten der Priorität des Michabuches beantworten, wenn man die Beziehungen zu den jeweiligen Kontexten vergleicht. Sie sind bei Micha sehr eng, bei Jesaja dagegen nur lose (vgl. dazu schon *J. Wellhausen* 142; *K. Budde,* Verfasser 1927, 153 und in neuerer Zeit *B. Gosse,* Michée 4,1–5 1993, bes. 98f. und ausführlich *L. Schwienhorst-Schönberger,* Zion 1993, 110–113, dem sich *I. Fischer,* Tora 1995, 24 anschließt). Gerade die jüngsten Versuche von *E. Bosshard-Nepustil,* Rezeptionen 1997 und *B. M. Zapff,* Studien 1997, die ursprüngliche Verankerung in Jesaja nachzuweisen, bestätigen eher das Urteil von *W. Werner,* Texte 1982, 163 zu Jes 2,2–4, daß der Text »zum engeren und weiteren Kontext kaum Verbindungslinien« aufweise.

Im einzelnen ist auf folgende Bezüge von Mi 4,1–4 zu seinem Kontext hinzuweisen, die allesamt bei Jesaja entweder ganz fehlen oder nur viel loser vorhanden sind. Zunächst ist auf den voranstehenden Kontext zu verweisen. 1.) Die Rede vom Tempelberg in 4,1f. bezieht sich direkt auf 3,12 zurück, desgleichen der Parallelismus von Zion und Jerusalem in 4,2 auf 3,10.12. 2.) Das Stichwort ירה hif in 4,2a (»unterweisen«) (vgl. auch תורה = »Weisung« in 4,2b) kommt auch in 3,11 vor, das Stichwort שפט (»richten«) (4,3) in 3,11 (vgl. auch משפט = »Recht« in 3,9). Jeweils wird zum Ausdruck gebracht, daß das, was die Angehörigen der Jerusalemer Oberschicht versäumen, im zukünftigen Jerusalem Gott selbst tun wird. In diesem Sinn ist auch das zukünftig von Jerusalem ausgehende »Wort JHWHs« in 4,2 auf die falschen Wahrsagungen der Propheten zurückzubeziehen. 3.) Weniger offenkundig, eher angedeutet sind die beiden folgenden Bezüge. 3,12 verwendet Bilder aus der Landwirtschaft, um den zerstörten Zion zu schildern. Darauf bezieht sich 4,3 f. insofern zurück, als vom künftigen erhöhten Zion ein Friede ausgehen wird, in dem Waffen zu landwirtschaftlichem Gerät umgeschmiedet werden (vgl. dazu *J. M. Vincent*, Gerichtswort 1986, 180 f.) und dessen Folgen wieder in Bildern aus der Landwirtschaft zum Ausdruck gebracht werden. 4.) Das abschließende »und es gibt keinen, der aufstört« ist zwar eine formelhafte Wendung, verweist in seinem Kontext aber auf die Aussagen von der Verbannung in 1,16, auf die von der Vertreibung in 2,9 und auf die von der brutalen Unterdrückung in 3,2 f.

Neben der oft herausgestellten Bindung nach rückwärts weist Mi 4,1–5 aber auch etliche Bezüge nach vorwärts auf. Klein aber signifikant ist der zu 4,6 f., insofern die Rede von den »starken Völkern« (גוים עצמים) in 4,3 auf das »starke Volk« (גוי עצום) von 4,7a vorausverweist. Ebenfalls deutlich ist der Bezug zu 5,3, wo sowohl das »und sie werden wohnen« (im Hebräischen nur ein Wort: וישׁבו) von 4,4 als auch die Wendung »im Namen JHWHs, seines/unseres Gottes« aus 4,5 noch einmal erscheinen (vgl. *J. A. Wagenaar*, Oordeel 1995, 241). Wenn es zutrifft, daß 4,8–5,3 der älteste Bestandteil von Kap. 4 f. ist, dann hieße das, daß 4,1–5 sich bewußt darauf bezieht (wie eben auch schon vor allem auf den Schluß und Höhepunkt der Micha-Denkschrift). Dies gilt dann auch für den engsten Bezug von 4,1–5 nach vorne, nämlich den auf Mi 4,11–13. Ging es im Vergleich von 4,1–4 mit 3,9–12 um den Zion als Ort der Rechtlosigkeit bzw. als Quelle göttlicher Weisung, so geht es jetzt um feindliches bzw. friedliches Verhalten der Völker gegen den Zion. Die wichtigsten Vergleichspunkte zwischen 4,1–4 und 4,11–13 sind: 1.) Beide Texte setzen mit betonten Zeitangaben ein, V 1 mit »am Ende der Tage«, V 11 mit »und jetzt«. 2.) Beide Texte handeln vom Zion. 3.) In beiden kommen »viele Völker« (גוים רבים V 2 und V 11) bzw. »viele Nationen« (עמים רבים V 3 und V 13) zum Zion, in V 1–4 in friedlicher und in V 11–13 in feindseliger Absicht. 4.) Der unterschiedliche Wille der Völker wird diesen jeweils in einem Zitat in den Mund gelegt (ואמרו = »und sagen« V 2 und האמרים = »die sagen« V 11). 5.) Während die Selbstaufforderung der Völker in 4,2 zeigt, daß sie JHWH erkennen, heißt es in 4,12: »sie kennen nicht die Gedanken JHWHs«. 6.) Der unterschiedliche Ausgang des Völkerzuges zum Zion wird jeweils unter Verwendung landwirtschaftlicher Bilder dargestellt, in V 3 f. solcher, die Frieden assoziieren lassen, in V 12 f. der gewalttätigen Bilder vom Dreschen.

Die Einbettung von Mi 4,1–5 in seinen voranstehenden und folgenden Kontext ist also sprachlich und sachlich so eng, daß weder damit zu rechnen ist, daß der Text aus einer fremden Quelle eingestellt wurde, noch, daß er aus Jesaja übernommen wurde, weil in beiden Fällen seine Kontextbezüge »als reine Zufallstreffer zu werten« wären (*L. Schwienhorst-Schönberger*, Zion 1993, 113). Vielmehr ist mit gewisser Wahrscheinlichkeit zu folgern, daß Micha der ursprüngliche Ort ist, an dem die Vision von der friedlichen Völkerwallfahrt zum Zion entstanden ist.

Bestätigt wird dies durch die Art, wie Mi 4,1–3 in Jes 2,1–5 aufgenommen wird. Die Überschrift in Jes 2,1 spricht nämlich nur von *dem* »Wort, das Jesaja ... schaute«, bezieht sich also wohl nur auf 2,1–5 und will diesen doppelt überlieferten Text ausdrücklich für den im Laufe der Geschichte so viele Traditionen auf sich ziehenden Jesaja reklamieren (vgl. dessen 66 Kapitel gegen die sieben der Michaschrift; zu diesem Verständnis von Jes 2,1 siehe *R. B. Y. Scott*, Structure 1950, 177; *P. Ackroyd*, Note 1963, 320f.; *ders.*, Isaiah I–XII 1978, 32f.).

Mi 4,1–5 und die Zionstheologie

Ein wichtiges Argument der Befürworter vorexilischer Herkunft des Textes ist der Hinweis auf Elemente der Zionstheologie, die sich in ihm wiederfinden. Dabei handelt es sich um die Vorstellung von dem erhabenen Berg (Ps 48,2f., vgl. dazu auch Ez 17,23; 20,40; 40,2; Sach 14,10; Ps 87,1.5), auf dem Gott gegenwärtig ist (Ps 46,6; 48,4) und gegen den die Völker vergeblich anstürmen (Ps 46,7; 48,5–8; 76,6f.). Auch das Motiv der Vernichtung der Kriegswaffen läßt sich in diesem Gedankenfeld verorten (Ps 46,10; 76,4). In einem entscheidenden Punkt aber weicht Mi 4,1–5 von dieser Art von Tempeltheologie ab: Es geht in Mi 4,1–5 nicht wie in den Zionsliedern um eine mythische Überhöhung des vorhandenen Tempelberges, sondern dessen Erhöhung wird erst für die Zukunft erwartet. Hier hat der Text teil an einem Prozeß, den *F. Stolz* als »allgemein-prophetische Transposition gegenwärtiger Heilsideologie in die Zukunft« bezeichnet hat (*Fritz Stolz*, Strukturen und Figuren im Kult von Jerusalem. Studien zur altorientalischen, vor- und frühisraelitischen Religion [BZAW 118], Berlin 1970, 94,102) und der sich auch bei der Futurisierung der Vorstellung vom Königtum JHWHs (vgl. Mi 4,7b) oder bei der Messianisierung der Königsidee (vgl. Mi 4,8; 5,1–3) beobachten läßt.

Mi 4,1–4 im Diskurs der frühen Perserzeit

Unbeschadet der strittigen Frage der Datierung der (präsentischen) Zionstheologie (vgl. den späten Ansatz bei *Gunther Wanke*, Die Zionstheologie der Korachiten in ihrem traditionsgeschichtlichen Zusammenhang [BZAW 97], Berlin 1966) wird man sagen können, daß auf jeden Fall deren Futurisierung vorexilisch nur schwer vorstellbar ist. Sie würde bedeuten, daß es in Bezug auf den salomonischen Tempel nicht nur eine präsentische Zionstheologie gab, sondern zugleich eine prophetische Erwartung von der zukünftigen Erhöhung des Zion. Die Schwierigkeit dabei ist, daß Jes 2,1–5 bzw. Mi 4,1–5 oder deren gemeinsame Vorlage tatsächlich der einzige Beleg für dieses Nebeneinander aus der Zeit des ersten Tempels wären (lehrreich ist die Aufzählung bei *G. von Rad*, Stadt 1971, 223: »auch Ps. 46 und 48 wie Jes. 25,6ff., Sach. 14; Tob. 13,9ff.; 14,5–7 gehören in den weiteren Umkreis dieser drei Weissagungen«, nämlich von Jes 2 par. Mi 4; Hagg 2 und Jes 60; außer den präsentischen Psalmen sind alle futurischen Texte neben Jes 2 eindeutig nachexilisch). Man müßte also annehmen, im 8. Jh. habe einmal ein Prophet eine Zukunftshoffnung für den Tempel formuliert, von der dann 200 Jahre nichts zu hören war, die dann aber plötzlich einen breiten Diskurs auslöste. Demgegenüber ist es viel wahrscheinlicher, daß die Zukunftshoffnung für den Tempel dessen Zerstörung voraussetzt, also frühestens in die exilische Zeit zu datieren ist.

Nun gibt es aber eine Reihe von Texten, die es nahelegt, Jes 2 par. Mi 4 nicht in die Exilszeit (so *I. Willi-Plein,* Vorformen 1971, 84), sondern in die frühnachexilische Zeit zu datieren; es handelt sich dabei neben Jes 2, 1–5 par. Mi 4, 1–5 um Jes 60; Hagg 2, 1–9 und Sach 8, 20–22, die einen gemeinsamen Diskurs bilden. Um ihn zu rekonstruieren ist von Hagg 2, 1–9 auszugehen, einem Text, der nicht nur genau datiert ist (auf den 17. Okt. 520), sondern der auch den Hintergrund des Diskurses benennt. Es sind die Einwände derer, die noch den salomonischen Tempel gekannt hatten – in ihrer und ihrer Nachfahren fast 70 Jahre zurückreichenden Erinnerung war er sicher noch prächtiger als in Wirklichkeit –, und die diese Erinnerung gegen die Bescheidenheit des im Bau befindlichen zweiten Tempels anführen. Auch das Argument, daß der zweite Tempel ein persisches Reichsheiligtum und kein Ausdruck judäisch-davididischer Selbständigkeit ist, dürfte eine Rolle gespielt haben, wie Haggais Antwort zeigt. Denn diese verheißt, daß die Völker erschüttert werden, daß sie ihre Kostbarkeiten in den Tempel bringen, so daß er prächtiger sein wird als der erste, und daß von ihm Schalom ausgehen wird. Und all dies werde nur noch eine kleine Weile dauern.

Auch Sacharja, der nach den Datierungen der Sacharjaschrift kurz nach Haggai gewirkt hat, kennt die Vorstellung, daß »viele Nationen« »gehen«, um »JHWH der Heere in Jerusalem zu suchen«, wozu sie sich in wörtlicher Rede gegenseitig auffordern (Sach 8, 20–22, all dies auch in Mi 4, 1–4). Auch die dritte Parallele, Jes 60 mit der Vorstellung, daß über dem Zion das Licht JHWHs aufstrahlt und die Völker anzieht, so daß sie ihre Schätze nach Jerusalem bringen, wird mit besten Gründen in die Zeit des zweiten Tempels datiert. So spricht alles dafür, daß auch Mi 4, 1–4 in dieser Zeit entstanden ist (zur Datierung des Textes mit dieser Begründung vgl. auch *W. Schottroff,* Friedensfeier 1999, 218; ferner *W. Werner,* Texte 1982, 163: ausgehendes 6., beginnendes 5. Jh.; *L. Schwienhorst-Schönberger,* Zion 1993, 109 f.: »nachexilisch«; *E. Bosshard-Nepustil,* Rezeptionen 1997, 415: »mittlere Perserzeit«).

Nur vom Hintergrund dieses Diskurses der nachexilischen Zeit her gewinnt Mi 4, 1–4 dann auch sein Profil. Der Text teilt mit den anderen Texten die Erwartung, daß der jetzige – im Bau befindliche oder auch schon fertiggestellte – Tempel in Zukunft kein persisches Provinzheiligtum, sondern Zentrum der Welt sein wird, und daß die Völker zu ihm hinströmen werden. Mit diesen Texten geht er auf Distanz zur offiziellen Politik, die auf Kooperation mit den Persern und Akzeptanz der Provinzrolle für Jerusalem aufbaut. Dazu bedarf es keiner expliziten antipersischen Polemik. Schon die bloße Behauptung, Jerusalem sei das künftige Zentrum der Welt, enthält genug Sprengkraft. Jerusalem tritt damit an die Stelle der imperialen Metropole »Babel«, wohin nach Jer 51, 44 die Völker strömen. Andrerseits fehlt in Mi 4, 1–4 im Vergleich zu den übrigen Texten ganz das Motiv, daß die Völker ihre Schätze zum Tempel bringen werden. Einziger Zweck ihrer

Wallfahrt ist die Unterweisung, die zum allgemeinen Völkerfrieden führen wird. Und all dies erwartet Mi 4,1–4 nicht »in Bälde«, in »einer kurzen Frist« (Hagg 2,6), sondern – es steht betont am Anfang – »in den künftigen Tagen«, »am Ende der Tage«.

Auslegung

V 1a Innerhalb des perserzeitlichen Diskurses liegt das Gewicht der Aussage von Mi 4,1–5 gegenüber Hagg 2,1–9 darauf, daß die erwartete Verherrlichung des Tempels nicht »in einer kurzen Frist«, sondern באחרית הימים erfolgen werde. Doch wann ist das? Die griechische (ἐπ' ἐσχάτων τῶν ἡμερῶν) und die lateinische Übersetzung *(in novissimo dierum)* verstehen den Text »eschatologisch«, so dann auch die Luther- (»in der letzten Zeit«) und die Zürcher Bibel (»in den letzten Tagen«) (vgl. auch *H. Wildberger,* Völkerwallfahrt 1957, 76–78 und *H. W. Wolff,* Schwerter 1987, 100). Insofern damit die apokalyptische Vorstellung von einem Abbruch der Geschichte, einem Jenseits der Geschichte verbunden ist, trifft dies nicht den Sinn von Mi 4,1. Denn באחרית הימים heißt eigentlich »das Hintere der Tage«. Damit ist zwar ein Ende gemeint, hinter das man nicht blicken kann. So steht in Num 23,10 אחרית parallel zu »Tod«, hat also den Sinn von Ende. Und in diesem Sinn spricht Mi 4,1–4 tatsächlich von einer Endzeit, die von der Gegenwart qualitativ unterschieden ist. Aber dieses Ende ist nicht in dem Sinn absolut, daß damit die Geschichte aufhörte. Gemeint ist vielmehr ein Ende in dem Sinn, daß es die Zeit von der Gegenwart bis dahin mit umfaßt und diese nicht abbricht, sondern qualitativ neu fortsetzt. Schön formuliert *O. Kaiser,* der Prophet erwarte »nicht das Ende, sondern die Vollendung der Geschichte« (*Otto Kaiser,* Das Buch des Propheten Jesaja. Kapitel 1–12 [ATD 17], Göttingen ^{5}1981, 64; zur Formel vgl. auch *W. Staerk,* Gebrauch 1891; *E. Lipinski,* באחרית הימים 1970; *H. Seebaß,* אַחֲרִית 1973; *S. J. De Vries,* Revelation 1995, 89–93).

Auf die Einleitungsformel, die den Text in den Diskurs derjenigen Texte einreiht, die die Verherrlichung des Zions erst für die Zukunft erwarten, folgt in einem Satz die Aussage von der Erhöhung des Tempelberges. Sehr spröde wird dabei nur der Endzustand der Erhabenheit dargestellt und nicht einmal angedeutet, wie es zu ihm kommt. Auf Verben, die den Vorgang der Veränderung wiedergeben könnten (man vgl. etwa Jes 40,4: »jedes Tal soll sich erheben, jeder Berg … sich erniedrigen«), wird ganz verzichtet. Mit der Vorstellung von der Erhabenheit des Tempelberges wird eine Zionstheologie aufgenommen, die wohl schon im ersten Tempel beheimatet war. So heißt es in Ps 48,3 vom Zion, »sein heiliger Berg« sei »schön an Höhe«. Dahinter stehen vor- und außerisraelitische Vorstellungen von einem Götterberg, der über alle Berge erhaben ist (sie sind schon im alten Sumer belegt[1], ebenso in Ugarit, man vergleiche aber auch den griechischen Olymp). Unser Text nimmt diese präsentische Vorstellung des erhabenen Berges freilich nur auf, um sie sogleich in die Zukunft zu wenden.

Die Vorstellung, daß »alle Völker« (Hagg 2, 7), daß »viele Nationen und starke Völker« (Sach 8, 22) oder einfach nur »Völker« (Jes 60, 3) nach Jerusalem kommen, teilt Mi 4 par. Jes 2 mit den übrigen Texten, die in diesen Diskurs gehören. Das Herbeiströmen der Völker ist dabei ein traditionelles Motiv altorientalischer Tempeltheologie[2]. Es umfaßt mehrere Aspekte. Die Völker sind als Fremdvölker zunächst Feindvölker. Deshalb kommen sie in der Zionstheologie, um den Zion zu bekämpfen, wenn auch erfolglos (Ps 48, 5–8; 76, 6 f., vgl. auch Ps 2 sowie Mi 4, 11–13 und dazu unten). Werden sie aber von der Macht des Gottes und seines Tempels bezwungen, dann kommen sie – wie bezwungene Feinde –, um Tribut zu bringen. V 1b.2a

Von Tributen allerdings, die die Völker herbeibrächten, ist in Mi 4, 1–5 par. Jes 2, 1–5 im Gegensatz zu Hagg 2 und Jes 60 überhaupt nicht die Rede. Vielmehr kommen die Völker zum Zion in einer Wallfahrt. Denn עלה ist *terminus technicus* für »Wallfahrt« (vgl. die Wallfahrtspsalmen Ps 120–134, die jeweils mit שיר המעלות = »Wallfahrtslied« überschrieben sind). Hier hat auch die Selbstaufforderung ihren Ort (vgl. »wir wollen …« in Mi 4, 2 mit »zum Haus JHWHs will ich gehen« in Ps 122, 1b).

Ziel der Wallfahrt ist, wie die Fortsetzung des Zitats zeigt, daß die Völker vom Gott Jakobs Weisung erwarten und ihre Bereitschaft erklären, auf seinen Pfaden zu gehen. Dabei markieren die Verben eine unumkehrbare Folge: Er, JHWH, wird unterweisen, und wir, die Völker, werden daraufhin auf seinen Pfaden gehen. Es ist im Kleinen dieselbe Struktur, die auch den Text als ganzen beherrscht. Alles Geschehen wird ausgelöst durch die allein von Gott bewirkte Erhöhung des Tempelberges, und das Strömen der Völker zum Zion und ihre künftige Friedfertigkeit sind allererst eine Folge dieser alles auslösenden göttlichen Tat. Das »Evangelium« der Tora (ויורנו = »er wird uns unterweisen, er wird uns seine Tora geben«) kommt auch im Alten

[1] So heißt es z. B. in der Tempelbau-Hymne Gudeas von Lagasch über den Tempel: »Haus, großer ›Mast‹ des Landes Sumer, mit Himmel und Erde zusammen gewachsen …: Das Haus ist ein großer Berg, reicht bis an den Himmel«; zitiert nach *A. Falkenstein / W. von Soden*, Sumerische und akkadische Hymnen und Gebete (= SAHG), Zürich / Stuttgart 1953, 166.

[2] So heißt es ebenfalls im Tempelbau-Hymnus Gudeas:
»Mein Haus, das Eninnu, das An gegründet hat …
Sein schrecklicher Glanz reicht bis zum Himmel,
meines Hauses großer Schrecken liegt auf allen Fremdländern,
um seinen Namen scharen sich von Grenzen des Himmels her alle Fremdländer,
Magan (und) Meluchcha kommen dahin von ihrem fernen Land herauf« (SAHG 146 f.).
Und weiter: »Alle Fremdländer sprengten Öl, sprengten Zedernharz mit ihm (sc. Gudea) …« (SAHG 156).

Testament vor der »Heiligung« durch den Wandel (ונלכה = »und wir wollen gehen«).

V 2b Geht in V 1b.2a eine große Bewegung hin zum Zion (»strömen«, »gehen«, »hinaufziehen«), so beginnt jetzt eine umgekehrte Bewegung, die vom Zion »ausgeht«. Inhalt ist jeweils die Tora (V 3a verbal, V 3b nominal). Wie der Parallelismus von »Tora« und »Wort JHWHs«, der fehlende Artikel an »Tora« und das Verb »ausgehen« = יצא zeigen, ist unter »Tora« hier noch nicht im engeren Sinn »das Gesetz« in Gestalt des Pentateuchs zu verstehen. Gemeint ist vielmehr die »Wegweisung«, die »Unterweisung« als Wort, das je und je ergeht. Darüber, wer dieses Wort vermittelt, ob Priester oder Propheten, die am Tempel wirken, oder ob in dieser zukünftigen Zeit Gott selbst zu den Völkern spricht, enthält sich der Text jeglicher Spekulation.

Aufgrund allgemeiner Überlegungen über das nachexilische Tora- und Prophetenverständnis versucht *L. Schwienhorst-Schönberger,* Zion 1993, 117–121 aufzuzeigen, daß die »Tora ... hier die Tora vom Sinai« sei (118). Daß der Text schon in der Rezeptionsgeschichte im Zwölfprophetenbuch so verstanden wurde, halte ich für unzweifelhaft. Man vergleiche nur den Bogen von Hos 4,6; 8,1 über Am 2,4 und Hab 1,4 zu Sach 7,12 und Mal 3,22. In seinem eigenen Wortlaut gibt Mi 4,1–4 dieses Verständnis aber nicht her. Und so sehr das Anliegen zu begrüßen ist, einer christlichen Abwertung der Tora vom Sinai als (überwundenem) »jüdischen Gesetz« zu wehren, ist auch die Stimme eines jüdischen Auslegers nicht zu überhören, wonach es bei der Weisung für die Völker nicht um »Übernahme der ganzen Tora«, sondern nur um »die Gebote, die nicht spezifisch nur für Israel gelten«, gehe (so *R. Gradwohl,* Jes 2,1–5 1986, 146).

V 3a Der Inhalt des von Jerusalem ausgehenden Wortes wird nicht mitgeteilt. Allein wichtig ist der Zweck, wozu es ausgeht: Es soll zwischen den Völkern richten – also nicht »die Völker richten« – und zwischen ihnen entscheiden, schlichten, Recht schaffen (zu הוכיח vgl. den מוכיח = »Schiedsrichter« von Ijob 9,33). Es geht also bei der Völkerwallfahrt zum Zion um ganz konkrete Dinge. Weder ist gesagt, daß nun alle Völker JHWH-Verehrer werden (das betont zu Recht *R. Albertz,* Konfliktschlichtung 1990, 125f.; anders *B. Renaud,* Structure 1964, 97, für den die Bekehrung »evident« ist). Noch geht es bei der vom Zion ausgehenden Tora um religiöse Vorschriften. Es geht einfach um die friedliche Entscheidung in Konflikten zwischen den Völkern.

V 3b Die mit dem Ausgehen von Weisung und Wort JHWHs einsetzende Bewegung weg vom Zion geht nun weiter. Die Völker – so muß man es sich wohl denken – ziehen nach Hause und betreiben das, was man heute Rüstungskonversion nennt. Wie heute gewaltige Ressourcen in der Rüstung verschwinden und dadurch für wirtschaftliche Entwicklung und soziale Absicherung fehlen, wurde damals das wertvolle Eisen vorrangig zur Herstellung von Waffen verwendet. Die Vision von der Umschmiedung dieser Waffen in landwirtschaftliche Geräte ist also mehr als das Bild einer Idylle; es geht um die Frage, wofür die Schätze dieser Welt da sind: zum Töten und Erobern oder zum Ernähren und zur Erleichterung der Arbeit. Es bleibt freilich nicht bei einem einmaligen Akt der Umfunktionierung von Rüstungsgütern. Sondern weil die Grundlage für kriegerische Auseinandersetzungen fehlt, wird man auch das Kriegshandwerk gar nicht mehr lernen. Wichtig ist dabei, daß hier kein prinzipieller Pazifismus verkündigt wird. Denn vor der allgemeinen Konversion der Rüstung steht die friedliche Schlichtung. Die Reihenfolge ist also nicht: Friede durch Abrüstung, sondern umgekehrt: Abrüstung, weil Friede herrscht. Darin schlägt sich die Erfahrung nieder, daß Friede ohne Gerechtigkeit und ausgleichende Schlichtung nicht möglich ist. Allerdings rechtfertigt diese Erfahrung ihrerseits keine hemmungslose Rüstung, sondern wirft die Frage auf, ob das Volk Gottes in einer Welt des Unfriedens selbst diesen Weg des Unfriedens mitgeht, oder ob es auch in dieser Welt schon »im Namen JHWHs, unseres Gottes« geht (so V 5 und siehe dazu unten).

Mit dem – in der jesajanischen Parallele fehlenden – Bild des friedlich unter Weinstock und Feigenbaum Sitzenden kommt die erst zum Zion hin- und dann von ihm zurückgehende Bewegung zur Ruhe. Dabei verarbeitet die Aussage zwei traditionelle Elemente. a) Das erste ist der Satz: »Und ein jeder wird unter seinem Weinstock wohnen und unter seinem Feigenbaum«. Er steht fast wörtlich gleich in 1 Kön 5,5 und nur leicht verändert in 2 Kön 18,31 = Jes 36,16, vgl. auch 1 Makk 14,12. In 1 Kön 5,5 schildert er den Friedenszustand, der unter Salomo erreicht wurde. Freilich, in den Genuß dieses Friedens kommen »Juda und Israel« als Subjekt des Satzes, und es ist ein Friede, der auf Eroberung, Ausplünderung und Gewaltherrschaft über die Völker beruht (so der Kontext in 1 Kön 5,1–5) (zum Gegensatz zwischen Mi 4,4 und 1 Kön 5,5 vgl. besonders *W. Brueggemann*, »Vine« 1981, v.a. 194–201). Was für die *pax salomonica* gilt, trifft auch auf die in 2 Kön 18,31 = Jes 36,16 in Aussicht gestellte *pax assyrica* zu: Ihr Preis wäre die judäische Unterwerfung unter den assyrischen Großkönig. Demgegenüber kündigt Mi 4,4 eine zweifache Veränderung an. Das sichere Leben ist keine Folge von Unterwerfung, sondern gründet im friedlichen Ausgleich zwischen den Völkern. Und demzufolge kommt nicht nur *ein* Volk in seinen Genuß, sondern »ein jeder« (איש) (vgl. dazu *W. Schottroff*, Friedensfeier 1999, 212.222). Mit diesem universalen Zug geht Mi 4,4 auch über die etwa in die gleiche Zeit fallende Verheißung in Sach 3,10 hinaus, wo die zukünftige Einladung unter Weinstock und Feigenbaum wie in 1 Kön 5,5 auf Israel beschränkt ist. V 4a

b) Ein sonst nicht mit dem Bild von Weinstock und Feigenbaum verbundenes, ebenfalls traditionelles Moment stellt auch die den Text beschließende Phrase ואין מחריד = »und es gibt keinen, der aufstört« dar. Sie ist biblisch zwölfmal belegt, und zwar in großer Breite der Verwendung. Sie kann sich auf das ungestörte Fressen aasvernichtender Tiere beziehen (Dtn 28,26; Jer

7,33) wie auf das sichere Lagern von Herden (Jes 17,2, metaphorisch auch in Zef 3,13), aber auch auf Löwen in ihrem Versteck (Nah 2,12); sie kann die Sicherheit des Individuums ebenso bezeichnen (Ijob 11,19) wie die von Völkern (Lev 26,6; Jer 30,10; 46,27; Ez 34,28; 39,26). So verbietet es diese Breite, den Sinn einer Stelle von einer anderen her festlegen zu wollen. Vielmehr ist jeweils vom Kontext auszugehen. Und der weist in Mi 4,4 zurück auf die Aussagen von der Verbannung in 1,16, von der Enteignung in 2,1 f., von der Vertreibung in 2,9 und von der brutalen Unterdrückung in 3,2 f. Damit wird die verheißene Sicherheit nicht auf die in Mi 1–3 ja nur gemeinten Judäer eingeschränkt. Aber deren Sicherheit ist zukünftig in der aller Völker mit aufgehoben. Beide Aussagen in Mi 4,4a im Kontext von Mi 1–4 zeigen, daß es nicht nur um äußere Bedrohung, sondern auch um innere Unterdrückung geht; dazu *W. Brueggemann,* »Vine« 1981, 193: »What usurps vine and fig trees is not just invading armies, but the tax structure and the profit system which are both cause and effect of military dangers. The poet envisions not simply a cessation of war, but the dismantling of the war apparatus and, undoubtedly, a major economic displacement.«

V 4b Die feierliche Schlußformel »Denn der Mund JHWHs der Heerscharen hat es geredet« schließt das Orakel ab. Diese Formel findet sich – ohne צבאות – nur noch in Jes 1,20; 40,5; 58,14. Sie erfüllt im Jesajabuch die Funktion einer redaktionellen Klammer, die die drei Teile des Buches zu einer Einheit verbindet. Daß sie daneben in leichter Variante sonst nur noch in Mi 4,4 vorkommt, ist ein Beleg dafür, wie nahe sich die Überliefererkreise dieser beiden Propheten stehen.

V 5 V 5 markiert nach der Schlußformel in V 4b einen Neueinsatz. Dieser wird durch den Subjektswechsel noch unterstrichen, indem jetzt ein Wir spricht. Der Neueinsatz ist aufs engste auf das Voranstehende bezogen. Denn immer noch ist die Rede von den Nationen (עמים wie in V 1.3) und vom »gehen« oder »wandeln« (הלך zweimal wie in V 2 dreimal). Aber jetzt wird zwischen dem Gehen der Nationen und dem des Wir unterschieden. Das, was am Ende der Tage Wirklichkeit sein wird, ist es jetzt noch nicht. Denn noch geht jedes Volk im Namen seines eigenen Gottes. Diese Aussage impliziert in einer Welt, die viele Götter kennt, noch keine Kritik, sondern konstatiert die Realität (man vergleiche dazu die Szene auf dem Schiff, mit dem Jona vor Gott fliehen will: In Seenot schreit »ein jeder zu seinem Gott«, Jona 1,5).

Doch auf dieser Feststellung liegt auch gar nicht das Gewicht des Satzes, sondern darauf, daß im Gegensatz zu den Völkern das sprechende Wir »im Namen JHWHs, unseres Gottes« geht, was durch die liturgische Schlußformel »für immer und ewig« noch unterstrichen wird. Diese Formel verweist auf die Lesung des Textes in einem Gottesdienst. Damit wird das Wir als die Gemeinschaft identifiziert, die diesen Text lesend und hörend sich zu eigen macht. Dies ist im Rahmen des Michabuches natürlich Israel. Ohne den Text überziehen zu wollen, kann man hier doch schon so etwas wie den Gedanken finden, daß Israel stellvertretend für die Völker handelt solange, bis diese ebenfalls auf den Weg JHWHs geraten. Insofern aber dieser Text auch in christlichen Gottesdiensten gelesen wird, umfaßt dann das Wir auch die christliche Gemeinde. Daß dies ethisch nicht ohne Folgen bleiben kann, wird gleich zu bedenken sein.

Der katholische Exeget *H. Junker* beginnt seine Abhandlung über Jes 2 mit dem Satz: »Die großartigste Vorausschau der Kirche in der alttestamentlichen Offenbarung haben wir in Is 2,2–4« (Sancta Civitas 1962, 17). Als extrem zugespitzte Aussage ist dies nur haltbar, wenn sie nicht die Ausschaltung Israels voraussetzt, durch das allein »die geistige Realität der alle Völker umfassenden Una Sancta Catholica« möglich ist – auch und gerade nach unserem Text.

Wirkung und Bedeutung

Wirkungsgeschichte

Mi 4,1–5 gehört zu den alttestamentlichen Texten, die eine frühe und breite Wirkungsgeschichte bis heute entfaltet haben. Seine früheste Wirkung besteht darin, daß der Text sowohl Micha als auch Jesaja zugeschrieben wird. Sodann wird er – immer noch innerhalb des Alten Testaments – in Joel 4,10 zitiert, und zwar in ironischer Umkehrung, indem die gegen Jerusalem anstürmenden Völker aufgefordert werden: »Schmiedet eure Pflugscharen um zu Schwertern und eure Winzermesser zu Lanzen« (daß dies kein Gegensatz zu Mi 4 par. Jes 2 ist, sondern daß auch Joel 4,10 die letztliche Vergeblichkeit militärischer Rüstung unterstreicht, stellt *H. W. Wolff*, Schwerter 1987, 94f. überzeugend heraus).

Zu Anklängen und Aufnahmen des Textes im Neuen Testament und in der alten Kirche sei hier nur auf die Untersuchungen von *G. Lohfink*, »Schwerter« 1986 und *R. L. Wilkens, In novissimis diebus* 1993 verwiesen. Obwohl die christliche Ikonographie Micha meist als den Verkünder der Christusgeburt darstellt (Mi 5,1–3)[3], kann doch auch Mi 4,1–4 zur Charakterisierung des Propheten herangezogen werden. So wird am Portal des südlichen Querschiffs der Kathedrale von Amiens, in dessen Tympanon sämtliche großen und kleinen Propheten abgebildet sind, Micha durch einen Schmied repräsentiert, der ein Schwert in eine Pflugschar umschmiedet[4].

[3] Reichhaltige Nachweise antiker, mittelalterlicher und frühneuzeitlicher Darstellungen finden sich bei *Jürgen Paul / Werner Busch*, Art. Michäas, in: LCI 3, Freiburg 1971, 254f.
[4] Vgl. *Adolf Katzenellenbogen*, Tympanum and Archivolts on the Portal of St. Honoré at Amiens, in: M. Meiss (Hg.), De artibus opuscula LX, FS E. Panofsky, New York 1961, 280–290 mit Tafel 89–91.

Aufnäher aus der DDR der frühen 1980er Jahre.
Text: »Schwerter zu Pflugscharen. Micha 4«

Eine überraschende Aufnahme findet das Motiv »Schwerter zu Pflugscharen« dann – um gleich in die neuere Zeitgeschichte zu springen – nach dem zweiten Weltkrieg. Der sowjetische Bildhauer Ewgenij Viktorowitsch Wutschetitsch (1908–1974) schafft eine Trilogie, die durch das Motiv des Schwertes zusammengehalten wird: »Mutter Heimat« übergibt das Schwert (in Stalingrad, jetzt Wolgograd) – »der Befreiungskrieger«, ein russischer Soldat zerstört das Hakenkreuz mit dem Schwert (sowjetisches Ehrenmal in Berlin-Treptow) – ein Mann schmiedet ein Schwert in eine Pflugschar um. Das dritte, 1957 geschaffene Werk kommt als Geschenk der UdSSR an die UNO nach New York. Doch seine eigentliche Bedeutung erhält es erst, als die stark christlich geprägte Friedensbewegung der DDR ein Bild des sowjetischen Denkmals zusammen mit der Zeile »Schwerter zu Pflugscharen« und dem Hinweis auf Mi 4,3 Ende der 70er Jahre zu ihrem Symbol erhebt. Dieses wird auch in der westdeutschen Friedensbewegung schnell übernommen und führt im Osten zu Verbot und Verfolgung und im Westen zu heftigen Debatten und Verdächtigungen (vgl. als Reflex darauf *H. W. Wolff*, Schwerter 1987). Mit dem Ende des Kalten Krieges seit 1989 verliert das Wort zwar seine aktuelle Brisanz. Aber als Bild für Abrüstung und zukünftigen Frieden geht »Schwerter zu Pflugscharen« in die politische Alltagssprache ein. Der erfolgreichste Pop-Sänger seiner Zeit, Michael Jackson, verarbeitet in seinem 1991 geschriebenen Song »Heal the World« die Zeile »See the nations turn their swords into plowshares«. Und der Präsident der USA, Bill Clinton, sagt beim Besuch einer Rüstungsfabrik, die auf Zivilproduktion umstellen will: »Der weltbeste Hersteller von Schwertern kann und wird der weltbeste Hersteller von Pflugscharen werden« (Frankfurter Rundschau, 13.3.1993, S. 2).

Utopie und Ethik

Das Wort vom Völkerfrieden ist ein Traum, der in der damaligen und gegenwärtigen Welt keinen Ort hat, eine U-Topie im wahrsten Sinne des Wortes. Aber das Wesen der Utopie wäre verkannt, würde man ihr im Namen der sogenannten Realität die ethische Relevanz absprechen. Im Gegenteil, die Utopie selbst stellt die gegenwärtige Realität in Frage und fordert gerade deshalb ethische Relevanz. Der Text in seiner michanischen wie jesajanischen Fassung drückt das dadurch aus, daß in seinem jeweiligen Schlußsatz die den Text aufnehmende Gemeinde bekennt, jetzt schon in seinem Sinn handeln zu wollen (das Jes 2,5 wie Mi 4,5 zweimal verwendete Verb הלך = »gehen« meint eben dies; vgl. zu dieser Deutung des Schlußverses *H. W. Wolff*, Schwerter 1987, bes. 103–107 und *R. Albertz*, Konfliktschlichtung 1990, bes. 129–131). Und dies ist weder in sozialer noch politischer Hinsicht harmlos, wie *W. Brueggemann*, »Vine« 1981, 203 herausstellt: »... the summons about ›walk‹ understands that a choice for which god is also a choice for which social system ... The summons of v.5 is dangerous and polemical: dangerous, because it rejects the gifts given by the absolute royal system; polemical, because it exposes the system as one incapable of doing what it says.« Mit der Forderung nach ethischer Relevanz des Textes von Mi 4,1–5 wird die gegenwärtig herrschende Realität nicht eskapistisch negiert. Sie ist im Kontext des Wortes in der Michaschrift präsent, indem davor von den sozialen und politischen Mißständen in Juda (Mi 1–3*) und danach von dem spannungsvollen Verhältnis zwischen Israel und den Völkern (Mi 4–5) die Rede ist. Und sie ist im Text selbst präsent, indem dieser nicht kurzschlüssig in bloßen Abrüstungsbemühungen den Schlüssel zum Frieden sieht, sondern in der gerechten Schlichtung der dem Krieg zugrunde liegenden Ursachen. Diejenigen, die jetzt schon »im Namen JHWHs, unseres Gottes«, gehen wollen, müssen dies in einer Realität bewähren, die von sozialen und politischen Spannungen beherrscht wird und deshalb immer wieder Unfrieden hervorbringt. Sie können dieser Realität nicht entkommen. Aber sie dürfen sich mit ihr auch nicht abfinden.

Micha 4,6–7: Israel unter den Völkern – Rückkehr

Albert Condamin, S.J., Interpolations ou transpositions accidentelles? (Michée 2,12,13; Osée 2,1–3,8,9; Isaïe 5,24,25; 19,21,22): RB 11, 1902, 379–397. – *Norbert Mendecki*, Die Sammlung der Zerstreuten in Mi 4,6–7: BZ NF 27, 1983, 218–221. Literatur

Marc Zvi Brettler, God is King. Understanding an Israelite Metaphor (JSOT.S 76), Sheffield 1989, bes. 139–158. – *Jörg Jeremias*, Das Königtum Gottes in den Psalmen. Israels Begegnung mit dem kanaanäischen Mythos in den Jahwe-König-Psalmen (FRLANT 141), Göttingen 1987. – *Arvid S. Kapelrud*, Nochmals Jahwä mālāk, in: ders., God and His Friends in the Old Testament, Oslo 1979, 96–98. – *Viktor Maag*, Malkût Jhwh, in: Congress Volume Oxford 1959 (VT.S 7), Leiden 1960, 129–153. – *Edward Lipinski, Yāhweh mâlāk:* Bib 44, 1963, 405–460. – *Peter Welten*, Königsherrschaft Jahwes und Thronbesteigung. Bemerkungen zu unerledigten Fragen: VT 32, 1982, 297–310. Zu JHWHs Königtum

Text

6 *An jenem Tag – Ausspruch JHWHs –* Übersetzung
da will ich das Lahmende sammeln
und das Versprengte zusammenbringen,
das, worüber ich Unheil gebracht habe.
7 *Und ich mache das Lahmende zum Rest*
und das Entfernte zum starken Volk.
Und König sein wird JHWH über sie
auf dem Berg Zion
von nun an bis in Ewigkeit.

6 Das Waw vor dem Relativsatz V 6b ist nicht kopulativ zu verstehen, sondern explikativ (so auch *B. M. Zapff*, Studien 1997, 50f.). Denn die, über die Gott Unheil gebracht hat, sind keine weitere Gruppe neben den Lahmenden und Versprengten, sondern deren Lahm- und Versprengt-Sein wird als Unheil von JHWH erklärt. Zu Text und Übersetzung

7 Die Übersetzung von הנהלאה in V 7aβ mit »das Entfernte« beruht auf der Vermutung eines Verbs הלא, das von הלאה = »dorthin, weiter(hin)« denominiert wäre und dessen pt.nif.fem. hier vorläge (vgl. dazu Gesenius[18] und KBL). Die vorgeschlagenen Änderungen in הנלאה = »das Ermüdete« oder in הנחלה = »das Kranke« (vgl. BHS) wären beide graphisch leicht nachvollziehbar. Da aber im Parallelismus des Textes das הנהלאה von V 7a dem הנדחה = »das Versprengte« von V 6 entspricht, scheint vom Inhalt her »das Entfernte« doch die sachgemäßeste Wiedergabe zu sein (so auch *N. Mendecki*, Sammlung 1983, 219; vgl. *B. M. Zapff*, Studien 1997, 51f.).

Analyse

Abgrenzung Nach der masoretischen Parascheneinteilung bilden Mi 4, 6–7 eine Einheit. Dies wird durch weitere Beobachtungen mehrfach bestätigt. 1.) 4, 6–7 sind weitgehend mit 2, 12 f. parallel und bilden zusammen eine Inklusion um 2, 12 – 4, 7. Dagegen hat 4, 8 keine Parallele in Mi 2. 2.) 4, 8 wiederum bildet zusammen mit 5, 1–3 eine Inklusion, die 4, 8 – 5, 3 umfaßt. 3.) 4, 7 ist durch die Formel »von nun an bis in Ewigkeit« feierlich als Abschluß markiert.

Gestalt Der Text der zwei Verse setzt sich aus zwei Kern- und zwei rahmenden Elementen zusammen. Rahmend eingeleitet wird er durch die Formel »an jenem Tag – Ausspruch JHWHs«, die das Wort als Gotteswort kennzeichnet und seine Erfüllung an einen bestimmten Tag in der Zukunft bindet. Ausgeleitet wird das Wort durch die Formel »von nun an bis in Ewigkeit«, die wie das »für immer und ewig« von V 5 liturgischen Charakter trägt. Der Kerntext selbst besteht wiederum aus zwei Elementen. Das erste bildet V 6.7a. Es ist das in der Einleitung angekündigte Gotteswort, in dem JHWH in 1. Person spricht. Daran angeschlossen ist V 7bα, wo in 3. Person über JHWH gesprochen wird. Auch inhaltlich unterscheiden sich die beiden Aussagen. V 6.7a schildert JHWH als den die Herde sammelnden Hirten, während V 7b von ihm als König spricht.

Das Verhältnis von 4, 6–7 zu 2, 12 f. Mi 4, 6–7 gehören in formaler und inhaltlicher Hinsicht aufs engste mit 2, 12 f. zusammen. Beide Texte haben den Wechsel von Gottesrede zu Rede über Gott. Beide handeln in der ersten Hälfte in Herdenmetaphorik vom Sammeln (unter Verwendung der Vokabeln אסף, קבץ pi [beide] = »sammeln, zusammenbringen« und שארית = »Rest«) und in der zweiten Hälfte von der Königsherrschaft JHWHs (unter Verwendung des Gottesnamens und der Wurzel מלך = »König sein«). Sie bilden eine Inklusion um 2, 12 – 4, 7. Damit fassen sie 3, 1–12 und 4, 1–5 als – komplementär – zusammengehörig auf, was sachlich völlig richtig ist, und rahmen dieses Diptychon durch eine weitgehend identische Aussage. Im übrigen konterkarieren sie damit jede zu simple Strukturanalyse des Michabuches. Denn weder den Einschnitt hinter 3, 12 noch den hinter 2, 13 machen sie mit, sondern binden zusammen, was unter anderen Aspekten durchaus auch zu trennen ist.

Trotz der ins Auge springenden Rahmenfunktion von 2, 12 f. und 4, 6–7 sind deren Unterschiede nun auch nicht zu übergehen. Sie sind sehr diskret, so daß der Rahmencharakter nicht übertönt wird, signalisieren aber doch, daß es inzwischen »weiter im Text gegangen« ist. a) Zunächst ist da die Einleitungsformel in 4, 6, die das im Gotteswort angekündigte Geschehen »an jenem Tag« verortet. Damit wird 4, 6–7 mit 2, 4 f. und 5, 9–14 zusammengenommen, die ebenfalls mit dieser Formel eingeleitet sind. Zugleich wird 4, 6 damit in Bezug zu 4, 1 gesetzt, wo ein Geschehen באחרית הימים = »am Ende der Tage« angekündigt wird (zur damit entstehenden Zeitstruktur vgl. den Exkurs oben S. 124 f.). b) In 2, 12 f. fehlte jeder Hinweis darauf, wer die auch dort vorausgesetzte Zerstreuung verursacht hatte. Dies mußte folglich dem Kontext entnommen werden, der in 1,16 von einer Exilierung durch feindliche Eroberer und in 2,9 von der Vertreibung durch besitzgierige Reiche gesprochen hatte. Die Sammlung der Zerstreuten war damit in erster Linie als Wiedergutmachung gegenüber den Opfern vorangegangener Gewalt aufgefaßt worden. Demgegenüber steht in 4,6 das kleine Sätzchen: »(ich bringe zusammen) das, worüber ich Unheil gebracht habe (ואשׁר הרעתי)«. Mit der Wurzel רעע wird das zentrale Leitwort des alten Textes von Mi 1–3* aufgenommen, wonach es sich bei dem dort angekündigten Geschehen um »Unheil von JHWH« (1,12) handelte. So geht es in 4,6–7 zwar auch um Restitution der Opfer von einst. Aber im Vordergrund steht der in 2,12f. noch fehlende Aspekt, daß damit JHWHs einstiges Unheilshandeln beendet ist. Was 2,12f. aufgrund seiner Stellung inmitten des Textes von Mi 1–3 noch nicht zur Sprache bringen konnte, kann (und muß) jetzt, nachdem Mi 1–3 ganz gelesen ist, gesagt werden. c) Auf derselben Linie liegt der feine Unterschied, wonach es in 2,12 heißt: »zusammenbringen will ich den Rest Israels«, während 4,7 formuliert: »ich mache das Lahmende zum Rest«. In 2,12 hat »Rest« noch den ursprünglichen Sinn: Es sind die Übriggebliebenen vergangener Katastrophen, die jetzt gesammelt werden sollen. In 4,6–7 dagegen hat »Rest« eine durchaus positive Konnotation. Der »Rest« steht im Parallelismus zum »starken Volk«. Nachdem JHWH aufgehört hat, »Unheil zu bringen«, ist die Zugehörigkeit zum »Rest« nicht mehr nur Ausdruck davon, überlebt zu haben, sondern eine besondere Auszeichnung.

Zusammenfassend läßt sich sagen, daß 4,6–7 zwar weitgehend 2,12f. wieder aufnehmen, daß der Text von 2,12f. aber »durch 3,1–4,5 hindurchgegangen« ist und dadurch neue Nuancen angenommen hat. Dies widerrät der gelegentlich vertretenen Auffassung, 2,12f. seien ursprünglich »integraler Bestandteil von Mi 4–5«[5] (so *B. Renaud*, Structure 1964, 20; *ders.* 52f. im Anschluß an *A. Condamin*, Interpolation 1902; vgl. auch *E. Sellin* 322), weil so der Durchgang durch 3,1–4,5 nicht erfaßt werden kann. Viel näher liegt da der Schluß, daß 4,6–7, »ähnlich wie Mi 2,12f., für seinen jetzigen Ort im Michabuch redaktionell verfaßt wurde« (*B. M. Zapff*, Studien 1997, 49).

[5] »partie intégrante de *Mich.*, IV–V«.

Auslegung

4,6.7a verwendet wie 2,12 Herdenmetaphorik. War sie dort aber auf das bloße Zerstreutsein (und Wieder-Sammeln) beschränkt, so ist jetzt neben dem Moment der Versprengung der Tiere (»das Versprengte«, »das Entfernte«) auch von ihrer Verletzung die Rede (zweimal »das Lahmende«). Motivisch dürfte das von Ezechiels großer Hirtenmetapher beeinflußt sein, in der ebenfalls beide Motive vereint sind (Ez 34). Sprachlich steht es noch näher bei Zef 3,19, wo – und es sind die beiden einzigen Stellen in der hebräischen Bibel – הצלעה = »das Lahmende« und הנדחה = »das Versprengte« im Parallelismus stehen (wobei für die Kommentierung unseres Michatextes offen bleiben kann, ob in Mi 4,6–7 und Zef 3,18f. dieselbe Redaktionsschicht greifbar wird oder ob eine Stelle von der anderen abhängig ist). Unter der »Versprengung« wird man mit 2,12 beides verstehen müssen, die Exilierung durch äußere Feinde und die Vertreibung vom eigenen Besitz, wobei aber die Frage des äußeren Exils jetzt viel stärker im Vordergrund steht, wie die Rede vom »starken Volk« in V 7a zeigt. Daß es aber bei der Sammlung »an jenem Tag« auch um Wiedergutmachung für die durch die Reichen und Mächtigen angetane Gewalt geht, zeigt die Rede vom »Lahmenden« oder »Hinkenden«. Denn dies hat ganz deutlichen Bezug auf 3,1–4, wo ja die »Häupter Jakobs und Führer des Hauses Israel« als Hirten geschildert worden waren, die den ihnen anvertrauten Tieren schlimmste Verletzungen beigebracht hatten[6]. V 6.7a

Was nach dem Sammeln geschehen soll, war in 2,12aβ.b noch ganz in der Herdenmetaphorik verbleibend ausgedrückt worden; nur die Schlußworte »und es tost von Menschen« (V 12bβ) waren darüber hinaus gegangen. Anders in Mi 4,7a, wo die Ausdrucksweise »ich mache … zum Rest und … zum starken Volk« mit dem Bild der Herde nichts mehr zu tun hat. »Rest« ist hier, wie schon erwähnt, nicht mehr Ausdruck für das Übriggebliebene, sondern etwas, wozu das »Lahmende« allererst (von Gott) gemacht wird. Das rückt unsere Stelle ganz in die Nähe von Texten wie Jes 6,13; Esr 9,2, wo die der Katastrophe Entronnenen als »heiliger Same« apostrophiert werden. Damit rückt der Blick von der vergangenen Katastrophe weg und hin in die Zukunft, deren Keimzelle der »Rest« ist (zum Rest-Gedanken in Mi 4,6–7 vgl. *J. Hausmann*, Rest 1987, 174–177).

Die positive Wertung des »Restes« wird unterstrichen durch den synonymen Parallelismus, in dem der »Rest« mit dem »starken Volk« steht. גוי עצום läßt dabei zum einen an die Verheißungen des Pentateuchs denken (Gen

[6] Daß auch in Zef 3,19 dieser doppelte Bezug auf Gewalt durch äußere und innere Feinde vorliegt, habe ich an anderer Stelle aufzuzeigen versucht: *Rainer Kessler*, »Ich rette das Hinkende, und das Versprengte sammle ich«. Zur Herdenmetaphorik in Zef 3, in: W. Dietrich / M. Schwantes (Hg.), Der Tag wird kommen. Ein interkontextuelles Gespräch über das Buch des Propheten Zefanja (SBS 170), Stuttgart 1996, 93–101.

18,18; Num 14,12). Zum andern erinnert die Rede vom »starken Volk« an die in Mi 4 direkt davor stehende Erwähnung der »starken Völker«, die zum Zion ziehen werden (V 3). Das künftige Israel also wird in der Völkerwelt ein starkes Volk unter starken Völkern sein (zum Bezug von 4,6–7 auf die Väterverheißung wie auf Mi 4,3 vgl. *B. M. Zapff*, Studien 1997, 58f.). Mit diesem Gedanken weist 4,6–7 zugleich auf 5,6–8 voraus, wo es thematisch um die Stellung des »Rests Jakobs inmitten vieler Völker« geht. Auf die konzentrische Struktur, die dadurch in der Komposition von Mi 4–5 entsteht, war in der Einführung in diese Kapitel schon hingewiesen worden.

V 7b Das zweite Element des Doppelspruchs Mi 4,6–7 spricht von JHWHs künftiger Königsherrschaft auf dem Berg Zion. Sprachlich lehnt sich die Formulierung ומלך יהוה = »und König sein wird JHWH« an die Psalmen an, die von Gottes Königsherrschaft sprechen (יהוה מלך Ps 93,1; 96,10; 97,1; 99,1; vgl. Ps 47,9 מלך אלהים), allerdings so, daß die Herrschaftsvorstellung zugleich futurisiert wird, genau wie in dem deuterojesajanischen Gedanken, daß demnächst auf dem Zion die Königsherrschaft Gottes proklamiert werden wird (Jes 52,7). Konzeptionell und sprachlich noch näher steht unsere Stelle dem Schluß des Schilfmeerliedes (Ex 15), wo in V 17 überdeutlich auf den Zion angespielt und in V 18 JHWHs Herrschaft angekündigt wird: יהוה ימלך לעלם ועד = »JHWH wird König sein für immer und ewig« (mit liturgischer Abschlußformel, wie in Mi 4,7b). Beide Stellen machen deutlich, daß die Vorstellung, JHWH werde künftig die Herrschaft antreten, nicht impliziert, daß er gegenwärtig machtlos sei. Vielmehr liegt an beiden Stellen das Gewicht darauf, daß JHWH seine Herrschaft erst künftig auf dem Zion wird sichtbar machen können, weil gegenwärtig das Volk dort noch gar nicht angekommen ist, sondern noch auf dem Weg aus Ägypten bzw. noch in Babel gefangen ist. Und genau um diesen Zusammenhang geht es auch in Mi 4,6–7. Erst wenn die in V 6.7a angekündigte Sammlung der Versprengten erfolgt sein wird, wird JHWH auch seine Herrschaft auf dem Zion sichtbar machen können.

Wie wenig sich Gegenwart und Zukunft in Mi 4,7b gegeneinander ausspielen lassen, zeigt die liturgische Schlußformel, die nämlich nicht wie in Ex 15,18 und hier unmittelbar vorher in Mi 4,5 לע[ו]לם ועד = »für immer und ewig« lautet, sondern מעתה ועד־עולם = »von nun an bis in Ewigkeit«. »Von jetzt an« gilt die Königsherrschaft JHWHs auf dem Zion. Die Gegenwart ist keine Zeit der Machtlosigkeit Gottes, aber das heißt nicht, daß für die Zukunft nicht noch etwas zu erwarten ist. Die Einleitung von Mi 4,6–7 »an jenem Tag« und dessen Schluß »von nun an bis in Ewigkeit« bilden eine spannungsvolle Einheit.

Bedeutung

Zwischen Mi 4,7 und 4,8 ergibt sich ein Einschnitt, der theologisch für die Michaschrift von großer Bedeutung ist. Bis 4,7 nämlich spricht der Text ausschließlich von der Königsherrschaft JHWHs. In 2,13 und 4,7b ist ausdrücklich von ihr die Rede, und in 4,1–5 kommt zwar die Wurzel מלך (»König sein«) nicht vor, aber neben JHWH findet eben auch kein irdischer Herrscher Erwähnung. Wo bis Mi 4,7 dagegen der irdische Herrscher erwähnt wird, ist nur negativ von ihm die Rede, sei es, daß seine Herrlichkeit als dem Verfall geweiht dargestellt (so 1,10.14f.), sei es, daß er selbst kritisiert wird (so 3,10). In 4,8 wird dann aber plötzlich positiv von der Wiederherstellung des früheren Königtums gesprochen, und in 5,1–3 wird eine künftige, ganz positiv gesehene Herrschergestalt angekündigt. Diese Abfolge von verfallendem alten Königtum, ausschließlicher Königsherrschaft JHWHs und angekündigtem neuen Königtum soll theologisch zum Ausdruck bringen, daß das zukünftige Königtum anders als das vergehende bzw. vergangene davidische nichts anderes als der direkte Ausfluß der Königsherrschaft JHWHs sein wird.

Micha 4,8–5,5: Jetzt-Zeit und Wende

Exkurs

Die These einer frühexilischen Fortschreibung von Mi 1–3* in 4,8–5,3

Die Komposition von Mi 4,8–5,3 (zu 5,4f. als Anhang zu 5,1–3 s. unten) wird gebildet von drei Sprüchen (4,9f.; 4,11–13 und 4,14–5,3), die jeweils mit עתה (V 9.14) bzw. ועתה (V 11) eingeleitet werden (»[und] jetzt«). Gemeinsam ist allen drei Sprüchen, daß weibliche Gestalten im Singular angeredet werden, die als »Tochter Zion« (V 10.13) bzw. »Tochter der Ritzung« (V 14) eine Stadt personifizieren, wobei die Anrede im ersten und zweiten Spruch in Imperativen erfolgt (V 10.13). Gemeinsam ist den drei Sprüchen auch, daß jeweils eine Not und dann deren Wende zur Sprache kommen. Thematisch verhandeln die drei Sprüche der Komposition drei verschiedene Nöte, die alle mit der Einnahme Jerusalems durch die Babylonier im Jahr 587/586 zusammenhängen. In 4,9f. geht es um die Deportation nach Babel, in 4,11–13 um den Spott und um kriegsgewinnlerische Eingriffe benachbarter Völker nach dem Fall Jerusalems und in 4,14–5,3 um das Ende des davidischen Königtums. Damit soll keine streng chronologische Abfolge beschrieben werden, denn die in 4,14 erwähnte Belagerung und Erniedrigung des Königs gehen dem Verlassen der Stadt (V 10) und dem Spott der Völker (V 11) voraus (*J. L. Mays*, Purpose 1977, 282: »the sequence is not a chronological succession of logically ordered events«). Vielmehr geht es um die Zusammenschau eines einzigen Schreckensgeschehens, das Belagerung der Stadt und ihr zwangsweises Verlassen, Demütigung und Beseitigung des Königtums und den Hohn der Völker umfaßt (*B. Renaud*, Formation 1977, 216 nennt das schön »télescopage des temps«).

Zusammengehalten wird die Komposition außer durch die parallele Struktur und Thematik der drei Sprüche auch dadurch, daß sich der letzte Spruch mit dem Motiv der Gebärenden (5,2) auf den ersten Spruch (4,9f.) zurückbezieht. 5,3 ist zudem als Abschluß der ganzen Einheit verfaßt, indem das dortige כי־עתה (»denn jetzt«) das »jetzt« der drei Spruchеinleitungen aufnimmt und zugleich aus dem Jetzt, das die Not bezeichnet, das zukünftige Jetzt des Heils macht.

Mit der Einbeziehung von 5,1–5* in die »literarische Einheit« 4,9–5,5 geht *H. W. Wolff* 104–110 (Zitat 108) noch über die Erkenntnis von *I. Willi-Plein*, Vorformen 1971 hinaus, die zwar auch sieht, daß 4,9–14 »in sich nicht mehr unterteilbar« ist (86), die aber den Zusammenhang zwischen 4,9–14 und 5,1ff., den sie durchaus wahrnimmt, diachron auflöst: 4,9–14 sei ein »Zwischenstück«, »das 5,1ff. bereits voraussetzt und auf es zu geschrieben ist« (87). Abgewiesen ist damit jedenfalls die Position von *A. S. van der Woude* 125–127 sowie *ders.*, Dispute 1969, 248–256, wonach sich Notschilderung und Ansage der Heilswende auf Micha und seine pseudoprophetischen Gegner verteilen. Folgt man der zitierten Auffassung von *H. W. Wolff* 108, daß die Sprüche »nicht als rhetorische, sondern nur als literarische Einheit aufzufassen sind«, dann eröffnet sich freilich auch die Möglichkeit, 4,8 noch in diese Einheit einzubeziehen.

Vom Heilsteil des dritten Spruches (5,1–3) ist nämlich 4,8 nicht zu trennen, der somit den Anfang der Komposition 4,8 – 5,3 bildet. 1.) Beide Texte beginnen mit der Anrede »und du« + Ortsname. 2.) Beide Texte handeln von der Wiederkehr eines früheren Königtums bzw. dem Kommen eines Herrschers, dessen Ursprung in der Vorzeit liegt, und sie benutzen zur Bezeichnung der Herrschaft die Wurzel משל = »herrschen«. 3.) Beide Texte gebrauchen Verben der Bewegung und sind insofern komplementär, als in 4,8 gesagt wird, wohin die Herrschaft kommt, und in 5,1, woher sie ausgeht (ממך לי יצא – עדיך תאתה ובאה = »zu dir wird gelangen und kommen – aus dir geht mir hervor«). 4,8 ist ferner mit den Jetzt-Sprüchen darin verbunden, das es von der בת־ציון (»Tochter Zion«) spricht (so auch V 10.13; vgl auch die בת־ירושלם = »Tochter Jerusalem« in V 8 und die בת־גדוד = »Tochter der Ritzung« in V 14). 4,8 hat somit den Charakter einer Antiphon, die einleitend schon vorwegnimmt, worauf der Text als ganzer hinausläuft.

Die frühexilische Michaschrift

Mit 4,8 – 5,3 liegt die erste Stufe der Fortschreibung der Micha-Denkschrift vor (vgl. dazu o. S. 45f. sowie die Bemerkung von *H. W. Wolff* 110, »daß die Sprüche zuerst im unmittelbaren Anschluß an die Micha-Überlieferungen in Kap. 1–3 ihren literarischen Platz fanden«). Sie sieht in der Deportation von Teilen der Bevölkerung, der Zerstörung des Tempels und der Beseitigung des davidischen Königtums die Drohungen von Mi 1–3* erfüllt. Mit dem dreifachen »jetzt« weist sie auf diesen Aspekt hin. Zugleich versteht sie diese Ereignisse als Wende zum Heil. Daß dieser Heilsaspekt kein der alten Micha-Denkschrift völlig fremdes Moment darstellt, ist oben zu 3,9–12 schon ausgeführt worden. Denn das Unheil der Unterdrücker zieht nicht nur die von ihnen Beherrschten mit ins Unheil hinein, sondern kann sie auch davon befreien. Besonders im Blick auf das Königtum, von dem in 4,8 und 5,1–3 als Eckpfeilern der Komposition die Rede ist, wird sich zeigen, daß nicht einfach an die Wiederherstellung der alten Verhältnisse, sondern an eine ganz neue Qualität der Gottesbeziehung gedacht ist.

Doch 4,8 – 5,3 geht, sachlich bedingt, auch in einem Punkt über Mi 1–3* hinaus, indem nämlich jetzt – entstehungsgeschichtlich gesehen – zum ersten Mal ausdrücklich von den Völkern gesprochen wird. Gewiß war hinter der Katastrophenschilderung von 1,10–16 ein feindlicher Angriff zu sehen. Aber das wurde dort nicht explizit gemacht. Jetzt aber, wo Jerusalem tatsächlich durch einen feindlichen Angriff eingenommen und dem Spott der Völker ausgesetzt ist, kann das Völker-Thema nicht mehr implizit bleiben. Damit wird eine Richtung angegeben, die dann die weitere perserzeitliche Fortschreibung in Mi 4 und 5 insgesamt prägen wird.

Die Bezeichnung »Fortschreibung« impliziert dabei zweierlei. Zum einen wird vorausgesetzt, daß Mi 4,8–5,3 in Kenntnis von Mi 1–3* und nicht unabhängig davon entstanden ist, wie es etwa *R. Oberforcher*, Entstehung 1996, 153 sieht: »zunächst wohl unabhängig davon entsteht eine exilische Sammlung von anonymen heilsprophetischen Texten in 4,9–5,5*. ... Beide Textblöcke (sc. Mich 1–3* und 4,9–5,5*) wurden nachexilisch vereinigt ...«. Zwar hat Mi 4,8–5,3 tatsächlich semantisch wenig Bezüge zur alten Michadenkschrift. Aber das prononcierte »jetzt« des Textes weist ihn doch als gezielte Fortsetzung der Unheilsprophetie von Mi 1–3* aus. Zum andern wird mit der Bezeichnung als »Fortschreibung« ein deutlicher Akzent auf den literarischen Charakter des Vorgangs gelegt. Demgegenüber hatte noch *H. W. Wolff* 110 zuversichtlich einen ursprünglichen Sitz im Leben angegeben: »Gesprochen und überliefert zu denken sind solche Trostsprüche (zunächst einzeln) in den Klagegottesdiensten, die nach 587 an den Gedenktagen der Eroberung der Stadt und des Tempelbrandes stattfanden ...« Und weiter: »Daß die drei hier gesammelten Trostsprüche nicht nur von verschiedenen Notständen aus der Zeit um 587 ausgehen, sondern auch die Wende der Not in recht unterschiedlicher Weise ansagen, erklärt sich mit dem Sammelcharakter jener Prophetenworte aus den Jerusalemer Klagefeiern ...« Doch erklärt sich dieser Sammelcharakter ebenso gut, wenn wir als Tradenten und Fortschreiber der Micha-Überlieferung eine Gruppe annehmen, in der verschiedene Stimmen auf verschiedene Weise zu Gehör kommen und die zugleich daraus einen gemeinsamen Text produziert. Daß man diese Tradenten »im Kreise der Jeremia-Schüler« (*H. W. Wolff* 109; vgl. auch *B. Renaud*, Formation 1977, 216f.) wird suchen müssen, ist o. S. 46.49f. schon erwähnt worden und wird sich in der Einzelexegese bestätigen.

Micha 4,8

Literatur *H. Cazelles*, Histoire et géographie en Michée IV, 6–13, in: Fourth World Congress of Jewish Studies, Papers, Vol. 1, Jerusalem 1967, 87–89. – *Hans Walter Wolff*, Herrschaft Jahwes und Messiasgestalt im Alten Testament: ZAW 54, 1936, 168–203.

Text

Übersetzung *Und du, Herdenturm,*
Burg der Tochter Zion,
zu dir wird gelangen
und kommen
die frühere Herrschaft,
das Königtum für die Tochter Jerusalem.

Auffällig ist, daß auf den st.cs. מַמְלֶכֶת (»Königtum«) ein Nomen folgt, das nicht einfach im st.abs. steht, sondern mit der Präposition ל eingeleitet ist. Doch da dieses Phänomen im Biblisch-Hebräischen weit verbreitet ist (vgl. zahlreiche Belege bei Ges-K §130a), ist eine Umvokalisierung in den st.abs. מַמְלָכָה (BHS) nicht nötig. Inhaltlich würde sich ohnehin nichts ändern. Zu Text und Übersetzung

Analyse

Der Vers ist aus drei freilich sehr ungleich langen Paaren aufgebaut, der doppelten Anrede am Anfang, den beiden Verben der Bewegung als Prädikat in der Mitte und dem doppelt genannten Subjekt am Schluß. Die Masoreten gliedern den Text, indem sie zwischen den beiden Verben den Einschnitt setzen und somit zwei etwa gleich lange Vershälften erhalten, die sich chiastisch um die beiden Verben drehen:

V 8a doppelte Anrede + Verb
V 8b Verb + doppeltes Subjekt

Ästhetisch ist dies allemal glücklicher als der Versuch moderner Ausleger, durch Streichungen, Textumstellungen oder -änderungen einen ihrem Geschmack genehmeren Text herzustellen.

Auslegung

V 8a Der Text beginnt mit einer direkten Anrede Jerusalems. Sicher ist dies bei der zweiten Bezeichnung »Ophel der Tochter Zion«, wobei ein עפל die Burg oder Zitadelle oder Akropolis einer Stadt ist (für das moabitische Qericho vgl. die Mescha-Inschrift, KAI Nr. 181, Z. 21f., für Jerusalem Jes 32,14; Neh 3,26f.; 11,21; 2 Chr 27,3; 33,14. – 2 Kön 5,24 denkt möglicherweise an Samaria). Da es sich bei der asyndetisch aneinandergefügten Anrede »Herdenturm, Burg der Tochter Zion« kaum um zwei verschiedene Ortschaften handeln kann, muß mit »Herdenturm« ebenfalls an Jerusalem gedacht sein.

Nun erwähnt die Mischna, Schekalim 7,4, einen Ort »Migdal Eder« (oder eben »Herdenturm«) in der Nähe von Jerusalem. Deshalb haben moderne Ausleger einen Ort außerhalb der Metropole gesucht (*E. Sellin* 333; *A. Bruno*, Herrscher 1923, 101–103 weiß es genau: Beth-Ophra). Daß *A. Bruno* dazu die sichere Textaussage von der »Burg der Tochter Zion« ändern muß, disqualifiziert freilich seinen Vorschlag von vornherein. Auch kann der Hinweis auf das in Gen 35,21 erwähnte »Migdal-Eder« nicht als Beweis für einen Ort außerhalb Jerusalems herangezogen werden, denn eher handelt es sich bei Gen 35,21 um eine der in den Erzelterngeschichten beliebten verhüllten Anspielungen auf Jerusalem[7] ähnlich wie die Erwähnung des »Königs von Schalem« in Gen 14, 18–20 und die des »Landes Moria« in Gen 22, 2. Mit der Deutung von Migdal Eder = »Herdenturm« auf Jerusalem selbst entfällt auch der originelle, aber unhaltbare Vorschlag von *J. A. Wagenaar,* Oordeel 1995, 250 f., in Mi 4, 8 ein Unheilswort zu sehen, das vom (fluchtartigen) Aufbruch des Königs aus Jerusalem und seiner Ankunft in Migdal Eder spricht.

Möglicherweise ist die seltsame Anrede »Herdenturm« eine Anspielung an die aus der Jesajaüberlieferung stammende Weissagung Jes 32, 9–14, wo es heißt, daß die Burg (»Ophel«) zur Weide für »Herden« (עדרים) werden soll (V 14). Dann spräche Mi 4, 8 von der kommenden Aufhebung dieser Unheilsweissagung: Zum Lagerplatz der Herden soll nun wieder die frühere Herrschaft zurückkehren.

Indem die Ankündigung des Kommens der »früheren Herrschaft« deren V 8b
Ende in der Gegenwart voraussetzt, weist 4, 8 deutlich auf die anschließenden Jetzt-Sprüche voraus, die das Ende des Königtums thematisieren (in 4, 9, unter Verwendung der Wurzel מלך = »König sein«, und in 4, 14) und den »Herrscher« ankündigen, dessen »Ursprung … von der Vorzeit, von den Tagen der Urzeit her« ist. Zugleich bezieht sich 4, 8 innerhalb der Michaschrift aber auch auf 1, 10–16 zurück, wo zu Beginn des alten Michatextes vom Niedergang der davidischen Herrschaft die Rede war (in 1, 14 in der Ausdrucksweise מלכי ישראל = »Könige Israels« unter Verwendung der Wurzel מלך = »König sein«). 4, 8 hat also eine deutliche Brückenfunktion im jetzigen Textgefüge (*R. Oberforcher* 101 spricht von »Kompositionsscharnier«).

Auf der hypothetischen Stufe eines Michatextes, der Mi 1–3* und 4, 8 – 5, 3 umfaßte, wäre die Aussage also: Die frühere Herrschaft ist vergangen, aber sie wird – wenn auch in neuer Gestalt – wiederkommen. Auf der Ebene des Endtextes freilich verkompliziert sich diese einfache Abfolge. Denn die Leit-Wurzel מלך = »König sein« erscheint auch in 2, 13 und in dem unserer Stelle unmittelbar voranstehenden Vers 4, 7. Da aber bezeichnet sie das Königtum JHWHs. Damit ergibt sich, alle anderen Strukturen überlagernd, im Blick auf das Königtum eine Zweiteilung im Michabuch. Bis 4, 7 wird eine Zukunft angekündigt, die von der Königsherrschaft JHWHs geprägt ist und die – besonders deutlich in den Heilsweissagungen in 2, 12 f.; 4, 1–7 – offenkundig ohne einen irdischen Herrscher auskommt. Ab 4, 8 wird dann die Wiederkehr irdischer Herrschaft thematisiert, nämlich ausdrücklich in 4, 8 und in 5, 1–3.

[7] Vgl. dazu *Erhard Blum,* Die Komposition der Vätergeschichte (WMANT 57), Neukirchen-Vluyn 1984, 209 im Anschluß an *Julius Wellhausen,* Die Composition des Hexateuchs und der historischen Bücher des Alten Testaments, Berlin ^{3}1899, 48.

Traditionsgeschichtlich kommen hier zwei Linien zusammen, die in Israel seit der Entstehung des Königtums nebeneinander vorhanden sind. Nach der einen – repräsentiert von königsideologisch geprägten Texten wie z.B. 2 Sam 7; Ps 2 oder Ps 72 – ist die Herrschaft des Königs in Jerusalem direkter Ausfluß der Königsherrschaft JHWHs. Nach der anderen – repräsentiert von königskritisch eingestellten Texten wie z.B. Ri 8,23; 1 Sam 8,7 oder Hos 8,4 – stellt dagegen die bloße Existenz eines irdischen Königs bereits die Königsherrschaft JHWHs in Frage. Indem in der Abfolge des Michatextes zum einen der Untergang des bestehenden Königtums angekündigt bzw. faktisch vorausgesetzt, die Königsherrschaft JHWHs und daran anschließend das Kommen eines neuen Herrschers geweissagt wird, werden beide Positionen im Blick auf die geweissagte Zukunft miteinander versöhnt (zum Verhältnis von »Herrschaft Jahwes« und Messiasgestalt vgl. *H. W. Wolff*, Herrschaft 1936).

Bedeutung

Der Textkomplex Mi 1–5 ist geprägt durch die Abfolge von Kritik am bestehenden davidischen Königtum samt Ankündigung seines Niedergangs, dann Rede von JHWHs Königsherrschaft und erst danach Ankündigung eines neuen irdischen Herrschers. Theologisch bedeutet dies, daß der künftige Herrscher in ganz anderer Weise als die vergehende bzw. schon vergangene Herrschaft Ausfluß der Herrschaft Gottes selbst sein wird. Der künftige Heilsherrscher wird nicht an Stelle JHWHs, sondern »in der Kraft JHWHs« herrrschen (5,3).

Micha 4,9–10

Literatur

Pierre Bordreuil, Michée 4:10–13 et ses parallèles ougaritiques: Sem 21, 1971, 21–28. – *Julius Lewy,* Lexicographical Notes: HUCA 12–13, 1937–1938, 97–101.

Zu »jetzt«

H. A. Brongers, Bemerkungen zum Gebrauch des adverbialen *w*$^{e‘}$*attāh* im Alten Testament (ein lexikologischer Beitrag): VT 15, 1965, 289–299. – *Konrad Ehlich,* Verwendungen der Deixis beim sprachlichen Handeln. Linguistisch-philologische Untersuchungen zum hebräischen deiktischen System, Frankfurt u.a. 1979. – *André Laurentin, W*$^{e‘}$*attah – Kai nun,* Formule caractéristique des textes juridiques et liturgiques (à propos de Jean 17,5): Bib 45, 1964, 168–197.413–432.

Text

Übersetzung

9 *Jetzt –*
warum schreist du laut? –
Ist kein König in dir?
Ist dein Ratgeber umgekommen? –
daß dich Schmerz ergriffen hat
wie die Gebärende.
10 *Winde dich und brich aus,*
Tochter Zion, wie die Gebärende!
Denn jetzt mußt du zur Stadt hinaus
und nächtigst auf dem Feld
und kommst bis nach Babel.
Dort wirst du gerettet,
dort löst dich JHWH
aus der Hand deiner Feinde.

Zu Text und Übersetzung

10 P. Bordreuil, Michée 4:10–13 1971, 25–27 schlägt vor, den Imperativ חולי von dem Verb חול = »tanzen« abzuleiten. Der Kontext spricht jedoch so eindeutig vom Geburtsvorgang, daß jede andere Herleitung als von dem Verb חיל / חול = »kreißen, sich winden« unangemessen ist.

Den anschließenden Imperativ וגחי wird man von der Wurzel גיח / גוח = »hervorbrechen, ausbrechen« ableiten müssen, wobei als inneres Objekt »brich (sc. in Stöhnen) aus« zu ergänzen sein dürfte (so der Vorschlag in Gesenius[18]). Möglich wäre auch, mit *J. A. Wagenaar,* Oordeel 1995, 59 transitive Bedeutung anzunehmen: »und preß (das Kind) nach draußen«[8]. *J. Lewy,* Notes 1937–1938, 97f. schlägt die Ableitung von einer Wurzel גנח = »to groan« (stöhnen) vor, die allerdings im biblischen Hebräisch nicht belegt ist.

[8] »en pers (het kind) naar buiten«.

Analyse

Nach dem die ganze Einheit einleitenden und außerhalb der Satzkonstruktion stehenden עתה = »jetzt« beginnt der Text in V. 9 mit drei Fragen, denen sich in V. 10a zwei Imperative anschließen. Semantisch sind Fragen und Imperative durch die Wendung חיל כיולדה = »Schmerz wie die Gebärende« bzw. חולי ... כיולדה = »winde dich ... wie die Gebärende« aufs engste verbunden. Sowohl die Fragen als auch die Imperative sind rhetorischer Art. Der Fragende weiß also selbst, warum die Tochter Zion schreit, und er muß ihr in Wirklichkeit auch nicht erst befehlen, sich zu winden. Natürlich ist auch die Frage nach dem König in V. 9b rhetorisch: Der Fragende weiß, daß kein König mehr in der Stadt ist. Solcher Wechsel zwischen rhetorischer Frage und rhetorischem Imperativ ist im Hebräischen keine singuläre Erscheinung, sondern stellt etwa in den Gottesreden in Ijob 38–41 geradezu das beherrschende Stilmittel dar.

Nach den rhetorischen Fragen und Imperativen gibt V. 10b mit כי־עתה »denn jetzt« eingeleitet den Grund für den in V. 9.10a angesprochenen Schmerz an, die Wegführung nach Babel. Mit zweimaligem שם = »dort«, das im Kontrast zum »jetzt« steht, wird schließlich die künftige Wende zum Heil angekündigt.

Auslegung

Das einleitende »jetzt« steht nicht nur außerhalb der Satzkonstruktion, sondern es prägt auch die ganze Komposition von 4,9–5,3. Deshalb sind ihm hier etwas ausführlichere Ausführungen zu widmen. Hebräisches עתה hat wie sein deutsches Äquivalent »jetzt, nun« verschiedene Funktionen. Besonders beliebt ist im Hebräischen die Formel »und jetzt« zur Markierung des Wendepunkts in einer Rede. So hält Joab in 2 Sam 19,6–8 eine Rede an David, innerhalb derer in V. 8 mit ועתה angezeigt wird, daß er »jetzt« die Folgerung aus dem vorher von ihm Gesagten zieht (speziell zu ועתה vgl. die beiden Untersuchungen von *A. Laurentin*, *W*$^{e(}$*attah* 1964, und *H. A. Brongers*, Bemerkungen 1965). Doch liegt dieser Gebrauch in Mi 4,9–14 nicht vor, da »(und) jetzt« innerhalb der drei Einheiten V. 9f.11–13.14 keine Wendepunkte, sondern Neueinsätze markiert. »Jetzt« (Mi 4,9.10.11.14; 5,3)

»Jetzt« ist linguistisch gesehen eine Deixis (zur Terminologie vgl. *K. Ehlich*, Deixis 1979, 92–205), die in gesprochener Rede den Zeitpunkt angibt, an dem sich Sprecher und Hörer befinden. Wird in einem schriftlichen Text gesprochene Rede zitiert, dann macht die Situierung des Zitats klar, welcher Zeitpunkt mit »jetzt« gemeint ist. Verwendet also Joab gegenüber David an der schon erwähnten Stelle die Phrase »von deiner Jugend an bis jetzt« (2 Sam 19,8), dann ist damit deren beider Gegenwart gemeint. Dabei kann das »jetzt« zweifach profiliert werden, gegenüber der Vergangenheit und gegenüber der Zukunft. »Jetzt« kann der Zeitpunkt sein, an dem etwas eintritt, was schon lange erwartet wurde. »Jetzt« kann aber auch der Zeitpunkt sein, an dem etwas noch nicht oder anders ist, als es in Zukunft sein wird, so wenn Bileam den »Stern aus Jakob« ankündigt: »Ich sehe ihn, doch nicht (schon) jetzt …« (Num 24,17). Heißt es in Mi 4,10b: »Und *jetzt* mußt du zur Stadt hinaus … und kommst bis nach Babel. *Dort* wirst du gerettet, *dort* löst dich JHWH …«, dann liegt solche Profilierung gegenüber der Zukunft vor; was »jetzt« ist, wird künftig anders sein.

Gilt dies aber auch für das dreifache »(und) jetzt«, das die drei Einheiten V. 9f.11–13.14 einleitet? Zunächst fällt formal die herausgehobene Stellung am Anfang der drei Einheiten auf, besonders offenkundig in V. 9, wo das einleitende »jetzt« sich gar nicht in die anschließende Frage integrieren läßt (weshalb es in der Übersetzung mit Gedankenstrich abgesetzt ist). Referenzpunkt dieses einleitenden »(und) jetzt« ist also nicht die künftige Rettung im Gegensatz zur jetzigen Not, wie in V. 10b, sondern »jetzt« bezieht sich auf das ganze Geschehen von Not und Rettung, das in allen drei Einheiten entfaltet wird. Dann gewinnt es sein Profil aber nicht aus dem Gegensatz zur Zukunft, sondern daraus, daß »jetzt« die in der Vergangenheit angekündigte Not eintritt und dies zugleich der Zeitpunkt der Wende ist. Zum Verständnis dieses Profils im Gegensatz zur Vergangenheit ist etwa Jer 14,10 heranzuziehen, wo es nach mehrfacher Ankündigung der künftigen Heimsuchung durch Gott (Jer 5,9.29; 9,8, vgl. 6,15; 9,24; 11,22) heißt, »jetzt … sucht er heim« (jeweils פקד). Dasselbe Profil findet sich dann auch in der Michaschrift in Mi 7,4: »Der Tag deiner Späher, deine Heimsuchung ist gekommen, *jetzt* geschieht ihre Verwirrung.«

Damit ist freilich noch nicht geklärt, wann dieses »jetzt« ist. Diese Unklarheit liegt daran, daß die Deixis »jetzt«, die in mündlicher Kommunikation von der Gleichzeitigkeit von Redendem und Hörendem lebt, hier in einem schriftlichen Text vorliegt. In schriftlichen Texten aber ist die Kommunikation zerdehnt. »Jetzt« ist dann zum einen der Augenblick der Abfassung des Textes, zum andern der seiner Rezeption, und die können, wie im vorliegenden Fall, Jahrhunderte auseinander liegen.

Freilich kompliziert sich die Sache noch einmal dadurch, daß wir es hier mit einem prophetischen Text zu tun haben, bei dem Zeitpunkt der Abfassung und Zeitpunkt des Eintretens der Zukunftsansage noch einmal auseinanderfallen. Nach Mi 1,1 sind alles folgende Worte aus »den Tagen Jotams, Ahas' und Hiskijas«. Damit ist natürlich nicht gemeint, daß in jenen Tagen schon dieses »jetzt« zu situieren sei, sondern vielmehr, daß in jenen Tagen Micha ein künftiges »jetzt« angekündigt habe. Nach dem Ablauf des Michatextes wird man es also so verstehen müssen, daß in diesem vom ankündigenden Micha aus gesehen zukünftigen »jetzt« die Drohungen zur Erfüllung kommen, die in Mi 1–3 enthalten sind, und daß dies zugleich der Zeitpunkt der Wende ist.

Die Tatsache, daß in Texten, die Zukunft ankündigen, »jetzt« nicht den Augenblick der Ankündigung, sondern den der Erfüllung meint, führt schließlich dazu, daß »jetzt« rein futurisch einen Zeitpunkt in der Zukunft meinen kann. Diese Bedeutung liegt schon in Mi 5,3 vor, wo es vom kommenden Herrscher heißt, daß er »jetzt« groß sei bis zu den Enden der Erde. Aus dem Jetzt des Schreiens (4,9–10), der sich sammelnden Völker (4,11–13) und der Demütigung des Herrschers (4,14) ist das Jetzt seiner Weltherrschaft geworden. Das Thema der Komposition – Not *und* Wende – wird in diesem Gebrauch des Jetzt zusammengefaßt und mit 5,3 zum Abschluß gebracht. Vielleicht kann man es sogar noch schärfer sagen: Indem das angekündigte Unheil hereinbricht, beginnt auch schon die Wende der Not. Beides ist – Jetzt (insgesamt vergleiche auch den Exkurs zur Zeitstruktur des Michabuches oben S. 124 f.).

V. 9a Das so qualifizierte Jetzt ist dadurch gekennzeichnet, daß die Tochter Zion »schreit«. Das »Schreien«, mit der *figura etymologica* תריעי רע = »du schreist laut« ausgedrückt, kann wie im Deutschen alles mögliche bezeichnen, vom aggressiven Kriegsgeschrei (Jos 6,5; Ri 15,14; 1 Sam 17,20 u.ö.) bis zum Jubelgeschrei (1 Sam 4,5; 10,24; Jes 44,23 u.ö.). An unserer Stelle ist entweder das Geschrei gemeint, das Menschen bei panischer Flucht (Ri 7,21) oder in schmerzhafter Trauer (Jes 15,4) erheben.

V. 9bα Bei der folgenden Frage nach König und Ratgeber ist schon oft die Nähe zu Jer 8,18–23 gesehen worden. In dieser Klage des Propheten wird in V. 19 die Stimme des Volkes mit einer Doppelfrage zitiert, die sprachlich ganz eng bei Mi 4,9 steht:

> היהוה אין בציון אם־מלכה אין בה (Jer 8,19)
> המלך אין־בך אם־יועצך אבד (Mi 4,9)
> »Ist JHWH nicht in Zion? Ist sein König nicht in ihm?« (Jer 8,19)
> »Ist kein König in dir? Ist dein Ratgeber umgekommen?« (Mi 4,9)

Im Jeremiatext handelt es sich um eine zweifelnde Frage im Munde des Volkes, wobei »sein (nämlich Zions) König« selbstverständlich JHWH ist. In Mi 4,9–10 liegt dagegen eine rhetorische Frage im Munde des Propheten vor. Man hat daran gedacht, daß der König in Mi 4,9 wie in Jer 8,19 JHWH ist, so daß die rhetorische Frage mit »ja« zu beantworten wäre, paraphrasiert: »Natürlich ist er vorhanden und wirkmächtig, wie kannst du nur zweifeln?« (so *B. Renaud* 89–91; ebenso *A. S. van der Woude* 151 als Aussage der pseudoprophetischen Gegner Michas). Allerdings ist in Mi 4,9 anders als in Jer 8,19 das Wort »König« nicht determiniert. Es heißt also wörtlich: »Ist ein König nicht vorhanden in dir?«, oder, in besserem Deutsch eben: »Ist kein König in dir?« Diese undeterminierte Ausdrucksweise ist aber bezogen auf JHWH ganz unwahrscheinlich. Er ist nicht »ein König«, sondern »der König« bzw. »ihr König« (Mi 2,13) oder »sein (Zions) König« (Jer 8,19). Dann muß aber in Mi 4,9 mit dem König der davidische Herrscher in Jerusalem gemeint sein.

Damit legt sich auf die rhetorische Frage eine negative Antwort nahe:

»Natürlich ist kein König mehr vorhanden!« So wird dann auch die Fortsetzung mit dem Imperativ in V. 10 vollauf verständlich, paraphrasiert: »Weil kein König mehr da ist, deshalb winde dich ...« Die rhetorische Frage in V. 9bα hat also einen ironischen Klang. Solche ironischen rhetorischen Fragen mit der Antwort »natürlich nicht« werden in den Gottesreden des Hiobbuches gehäuft als Stilmittel eingesetzt (Ijob 38,12.16.17 u.ö.).

In der Doppelfrage von V. 9bα steht im Parallelismus zu »König« das Wort »dein Ratgeber«. יוֹעֵץ ist geradezu ein *terminus technicus* für den Berater des Königs (2 Sam 15,12; Jes 19,11; Esr 7,28; 8,25; 1 Chr 27,33; 2 Chr 25,16). Dennoch ist es unwahrscheinlich, daß hier ein königlicher Ratgeber gemeint ist. Denn das Suffix »dein Ratgeber« bezieht sich auf Zion, während der Ratgeber des Königs immer ausdrücklich seinem Herrn zugeordnet ist. Deshalb ist es das Nächstliegende, daß hier im synonymen Parallelismus der König selbst als יוֹעֵץ bezeichnet wird, wie dies auch in der Herrscherverheißung von Jes 9,5 der Fall ist. Man muß dann bei der deutschen Wiedergabe mit »Ratgeber« allerdings mithören, daß hier nicht nur ein Berater gemeint ist, sondern der, der plant und Entscheidungen fällt (das hebräische יעץ umfaßt sowohl das »Beraten« als auch das »Planen« und »Beschließen« einschließlich der Ausführung, und auch der deutsche Beamtentitel »Rat« – Ministerialrat, Regierungsrat, Studienrat usw. – bezeichnet in eben diesem Sinn eine Person, die nicht nur berät, sondern im wesentlichen entscheidet und leitet).

Die rhetorischen Fragen von V. 9 zielen auf den Zustand, in dem die »Tochter Zion« sich befindet: Sie ist von Schmerz oder präziser von Wehen ergriffen wie die Gebärende (V. 9bβ), und im rhetorischen Imperativ wird sie aufgerufen, sich wie die Gebärende in Wehen zu winden und »auszubrechen«. Die Metapher von der Gebärenden kann sehr unterschiedlich gebraucht werden. So steht sie etwa in Jes 21,3 für den Offenbarungsempfang und in Jes 42,14 für Gottes Reden. In Mi 4,9–10 dagegen dient der Vergleich dazu, die notvolle Lage angesichts eines feindlichen Eingreifens zu illustrieren (vgl. Jes 13,8; Jer 4,31; 6,24; 13,21; 22,23; 30,6; 49,24; 50,43; Ps 48,7). Dabei liegt alles Gewicht auf dem Notvollen der Lage der Gebärenden und nur auf diesem. Das Motiv, daß auf die Not der Wehen die Freude der Geburt und des neuen Lebens folgt (so etwa in Jes 66,7–9), fehlt hier ganz. V. 9bβ. 10a

Bei der obigen Liste von Belegen dafür, daß der Geburtsschmerz zum Vergleich mit den Erschütterungen angesichts feindlicher Übergriffe dient, fällt die Häufung in der Jeremiaüberlieferung auf (sieben von neun Stellen). Innerhalb dieser Belege ist nun im Blick auf Mi 4,9–10 am auffälligsten der Abschnitt Jer 6,22–26, in dem als vorletzter Einheit der sog. Urrolle der bevorstehende Angriff des Feindes aus Norden gegen Jerusalem angekündigt wird. Die sprachlichen Übereinstimmungen mit Mi 4,9–10 sind zahlreich. a) Ziel des Angriffs ist die »Tochter Zion« (Jer 6,23, im Zusammenhang mit dem Geburtswehenmotiv auch 4,31). b) Der Geburtsschmerz wird als gewaltsame Überwältigung beschrieben (Jer 6,24: »Angst ergriff uns, Schmerz wie die Gebärende«; Mi 4,9: »daß dich Schmerz ergreift wie die Gebärende«). c) Jer 6,25 zitiert als Warnung vor dem anrückenden Feind: »Geh nicht hinaus aufs Feld!« (אל־תצאי השׂדה), und Mi 4,10 nimmt dies auf unter dem neuen Vorzeichen, daß dies jetzt zu spät ist: »Denn jetzt mußt du zur Stadt hinaus und nächtigst auf dem Feld« (כי־עתה תצאי מקריה ושׁכנת בשׂדה). So liest sich Mi 4,9–10 geradezu als Antwort auf Jer 6,22–26. Was dort als »ultimative Verwarnung« (so *Christof Hardmeier*, Geschichte und Erfahrung in Jer 2–6. Zur theologischen Notwendigkeit einer geschichts- und erfahrungsbezogenen Exegese und ihrer methodischen Neuorientierung: EvTh 56, 1996, 3–29, Zitat 23) auf noch, wenn auch unmittelbar, Bevorstehendes verweist, ist hier – oder besser: »jetzt« – in Erfüllung gegangen.

V. 10b Allerdings ist die Erfüllung des angedrohten Unheils nicht das letzte Wort von Mi 4,9–10. Denn nachdem Babel als Ziel der »jetzt« eintretenden Verbannung genannt ist, wird »dort« Rettung verheißen. Die erste Vokabel נצל, hier im Nifal, ist ganz unspezifisch und meint jede Art von Rettung. Die zweite Vokabel גאל hat dagegen einen spezifischen Hintergrund in der Institution des »Lösers«, des Verwandten, der einen in Not geratenen Sippenangehörigen aus der Schuldsklaverei oder anderen Verbindlichkeiten auslöst (vgl. besonders Lev 25). Sie wird metaphorisch für Gottes »erlösendes« Handeln verwendet, u.zw. sowohl individuell (vgl. Gen 48,16; Ps 19,15; Ijob 19,25 u.ö.) als auch kollektiv, wobei hier eine auffällige Häufung bei Deuterojesaja zur Bezeichnung der Rettung aus der Verbannung in Babel zu beobachten ist (für das Verb vgl. Jes 43,1; 44,22f.; 48,20; 52,9; für das Nomen »Löser« Jes 41,14; 43,14; 44,6 u.ö.).

Allerdings verwendet Deuterojesaja גאל immer absolut, in Übereinstimmung mit der großen Mehrzahl der Verwendungen, seien sie profan (Lev 25,25.33.48 u.ö.), seien sie metaphorisch (Ex 6,6; 15,13; Jes 63,9 u.ö.). In Mi 4,10 steht dagegen die seltene Konstruktion גאל מן = »lösen aus« (nur noch Gen 48,16; Jer 31,11; Hos 13,14; Ps 72,14; 103,4; 106,10; 107,2 – sieben Belege gegenüber 40 Stellen mit absolutem Gebrauch)[9]. Mi 4,10 wird man insofern als Vorstufe des deuterojesajanischen Gebrauches ansehen dürfen, als im Michatext nur von der bloßen Tatsache der Rettung und Lösung in Babel die Rede ist, während dies bei Deuterojesaja dann zur Vorstellung eines neuen Exodus mit triumphaler Rückkehr zum Zion ausgestaltet wird.

[9] Vielleicht ist es kein Zufall, daß einer dieser Belege aus der Jeremia-Überlieferung stammt (so jedenfalls *R. Stahl*, Arbeit 1993, 32).

Bedeutung

Der erste der drei mit »jetzt« beginnenden Texte in Mi 4,9–10; 4,11–13 und 4,14–5,3 gibt deren Grundstruktur vor: Im »Jetzt« des Eintreffens angekündigten Unheils beginnt schon die Wende der Not. Und es ist derselbe JHWH, von dem »Unheil herabgefahren ist an das Tor Jerusalems« (1,12), von dem jetzt gesagt werden kann, daß er »dich löst aus der Hand deiner Feinde« (4,10).

Micha 4,11–13

Literatur

Robert Bach, Die Aufforderungen zur Flucht und zum Kampf im alttestamentlichen Prophetenspruch (WMANT 9), Neukirchen Kreis Moers 1962. – *Pierre Bordreuil*, Michée 4:10–13 et ses parallèles ougaritiques: Sem 21, 1971, 21–28. – *Hans Gottlieb*, Den tærskende kvie – Mi 4,11–13: DTT 26, 1963, 167–171. – *Hanns-Martin Lutz*, Jahwe, Jerusalem und die Völker. Zur Vorgeschichte von Sach 12,1–8 und 14,1–5 (WMANT 27), Neukirchen-Vluyn 1968. – *Fritz Stolz*, Strukturen und Figuren im Kult von Jerusalem. Studien zur altorientalischen, vor- und frühisraelitischen Religion (BZAW 118), Berlin 1970. – *Gunther Wanke*, Die Zionstheologie der Korachiten in ihrem traditionsgeschichtlichen Zusammenhang (BZAW 97), Berlin 1966.

Text

Übersetzung

11 Und jetzt –
es sammeln sich gegen dich
viele Völker,
die sagen: »Ruchlos
weide sich an Zion unser Auge.«
12 Sie aber kennen nicht
die Gedanken JHWHs,
und sie verstehen nicht seinen Plan,
daß er sie gesammelt hat wie die Ähre zur Tenne.
13 Auf, drisch, Tochter Zion,
denn dein Horn mache ich zu Eisen
und deine Hufe mache ich zu Erz,
und du wirst viele Nationen zermalmen
und für JHWH ihren Gewinn bannen
und ihr Vermögen dem Herrn der ganzen Erde.

Zu Text und Übersetzung

11 Gewöhnlich werden die beiden kongruenten Verben תחנף ותחז auseinandergerissen und auf verschiedene Subjekte verteilt, wobei das erste nur aus dem Kontext erschlossen wird: »Sie (sc. die Tochter Zion) werde (oder: ist) entweiht, und es weide sich an Zion unser Auge.« Dies ist zwar grammatisch möglich. Aber schon G führt auf eine andere Spur, indem sie in תחנף keine Aussage über Zion, sondern eine Selbstaussage der Völker sieht und mit dem folgenden zusammenbindet: »Wir wollen uns freuen, und unsere Augen sollen auf Zion sehen.« Wahrscheinlicher, weil einfacher, aber ist der Vorschlag von *J. A. Wagenaar,* Oordeel 1995, 61 f., beide Verben gleichzuordnen und von demselben Subjekt עינינו = »unser(e) Auge(n)« abhängig sein zu lassen. Dabei »bringt … erst das zweite Verb den Hauptbegriff, das erste … die Näherbestimmung des Modus der Handlung« (Ges-K § 120 d), was im Niederländischen oder Deutschen dann besser adverbial wiedergegeben wird: »laßt unsre Augen in Gottlosigkeit niederblicken auf …«[10].

Im Zitat sind die Prädikate (תחנף ותחז = »ruchlos weide sich« ist Singular) und das Subjekt (עינינו = »unsere Augen« ist Plural) nicht kongruent, wobei aber auch der poetische Singular in der deutschen Wiedergabe nicht meint, bei den Völkern handle es sich um lauter Einäugige.

13 Die Form החרמתי (von חרם = »bannen«) sieht auf den ersten Blick aus wie eine 1. ps. sg. Dies paßt aber überhaupt nicht in den Kontext. Deshalb wird man mit Ges-K § 44h davon ausgehen müssen, daß hier eine der seltenen, aber eben nicht singulären Formen vorliegt, in denen die 2. ps. fem. sg. auch in der *qatal*-Form mit Schluß-Jod gebildet wird, das im *yiqtol* und im Imperativ ohnehin regelmäßig ist (wenn nicht einfach ein Schreibfehler vorliegt, so *I. Willi-Plein,* Vorformen 1971, 87).

Analyse

Durch zahlreiche Parallelismen ist der Text als poetisch gekennzeichnet (V 11bα par bβ; V 12aα par. aβ; V 13aα¹ und V 13aα²; V 13bα par. bβ). Anders aber als in 4,1–4, wo Zeile für Zeile im Parallelismus steht und dadurch der Eindruck eines ruhigen Fließens erweckt wird, fallen in 4,11–13 immer wieder einzelne Sätze aus der Abfolge der Parallelismen heraus. Es sind dies V 11a.12b.13aβ. Durch diese Unterbrechungen wird aus dem ruhigen Fließen ein dynamisches Vorwärtsdrängen. Der Eindruck des Dynamischen wird noch verstärkt, wenn man die drei Sätze, die die Abfolge der Parallelismen unterbrechen, im Zusammenhang liest; sie stellen nämlich das Gerüst der Handlung dar: Es sammeln sich viele Völker – er (JHWH) hat sie gesammelt – du wirst viele Nationen zermalmen.

Mit der Dreiteilung dieser Sätze ist die Dreiteilung des ganzen Textes gegeben, und ihr Gehalt spiegelt sich in dem dreifachen Subjektwechsel (Völker – JHWH – Tochter Zion) dieser Sätze wider. Im ersten Teil (V 11) handeln die Völker eigenmächtig, wobei ihnen der Zweck ihres Tuns in einem Zitat selbst in den Mund gelegt wird. Der zweite Teil (V 12) deckt auf, daß hinter dem Handeln der Völker in Wahrheit JHWHs Handeln steht.

[10] »laten onze ogen in goddelosheid neerzien op …«.

Dies wird in V 12a negativ so ausgedrückt, daß die Völker JHWHs Plan nicht kennen, wonach V 12b positiv diesen Plan offenlegt. Besonders fein ist dabei der grammatische Subjektwechsel bei den beiden parallelen Verben für »sammeln«. V 11a verwendet das Nifal von אסף = »es sammeln sich viele Völker«, V 12b dagegen das Piel von קבץ = »er (JHWH) hat sie gesammelt«, will sagen, die Völker halten sich für das souveräne Subjekt ihres Tuns, sind es aber gar nicht. Mit V 13 wird dann die Tochter Zion zum Subjekt gemacht, das an den »vielen Nationen« handelt (V 13a). Der abschließende V 13b bindet aber mit dem Motiv der Bannung »für JHWH« auch das Handeln der Tochter Zion an JHWH zurück, dessen Rolle als das eigentliche handelnde Subjekt in dem ganzen Geschehen damit nochmals unterstrichen wird.

Auslegung

Die Gesamtauffassung des Textes hängt ganz von der Klärung der Frage ab, was die vielen Völker eigentlich am Zion wollen. Wollen sie ihn erobern (Motiv des Völkersturmes), oder sind sie gekommen, um über das Elend des gefallenen Jerusalems zu spotten (Motiv des Völkerspottes)? Die Klärung dieser Frage entscheidet sich im wesentlichen am Verständnis des Zitats im Mund der sich sammelnden Völker (V 11b). V 11

Versteht man nach herkömmlicher Auffassung תחנף als eigenen Satz (»sie werde [oder: ist] entweiht«), dann bleibt die Frage, was mit »entweihen« gemeint ist: der Akt der Eroberung selbst oder ein zusätzlicher Akt nach geschehener Eroberung? Keine der Stellen, an denen das Qal von חנף die Bedeutung »entweiht sein« oder »entweihen« hat (Jes 24,5; Jer 3,1.9; Ps 106,38), läßt jedoch an eine Eroberung denken. Doch kann חנף eben auch »ruchlos, gottlos sein« bedeuten (Jer 23,11), und bei Verzicht auf den ohnehin durch nichts angezeigten Subjektswechsel gibt das einen glatten Sinn: »Ruchlos sei und schaue auf Zion unser Auge.« Die Präposition ב nach einem Verb der sinnlichen Wahrnehmung wie hier חזה = »schauen«, an anderer Stelle auch ראה = »sehen«, drückt einen besonders intensiven Kontakt und eine emotionale Färbung des Sehens aus. Das kann sich auf sinnliche Genüsse (Ijob 20,17; Hld 3,11; 6,11; 7,1) wie auf religiöse Erfahrungen (1 Sam 6,19; Ps 27,4; Ijob 36,25) beziehen, bei denen man »seine Lust schaut«. Es kann aber auch in gleicher Intensität und Emotionalität das genüßliche Sich-Weiden am Elend der Feinde bezeichnen (Obd 12f.; Ps 22,18; 37,34; 54,9; 112,8). Davon ist auch in Mi 4,11 die Rede. Dann aber ist das Elend selbst – hier die Eroberung (und möglicherweise Entweihung) Jerusalems – schon vorausgesetzt, und die Völker kommen »nur«, um sich daran zu ergötzen.

All das führt dazu, in der Versammlung der Völker gegen Zion in Mi 4,11–13 nicht das Motiv des Völkersturmes zu finden (gegen den fast einstimmigen Konsens der Ausleger, die den Text unter »Völkerkampf« subsumieren, vgl. *G. Wanke*, Zionstheologie 1966, 81–83; *H.-M. Lutz*, Jahwe 1968, 91–97; *J. A. Wagenaar*, Oordeel 1995, 258–260). Texte, die davon reden, sprechen auch von den kriegerischen Begleitumständen der Versammlung (Jes 29,1–8; Jer 6,22–26; Sach 12,3f.9) und erwähnen als deren ausdrückliches Ziel Einnahme, Beute, Plünderung, Vergewaltigung und Verbannung (Jes 17,12–14; Ez 38,10–14; Sach 14,2) (vgl. auch mit Babel und nicht Jerusalem als Ziel des Ansturmes Jer 50,41f.; 51,27f.).

In Mi 4,11–13 kommen dagegen die Völker, um sich an Jerusalems Elend ruchlos zu weiden (*R. Oberforcher* 105: »Geifernder Spott überschüttet die ohnmächtige Stadt …«). Dieses Motiv der lästernden und sich über die Not Jerusalems freuenden Feinde ist historisch nicht von der Eroberung und Zerstörung Jerusalems durch die Babylonier 587/586 zu trennen. In einer Fülle von Texten wird geschildert, wie diese Völker das zerstörte Jerusalem spotten und schmähen. Dabei kann von Feinden allgemein die Rede sein (Ez 36,1–15; Ps 74,10.18.23; Klgl 1,7.21 und besonders auch Mi 7,8–10, wo »meine Feindin« »sich freut« über den Fall – »ich bin gefallen« – und spottend fragt: »Wo ist JHWH, dein Gott?«). Oder es werden bestimmte Völker aufgezählt, Ammoniter, Moab, Edom, die Philister und Tyrus (Ez 25,1–26,6), Moab und die Ammoniter (Zef 2,8–10) oder nur die Edomiter (Ez 35,12–15; Obd 11–14). Besonders nahe an unserem Micha-Text steht dabei Obd 11–14. Denn zweimal wird Edom da aufgefordert, sich am Elend Jerusalems nicht zu weiden (ראה ב) (Obd 12f.), und zweimal ist vom »Vermögen« (חיל) Jerusalems die Rede, nach dem die Feinde greifen (Obd 11.13), ein Motiv, das in Mi 4,13 darin wiederkehrt, daß das Rache nehmende Zion seinerseits das Vermögen (חיל) der Feinde für JHWH bannt. Mit der Deutung auf den Völkerspott fällt natürlich auch der angeblich tiefe Widerspruch zwischen 4,9f., wo »der Fall Jerusalems und das babylonische Exil angekündigt werden«[11], und 4,11–13 wo »auf die Unverletzlichkeit Jerusalems hingewiesen wird«[12] (*J. A. Wagenaar*, Oordeel 1995, 117). Auch in 4,11–13 wird der Fall Jerusalems schon vorausgesetzt, an dem sich die Völker weiden.

V 12 V 12 leitet die Wende im Text ein: Die Völker, die gekommen sind, um sich an Jerusalems Elend zu ergötzen, halten sich für das Subjekt der Geschichte, sind es aber gar nicht. Das liegt daran, daß sie die »Gedanken« und den »Plan« JHWHs nicht kennen.

---

[11] »de val van Jeruzalem en de babylonische ballingschap worden angekondigd«.

[12] »naar de onschendbaarheid van Jeruzalem wordt verwezen«.

Mit diesen beiden Stichworten verbindet unser Text ein Element der Jeremia- mit einem anderen der Jesaja-Überlieferung. Denn die Wurzel חשב = »planen, sinnen« mit JHWH als Subjekt des Planens und Sinnens hat ihren festen Ort in der Jeremia-Überlieferung mit acht Vorkommen (Jer 18,8.11; 26,3; 29,11; 36,3; 49,20; 50,45; 51,29), während sie sich in der Jesaja-Überlieferung gerade einmal bei Deuterojesaja findet (Jes 55,8f.). Andrerseits nehmen das Verb יעץ = »planen« (Jes 14,24.26f.; 19,12.17; 23,8f.; 40,14) und das davon abgeleitete Nomen עצה = »Plan« (Jes 5,19; 14,26; 19,17; 25,1; 28,29; 44,26; 46,10f., vgl. auch 30,1) in der Jesajaüberlieferung der verschiedenen Schichten einen breiten Raum ein[13], während sich die Wurzel in der Jeremia-Überlieferung nur an drei Stellen (Jer 32,19; 49,20; 50,45) findet.

Bei dem Parallelismus von »Gedanken« und »Plan« fällt auf, daß das erste Wort im Plural, das zweite dagegen im Singular steht. Bei dem Plural מחשבות (»Gedanken«) liegt durchaus noch die Vorstellung von einzelnen Vorhaben JHWHs zugrunde, so wie dieser über diejenigen, die »Unheil planen und Böses tun«, seinerseits »Unheil plant« (Mi 2,1–3). Mit dem Singular עצה (»Plan«) wird diese Vorstellung aber auf die Ebene des Grundsätzlichen gehoben. Die Vielzahl der Handlungen JHWHs ist keine Abfolge von Zufälligkeiten, sondern sie folgt einem »Plan«. Damit ist wohl nicht ein detaillierter Verlaufsplan gemeint, also etwa in unserem Fall: Erst wendet er sich strafend gegen Zion, danach sind die Völker dran. Sondern unter dem »Plan« JHWHs ist eher ein Grundprinzip zu verstehen, das all seinem Handeln zugrunde liegt. Dieses Grundprinzip ist der Schutz der Schwachen. Aus diesem Grundprinzip heraus »plant« Gott »Unheil« über die Übeltäter (Mi 2,3), ja führt er letztlich die Zerstörung Jerusalems herbei. Treten dann aber spottende Völker auf, die sich an der Schwäche Jerusalems ergötzen, dann steht derselbe Gott wieder auf der Seite der Schwachen. Das ist es im Tiefsten, was »die Völker« nicht verstehen. (Auch die christlichen Völker haben dies zumeist nicht verstanden, wenn sie über die gebrochene und gezüchtigte Synagoge gespottet und Gott auf Seiten der *ecclesia triumphans* vermutet haben.)

Das Unverständnis der Völker wird mit der Verneinung der Verben ידע = »kennen« und הבין = »verstehen« ausgedrückt. Damit ist die intellektuelle Einsicht und das sich daraus ergebende richtige Handeln gemeint. Nun könnte man, läse man Mi 4,11–13 isoliert, natürlich fragen, woher denn die Völker die Gedanken JHWHs hätten wissen sollen. Der Text fragt so nicht, sondern stellt nur fest. Aber der Rahmen von Mi 1–5, in den unser Textstück eingestellt ist, deutet die objektiv vorhandene Unkenntnis der Völker als deren subjektive Schuld: Sie hätten es wissen können, hätten sie nur »gehört« (so das rahmende Stichwort in 1,2 und 5,14). Deshalb sollten sie von Anfang an wissen, was JHWH mit Samaria und Jerusalem vorhat,

---

[13] Zu עצה und konzeptionell verwandten Begriffen bei Protojesaja vgl. den Exkurs bei *H. Wildberger,* Jesaja. 1. Teilband. Jesaja 1–12 (BK X/1), Neukirchen-Vluyn ²1980, 188f.

damit sie sich bei ihren eigenen Übergriffen gegen Jerusalem nicht auf ihre Unkenntnis würden herausreden können. Und deshalb trifft sie der göttliche Zorn am Schluß völlig zu Recht. (Auch die christlichen Völker, die über das erniedrigte Juda noch ihren Spott ergossen haben, können schwerlich auf Unkenntnis plädieren.)

Der »Plan« JHWHs konkretisiert sich im vorliegenden Fall darin, daß sich die Völker zwar dem äußeren Anschein und ihrem Selbstverständnis nach aus eigenem Antrieb gegen Zion sammeln, daß dahinter aber in Wahrheit Gott steht, der sie sammelt. Mit dem Bild vom Sammeln der Ähren auf der Tenne wird dabei schon der folgende Vers vorbereitet, der in Fortsetzung der Metapher vom »Dreschen« der Feinde redet.

V 13 Was Gott gesammelt hat, soll die Tochter Zion »dreschen«. Das Bild vom Dreschen der Feinde ist in der hebräischen Bibel recht breit gestreut und gehört keinem speziellen Überlieferungszusammenhang an. Es kann als Feststellung (Am 1,3) oder Drohung (Ri 8,7) verwendet werden, es kann Gottes Vorgehen gegen die Völker bezeichnen (Hab 3,12), in passiver Formulierung auch Bild für eine militärische Niederlage sein (2 Kön 13,7; Jes 25,10). Insofern hat das hebräische דוש durchaus Ähnlichkeit mit der deutschen abgeblaßten Metapher vom »Verdreschen« eines Gegners.

Sehen wir als Hintergrund von Mi 4,11–13 zurecht die Zerstörung Jerusalems durch die Babylonier 587/586, dann gewinnen freilich zwei Belege, die die Erntemetaphorik in Zusammenhang mit Babel bringen, besondere Bedeutung. Der eine entstammt der Jeremiaüberlieferung und verwendet die vorbereitete Tenne als Bild für das Gericht über Babel (Jer 51,33). Der andere gehört der späteren Jesajaüberlieferung an. Es handelt sich um das Babelwort Jes 21,1–10, das visionär den Untergang Babels schildert. An seinem Schluß wird Israel angesprochen als מדשתי ובן־גרני, wörtlich »mein Gedroschenes und Sohn meiner Tenne«. In solchen Babel-Texten dürfte, wenn auch nicht in einem engen überlieferungsgeschichtlichen Sinn – dazu ist die Erntemetaphorik zu breit gestreut –, so doch erfahrungsmäßig der Hintergrund von Mi 4,11–13 zu suchen sein. Die »Tochter Zion« hat sich als »gedroschen« erlebt. Und aus dem Trauma erwächst der Wunsch und die Phantasie, nun ihrerseits von der gedroschenen Ähre auf der Tenne zur gewaltig Dreschenden zu werden.

Es ist Gott, der die Tochter Zion zum Dreschen auffordert und sie mit der Macht ausstatten will, dies auch durchführen zu können. Denn er ist das Subjekt des anschließenden Satzes, der von den metallenen Hörnern und Hufen des dreschenden Tieres spricht. Dabei ist bei den ehernen Hufen das Dreschbild noch ganz durchgehalten, wobei an den Einsatz von Tieren auf dem Dreschplatz gedacht ist, die mit den Hufen das Korn heraustreten (vgl. dazu Dtn 25,4; Hos 10,11; dagegen spricht Am 1,3 von »eisernen Dreschschlitten«). Bei den eisernen Hörnern allerdings wird das Bild im engeren Sinn verlassen. Denn natürlich drischt kein Tier mit den Hörnern.

Dieser Sachverhalt hat phantasievolle Deutungen hervorgerufen, insbesondere die, Hintergrund des Textes sei das Motiv der ugaritischen Mythologie, das die Göttin Anat mit Hörnern zeigt (so in unterschiedlicher Ausprägung *H. Gottlieb*, Kvie 1963 und *P. Bordreuil*, Michée 4:10–13 1971). Sie scheitern freilich daran, daß das »Horn« in biblischer Sprache in derart abgeblaßter Weise zum Bild für Stärke geworden ist, daß jeder konkrete Hintergrund in Stierbildern, Hörnermasken oder Hörnerkronen dahinter verschwindet. Wenn Gott als »Horn« bezeichnet wird (2 Sam 22,3 = Ps 18,3), wenn vom »Horn« des Königs (1 Sam 2,10; Ps 89,25; 132,17), vom »Horn« der Feinde (Ps 22,22; 75,5 f.11; Klgl 2,17) oder in Selbstaussagen von »meinem Horn« (1 Sam 2,1; Ps 92,11) oder »unserem Horn« (Ps 89,18) die Rede ist, dann ist der Bildhintergrund kaum noch gegenwärtig. Dem »Horn« geht es dabei ähnlich wie der »Hand«, die ebenfalls in abgeblaßter Weise Macht und Stärke symbolisiert, nur daß Menschen in der Realität tatsächlich Hände haben, während sich das von Hörnern so nicht behaupten läßt. Spricht Gott also der dreschenden Tochter Zion in Mi 4,13 eiserne Hörner zu, dann besagt das nicht mehr, als daß er sie tatsächlich mit der Macht versieht, die Feinde zu vernichten.

Das Bild klingt aus mit der Ankündigung, die Tochter Zion werde »viele Nationen zermalmen«. דקק = »zermalmen« kann wie sein deutsches Äquivalent jede derartige Tätigkeit bezeichnen, kommt aber in Parallele zu דוש = »dreschen« auch speziell im landwirtschaftlichen Kontext vor (Jes 28,28; 41,15). Und ähnlich wie »dreschen« ist »zermalmen« zum Bild für die Vernichtung der Feinde geworden (2 Sam 22,43).

Mit dem Schlußsatz des Textes wird das Bild des dreschenden Tieres vollends verlassen. Dieser Satz spricht von der »Bannung« des feindlichen Vermögens für JHWH. Gemeint ist damit, daß ein Teil oder die gesamte Beute ausgesondert und durch Überstellung in den Tempel oder durch Vernichtung der Gottheit geweiht wird. So rühmt sich der moabitische König Mescha auf seiner Siegesstele aus dem 9. Jh., er habe nach Einnahme einer israelitischen Stadt 7000 Gefangene getötet, und begründet dies mit den Worten: »denn ich hatte sie dem ʿAštar-Kamoš (durch Bann) geweiht« – כי · לעשתר · כמש · החרמתה (KAI 181, 17). In Israel spielt die Vorstellung von der Bannung in den (fiktiven) Erzählungen von der Landnahme eine große Rolle (Num 21,2 f.; Dtn 2,34; 3,6 u. ö.). In Texten, die von der Königszeit handeln, tritt sie dagegen auffällig zurück (vgl. aber 1 Sam 15; 1 Kön 20,42). Die Tatsache aber, daß der Brauch immer wieder genannt wird, sei es im Zusammenhang mit Tätigkeiten von Israeliten (1 Chr 4,41), sei es vor allem aber als Praxis fremder Völker (vgl. 2 Kön 19,11 = Jes 37,11; Jer 50,21.26; 51,3; Dan 11,44; 2 Chr 20,23; 32,14), zeigt, daß die »Bannung« als Teil des Kriegsgeschehens nicht grundsätzlich in Frage gestellt wird.

Im Parallelismus und zugleich als effektvoller Abschluß des Textes wird der Gott Israels, JHWH, als »Herr der ganzen Erde« bezeichnet. Diese Prädikation darf nicht monotheistisch mißverstanden werden. Religionsgeschichtlich handelt es sich vielmehr um die Vorstellung vom »höchsten Gott«, der in polytheistischen Religionen monarchisch an der Spitze des

Pantheons steht. So wundert es nicht, daß im Alten Testament die Prädikation »Herr der ganzen Erde« gerade in dem JHWH-König-Psalm Ps 97,5 erscheint (vgl. V 9). Mit der monarchischen Spitzenstellung – in der vertikalen Dimension – verbindet sich – in horizontaler Dimension – die Vorstellung von Zentrum und Peripherie: Wo der höchste Gott thront, ist das Zentrum der ganzen Erde, der »Nabel der Welt« (Ez 38,12). Deshalb müssen ihm alle Völker huldigen (vgl. Ps 67), sind sein Eigentum (Ps 82,8), sind letztlich ihm unterworfen (vgl. Ps 47). Dabei zeigt gerade Ps 82, daß auch im Alten Testament der polytheistische Hintergrund dieses Konzeptes noch nicht verschwunden ist. Mi 4,13 nun nimmt das Konzept, das mit höchster Wahrscheinlichkeit die vorexilische Tempeltheologie wesentlich geprägt hat (vgl. dazu jetzt *Friedhelm Hartenstein*, Die Unzugänglichkeit Gottes im Heiligtum. Jesaja 6 und der Wohnort JHWHs in der Jerusalemer Kulttradition [WMANT 75], Neukirchen-Vluyn 1997), in einem Augenblick auf, als die Basis dieses Konzepts, die Existenz des Tempels, zerstört ist. Dies läßt sich freilich nur durchhalten, wenn der »höchste Gott« von seinem Tempel gelöst und zum »einzigen Gott« gemacht wird, ein Schritt, den nicht lange nach einem Text wie Mi 4,11–13 Deuterojesaja gehen wird.

Bedeutung

Mi 4,11–13 entfaltet in einem Augenblick tiefster Demütigung eine Allmachts- und Gewaltphantasie der Gedemütigten. Der Text ist darin durchaus den individuellen Rachephantasien bestimmter Psalmen vergleichbar. Solchen auf traumatischen Erfahrungen beruhenden Phantasien kann auf der Ebene der Lehre – von Versöhnung, Feindesliebe o.ä. – nicht begegnet werden, ohne daß dabei zugleich aus der Lehre eine Ideologie würde; dies ist das Schicksal, das die theologischen Richtigkeiten der Freunde Hiobs angesichts von Hiobs Erfahrung erleiden. Rache- und Gewaltphantasien stellen sich ein, wo Menschen traumatisiert werden. Sie unterdrücken zu wollen, hieße, dem realen Trauma der Vergewaltigung, Eroberung, Demütigung und Erniedrigung noch das Trauma der Verdrängung hinzuzufügen. Das heißt nicht, daß der aus dem Trauma erwachsende Rachewunsch ewig bestehen bleiben muß. Dabei gehen in der Regel die Heilung der Wunde und die Überwindung der Rachephantasien Hand in Hand. Nachdem Hiob Gott gesehen hat, leistet er für die Freunde, die ihn mit ihren zur Ideologie gewordenen Richtigkeiten in seinem Leid nicht ernst genommen und noch zusätzlich gequält hatten, Fürbitte und wird selbst doppelt gesegnet (Ijob 42,5–10) – das Trauma ist geheilt, Versöhnung ist hergestellt.

Ähnliches vollzieht sich in der Michaschrift. Wenn die hier vorgeschlagene Datierung richtig ist, wäre 4,11–13 direkter Ausfluß der traumatischen

Erfahrungen im Zusammenhang mit der Zerstörung Jerusalems. Mi 4,1–5 dagegen, der Text, der zugleich in größter Spannung zu 4,11–13 steht und doch in vielem auch strukturell parallel läuft (siehe dazu bei 4,1–5), wäre ein Text aus der frühen Perserzeit, einer Zeit also, als der Tempel wieder aufgebaut und ein friedliches Leben im Land bei beschränkter Autonomie wieder möglich geworden ist. Jetzt ist aus der Rachephantasie gegenüber den Völkern die Vision eines friedlichen Zusammenlebens geworden – in Beibehaltung übrigens des Konzeptes, daß JHWH der »Herr der ganzen Erde« und der Zion der Mittelpunkt der Welt ist.

Könnte man bei diachroner Betrachtung also davon sprechen, daß die Rachephantasie durch die Friedensvision abgelöst worden ist, so ist doch zugleich festzuhalten, daß damit die Rachephantasie nicht verschwunden ist, sondern zusammen mit der Friedensvision in Mi 4 überliefert wird (einmal abgesehen davon, daß die diachrone Rekonstruktion, die hier vorgeschlagen wird, ohnehin nur hypothetischen Charakter haben kann). Diese Überlieferungsgestalt in Mi 4 oder genauer noch in Mi 1–5 impliziert eine dreifache Aufhebung des Textes von Mi 4,11–13. 1.) Er bleibt aufbewahrt. Das Trauma und die aus ihm entspringende Rachephantasie werden nicht nachträglich noch weggewischt. Nur wenn das Trauma ernst genommen wird, kann auch die Vision vom Frieden ernst genommen werden. 2.) Mi 4,11–13 wird durch Mi 4,1–5 aber auch relativiert. Indem die Friedensvision vor dem Rachetext steht, wird die Gewaltphantasie immer schon im Licht ihrer Überwindung gelesen. 3.) Durch die Rahmung in Mi 1,2 und 5,14 erhält Mi 4,11–13 eine neue, höhere und bleibende Bedeutung. Das Unverständnis der Völker wird jetzt gedeutet als ihre Weigerung, auf JHWH zu hören. Damit wird die Kirche, die eine Kirche aus den Völkern ist, direkt in die Überlieferung hineingenommen. Sie kann sich, da ihr die Schrift Alten Testaments überliefert ist, nicht auf Unkenntnis herausreden. Und sie muß wissen, daß sie, wenn sie sich an der Tochter Zion vergreift, der Rache des »Herrn der ganzen Erde« verfallen ist. Noch unter dem Eindruck von Schoah und Weltkrieg kommentiert 1958 *R. von Ungern-Sternberg* 103: »An diesem Geheimnis (sc. des jüdischen Volkes) können sich ›viele Völkerscharen‹ ihr eigenes Gericht holen und unvermutet auf vernichtendes Erz und Eisen treffen, weil Gott die Grausamkeiten, die sie an seinem Volke begangen haben, unerbittlich an ihnen heimsucht.«

Micha 4,14–5,3

Literatur

David J. Bryant, Micah 4:14–5:14: an Exegesis: Restoration Quarterly 21, 1978, 210–230. – *J. Coppens,* Le Cadre Littéraire de Michée V:1–5, in: H. Goedicke (Hg.), Near Eastern Studies in Honor of William Foxwell Albright, Baltimore / London 1971, 57–62. – *Margaret B. Crook,* The Promise in Micah 5: JBL 70, 1951, 313–320. – *Bettina Eltrop,* Du aber, Betlehem Efrata, ... aus Dir soll mir einer hervorgehen (Mi 5,1): BiKi 51, 1996, 168–170. – *Joseph A. Fitzmeyer, S.J.,* l^e as a Preposition and a Particle in Micah 5,1 (5,2): CBQ 18, 1956, 10–13. – *Roland Gradwohl,* Ein Herrscher aus Bethlehem-Efrata. Mi 5,1–4a, in: ders., Bibelauslegungen aus jüdischen Quellen. Band 1: Die alttestamentlichen Predigttexte des 3. Jahrgangs, Stuttgart 1986, 233–243. – *Paul Haupt,* Micah's Capucinade: JBL 29, 1910, 85–112. – *Klaus Koch,* Qädäm. Heilsgeschichte als mythische Urzeit im Alten (und Neuen) Testament, in: ders., Spuren des hebräischen Denkens. Beiträge zur alttestamentlichen Theologie, Gesammelte Aufsätze, Band 1, Neukirchen-Vluyn 1991, 248–280. – *Theodor Lescow,* Das Geburtsmotiv in den messianischen Weissagungen bei Jesaja und Micha: ZAW 79, 1967, 172–207. – *S. Loewenstamm,* Šopeṭ und Šebäṭ, in: ders. (Hg.), Comparative Studies in Biblical and Ancient Oriental Literatures (AOAT 204), Kevelaer 1980, 270–272. – *O. Loretz,* Fehlanzeige von Ugaritismen in Micha 5,1–3: UF 9, 1977, 358–360. – *Donald A. McKenzie,* The Judge of Israel: VT 17, 1967, 118–121. – *Diethelm Michel,* Das Ende der »Tochter der Streifschar« (Mi 4,14): ZAH 9, 1996, 196–198. – *Martin Noth,* Das Amt des »Richters Israels«, in: ders., Gesammelte Studien zum Alten Testament II (ThB 39), München 1969, 71–85. – *Randall J. Pannell,* The Politics of the Messiah: A New Reading of Micah 4:14–5:5: Perspectives in Religious Studies 15, 1988, 131–143. – *Eckart Schwab,* Betlehem Efrata. Zur Überlieferung von Davids Herkunft, in: P. Mommer u.a. (Hg.), Gottes Recht als Lebensraum, FS H. J. Boecker, Neukirchen-Vluyn 1993, 117–128. – *Ilse Seibert,* Hirt – Herde – König. Zur Herausbildung des Königtums in Mesopotamien, Berlin (DDR) 1969. – *Shmuel Vargon,* Gedud: A Place-Name in the Shephelah of Judah: VT 42, 1992, 557–564. – *Jürgen Werlitz,* Noch einmal Immanuel – gleich zweimal!: BZ NF 40, 1996, 254–263. – *Claus Westermann,* Micha 5,1–3, in: G. Eichholz (Hg.), Herr, tue meine Lipen auf 5, Wuppertal-Barmen ^{2}1961, 54–59. – *John T. Willis,* Micah IV 14 – V 5 – A Unit: VT 18, 1968, 529–547. – *ders.,* ממך לי יצא in Micah 5.1: JQR 58, 1967–1968, 317–322.

Zu den Herrscherverheißungen insgesamt

Joachim Becker, Messiaserwartung im Alten Testament (SBS 83), Stuttgart 1977. – *Henri Cazelles,* Le Messie de la Bible. Christologie de l'Ancien Testament, Paris 1978. – *J. Coppens,* Le messianisme royal. Ses origines. Son développement. Son accomplissement (LeDiv 54), Paris 1968. – *Hugo Greßmann,* Der Messias (FRLANT 43), Göttingen 1929. – *Siegfried Herrmann,* Die prophetischen Heilserwartungen im Alten Testament. Ursprung und Gestaltwandel (BWANT 85), Stuttgart 1965. – *Eduard König,* Die messianischen Weissagungen des Alten Testaments, Stuttgart 1923. – *Antti Laato,* Josiah and David Redivivus. The Historical Josiah and the Messianic Expectations of Exilic and Postexilic Times (CB 33), Stockholm 1992. – *Werner H. Schmidt,* Die Ohnmacht des Messias. Zur Überlieferungsgeschichte der messianischen Weissagungen im Alten Testament, in: ders., Vielfalt und Einheit alttestamentlichen Glaubens, Bd. 1, Neukirchen-Vluyn 1995, 154–170. – *Horst Seebass,* Herrscherverheißungen im Alten Testament (BThSt 19), Neukirchen-Vluyn 1992. – *Klaus Seybold,* Das davidische Königtum im Zeugnis der Propheten (FRLANT 107), Göttingen 1972. – *Hans Strauß,* Messianisch ohne Messias. Zur Überlieferungsgeschichte und Interpretation der sogenannten messianischen Texte im Alten Testament (EHS.T 232), Frankfurt am Main u.a. 1984. – *Ernst-Joachim Waschke,* Die Frage nach dem Messias im Alten Testament als Problem alttestamentlicher Theologie und biblischer Hermeneutik: ThLZ 113, 1988, 321–332.

Text

Übersetzung

4,14 *Jetzt –*
du ritzt dir Wunden, Tochter der Ritzung.
»Belagerung hat man verhängt über uns,
mit dem Stock schlägt man auf die Backe
den Richter Israels.«
5,1 *Du aber, Betlehem Efrata,*
klein zwar unter den Sippen Judas,
aus dir geht mir hervor,
der Herrscher sein soll in Israel.
Und sein Ursprung ist von der Vorzeit,
von den Tagen der Urzeit her.
5,2 *Deshalb gibt er sie hin*
bis zu der Zeit, da die Gebärende geboren hat
und der Rest seiner Brüder
zu den Söhnen Israels zurückkehrt.
5,3 *Und er wird auftreten und weiden in der Kraft JHWHs,*
im erhabenen Namen JHWHs, seines Gottes.
Und sie werden wohnen; denn jetzt ist er groß
bis zu den Enden der Erde.

Zu Text und Übersetzung

4,14 Zur Übersetzung von בת־גדוד mit »Tochter der Ritzung« siehe die Auslegung!

5,1 In der zweiten Satzhälfte von V 1aα wird gelegentlich an dem Infinitiv להיות (von היה = »sein«) Anstoß genommen, der in der folgenden Zeile V 1aγ noch einmal erscheint, wobei er bei seinem ersten Vorkommen präsentisch, bei seinem zweiten dagegen futurisch aufzufassen ist. Wer solches zweimalige Vorkommen in unterschiedlicher Zeitperspektive nicht erträgt, erklärt in der Regel den hiesigen ersten Beleg durch mechanische *aberratio oculi* eines Abschreibers (so seit *F. Hitzig* 221; anders *Th. Lescow,* Geburtsmotiv 1967, 195, der das zweite להיות streicht; zur Diskussion vgl. *A. S. van der Woude* 166). – Die von *J. A. Fitzmyer,* Preposition 1956 aufgestellte These, das ל am Infinitiv sei hier komparativisch zu verstehen (»too little to be among the clans of Judah«), ist wohl nicht haltbar (so *O. Loretz,* Fehlanzeige 1977, 360). Ähnlich wie der Infinitiv mit ל in Ijob 5,11 (לשׂום von שׂום = »setzen, stellen, legen«), der dort von Partizipien gerahmt ist (V 9 f. 12 f.), ist er hier wie ein präsentisches Partizip aufzufassen. Im Deutschen braucht er nicht wiedergegeben zu werden.

Analyse

Zur Zusammengehörigkeit von Mi 4,14 und 5,1–3

Die masoretischen Überlieferer trennen zwischen 4,14 und 5,1 durch eine Setuma, die Kapiteleinteilung der Septuaginta folgt ihnen hierin, während die Vulgata den hebräischen Vers 4,14 als 5,1 zum folgenden Kapitel zieht (man beachte den ganz ähnlich liegenden Fall bei Jes 8,23 und 9,1–6, wo es ebenfalls um eine Herrscherverheißung geht). Eine Reihe von Gründen spricht dafür, daß 4,14 tatsächlich mit 5,1–3 den dritten Jetzt-Spruch der Komposition 4,8–5,3 bildet (zur Abgrenzung nach hinten vgl. die Begründung bei 5,4f.). 1.) Zwar rahmt 5,1–3 zusammen mit 4,8 die eigentlichen Jetzt-Sprüche in 4,9–14, und da 4,8 außerhalb dieser Sprüche steht, könnte man gleiches auch für 5,1–3 vermuten. Doch die Rahmenstellung von 4,8 läßt sich auch gut nach Analogie der Antiphon erklären, die das Gesamtziel des Textes schon im Anfang vorwegnimmt. 2.) Zwar sind in 4,9–10 und 4,10–13 Not und Wende so integriert, daß die Aussagen über die Wende die über die Not unabdingbar voraussetzen, wogegen 5,1–3 auch ohne 4,14 aus sich heraus verständlich wäre. Doch wäre ein Argument, das die Zerstückelung eines Textes für gegeben hält, nur weil sie möglich ist, methodisch nicht haltbar. Zudem gibt es gewichtige positive Gründe, die für den Zusammenhang von 5,1–3 mit 4,14 (und damit mit 4,8–14) sprechen. 3.) 4,14 wäre in der Komposition der Jetzt-Sprüche der einzige, in dem auf die Not nicht sogleich die Ankündigung von deren Wende folgte. Zwar könnte man ein Fragment annehmen, aber diese Notlösung wäre nur statthaft, wenn sonst alles für eine Trennung zwischen 5,1–3 und 4,14 spräche. 4.) Die Rede von der Gebärenden in 5,2 ist von dem Vergleich mit der Gebärenden in 4,9–10 nicht zu trennen. 5.) Das die Komposition abschließende כי־עתה = »denn jetzt« in 5,3 nimmt deutlich auf die עתה-(»jetzt«-) Sprüche (sowie das כי־עתה = »denn jetzt« in 4,10b) Bezug. 6.) Das Bewegungsgeflecht in 5,1–3 ähnelt dem von 4,10b. Zunächst fängt 4,10b mit demselben כי־עתה = »denn jetzt« an, das in 5,3 den Abschluß einleitet. Dann folgt in 4,10b eine Bewegung aus der Stadt heraus (יצא מן), die zum Nächtigen auf dem Feld und dann in die babylonische Verbannung führt. 5,1–3 fängt ebenfalls mit einer Bewegung an, die aus einer Stadt herausführt, nämlich aus Betlehem (יצא מן). Bevor diese Bewegung eintritt, kehren die Verbannten zurück, und wenn der künftige Herrscher die Macht angetreten hat, werden »sie wohnen« – offensichtlich nicht mehr auf dem Feld, sondern in Sicherheit. Nimmt man hinzu, daß 4,9–10 vom Verschwinden des Königs spricht und das Bild der Gebärenden verwendet, dann sieht man, daß 5,1–3 geradezu ein Gegengewicht zu 4,9–10 bildet.

Daß Mi 4,14 nicht nur Teil der עתה-(»jetzt«-)Sprüche von 4,9–14 ist, sondern zugleich Ähnlichkeiten mit 1,10–16 aufweist, ist längst gesehen worden. Sie bestehen zum einen darin, daß ein Trauerritus erwähnt wird (wie in 1,10a.10b. 11bβ.16), zum andern darin, daß der Vers zwei Wortspiele enthält, wie sie für 1,10–16 typisch sind. Dennoch gibt es auch Unterschiede, so daß man 4,14 nicht einfach als »misplaced gloss« zu 1,10–16 bezeichnen kann (so *P. Haupt*, Capucinade 1910, 99,22; vgl. *W. Beyerlin*, Kulttraditionen 1959, 18). So ist 4,14 zweizeilig, während dies in 1,10–16 nur bei der Schlußzeile der Fall ist, die dadurch besonders herausgehoben ist. Zum andern wird in 4,14 die angeredete Größe im Indikativ der 2. ps. f. sg. angesprochen (»du versetzt dir Schnittwunden«), während in 1,10–16 entweder bei direkter Anrede der Imperativ (»wälz dich im Staube«, V 10) steht oder bei indikativischer Rede die 3. ps. verwendet wird (»nicht rückt aus die Bewohnerschaft von Zaanan«, V 11). Der Indikativ der 2. ps. f. sg. kommt aber seinerseits in den Jetzt-Sprüchen 4,9f.13 vor (»warum schreist du laut?«, V 9). Das Phänomen von Ähnlichkeiten mit Mi 1,10–16 und gleichzeitiger Einbindung in 4,9–5,3 wird man am ungezwungensten damit erklären, daß der Verfasser von 4,9–5,3 den alten Michatext von Mi 1–3* kennt und ihn in 4,14 in eigenständiger Weise variiert.

Zur Zugehörigkeit von 5,2

Umstritten ist neben der Frage nach dem Zusammenhang mit 4,14 die nach der ursprünglichen Zugehörigkeit von 5,2. Verschiedene Argumente werden vorgebracht dafür, daß es sich bei diesem Vers um einen Nachtrag handle (aus der Fülle der Stimmen, die den Vers für einen Zusatz halten, vgl. nur *M. B. Crook*, Promise 1951, 15; *C. Westermann*, Micha 5,1–3 1961, 55f.; *O. Loretz*, Fehlanzeige 1977, 359f.; *J. Hausmann*, Rest 1987, 177–179; für die Einheitlichkeit des Textes treten ein *R. Gradwohl*, Herrscher 1986, 238f.; *H. Seebass*, Herrscherverheißungen 1992, 40–52). 1.) Von V 1 zu V 2 liege ein Subjektwechsel vom Herrscher zu Gott vor, während in V 3 wieder, wie in V 1, der Herrscher Subjekt sei, so daß V 3 glatt an V 1 anschlösse (»Und sein Ursprung ist von der Vorzeit … Und er wird dastehen und weiden«). Die Beobachtungen zum Subjektwechsel sind durchaus zutreffend (wie seine eigene Auslegung zeigt, führt der Versuch von *H. Seebass*, Herrscherverheißungen 1992, 40–52, den Subjektwechsel in V 2 ganz zu leugnen und als Subjekt dieses Verses den Herrscher anzunehmen, völlig in die Sackgasse; zur Kritik an *H. Seebass* siehe auch *J. Werlitz*, Immanuel 1996, 255). Allerdings sind solche Argumente, die ein Stilempfinden moderner Ausleger zum Maßstab der Textbeurteilung machen, höchst problematisch. Der Text selbst nimmt mehrfach Übergänge vor, die entgegen dem Ordnungsbedürfnis deutscher Professoren nicht mit der Warnleuchte angezeigt werden. So klingt in V 1 das göttliche Ich an (»aus dir geht mir hervor«), während in V 3 in 3. ps. über JHWH gesprochen wird (»er wird … weiden in der Kraft JHWHs«). Und in V 3 erscheint mitten in einem Satz, der in 3. ps. sg. vom Herrscher spricht, eine 3. ps. pl. (»und sie werden wohnen«), die an dieser Stelle auch nicht nominalisiert wird (einmal ganz abgesehen davon, daß bei Entfernung von V 2 das »sie«, das sich auf den »Rest seiner Brüder« und die »Söhne Israels« dieses Verses bezieht, ganz in der Luft hinge). Deshalb wird man es mit *H. Greßmann*, Messias 1929, 249 geradezu als Stilmittel dieses Textes verstehen müssen, daß »ein beständiger Wechsel des niemals genannten Subjekts« vorliegt. 2.) V 2 sei entgegen seinem Umfeld in Prosa gehalten. Doch ist es mit dem poetischen Charakter der Verse 1 und 3 bei strengem Maßstab auch nicht weit her. Von den fünf Zeilen, die diese Verse im Druckbild der BHS bilden, enthalten gerade einmal zwei einen wirklichen Parallelismus (V 1b und V 3a); nimmt man, wie hier vorgeschlagen, 4,14 noch hinzu, verstärkt sich der Eindruck, denn auch die zwei Zeilen dieses Verses enthalten keinen Parallelismus. So könnte man den Text von 5,1–3 bzw. 4,14–5,3 insgesamt auch als gehobene Prosa mit poetischen Elementen bezeichnen[14]. 3.) V 2 bereite der Deutung verschiedene Schwierigkeiten, so das einleitende לכן = »deshalb« sowie die Frage, wer die »Gebärende« und wer die »Brüder« des Herrschers seien. Das stimmt zwar, leuchtet aber als Argument für die Frage nach der Einheitlichkeit des Textes nicht ein. Denn warum dürfen Glossatoren ungestraft »schwierige« Texte produzieren, während dies »ursprünglichen« Autoren untersagt ist? Könnte man nicht genauso gut umgekehrt annehmen, daß »schwierige« Texte ursprünglich sind und Glossatoren ans Werk gehen, um diese zu erklären und zu glätten (in der Textkritik ist dies geradezu eine Regel – *lectio difficilior probabilior*)?

Auslegung

4,14 Der Spruch beginnt mit »jetzt«, das wie in V 9 und 11 außerhalb der eigentlichen Satzkonstruktion steht. Diese beginnt mit einer Anrede an die »Tochter der Ritzung« in 2. Person und geht in V 14aβ in ein Zitat im Mund der Trauernden über (1. ps. pl.). Ob das Zitat in V 14b weitergeht oder ob hier die prophetische Stimme direkt spricht, ist nicht zu erkennen und an sich auch belanglos. Denn so oder so wird in V 14aβ.b der Grund für die Trauer angegeben.

Sich selbst Schnittwunden beizufügen, kann zwar auch dazu dienen, sich in Ekstase zu versetzen (1 Kön 18,28), ist aber hauptsächlich als ein Trauerritus – neben dem Scheren der Haare, dem Zerreißen der Kleider, dem Anlegen von Trauerkleidung – belegt (Jer 16,6; 41,5; 47,5; 48,37; dazu die textlich unsicheren Stellen Hos 7,14; Jer 5,7). Das Verbot dieses Ritus in Lev 19,28; Dtn 14,1 zeigt nur, wie selbstverständlich er praktiziert wird, wobei die erwähnten Belege aus der prophetischen Literatur dies im Gegensatz zu den Gesetzesbestimmungen auch nie problematisieren.

Wer aber ist es, der sich die Schnittwunden beifügt, also: Wer ist die בת־גדוד? *Sh.Vargon*, Gedud 1992, setzt sich mit Nachdruck dafür ein, daß hier ein echter Ortsname »Gedud« vorliegt (nach Analogie der bekannten »Tochter Jerusalem«, 2 Kön 19,21; Mi 4,8; Zef 3,14; »Tochter Zion«, 2 Kön 19,21; Mi 4,8.10.13 u.ö.; oder »Tochter Babel«, Jes 47,1) und schlägt dessen Identifizierung mit dem in der Schefela gelegenen Tell Judeideh vor. Gegen diese Deutung spricht, daß in einem Kontext, der in 4,10.13 von der »Tochter Zion« redet, plötzlich ein sonst völlig unbekannter Ort auftauchte, daß kaum vorstellbar ist, daß ein feindlicher Eroberer ausgerechnet einen solchen ansonsten unbekannten Provinzort belagern sollte, und es schließlich rätselhaft bleibt, was der »Richter Israels« in der Provinz macht oder warum ausgerechnet dieser Ort zur Trauer um ihn aufgerufen sein soll.

---

[14] Vgl. die Beobachtung von *D. N. Freedman*, Discourse 1983, 141–158 zur prophetischen Literatur insgesamt, daß neben rein prosaischen und wirklich durchgebildeten poetischen Passagen viele Texte »in the no-man's land between them« angesiedelt sind und »an admixture not easy to analyse or describe« darstellen (142).

Damit bleibt nur die Möglichkeit, in בת־גדוד einen Ersatznamen für Jerusalem zu sehen, der um des Wortspiels mit תתגדדי (»du ritzt dir Wunden«) willen gewählt worden ist, so wie auch in 4, 8 für Jerusalem die Bezeichnung »Herdenturm« verwendet wird. Da גדוד oft eine militärische Streifschar meint (1 Sam 30, 8.15.23 u. ö.), übersetzen die meisten mit »Tochter der Streifschar«. Da die Wurzel גדד im Verb des Satzes jedoch in der Bedeutung »sich Wunden ritzen« verwendet wird und zudem in Jer 48, 37 ein Plural גדדת = »Trauereinschnitte, Ritzungen« vorkommt, ist mit *D. Michel,* Ende 1996 eher von einer Bedeutung »Tochter der Trauerritzung«, »Wundgekratzte«, »die du voll bist mit Trauereinschnitten« auszugehen.

Für die Ausführung des Trauerritus durch die als kollektiv angeredete Stadt – deshalb geht das jetzt beginnende Zitat in die 1. ps. pl. über – werden zwei Gründe genannt. Der erste ist die Belagerung der Stadt – nach unserem Datierungsvorschlag die durch die Babylonier 588–586 –, der zweite die Demütigung des »Richters Israels«. Denn das Schlagen auf die Backe ist nicht nur in unserem Kulturkreis, sondern auch schon im alten Israel ein Ausdruck der Erniedrigung des Geschlagenen (1 Kön 22, 24; Jes 50, 6; Ps 3, 8; Ijob 16, 10; Klgl 3, 30).

Wer aber ist der Geschlagene? *M. Noth,* Amt 1969 sieht im »Richter Israels« ein besonderes Amt aus vorstaatlicher Zeit, das auch in den Zeiten der Monarchie noch neben dem königlichen Amt bestanden habe. Allerdings gibt es für die Königszeit sonst keinerlei Beleg, der ein solches zentrales Amt neben dem König nahelegen würde, weshalb *D. A. McKenzie,* Judge 1967 meint, das vorstaatliche Richteramt sei auf den König übergegangen. Doch auch das bleibt Spekulation. Statt in der Frühzeit sucht *B. Renaud,* Structure 1964, 87 die Lösung in der Spätzeit; für ihn ist der »Richter« das »Haupt der nachexilischen Gemeinschaft«[15]. Doch wer soll das sein: der persische König, oder sein Statthalter, oder der Hohenpriester (an ihn denkt *I. Willi-Plein,* Vorformen 1971, 94 f.)? Doch keiner von diesen wird je so genannt.

So bleibt es bei der naheliegenden Deutung, mit dem »Richter Israels« sei der König selbst gemeint (so auch *D. A. McKenzie,* Judge 1967, 121). Daß diese ungewöhnliche Bezeichnung gewählt wird, liegt an dem Wortspiel zwischen שׁבט = »Stock« und שׁפט = »Richter« (vgl. schon *J. T. Beck* 161 f.; *A. S. van der Woude* 164 f.; *H. Niehr,* Herrschen 1986, 156 f.). Im übrigen heißt שׁפט ohnehin nicht nur »richten« im engeren, sondern auch »herrschen« im weiteren Sinn (vgl. dazu die monographische Studie von *H. Niehr,* Herrschen 1986). Auch Hos 7, 7; Ps 2, 10 setzen Könige und Richter in eins, und auch die Fortsetzung in 5, 1–3 mit der Ankündigung eines kommenden Herrschers versteht 4, 14 als Aussage über die gegenwärtige Demütigung des Königs.

In 5, 1 wird der Blick gewendet – weshalb man das einleitende Waw am **5,1**

[15] »chef de la communauté post-exilique«.

besten adversativ wiedergibt (»du aber«) –, von Jerusalem, das in Trauer ist, nach »Betlehem Efrata«. Die Anrede an die Stadt erfolgt, wie in 4,8, in der 2.ps.m. (und nicht fem., wie in 4,9–14), da der Städtename nicht mit בת = »Tochter«, sondern mit בית = »Haus« gebildet ist. Die Anrede geht in V 1aβ in Rede in 3.ps. über. Darin ist der Text völlig gleich aufgebaut wie 4,8, mit dem er eine Rahmung um 4,9–14 bildet. Doch während mit dieser Struktur in 4,8 der Text bereits abgeschlossen ist, geht er in 5,1–3 weiter (wodurch der antiphonische Charakter von 4,8 noch einmal unterstrichen wird).

Hatte sich 4,14 durch das Stilmittel der Wortspiele an den alten Michatext von 1,10–16 angelehnt, so übernimmt 5,1 aus jenem Text das Verfahren, ohne Nennung des Namens an die Geschichte Davids anzuknüpfen (dort durch das Zitat von 2 Sam 1,20 in V 10 und die Erwähnung von Adullam in V 15). Denn schon mit der Erwähnung des Ortsnamens Betlehem Efrata ist die Überlieferung von David assoziiert, ohne daß sein Name genannt werden muß. In der ausführlichen Vorstellung dieses (damals noch zukünftigen) Königs in 1 Sam 17,12 heißt es nämlich: »David war der Sohn eines efratitischen Mannes, der aus Betlehem in Juda war«. Dabei meint »efratitisch« wohl die Sippe, und »Juda« wird beigefügt, weil es noch ein Betlehem in Sebulon gab (Jos 19,15); in der späteren Überlieferung ist dann der Name der Sippe mit dem der Stadt in eins gesetzt worden (vgl. Gen 35,19; 48,7; Rut 4,11).

Daß Betlehem Efrata klein sei unter den Sippen Judas – אלף meint hier nicht im wörtlichen Sinn die »Tausendschaft« als militärische Einheit (Am 5,3), sondern hat die davon abgeleitete Bedeutung von »Sippe, Clan« (wie Ri 6,15) –, ist nicht die Aussage eines statistischen Amtes und braucht deshalb gar nicht mit demographischen Gegebenheiten verglichen zu werden. Vielmehr liegt hier das weit verbreitete Vom-Tellerwäscher-zum-Millionär-Motiv vor (vgl. die Erzählung vom Aufstieg Josephs, Gen 37–50, die Berufung Gideons, Ri 6,15, sowie die Überlieferung von David selbst, bes. 1 Sam 16,11; 17,14). Hier in Mi 5,1–3 findet das »klein« des Anfangs seine Entsprechung in der Aussage des Schlusses, daß der Herrscher in einem künftigen »jetzt« »groß sein« werde.

Nach der langen Anrede an Betlehem muß diese, wenn der Text weitergeht, knapp aufgenommen werden: »aus dir«. Auf diese suffigierte Präposition folgt im Hebräischen nicht sogleich das Verb, sondern eine weitere Präposition mit Suffix: »mir«. Dahinter kann sich nur der göttliche Sprecher verbergen (für *E. Sellin* 335 f. Anlaß, den Text zu ändern, da seiner Meinung nach von Gott »in dieser ganzen Prophetie in der 3. Pers. gesprochen wird«). Noch bevor vom Hervorgehen des künftigen Herrschers die Rede ist, wird schon festgehalten, für wen er hervorgeht (die Ungewöhnlichkeit der Satzstellung – dativus ethicus vor dem Verb – führt *J. A. Fitzmeyer*, Preposition 1956, 12 f. zu Textänderungen und Umdeutungen; sie unterstreicht aber nur die Betonung, die auf diesem »mir« liegt). Der, der kommen soll, wird für Gott, das heißt in seinem Auftrag, in seinem Namen, in engster Verbundenheit mit ihm Herrscher sein in Israel (*J. T. Willis*, Micah 5.1 1967–1968, weist zurecht auf die enge Verbindung des Herrschers mit Gott hin, auch wenn seine sprachliche Konstruktion zweifelhaft bleibt, יצא ל habe den prägnanten Sinn von »sich jemand ergeben«; wie *J. T. Willis* auch *D. J. Bryant*, Micah 4:14–5:14 1978, 222). Damit wird zwar eine alte Vorstellung der Königsideologie der Davididen aufgenommen (vgl. auch in sprachlicher Formulierung die Nähe zu 1 Sam 16,1, wonach David – in Gottesrede – als »König für mich« – לי מלך – eingeführt wird), wie sie im alten Orient weit verbreitet ist. Aber im Michatext selbst ist bis zu dieser Stelle, soweit von den tatsächlichen Davididen die Rede war, von solcher exklusiven Verbundenheit mit Gott gerade nicht die Rede gewesen, vielmehr nur von Niedergang (Mi 1,14f.; 4,9.14) und von kaum verhüllter Kritik (3,10).

Mit dem anschließenden Verb werden verschiedene Bezüge hergestellt. Der erste verbleibt im engeren Textbereich: Die Bewegung des Herrschers, der aus Betlehem Efrata hervorgeht (יצא מן), entspricht der Bewegung, mit der die frühere Herrschaft zur Burg der Tochter Zion kommt (אתה עד) (4,8). Aber das Verb יצא = »hervorgehen« weist auch über Mi 5,1 hinaus und damit in den Diskurs hinein, dem diese Herrscherverheißung zugehört. In der Exegese wird dabei meist auf Jes 11,1 hingewiesen: »Ein Reis wird hervorgehen (יצא) aus Isais Stumpf …«. Tatsächlich sind der Micha- und der Jesaja-Text durch die Vorstellung verbunden, daß der Herrscher kein direkter Nachfahre der bis zuletzt regierenden Davididen sein werde. Andrerseits interessiert sich der Jesaja-Text lange nicht so betont für die Herkunft des Herrschers wie Mi 5,1, wo alles Gewicht auf dem Ort der Herkunft liegt (*H. Strauß*, Messias 1984, 54: »betont ist zuallererst der Ort«), und, da dieser Ort eben Betlehem Efrata ist, doch auch wieder auf der Anknüpfung an die alte Davidstradition. Das rückt Mi 5,1 sprachlich und konzeptionell in die Nähe von Jer 30,21, wo es heißt, daß der Herrscher aus Jakob selbst hervorgehen werde (ומשלו מקרבו יצא = »und sein Herrscher wird aus seiner Mitte hervorgehen«) (zum Bezug von Mi 5,1 auf Jer 30,21 vgl. *B. Renaud*, Formation 1977, 240f.).

Die bis hier gemachten Beobachtungen weisen allesamt darauf hin, daß das Neue, das angekündigt wird, aufs engste mit dem Alten verbunden wird, und zwar nicht mit dem Alten, wie es gerade vergangen ist (Mi 1,10–16; 4,9–14), sondern mit dem Alten von seinem Ursprung her. Das dahinter stehende Konzept faßt der Schluß des Verses in Worte, wenn er von der Herkunft des Herrschers vom קדם (»Vorzeit«), von den Tagen des עולם (»Urzeit«) her spricht. Beide Worte beziehen sich auf eine frühere Zeit, so in Mi 7,20 auf die Zeit der Väter Abraham und Jakob, in Jes 51,9f. auf den Exodus und in Am 9,11 (vgl. Neh 12,46) wie hier auf die Zeit Davids. Dabei meinen קדם und עולם nicht eine beliebige Vergangenheit, sondern eine der

Gegenwart qualitativ überlegene mythische Urzeit (vgl. zu diesem Konzept *K. Koch*, Qädäm 1991). Sie ist gewissermaßen der ständige Kraftquell, aus dem immer wieder Neues entstehen kann.

5,2 Die Fortsetzung des Textes in V 2 mit לכן = »deshalb« bereitet Schwierigkeiten, weil dessen Bezug dunkel bleibt. Desgleichen werden Subjekt und Objekt von »er gibt sie hin« nicht genannt, u.zw. unabhängig davon, ob V 2 Bestandteil des ursprünglichen Textes ist oder nicht. Am ehesten wird man es so verstehen müssen, daß Gott das Subjekt und die Israeliten das Objekt des Hingebens sind. Und da das »deshalb« sich nur auf die Herrscherverheißung von V 1 zurückbeziehen kann, muß man wohl ergänzen: »Deshalb gibt er sie (nur noch) hin, bis …« (zu diesem Vorschlag vgl. *J. T. Willis*, Micah IV 14-V 5 1968, 535–537). Bei dieser Auffassung ist zudem ein Sprecherwechsel zu unterstellen, denn V 1 gab sich durch das לי (»mir«) als Gottesrede zu erkennen, während hier – wie dann auch in V 3 – in dritter Person über Gott geredet wird. Freilich unterscheidet sich mit diesen Unbestimmtheiten 5,2 nicht von seinem Kontext in 4,8–5,3. Denn der kann in 4,10.12.13b; 5,3 von JHWH in der dritten Person sprechen und ganz unvermittelt, ohne Redeeinleitung oder nominalen Hinweis in 4,13a; 5,1 in die erste Person der Gottesrede verfallen.

Die Notzeit, denn das meint das Verb נתן hier im Sinne von »hingeben«, soll dauern, bis »die Gebärende geboren hat«.

Immer wieder ist der Versuch gemacht worden, in der Gebärenden die Mutter des Herrschers zu sehen, wozu man dann auf Jes 7,14 verweist (vgl. u.a. *J. Wellhausen* 145f.; *W. Nowack* 224; *E. König*, Weissagungen 1923, 200; *E. Sellin* 336; *H. Greßmann*, Messias 1929, 249–251; *M. B. Crook*, Promise 1951, 315; *C. Westermann*, Micha 5,1–3 1961, 56; *Th. H. Robinson* 143; *O. Loretz*, Fehlanzeige 1977, 359f.; *J. Werlitz*, Immanuel 1996, 255f.). Diese Position ist unhaltbar. a) Die angebliche Parallele zu Jes 7,14 reduziert sich auf die Verwendung der Wurzel ילד = »gebären«. Ansonsten wird in Jes 7,14 kein Herrscher angekündigt, sondern die Geburt eines Kindes, und Gott »gibt« nicht »sie hin«, sondern er gibt ein Zeichen. b) Spräche Mi 5,2 von der Geburt des Herrschers, dann würde der Text besagen, daß der Herrscher erst kommen wird, nachdem er geboren ist. Dies wäre wohl doch etwas zu banal. Zudem spricht die Herrscherverheißung in V 1 selbst gar nicht von der Geburt, sondern vom »Hervorgehen« des Herrschers. c) Daß die »Gebärende« von 5,2 nicht von der »Gebärenden« von 4,9–10 zu trennen ist, ist gleich zu erläutern. d) Zuvor sei jedoch der Verdacht geäußert, daß bei der Auffassung der Gebärenden als der Mutter des Herrschers eine christliche Lektüre vorliegt, die ansatzweise vom Neuen Testament, vor allem aber von späteren Mutter-Gottes-Vorstellungen ausgeht und nun bemüht ist, diese in den als christologische Weissagungen gelesenen Texten des Alten Testaments wiederzufinden (nach *B. Renaud* 103 etwa bereitet der Vers die lukanische Marientheologie vor).

Daß die יולדה = »Gebärende« in 5,2 auf die יולדה in 4,9–10 Bezug nimmt, ist schon lange gesehen worden (ausführlich *Th. Lescow*, Geburtsmotiv

1967, 199–204; *J. Coppens,* Messianisme 1968, 85–88; *ders.,* Cadre 1971, 58–60; bei *R. Gradwohl,* Herrscher 1986, 239f. Belege auch aus der jüdischen Tradition). Dort war die Tochter Zion in ihrer Not mit einer Gebärenden in ihrer Not verglichen worden. 5,2 nimmt dieses Bild auf und führt es weiter. Denn während in 4,9–10 nur von der Not der Wehen die Rede war – und dies nur im Vergleich (»wie die Gebärende«) –, kommt jetzt die Geburt in den Blick und damit das Ende der Not. Und erst – so ist der Zusammenhang mit 5,1 wohl zu verstehen – wenn die Not der Gebärenden, also Zions, zu Ende ist, kommt der Herrscher.

Versteht man das Gebären der Gebärenden von 4,9–10 her als das Ende der Not der Tochter Zion, dann wird auch die Fortsetzung in 5,2 verständlich, die davon spricht, daß die Not so lange währt, bis »der Rest seiner Brüder zu den Söhnen Israels zurückkehrt«. Dazu ist freilich zunächst zu klären, wer die »Brüder« des Herrschers sind und wer die »Söhne Israels«, zu denen sie zurückkehren.

Man hat bei einem engen Verständnis von »Bruder« an exilierte Angehörige des davidischen Königshauses gedacht, die nun aus dem Exil zurückkehren werden (vgl. *J. Coppens,* Cadre 1971, 60; *H. W. Wolff* 118). Damit wird freilich eine sehr enge Deutung von V 1 vorausgesetzt, nämlich die, daß der Herrscher direkt aus dem davidischen Haus hervorgehen werde. Da im deuteronomischen Königsgesetz (Dtn 17,14–20) der Gedanke, daß König und Volk »Brüder« seien, belegt ist, wird man also in Mi 5,2 bei »seinen Brüdern« ein weiteres Verständnis voraussetzen müssen (vgl. *H. W. Wolff* 118). Von daher hat man hier den Gedanken der Wiedervereinigung von Juda und Israel unter einem Herrscher finden wollen, wie er etwa in Ez 37,15–28; Hos 2,2 belegt ist. Doch weder die Vorstellung, daß die ehemaligen Nordisraeliten zu den Judäern (so *H. Greßmann,* Messias 1929, 250), noch die, daß die Judäer zu den Israeliten zurückkehrten (so *H. Seebass,* Herrscherverheißungen 1992, 44–46), wird vom Wortlaut von V 2 gedeckt.

Liest man unsere Stelle im Zusammenhang mit 4,9–10, wie er über das Motiv der Gebärenden hergestellt wird, dann ist deutlich, daß 5,2 an die Rückkehr aus dem Exil denkt (so auch *H. Strauß,* Messias 1984, 56; *J. Hausmann,* Rest 1987, 177–179). Denn in 4,9–10 besteht die Not der mit einer Gebärenden verglichenen Tochter Zion gerade darin, daß sie nach Babel muß. Zwar wird ihr schon angekündigt, daß sie dort gerettet wird. Aber von Rückkehr ist noch nicht die Rede. Jetzt aber, wo der Blick weiter in die Zukunft geht, bis zum Kommen des Herrschers, muß auch von der Rückkehr die Rede sein. Bevor der Herrscher kommt, hat die Not ein Ende und kehrt »der Rest seiner Brüder« zu den im Land gebliebenen Israeliten zurück. Dabei ist zu beachten, daß für »Rest« hier יתר steht. Damit fällt die theologische Qualifikation weg, die das in 2,12; 4,7; 5,6f.; 7,18 gebrauchte שארית hat (so zu Recht *J. Hausmann,* Rest 1987, 177–179). Es geht einfach um »seine übrigen Brüder«, die nun zu den im Land Gebliebenen zurückkehren.

5,3 Der Schlußvers des Textes knüpft, indem der Herrscher wieder Subjekt des Satzes wird, an V 1 an. Dennoch unterbricht keineswegs V 2 den Zusammenhang unsachgemäß. Ja im Gegenteil, das den V 3 eröffnende ועמד = »und er wird auftreten« macht überhaupt nur nach V 2 einen rechten Sinn. V 1 kündigte allgemein das Kommen eines Herrschers an. V 2 gab die Wende der Not als Voraussetzung seines Kommens an. Und V 3 spricht jetzt davon, daß der Herrscher sein Amt antritt. Denn das absolut gebrauchte עמד meint hier nicht ein fortwährendes Dastehen (was das Verb auch bedeuten kann), sondern dessen Anfang, das Sich-Hinstellen (2 Sam 15,2; 2 Kön 3,21; 23,3 u.ö.), genauer noch den Antritt eines Amtes (so präzise in Esr 2,63 = Neh 7,65). Und dieser Amtsantritt, so ist die Abfolge von V 2 und V 3 zu interpretieren, erfolgt erst nach der Wende der Not.

Die dann einsetzende und bis zum Ende des Textes reichende Schilderung der Herrschaft des kommenden Herrschers ist völlig in »konventionierter Sprache« (*Th. Lescow*, Geburtsmotiv 1967, 196) gehalten, jedes ihrer Elemente ist im israelitischen Hofstil belegt (*K. Seybold*, Königtum 1972, 109f.) und wird besonders häufig mit der Person Davids in Verbindung gebracht, des Königs par excellence. Wieder, wie in V 1, muß sein Name nicht genannt werden und sind doch alle Anklänge deutlich. Der König wird »weiden« (רעה), ein Element der gemeinorientalischen Königsideologie, in der »fast jeder König ›Hirt‹ genannt wird oder sich selbst diesen Titel beilegt« (*I. Seibert*, Hirt 1969, 2), wie es auch von David ausgesagt wird (2 Sam 5,2 = 1 Chr 11,2; Ps 78,71f.; indirekt noch in 1 Sam 17,34–37; 2 Sam 7,8). Genauer gesagt: Er wird »weiden in der Kraft JHWHs, im erhabenen Namen JHWHs, seines Gottes«. Auch dies ist »konventionierte Sprache«. JHWH »gebe seinem König Kraft«, heißt es in der Fürbitte für den Gesalbten am Ende des Hannahliedes (1 Sam 2,10), und ebenfalls in einer Fürbitte für den König heißt es: »Es schütze dich der Name des Gottes Jakobs!« (Ps 20,2, vgl. Ps 89,25).

Mit dem folgenden וישׁבו = »und sie werden wohnen« wechselt das Subjekt vom Herrscher zu den in V 2 genannten Israeliten. Daß sie »wohnen« werden, ist merkwürdig absolut gesagt (und hat deshalb zu dem Vorschlag geführt, das Wort zu streichen, so *H. W. Wolff* 106f.119). Es wird aber verständlich, wenn man den Zusammenhang mit 4,9–10 sieht. Dort war davon die Rede, daß die Tochter Zion aus der Stadt heraus aufs freie Feld und von da nach Babel muß, also gerade nicht mehr die Möglichkeit hat zu »wohnen«. Wenn die Notzeit zu Ende ist, die Verbannten zurückgekehrt sind (V 2) und der Herrscher sein Amt angetreten hat (V 3a), dann wird es auch wieder möglich sein zu »wohnen«. Im übrigen liegt auch hier ein Motiv der Königsideologie vor, indem schon die Nathanweissagung für die davidische Dynastie stabile Herrschaft mit sicherem Wohnen verbindet (2 Sam 7,10f.). Und in Jer 23,5f.; Ez 34,25.27 wird sicheres Wohnen – wie in Mi 5,3, aber mit erläuterndem לבטח = »sicher«– als Folge der Herrschaft eines für die Zukunft erwarteten Davididen verheißen.

Der Schlußsatz faßt mit seinem einleitenden כי־עתה = »denn jetzt« die עתה-(»jetzt«-)Reihe von 4,9 an zusammen. Aber dieses zukünftige »Jetzt« ist nicht mehr das »Jetzt« der Not, denn es liegt jenseits der »Zeit« der Notwende, die V 2 ankündigt – ein Zusammenhang, der im Hebräischen sicht- und hörbar ist, da עתה = »jetzt« von עת = »Zeit« kommt. In dieser zukünftigen Jetzt-Zeit wird der Herrscher »groß sein bis zu den אפסי־ארץ, den Enden der Erde«. Auch dies ist ein konventionelles Motiv des Hofstils (Ps 2,8; 72,8, vgl. 2 Sam 7,9) (ganz unwahrscheinlich ist, daß das Subjekt dieses Satzes JHWH sei, wie *H. Strauß*, Messias 1984, 58 unter Hinweis auf verschiedene Stellen ausführt, die vom Groß-Sein JHWHs bzw. seines Namens sprechen; denn JHWHs Groß-Sein ist nicht erst für die Zukunft zu erwarten, wohl aber das des verheißenen Herrschers). Kompositionell großartig schließt Mi 5,3b damit den Spruch ab, der mit 4,14 einsetzt: Von der Demütigung des Richters Israels geht es in das kleine Betlehem Efrata, und von da über die Zeit der Notwende bis hin zur Weltherrschaft des kommenden Herrschers.

Bedeutung

Der diskursive Ort von Mi 4,14–5,3

Führt man Mi 5,1–3 – oder wie immer man den Text abgrenzt – auf den Propheten des 8. Jh.s zurück, dann muß man in diesem Text eine Opposition gegen die herrschenden Davididen sehen (entsprechendes gilt auch für die Weissagungen im Jesajabuch, was hier aber nicht diskutiert werden kann) (vgl. *H. Greßmann*, Messias 1929, 251). Dies läßt sich dann mühelos mit der anderen Vorstellung verbinden, hier liege Opposition des aus der Provinz stammenden Micha gegen Jerusalem vor (so *A. Bruno*, Micha 1923). Voraussetzung für diese Auffassung ist allerdings, daß man 5,1.3 und eventuell 5,4a.5b völlig aus ihrem Kontext herausseziert und für sich isoliert betrachtet. Denn der Kontext in Mi 4,8–5,3 legt den Gedanken von Opposition gegen die herrschenden Davididen nicht nahe, spricht er doch von einem zugrundegegangenen Königtum (4,9f.14), von einer noch andauernden Notzeit (5,2) und davon, daß »die frühere Herrschaft«, und nicht eine – im 8. Jh., wo die Davididen unserer Kenntnis nach doch unangefochten regierten – oppositionelle Herrschaft kommen werde (vgl. *C. Westermann*, Micha 5,1–3 1961, 56). Und daß diese kommende Herrschaft in Opposition zur Metropole Jerusalem stehe, ist ebenfalls vom Kontext her ausgeschlossen, denn was aus Betlehem »hervorgeht«, »kommt und gelangt« ja ausgerechnet nach Jerusalem (4,8) (an einem Einzeltext nicht zu überprüfen, aber grundsätzlich bedenkenswert ist auch der Einwand von *J. Becker*, Messiaserwartung 1977, 33: »Ein vorexilischer Messianismus ist fast ein Widerspruch in sich, da ja der Heilskönig präsent ist«).

Und doch hat *H. Greßmann* in gewisser Weise Recht, wenn er formuliert: »Die Messiashoffnung bedeutet ... stets eine Opposition gegen den regierenden König oder wenigstens gegen die regierende Dynastie« (Messias 1929, 222). Nur ist dies nach der hier vertretenen Auffassung keine Opposition gegen die vorexilischen Davididen, wohl aber eine offene Infragestellung der babylonischen Herrschaft nach 586 sowie dann – der Text wird ja weiter tradiert – nach 539 der persischen Oberhoheit. Wenn die samarischen Gegner des persertreuen Nehemia diesen anschwärzen, er habe Propheten bestellt, die ihn zum König von Juda ausrufen sollten (Neh 6,6f.), dann können sie sich auf prophetische Strömungen beziehen, die die Hoffnung auf einen judäischen (Welt-)Herrscher pflegen und Texte wie Mi 5,1–3 (und viele andere) hervorbringen und weitertradieren. Die »konventionierte Sprache«, in der in V 3 die Rolle des künftigen Herrschers beschrieben wird, ist ein deutliches Anzeichen dafür, daß in dieser Hinsicht Mi 5,1–3 keine Sonderstellung einnimmt.

Innerhalb dieser prophetischen Strömungen setzt sich Mi 4,14 – 5,3 allerdings von den Positionen ab, die auf ein direktes Anknüpfen an die davidische Linie setzen. Dafür steht V 1, der ganz »unkonventioniert« von der Herkunft des Herrschers spricht und damit zu erkennen gibt, daß hier das eigentliche Gewicht der Botschaft von Mi 5,1–3 liegt. Dem Text geht es nicht um bloße Restauration, wie sie wahrscheinlich schon Ismael, der Mörder Gedaljas, des ersten babylonischen Statthalters direkt nach dem Fall Jerusalems, im Sinn hat, von dem es heißt, er sei »aus königlichem Geschlecht« gewesen (2 Kön 25,25; Jer 41,1), wie sie dann aber ganz gewiß Haggai und Sacharja vorhaben, indem sie gegen die persische Oberhoheit Serubbabel, den Enkel des (vor-)letzten davidischen Königs, zum Messias ausrufen wollen (Hagg 2,20–23; Sach 3,8; 6,12f.). Gegenüber solchen in direkte Aktion übergehenden Erwartungen bleibt der Michatext sehr viel unbestimmter und zurückhaltender. Das Ende der Not und das Kommen eines judäischen Herrschers werden zwar erwartet, aber weder wird ein Termin angegeben noch eindeutig an die bis zuletzt herrrschende davidische Linie, geschweige denn an einen lebenden Davididen, angeknüpft. Solche Zurückhaltung im Blick auf den künftigen Herrscher erinnert an die entsprechende Zurückhaltung im Bezug auf die zukünftige Stellung des Jerusalemer Tempels, wie sie zu Mi 4,1–5 zu beobachten war.

Mi 5,1–3 – eine messianische Weissagung?

Mit der Ankündigung eines zukünftigen Herrschers liegt in Mi 5,1–3 ein Text vor, der häufig unter der Rubrik »messianische Weissagungen« verhandelt wurde. Diese Frage kann hier nicht im ganzen diskutiert werden. Leserinnen und Leser sind dazu auf die eingangs angegebene Literatur zu verweisen. Festzuhalten ist allerdings, daß »Messias« in der hebräischen Bibel immer nur der regierende Herrscher heißt (1 Sam 2,10; 24,7.11; Ps 18,51 u.ö.), einschließlich dem Perserkönig Kyros (Jes 45,1). Dagegen wird der Titel nie auf den für die Zukunft erwarteten Herrscher angewendet, weshalb man besser von »Herrscherverheißungen« spricht (so *H. See-*

bass, Herrscherverheißungen 1992, 1–3). Dahinter verbirgt sich allerdings mehr als eine Frage der Terminologie. Es geht um das Konzept. Und in das Messiaskonzept, wie es im frühen nachalttestamentlichen Judentum entwickelt, im Neuen Testament aufgenommen und in ihm wie in der jüdischen Traditionsbildung weiterentwickelt wird, geht mehr ein als nur die biblischen Herrscherverheißungen. Vielmehr werden nicht nur diese schon in sich disparaten Texte miteinander verbunden, sondern auch noch mit Vorstellungen vom leidenden Gottesknecht (bes. Jes 53) wie mit der apokalyptischen Menschensohnvorstellung (wie sie sich aus einer bestimmten Auslegung von Dan 7 entwickelt hat) verknüpft, ohne daß daraus »die« einheitliche Messiasvorstellung entstünde. Und all dies wird in den Kontext einer Endzeiterwartung gestellt, die den alttestamentlichen Herrscherverheißungen ganz fremd ist.

Eine ganz andere Frage ist demgegenüber die, mit welchem Recht sich spätere Erfahrung in überlieferten Texten wiederfindet, konkret, mit welchem Recht Mt 2 die Geburt Jesu in Betlehem mit der Verheißung von Mi 5,1 in Verbindung bringt. Dies ist keine Frage der historischen Rekonstruktion, sondern eine Frage der lebendigen Aneignung von Tradition. Dabei geht es nicht um Richtig oder Falsch – daß die Sklavinnen und Sklaven Nordamerikas sich in der ägyptischen Bedrückung und im Exodus Israels wiederfanden, ist mit dem Hinweis darauf, daß die Texte von Ex 1–15 nicht von Afroamerikanern handeln, ja nicht als »falsch« erwiesen. Hier geht es vielmehr darum, den alten Texten im jeweiligen Heute der Neuaneignung Sinn abzugewinnen und dabei deren Sinnreserven und Sinnüberschüsse zu erschließen.

Micha 5,4–5

Literatur *J. M. Allegro,* Uses of the Semitic Demonstrative Element Z in Hebrew: VT 5, 1955, 309–312. – *Kevin J. Cathcart,* Notes on Micah 5,4–5: Bib 49, 1968, 511–514. – *ders.,* Micah 5,4–5 and Semitic Incantations: Bib 59, 1978, 38–48. – *Robert P. Gordon, K/kī/ky* in Incantational Incipits: UF 23, 1991, 161–163. – *Delbert R. Hillers,* Imperial Dream: Text and Sense of Mic 5:4b–5, in: H. F. Huffmon u. a. (Hg.), The Quest For the Kingdom of God, FS G. E. Mendenhall, Winona Lake 1983, 137–139. – *Pieter W. van der Horst,* Nimrod After the Bible, in: ders., Essays on the Jewish World of Early Christianity (NTOA 14), Freiburg Schweiz / Göttingen 1990, 220–232. – *E. Lipinski,* Nimrod et Assur: RB 73, 1966, 77–93. – *Francesco Saracino,* A State of Siege: Mi 5,4–5 and an Ugaritic Prayer: ZAW 95, 1983, 263–269.

Zu vergleichen ist auch die zu 4,14–5,3 angeführte Literatur.

Text

Übersetzung 4 *Und dies wird Friede sein:*
Assur, wenn es in unser Land kommt
und wenn es tritt auf unsere Paläste,

dann stellen wir wider es sieben Hirten auf
und acht menschliche Anführer.
5 *Und sie werden das Land Assur mit dem Schwert weiden*
und das Land Nimrods an seinen Zugängen.
Und er wird vor Assur retten,
wenn es in unser Land kommt
und wenn es tritt auf unser Gebiet.

Zu Text und Übersetzung

4 Der Text ist sprachlich durchaus klar und verständlich. In V 4bα könnte allerdings die Septuaginta als Vorlage באדמתנו gelesen haben (»wenn es tritt auf unsere Erde«) statt בארמנתינו (»auf unsere Paläste«) (für diese Lesart *D. R. Hillers,* Dream 1983, 137 f.). Graphisch wäre die Verlesung leicht nachvollziehbar, und insgesamt ergäbe sich ein noch engerer Parallelismus. Allerdings läßt sich die griechische Lesart auch leicht als *lectio facilior* verdächtigen, und ein Parallelismus von »Land« und »Paläste« ist schließlich auch nicht unvorstellbar (für die masoretische Lesart *K. J. Cathcart,* Micah 5,4–5 1978; begründete Zweifel, daß G wirklich eine andere Vorlage als M hatte, bringt *J. A. Wagenaar,* Oordeel 1995, 77 f. vor; vgl. auch *H. G. M. Williamson,* Marginalia 1997, 365 f.).

5 In V 5a käme man bei einer Änderung der Lesart sogar mit dem Konsonantenbestand des hebräischen Textes aus und würde einen besseren Parallelismus erhalten, hätte dagegen aber nicht den griechischen Text auf seiner Seite. Es handelte sich um eine Punktierung der Konsonanten des letzten Wortes (ohne Vokalbuchstaben) בפתחה so, daß die Ableitung statt von פתח = »Öffnung, Pforte, Zugang« von פתיחה* = »gezückte Waffe, Dolch« (vgl. Ps 55,22) erfolgte, was gut zu dem »Schwert« der ersten Vershälfte passen würde (für diese Änderung *D. R. Hillers,* Dream 1983, 139). Doch drängt sich auch gegenüber diesem Vorschlag der Verdacht auf, es läge eine Erleichterung des ansonsten ja verständlichen masoretischen Textes vor.

Analyse

Abgrenzung

Die hier vorausgesetzte Abgrenzung, wonach 5,1–3 (zusammen mit 4,14) eine Einheit bilden, nach der 5,4 neu einsetzt, ist keineswegs unumstritten. Im wesentlichen werden folgende Deutungen vertreten: 1.) 5,1–5 bilden eine Einheit (so etwa *H. Greßmann,* Messias 1929, 248–252; *M. B. Crook,* Promise 1951; *J. T. Willis,* Micah IV 14 – V 5 1968; *A. Niccacci,* Profeta 1989, 58 f.). Die Problematik dieser Auffassung besteht darin, daß einerseits V 4bα und V 5b eine unübersehbare Inklusion bilden und damit auf einen selbständigen Spruch hinweisen und daß andrerseits in V 4–5 ein völlig überraschendes »Wir« erscheint, das im voranstehenden Text durch nichts vorbereitet ist. Die 1. ps. pl. textkritisch zu ändern (so *H. Greßmann,* Messias 1929, 248–252 und überraschend auch *A. Niccacci,* Profeta 1989, 58 f., der hier sein ansonsten so leidenschaftliches Eintreten für den masoretischen Text dem Willen opfert, die literarische Einheitlichkeit von 5,1–5 zu retten), besteht keinerlei Anlaß.

2.) Da in V 5b das Subjekt wieder in der 3. ps. sg. steht (»und er wird … retten«), könnte man es auf den in V 1–3 genannten Herrscher beziehen und folglich in V 5b den Schluß des ursprünglichen Textes sehen (diese Auffassung wird in verschiedenen Varianten vertreten; *B. Duhm* 56f.: V 1.3a.4a.5b; *W. Rudolph* 89–100: V 1–4a.5b; *H. W. Wolff* 106f.: V 1.3.4a.5b). Das Mißliche an dieser Auffassung ist, daß sie den geschlossenen Aufbau von V 4b.5 auseinanderreißt. Nimmt man diese Verse als Einheit, dann läßt sich das Subjekt von V 5b auf Gott beziehen, der auch schon in V 2 unvorbereitet als Subjekt erscheint, ohne nach der letzten Erwähnung des Herrschers ausdrücklich nominalisiert zu werden. So wird man auf jeden Fall V 4b.5 als vom Vorangehenden abgesetzten Text ansehen müssen. Bleibt die Frage, wozu V 4a gehört.

3.) Eine Reihe von Interpreten zieht V 4a als Abschluß zum Vorangehenden (so zuletzt wieder mit Nachdruck *H. Seebass*, Herrscherverheißungen 1992, 40–52). Die Frage hängt zum einen vom Verständnis des זה in dem Sätzlein ab. Am fraglichsten ist dabei die Auffassung als selbständiges Nomen im Anschluß an Ri 5,5; Ps 68,9 (»der Herr des Friedens« o.ä.; so *J. M. Allegro*, Uses 1955; *K. J. Cathcart*, Notes 1968, 511f., der diese Auffassung später – Micah 5,4–5 1978, 39 – allerdings wieder aufgibt; ferner *K. Seybold*, Königtum 1972, 108). Bleibt man bei der deiktischen Bedeutung von זה, dann ist damit das Problem freilich noch nicht gelöst. Denn die Deixis kann sich rein sprachlich gesehen sowohl zurückbeziehen auf den Herrscher, wie es schon die Vulgata versteht *(et erit iste pax)* (und so *J. T. Willis*, Micah IV 14 – V 5 1968, 544; *H. Seebass*, Herrscherverheißungen 1992, 40–52 und *G. Metzner*, Kompositionsgeschichte 1998, 41.192 mit der interpretierenden Übersetzung: »Und dieser wird der Heilsbringer sein«). Sie kann aber auch auf das folgende vorausverweisen und somit V 4–5 insgesamt einleiten, entsprechend der Auffassung der Septuaginta (καὶ ἔσται αὕτη εἰρήνη) (und so *J. Coppens*, Messianisme 1968, 85–88 und *ders.*, Cadre 1971, 58–60 im Anschluß an *A. Van Hoonacker* 391).

Läßt sich aus der Deixis selbst also ihre Referenz nicht erheben, so sprechen doch drei Beobachtungen am Kontext eher dafür, der Auffassung der Septuaginta zu folgen und also V 1–3 für sich zu nehmen und V 4a als Einleitung zu V 4–5 zu verstehen (zu dieser Abgrenzung vgl. *K. Marti* 288; *Th. Lescow*, Geburtsmotiv 1967, 192; *ders.*, Worte 1997, 185; *H. Strauß*, Messias 1984, 53–60). a) In V 1–3 bildet der Begründungssatz in V 3b einen gewissen Abschluß. Außerdem entsteht eine Inklusion zwischen dem Anfang (»klein … unter den Sippen Judas«) und dem Ende (»groß bis zu den Enden der Erde«). V 4a als ursprünglicher Bestandteil dieses Textes würde demgegenüber einen merkwürdigen Nachklapp darstellen. b) Der mit כי־עתה (»denn jetzt«) eingeleitete Begründungssatz in V 3b bezieht sich deutlich auf das dreimalige (ו)עתה = »(und) jetzt« von 4,9.11.14 und ist als »Abschluß der עתה-(»jetzt«-)Reihe zu verstehen« (*H. Strauß*, Messias 1984, 58). Danach ist für 5,4a kein Platz mehr. c) והיה (»und dies/er/es wird sein/geschehen«) als Anfang eines Textes ist in V 6.7 und in V 9 eindeutig belegt. So entsteht in Mi 5,4–14 eine kleine Reihe von mit והיה eingeleiteten Sprüchen. Sie würde bei einer Abtrennung von V 4a zerstört. d) Schließlich ist wie schon bei der Deutung von V 2 auf die Mutter des Messias ein Verdacht zu äußern. Hat der – christliche – Übersetzer der Vulgata bei seinem *et erit iste pax* nicht schon Eph 2,14 im Ohr gehabt *(ipse est enim pax nostra)?* Schließlich bezieht schon Mt 2,5 f. die Verheißung von Mi 5,1 ff. insgesamt auf die Geburt Jesu Christi. Nach *R. Gradwohl,* Herrscher 1986, 241 f. jedenfalls wird in jüdischer Auslegung V 4a nie als Abschluß von V 1–3, sondern als Beginn von V 4–5 verstanden. Die folgende Auslegung geht also davon aus, daß die mit V 1 beginnende Herrscherverheißung in V 3 zu Ende ist und daß V 4–5 demgegenüber eine neue Einheit bilden.

Dieser Text besteht aus zwei deutlich getrennten Elementen. Das erste ist die Einleitung von V 4a »Und dies wird Friede sein«. Sie leitet vom vorangehenden Text zu V 4b.5 über. Zugleich eröffnet sie die kurze Reihe von Sprüchen, die mit והיה eingeleitet sind. Allerdings ist das והיה am Anfang von V 4.6.7.9 grammatisch jeweils verschieden verwendet (»und dies/er/es wird sein/geschehen«), so daß man hier – anders als bei der עתה-(»jetzt«-) Reihe 4,9 – 5,3 – von einer Komposition sprechen muß, die erst durch nachträgliche Zusammenstellung von Sprüchen entstanden ist. Das zweite Element in V 4b.5 wird durch die Inklusion von V 4bα und V 5b zusammengehalten, die eine drohende Invasion durch Assur erwähnen. In ihm spricht ein nicht näher spezifiertes »wir«, das in V 5bα auf ein Subjekt in der 3. ps. sg. hinweist (»und er wird … retten«). Dafür käme als zuletzt in V 3 genanntes Subjekt der kommende Herrscher in Frage. Dabei bliebe allerdings ganz unklar, wie das Verhältnis des Herrschers zu dem in V 4b.5 auftretenden »wir« ist, konkret die Frage, warum nicht der Herrscher die Anführer aufstellt, wenn er es ist, dem schließlich (V 5b) die Rettung vor Assur zugeschrieben wird. So wird man in dem nicht genannten »er« von V 5b wohl Gott sehen müssen, der als entscheidender Retter vor Assur erscheint. Aufbau

Das auffällige »wir« in 5,4–5 erinnert daran, daß auch schon in 4,5 ein »wir« sprach. Tatsächlich sind 5,4–5 im Anschluß an 5,1–3 auf dreifache Weise mit 4,5 im Anschluß an 4,1–4 vergleichbar. a) Beide Texte holen die ihnen voranstehende Vision einer heilvollen Zukunft in die weit weniger heilvolle Gegenwart zurück. Dazu müssen sie jeweils eine Antithese zu dem voranstehenden Text bilden, in 4,1–5 die zwischen den Völkern, die zum Zion um Weisung ziehen werden, und denen, die jetzt noch im Namen ihres jeweiligen Gottes gehen, und in 5,1–5 die zwischen der Weltherrschaft des Herrschers aus Betlehem und einem Frieden, der gegenwärtig nur durch militärische Maßnahmen erreichbar ist (diese Antithese unterstreicht *R. J. Pannell,* Politics 1988, 135, der von »a contrasting philosophy of leadership« spricht). b) In 4,5 und 5,4–5 spricht ein »wir«, dessen Identität nur indirekt zu erschließen ist. c) Beide Texte knüpfen sprachlich an den voranstehenden Heilstext an, 4,5 durch das Stichwort »Völker« und das zweimal verwendete Verb הלך = »gehen, wandeln« aus 4,2 (dort dreimal vorkommend), 5,4–5 durch das Stichwort רעה = »weiden, Hirte sein« aus 5,3. Mi 5,4–5 und Mi 4,5

Exkurs

Das Wir in den Michatexten

Nach 4,5 erscheint in 5,4 nun zum zweiten Mal im Text der Michaschrift ein »wir«, das direkt sprechend auftritt. Es unterscheidet sich darin von den Stellen, an denen ein »wir« in kurzen, in den laufenden Text eingestreuten Zitaten spricht (2,4; 3,11; 4,2.11.14), und die allesamt (bis auf 4,14) durch eine Form von אמר = »sagen« als Zitate gekennzeichnet sind, wodurch die Identifizierung der Sprecher einigermaßen gesichert ist. In 4,5 und 5,4 dagegen handelt es sich nicht um Zitate im Text, also nicht um eine zweite Textebene, sondern um die erste Textebene. Da durch Mi 1,1 auf dieser Textebene JHWH oder Micha generell als Sprecher vorgesehen sind, heben sich diese Wir-Stellen vom Grundtext deutlich ab. Neben 4,5 und 5,4–5 taucht ein solches »wir« noch in 7,17–20, den Schlußversen der Micha-Schrift, auf. Eventuell kann man dazu noch die in Gebetsanrede formulierten Verse 5,8 und 7,14 hinzunehmen.

Wer ist nun dieses sprechende »wir«? Auszugehen ist von drei Beobachtungen. 1.) Das »wir« vollzieht an den drei Stellen, in denen es sich zu Wort meldet, drei verschiedene Sprechakte. Es spricht nämlich in 4,5 ein Bekenntnis, kündigt in 5,4–5 eine politische Aktion an und spricht in 7,17–20 ein Gebet, wozu 5,8 und 7,14 als Gebetstexte passen würden. 2.) In 4,5 und 5,4–5 spricht das »wir« im Anschluß an und im Bezug auf Texte, die frühestens in die Zeit der babylonischen Herrschaft (4,8–5,3), wenn nicht erst in die Perserzeit (4,1–4) zu datieren sind. 3.) Das »wir« rezipiert den prophetischen Text als ganzen, und zwar nicht als Sprecherin eines prophetischen Tradentenzirkels, sondern der Gemeinschaft insgesamt; die Gemeinschaft insgesamt bekennt sich zu JHWH (4,5), sie kündigt Widerstand gegen Assur an (5,4–5), sie bekennt ihre Sünden und appelliert an den Verheißungsschwur an »unsere Väter« (7,18–20).

All diese Beobachtungen führen in die Endphase der Überlieferung des Prophetentextes. Aufgrund der Beobachtungen zum Anschluß von 4,5 und 5,4–5 an die voranstehenden Texte kann dies frühestens die Perserzeit sein. Dazu paßt, daß das »wir« sowohl Bekenntnisse und Gebete spricht als auch eine politische Handlung ankündigt, denn die Bürger-Tempel-Gemeinde der Perserzeit ist eine zugleich religiöse und politische Größe. Allerdings trifft dies auch auf die folgende hellenistische Epoche zu. Das vorsichtige Plädoyer, Mi 5,4–5 und im Gefolge die gesamte Wir-Schicht in diese Zeit zu datieren, kann freilich erst in der Einzelauslegung begründet werden.

Auslegung

Der eigentlichen Aussage des Textes vorangestellt ist das Sätzchen: »und dies wird Friede sein«. Es bezieht sich inhaltlich insofern auf 4,8–5,3 zurück, als dieser Text in eine Vision ausmündet, wonach der Machtbereich des kommenden Herrschers bis an die Enden der Erde reichen und somit in der Welt Friede sein werde. Für die Gegenwart aber, so betonen 5,4–5, gilt, daß Friede nur durch die militärische Abwehr eines Aggressors zu erreichen ist. V 4a

V 4bα Wer dieser Aggressor ist, wird anschließend betont an den Anfang gestellt, indem das Subjekt des folgenden Satzes in einem *casus pendens* vorweggenommen wird: Assur (zur Voranstellung des Subjekts in Konditionalsätzen vgl. Lev 1,2; 1 Kön 8,37; Ez 14,9 u.ö.). Leitet man den Text von Micha (so *D. R. Hillers* 69 und *ders.*, Dream 1983, 139) oder von seinen zeitgenössischen Gegnern (so *A. van der Woude* 172) her, dann ist klar, daß damit die Weltmacht gemeint ist, die zur Zeit Michas von Sargon II. und von Sanherib regiert wurde. Allerdings ist in den biblischen Texten »Assur« nach den leidvollen Erfahrungen des 8. und 7. Jh. zum Codenamen auch aller folgenden Großmächte geworden, die Juda beherrscht haben. So steht es für die Babylonier in Klgl 5,6 und für die Perser in Esr 6,22[16], während für Stellen wie Num 24,24; Jes 10,12.24; 19,23–25; 27,13; Mi 7,12; Nah 3,18; Sach 10,10f. entweder die Perser oder die Seleukiden in Frage kommen, jedenfalls kaum die historischen Assyrer. Das hier in Mi 5,5a in Parallele zu Assur stehende »Land Nimrods« hilft bei der Identifizierung leider nicht weiter, da es im Anschluß an Gen 10,8–12 (und von daher 1 Chr 1,10) keine geographische Größe bezeichnet, sondern Symbol für gewalttätige Herrschaft ist[17]. Weiter heißt es, daß von diesem »Assur« eine Invasion droht. »Ins Land kommen« sagt das deutlich, und »treten auf« (דרך ב) steht ebenfalls für den Anspruch auf das »betretene« Land; so wird es im Landnahmekontext verwendet (Dtn 1,36; 11,24f.; Jos 1,3; 14,9), bezeichnet aber auch sonst das siegreiche »Auftreten« von Menschen (Dtn 33,29; Hab 3,19; Ps 91,13) oder Gott (Am 4,13; Mi 1,3; Hab 3,15; Ijob 9,8).

Da in einem Text des 7. Jh. aus Arslan Tasch (KAI Nr. 27) wie hier die Verben בוא = »kommen« und דרך = »treten« im Parallelismus (Z. 5–8) stehen und dieser Text wie Mi 5,4b eine Sieben-acht-Zahlenfolge (Z. 17f.) hat, hat man versucht, Mi 5,4–5 von daher als Beschwörung zu verstehen (so *K. J. Cathcart*, Notes 1968 und *ders.*, Micah 5,4–5 1978; dem sich *F. Saracino*, State 1983, und *R. P. Gordon*, Incipits 1991 anschließen). *J. A. Wagenaar*, Oordeel 1995, 264–269 zieht ferner ein ugaritisches Ritual bei, bei dem er Übereinstimmungen in Inhalt und Aufbau sieht. Doch sind sowohl der ugaritische Text wie der aus Arslan Tasch eindeutig und ausdrücklich als Beschwörung gekennzeichnet, während es schon eines gewalttätigen Rückschlusses bedarf zu behaupten, die Gegenmaßregeln gegen die Invasion in Mi 5,4–5 müßten »ebenfalls nicht von militärischer, sondern magisch-ritueller Art sein«[18] (*J. A. Wagenaar*, Oordeel 1995, 265). Im Text steht das nicht.

---

[16] *Kurt Galling*, Die Bücher der Chronik, Esra, Nehemia (ATD 12), Göttingen 1954, 202 denkt an den Seleukiden Antiochus III.

[17] Zur Wirkungsgeschichte der Nimrod-Figur vgl. *P. W. van der Horst*, Nimrod 1990 sowie *Arno Borst*, Der Turmbau von Babel. Geschichte der Meinungen über Ursprung und Vielfalt der Sprachen und Völker, 4 Bde, Stuttgart 1957–1963, bes. 1961–1963 und *Christoph Uehlinger*, Weltreich und »eine Rede«. Eine neue Deutung der sogenannten Turmbauerzählung (Gen 11,1–9) (OBO 101), Freiburg Schweiz / Göttingen 1990, bes. 65–68.

[18] »evenim van militaire, maar von magisch-rituele aard zijn«.

Historisch drohten solche Invasionen von den Assyrern und von den Babyloniern vom 8. bis 6. Jh. Beides scheint nach der hier vertretenen Deutung von Mi 4–5 schwierig. Doch auch gegen eine Gleichsetzung von »Assur« mit dem Perserreich erheben sich Bedenken. Denn es ist eigentlich keine Situation bekannt, in der von einer Invasion der Perser in die Provinz Juda hätte gesprochen werden können; die Perser waren einfach immer da. Dagegen schildert Dan 11 (bes. V 16.28.30–35) wiederholte Einfälle der Seleukiden ins heilige Land und teilweise direkt in Jerusalem. Damit kommen wir in die Zeit der Kämpfe zwischen Seleukiden und Ptolemäern im 3. und verstärkt im 2. Jh. (*W. Rudolph* 99 leitet den Text aus der Makkabäerzeit her). In deren Zusammenhang treten auch jüdische Rebellen auf, sei es gegen die Ptolemäer (Dan 11,14), sei es gegen die Seleukiden (Makkabäer), womit die »Hirten« und »Anführer« von Mi 5,4b zusammenhängen könnten. Es muß aber betont werden, daß angesichts unserer lückenhaften Kenntnisse über die Geschichte der persischen und hellenistischen Zeit eine solche Datierung nur auf schwachen Füßen steht – was für jede andere freilich auch gilt.

Das »wir«, das sich in den Suffixen der voranstehenden Vershälfte (»unser Land«, »unsere Paläste«) schon zu Wort gemeldet hatte, wird jetzt zum Subjekt der Handlung: »Wir stellen wider es (Assur)« Hirten und Anführer »auf«. Die sieben »Hirten« = רעים, die das »wir« aufstellen will, erinnern natürlich an den kommenden Herrscher, von dem es heißt, er werde »weiden« (רעה) (V 3). Im Parallelismus – die Zahlenfolge sieben/acht (N/N+1) unterstreicht, daß es sich um eine Mehrzahl von Personen handelt – werden die »Hirten« dann als »menschliche Anführer« bezeichnet. V 4bβ

Dafür hat man die verschiedensten Deutungen vorgeschlagen. a) Es soll sich um Koalitionen handeln, gegen die Michas Zeitgenosse Jesaja leidenschaftlich kämpft und die hier angeblich Michas Gegner propagieren (*A. van der Woude* 174–176). Aber »Hirten« und »Anführer« wäre doch eine verwunderliche Ausdrucksweise für Koalitionspartner Judas, abgesehen davon, daß man solche nicht »aufstellt«. b) Ändert man נסיכי אדם = »menschliche Anführer« in נסיכי ארם, dann kann man im Text »Aramaean chiefs« finden und an die Rolle der Aramäerstaaten als Puffer zwischen Assur und Juda im 8. Jh. denken (so *D. R. Hillers*, Dream 1983, 138 f.). Nur steht das eben nicht da, und ob man sich in Juda je eingebildet hat, man »stelle« die aramäischen Staaten »auf«, ist zweifelhaft. c) Völlig vom überlieferten Text losgelöst ist die Deutung von *F. Saracino*, State 1983 (im Anschluß an den da aber sehr viel vorsichtigeren *E. Sellin* 337 f.), der statt »Hirten« »Böse« findet – also רָעִים statt רֹעִים – und statt »menschlichen Anführern« »Menschenbeißer« und diese als Dämonen versteht.

So muß es also bei der naheliegenden Lösung bleiben, daß es sich um militärische Anführer handelt, die das sprechende »wir« aus seinen eigenen Reihen aufstellt. Das seltene נסיך*, das in der Bibel nur im Plural vorkommt, kann sowohl einzelne »Fürsten« (so wohl Ez 32,30; Ps 83,12) meinen als auch eine Gruppe von »Anführern«, die gleichzeitig wirkt (so Jos 13,21).

An eine solche gleichzeitig agierende Gruppe ist offenkundig auch hier gedacht. Was aber heißt נסיכי אדם? Es könnte »Anführer über Menschen« heißen oder »menschliche Anführer«. In beiden Fällen wäre wichtig zu wissen, im Gegensatz wozu »Mensch, menschlich« steht. Nun kommen schon in Ez 9 »Männer« vor, die sich als von Gott gesandte Boten erweisen, die Jerusalem zerstören sollen. In der frühen Apokalyptik finden wir dann die Vorstellung von himmlischen »Hirten« und »Fürsten«, die für bestimmte Völker stehen und in der himmlischen Sphäre deren wechselseitige Kämpfe austragen (Hen 89,59; 90,22; Dan 10,13.20f.; 12,1). Vielleicht kennt der Text von Mi 5,4–5 bereits diese Vorstellung – immerhin war Dan 10–12 auch der Text, der am ehesten die Vorstellung einer Invasion »Assurs« belegen konnte. Dann will er mit der betonten Rede von den »menschlichen Anführern« hervorheben, daß er zur Abwehr der feindlichen Invasion nicht auf himmlische Kämpfer vertraut, sondern er auch bereit ist, »menschliche Anführer« aufzustellen (entgegen *E. Sellin* 338 wäre also gerade nicht an solche Engel selbst zu denken; vgl. *R. von Ungern-Sternberg* 115: »Diese Hirten und Menschenführer sind keine geheimnisvollen Gestalten. Es sind Menschen aus Israel …«).

V 5 Die Aufgabe der Anführer ist es, Assur »mit dem Schwert zu weiden«, das heißt militärisch niederzuhalten. Ob im Parallelismus zum »Schwert« ebenfalls an eine Waffe gedacht ist, oder ob – wie die Masoreten vokalisieren – an ein Niederhalten des Feindes »an seinen Zugängen« gedacht ist, ist nicht sicher zu entscheiden. Die Aussage des überlieferten Textes ist wohl die, daß die Abwehr des Feindes zwar unerbittlich ist, sich aber auf die Defensive beschränkt. Mit V 5b wird die Inklusion um V 4b.5 geschlossen, wobei diesmal im Parallelismus zu »unser Land« nicht »unsere Paläste«, sondern »unser Gebiet« steht. Davor aber steht das rätselhafte »und er wird retten« – rätselhaft, weil das Subjekt nicht genannt ist. Hinter ihm wird man – wie schon in V 2 – Gott suchen müssen. Er ist es letztlich, der die Rettung herbeiführt.

Bedeutung

Mit 5,4–5 wird die mit 4,14 aufgeworfene Frage nach dem Königtum zum Abschluß gebracht. 4,14 mußte beklagen, daß »jetzt« der »Richter Israels« gedemütigt wird. 5,1–3 hatte einen Herrscher angekündigt, der in einem zukünftigen »jetzt« »bis zu den Enden der Erde« mächtig sein wird (5,3). 5,4–5 kehrt danach wieder in eine Gegenwart zurück, in der eine Invasion »Assurs« möglich ist. Sie soll militärisch bekämpft werden. Und doch ist es auch in dieser Gegenwart Gott, der in allen menschlichen Aktivitäten die Rettung herbeiführt. 5,4–5

4,8–5,5 Mit 5,4–5 als Anhang zu 4,14–5,3 wird zugleich die große Komposition 4,8–5,5 abgeschlossen. In ihren »Wendetexten« werden Erfüllung des angedrohten Unheils und dessen Wende in einem Punkt fokussiert, der mit der Deixis »jetzt« angegeben wird. Alle Unheilsankündigungen des alten Michatextes Mi 1–3* sind in diesem »jetzt« erfüllt, aber darüber hinaus alle Ankündigungen der Zerstörung Jerusalems, ob aus michanischer, jesajanischer, jeremianischer oder anderer Überlieferung. »Jetzt« ist der Schnittpunkt einer Vergangenheit, in der Unheil angedroht wurde, und einer Zukunft, für die Heil verheißen ist. Was bedeutet dieser Umschlag von der eintreffenden Drohung zum angekündigten Heil im Fokus des »jetzt« theologisch? Ändert sich das Bild von Gott, indem aus dem unerbittlichen Richter derjenige wird, der doch noch Erbarmen kennt? Ist den Verfassern dieser Verse die Zerstörungsankündigung von Mi 3,12 unerträglich, wollen sie sie »neutralisieren« (*B. Renaud*, Structure 1964, 21.24.36 u.ö.)?

Zu solcher Sicht kann man nur kommen, wenn man die michanischen Unheilsankündigungen in Mi 1–3* sozialgeschichtlich undifferenziert liest als Konflikt Gottes mit »dem Volk«. Versteht man dagegen, daß in Mi 1–3* die Solidarität des Propheten (und damit Gottes) mit »seinem Volk« vorausgesetzt ist und sich die Feindschaft ausschließlich gegen »dieses Volk«, nämlich die »Häupter des Hauses Jakob und Führer des Hauses Israel«, richtet, und sieht man zugleich, daß »um euretwillen«, nämlich um eben dieser Führung willen, das Unheil über Jerusalem kommt, dann erhebt sich geradezu mit Notwendigkeit die Frage, wo Gott in dem Augenblick, da das Unheil eintrifft, steht. Anders gefragt: Löst das Eintreffen des angekündigten Endes bei Gott befriedigten Triumph aus? Oder wahrt Gott nicht vielmehr seine Identität gerade dadurch, daß er im Augenblick des Triumphes »deiner Feinde« (4,10) sofort wieder auf der Seite der Opfer steht? Bei dem Gott, der auf Seiten der um Haus und Feld gebrachten Bauern, ihrer Frauen und Kinder (Mi 2), der auf Seiten der geschundenen, irregeführten und ausgepreßten »kleinen Leute« (Mi 3) steht, löst der durch die feindliche Zerstörung verursachte Schmerzensschrei keinen Triumph, sondern die Wende zum Heil aus.

Und diese Wende zum Heil läuft nicht auf eine Restauration der alten Verhältnisse hinaus; dann wäre in der Tat die beißende Kritik von Mi 1–3* »neutralisiert«. Doch sahen wir, daß es der Herrscherverheißung von Mi 5,1–3 gerade nicht um bloße Wiederherstellung des Alten geht, und auch die Texte aus der frühen Perserzeit, die im Anschluß an den Wende-Text Mi 4,8–5,5 über die Zukunft reflektieren und in ihr keinen Grundbesitz für die alten Ausbeuter vorsehen (Mi 2,4–5), den Tempelberg als Friedenszentrum der Welt erblicken (Mi 4,1–5) und die Beseitigung all dessen erwarten, was Israel von seinem Gott trennt (Mi 5,9–14), denken nicht an Restauration des Alten, sondern an eine grundlegend neue Zeit. Und daß in der Abfolge der Michaschrift nach den Wende- und Heilstexten, die in Mi 4–5 konzentriert sind, in Mi 6,1–7,7 erneut scharfe Kritik laut wird, zeigt, daß eine Neutralisierung der früheren Kritik, selbst wenn sie beabsichtigt gewesen wäre, doch nicht gelungen wäre.

Micha 5,6–8: Israel unter den Völkern

Moshé Anbar, Rosée et ondées ou lion et lionceau (Michée 5,6–7)?: BN 73, 1994, 5–8. – *G. Johannes Botterweck,* Gott und Mensch in den alttestamentlichen Löwenbildern, in: J. Schreiner (Hg.), Wort, Lied und Gottesspruch. Beiträge zu Psalmen und Propheten, FS J. Ziegler 2 (FzB 2), Würzburg 1972, 117–128. – *Margaret B. Crook,* The Promise in Micah 5: JBL 70, 1951, 313–320. – *Jörg Jeremias,* Tau und Löwe (Mi 5,6f.), in: F. Crüsemann u.a. (Hg.), Was ist der Mensch ...? Beiträge zur Anthropologie des Alten Testaments, FS H. W. Wolff, München 1992, 221–227. Literatur

Zu vergleichen ist auch die zu 4,14–5,3 angeführte Literatur.

Text

6 Und der Rest Jakobs wird sein Übersetzung
inmitten vieler Nationen
wie Tau von JHWH,
wie Frühlingsregen auf das Kraut,
der nicht auf einen Mann hofft
und nicht wartet auf Menschenkinder.
7 Und der Rest Jakobs wird sein unter den Völkern,
inmitten vieler Nationen
wie der Löwe unter den Tieren des Waldes,
wie der Jungleu unter den Schafherden
– wenn er vorübergeht und zertritt
und Beute reißt – da ist keiner, der rettet.
8 Erhaben sei deine Hand über deine Bedränger,
und all deine Feinde sollen ausgerottet werden.

Analyse

Der Aufbau der Verse 6 und 7 ist streng parallel. Die erste Zeile (im Hebräischen – in der deutschen Wiedergabe sind es jeweils zwei Zeilen) ist fast identisch, nur daß in V 7 zusätzlich בגוים (»unter den Völkern«) steht. Die Aufbau zweite Zeile vergleicht den Rest Jakobs mit einer Naturerscheinung, wobei die beiden parallelen Satzglieder beide mit der Vergleichspartikel כ = »wie« eingeleitet werden. In der dritten Zeile schließlich wird der Vergleich entfaltet, was im Hebräischen jeweils durch die Relativpartikel אשר eröffnet wird. V 8 dagegen hebt sich formal und inhaltlich völlig von V 6 f. ab. In jussivischer Formulierung – das תרם (»erhaben sei«) des masoretischen Textes ist der indikativischen Lesart einiger Manuskripte und alten Übersetzungen תרום (»erhaben ist«) als *lectio difficilior* vorzuziehen (so *H. W. Wolff* 124) – wird ein »du« angeredet, was wohl als Gebet zu Gott zu deuten ist. Der Vers bezieht sich auf V 6 f. zurück und deutet die Nationen als »deine Feinde«. Er nimmt zugleich das Hauptstichwort aus der folgenden Perikope (V 9–14), nämlich כרת = »ausrotten« auf. Der Vers hat also eine Brückenfunktion (*I. Willi-Plein,* Vorformen 1971, 95: »eine Art Stichwortverknüpfung«; *D. J. Bryant,* Micah 4:14–5:14 1978, 227 führt den Vers auf den Redaktor zurück, der die Orakel in Kap. 5 arrangiert hat).

Bewußte Ambivalenz

Trotz der klaren Textüberlieferung und des klaren Aufbaus läßt die Lektüre von V 6 f. einige Fragen offen. Woran ist bei dem »Rest Jakobs inmitten vieler Nationen« zu denken: an die Bevölkerung von Juda inmitten der Völkerwelt oder an die Juden in der Diaspora? Wie sind die beiden Vergleiche gemeint: als ein Entweder-Oder (antithetisch) oder als ein Sowohl-Als auch (synthetisch)? Und wie sind die Bilder von Tau und Löwe zu deuten: Steht der Tau für Segen oder auch für Unverfügbarkeit, symbolisiert der Löwe Majestät oder auch Brutalität? Beim Durchgang durch die Michaschrift stößt man allenthalben auf Texte, die einen mit offenen Fragen entlassen. Dabei ist immer auch mit zu erwägen, ob diese offenen Fragen nicht einfach den Unwägbarkeiten des Überlieferungsprozesses geschuldet sind, sei es daß textliche Verderbnisse vorliegen (wie vielleicht teilweise bei 1, 10–16), sei es daß mit Redaktionsvorgängen zu rechnen ist, die dann Inkongruenzen zur Folge hätten (in der literarkritisch orientierten Exegese der letzten 150 Jahre wird fast jede offene Frage darauf zurückgeführt). Das Besondere an Mi 5, 6 f. ist, daß man mit diachronen Erklärungsversuchen, also mit der Annahme von redaktioneller Tätigkeit oder textlicher Verderbnis, nicht weiterkommt. Denn der Text ist sprachlich und formal einheitlich und in sich geschlossen. Das aber zwingt zu der Annahme, daß die Ambivalenzen des Textes auf gestalterische Absicht zurückzuführen sind. Es war nicht beabsichtigt, Einheitlichkeit im Sinne der Ausschließlichkeit – entweder die eine Deutung ist richtig oder die andere – herzustellen, sondern gerade die Mehrdeutigkeit ist Absicht des Textes. Man muß also nicht erst nach Delphi gehen, um ambivalente prophetische Orakel zu finden.

Auslegung

V 6f. Der Text handelt vom »Rest Jakobs«. Damit wird das Stichwort aufgegriffen, das schon in 2,12 und 4,6.7a vorgekommen war, שארית = »Rest«. Beide Stellen zeigen, daß aus der ursprünglich negativ geprägten Vorstellung des »bloßen Restes«, der einer Katastrophe entronnen ist, längst ein Würdetitel geworden ist, denn 2,12 parallelisiert den »Rest Israels« mit »Jakob insgesamt«, und in 4,6f. wird »das Lahmende« zum Rest gemacht, und dieser steht in Parallele zum »starken Volk«. Und als Würdetitel wird »Rest Jakobs« auch in 5,6f. gebraucht. Dieser Rest befindet sich »unter den Völkern, inmitten vieler Nationen«. Von 2,12 und 4,6f. her gelesen, wo von der zukünftigen Sammlung des Restes die Rede ist, muß man fragen, ob sich das auf den Rest vor dieser Sammlung, also auf die Juden in der Zerstreuung, oder auf den Rest nach der Sammlung, also auf die Bevölkerung Judas inmitten der Völkerwelt bezieht. Wahrscheinlich ist beides gemeint. Denn seit der Zerstörung Jerusalems durch die Babylonier 587/586 – bis heute – existiert Juda nicht nur im Land, sondern zugleich in Gestalt der Judenheit »inmitten vieler Nationen«, von Babylonien bis zu den Vereinigten Staaten von Amerika. Und da die והיה-(»und dies/er/es wird sein/geschehen«-)Reihe in Mi 5,4–14 auch sonst in der Zeitstruktur vor die »letzten Tage« (mit Völkerwallfahrt und Weltherrscher aus Juda) zurückgeht, wird man auch hier an eben diese Doppelexistenz denken müssen. Der Text handelt von den Jüdinnen und Juden im Land und in der Zerstreuung.

Sie werden in V 6 mit Tau und Frühlingsregen verglichen. Das Bild des Taues steht für Verschiedenes, für Unbeständiges (Hos 6,4; 13,3) wie für Erquickendes (Hos 14,6; Ps 133,3), für Fruchtbarkeit (wie auch der Frühlingsregen) (Gen 27,28; Dtn 33,28; Sach 8,12; vgl. Ps 65,11; 72,6), aber auch für den flächendeckenden Überfall einer Militärmacht (2 Sam 17,12). Hier wird »Tau« doppelt näherbestimmt, positiv dadurch, daß er »von JHWH« kommt, und negativ dadurch, daß er seine Hoffnung nicht auf Menschen setzt. Damit wird das Gewicht darauf gelegt, daß der Rest Jakobs seine Existenz – wie Tau – nicht menschlicher Anstrengung verdankt, sondern seinem Gott. Aber indem das im Bild von Tau und Frühlingsregen ausgesagt wird, stellt sich zugleich die Assoziation ein, daß der Rest Jakobs inmitten vieler Nationen diesen zum Segen gereichen kann. Das anschließende Bild vom Löwen wird nach der Seite von dessen Unangreifbarkeit und Macht hin entfaltet. Damit werden beide Aspekte des Bildes, der positive der Erhabenheit und Majestät (Gen 49,9; 2 Sam 17,10; Spr 28,1 u.ö.) und der negative der Gewalttätigkeit und Raublust (Jes 5,29; Ez 22,25; Ps 10,9 u.ö.) zusammengenommen. Denn in Wahrheit gehören sie zusammen und differenzieren sich nur je nach Perspektive: Was aus der Sicht des Löwen erhaben ist, ist aus der Sicht des von ihm geschlagenen Tieres gewalttätig.

Die Ambivalenzen der Bilder von Tau und Löwe für sich verstärken sich in ihrer Zusammenstellung, und von daher wird deutlich, daß die viel verhandelte Frage, ob die Vergleiche synthetisch (*H. W. Wolff* 130) oder antithetisch (*B. Renaud* 110) gemeint seien, selbst eine falsche Alternative ist. Nimmt man die Perspektive des Restes Jakobs ein, dann überwiegt der synthetische Aspekt; der Rest ist sowohl wie Tau, der seine Existenz nur Gott verdankt, als auch unangreifbar wie der Löwe. Aus der Perspektive der Völker aber, inmitten derer der Rest Jakobs sich befindet, überwiegt der antithetische Aspekt; der Rest kann entweder wie Tau zum Segen für die Völker werden, oder er wird zum reißenden Raubtier unter ihnen. Freilich ist es nur der Kontext – dieser dafür aber auch eindeutig –, der sagt, wovon es abhängt, ob der Rest Jakobs wie Tau oder wie Löwe inmitten der Völker ist: davon, ob die Völker »hören« (1,2) und die Weisung des Gottes Jakobs suchen (4,1–4), oder ob sie sich über Gedanken und Plan JHWHs hinwegsetzen (4,11–13) und »nicht hören« (5,14). Aus diesem Grund ist *B. M. Zapff*, Studien 1997, 89 zu folgen, wenn er schließt, »daß Mi 5,6f. für seine heutige Stellung in Mi 5 redaktionell verfaßt wurde« (da die Antithese der beiden Verse inhaltlich begreifbar ist, geht es nicht an, mit *M. Anbar*, Rosée 1994 die formal streng parallelen Verse wegen angeblicher »ideologischer Widersprüchlichkeit«[19] auf zwei sukzessive Autoren zu verteilen).

Das Doppelbild von Tau und Löwe kommt außer in Mi 5,6f. nur noch dreimal in der hebräischen Bibel vor, und alle drei Stellen hat man als Hintergrund der Verwendung in der Michaschrift angenommen. Spr 19,12 steht Mi 5,6f. darin am nächsten, daß die Bilder in einem Atemzug genannt werden, indem sie als Vergleich für Zorn und Gunst eines Königs dienen. Nur ist beim König der Wechsel zwischen Zorn und Gunst ein Ausfluß seiner Launen und Willkür, und gerade dies soll ja wohl vom Rest Jakobs inmitten vieler Nationen nicht ausgesagt werden. – *B. Renaud*, Structure 1964, 46f. hat zwei Stellen aus der Jakobsüberlieferung zur Erklärung vorgeschlagen, Gen 27,28, wo Isaak im Segen über Jakob für diesen um Tau (als Zeichen der Fruchtbarkeit) bittet, und Gen 49,8–12, wo Jakob im Segen über Juda diesen mit einem Löwen vergleicht. Doch mehr als die Tatsache, daß beidemale ein Segen gesprochen wird und Jakob daran beteiligt ist – allerdings einmal als Gesegneter und das andremal als Segnender –, haben die Stellen nicht gemeinsam. Vor allem wird in Gen 27,28 der Tau gar nicht als Vergleich genommen, sondern um ganz realen Tau gebeten. – *J. Jeremias*, Tau 1992 zieht Hos 5,14 und 14,6 heran, wo das Subjekt jeweils Gott und das Objekt jeweils Israel ist. Die Hoseastellen stützen wie Spr 19,12 und die Genesisbelege die antithetische Auffassung von Mi 5,6f., und es ist nicht auszuschließen, daß dem Autor der Michastelle bereits der Hoseatext bekannt ist. Aber selbst dann hätte er den Doppelvergleich doch sehr eigenständig umgeformt, indem er ihn einerseits vom Verhältnis Gott – Israel auf das Verhältnis Israel – Völker übertragen und zum andern den antithetischen Aspekt um den synthetischen erweitert hätte.

Mit V 8 wird das Doppelbild verlassen, ein »du« angeredet und von dessen Feinden gesprochen. Wer ist dieses »du«? *M. B. Crook*, Promise 1951 versteht den Vers V 8

[19] »contradiction idéologique«.

als Anrede an einen König. Von einem solchen war in 5,1–3 die Rede, allenfalls noch in V 5b, wenn man da den kommenden Herrscher als Subjekt nimmt. Doch nach den sechs Zeilen, die ausschließlich vom Rest Jakobs handeln, fällt es schwer, eine so weit zurückliegende Anknüpfung anzunehmen. Rein formal könnte auch der Rest Jakobs angeredet sein, der ja zuletzt genannt war (so *I. Willi-Plein*, Vorformen 1971, 95; *J. A. Wagenaar*, Oordeel 1995, 83f.). Aber wer sollte ihn anreden?

So bleibt als dritte und wahrscheinlichste Möglichkeit die, daß es sich hier um eine Gebetsanrede an Gott handelt. Drei Gründe sprechen für diese Auffassung. 1.) Die Rede von Gottes erhobener Hand ist durchaus geläufig (vgl. Ex 14,8; Dtn 32,27; Jes 26,11; Ps 89,14). In Jes 26,11 ist im engeren, in Ps 89 im weiteren Kontext (V 52) zudem gleichzeitig wie hier von Gottes Feinden die Rede. 2.) Häufig werden in Gebeten Gottes Feinde erwähnt (Ps 37,20; 66,3; 68,2.22 u.ö.). Gelegentlich steht dies im Zusammenhang mit dem Bild von Gottes Hand (Dtn 32,40f.; Jes 26,11; Ps 21,9). Vorausgesetzt ist dabei in solchen Gebeten, daß die Feinde der Betenden zugleich die Feinde Gottes sind (vgl. Dtn 32,31 mit V 41; Ps 83,3 mit V 4ff.; Ps 89,24.43 mit V 52; Ps 92,10 mit V 12). Und eben diese Vorstellung ist offenkundig auch der Hintergrund von Mi 5,8, und soweit es sich bei den Feinden um fremde Völker handelt, ist der Zusammenhang bereits von 4,11–13 her geläufig: Die Feinde, die sich gegen *Zion* sammeln, handeln damit in Unkenntnis von *Gottes* Plan. 3.) Ließen sich die Rede von der erhabenen Hand und den Feinden für sich noch anders deuten, so macht das Stichwort כרת = »ausrotten« vollends die Auffassung wahrscheinlich, daß hier Gott angeredet ist. Denn im folgenden »Spruch JHWHs« ist er es, der viermal – gleichsam in Erhörung des Gebets – sagt: »ich rotte aus«.

Nimmt man den Übergangscharakter von Mi 5,8 ernst, der durch das Stichwort כרת deutlich markiert ist, dann ergibt sich freilich inhaltlich ein interessanter Perspektivwechsel. Hat man die Heilsworte von 4,1 an bis hierher gelesen, dann muß man bei den Feinden JHWHs eindeutig und nur an fremde Völker denken, besonders heftig natürlich an die in die Verbannung führenden, schmähenden und den Richter Israels demütigenden von 4,9–14, aber auch an die, inmitten derer sich der »Rest Jakobs« befindet (5,6f.). Sie sind als Feinde Israels zugleich Gottes Feinde. Liest man von 5,8 aus aber weiter, dann kommen ganz andere Dinge in den Blick, die »ausgerottet« werden sollen: Israels militärische Sicherungen und bestimmte religiöse Praktiken. Auch sie sind, so spricht es V 8 deutlich aus, »deine Bedränger und all deine Feinde«, um deren Ausrottung die Betenden bitten (man vgl. dazu Jes 1,24, wo in Gottesrede Jerusalems Beamte als »meine Bedränger« und »meine Feinde« bezeichnet werden).

Das Gebet von Mi 5,8 steht in gewisser Weise auf einer Stufe mit den Wir-Texten 4,5 und 5,4f. Es ist wohl so zu verstehen, daß das »wir«, das in 4,5 ein Bekenntnis spricht bzw. in 5,4f. eine politische Absichtserklärung abgibt, hier in direkter Rede betend zitiert wird. Und wie dort wird auch hier Zukünftiges in die Gegenwart geholt: Der Sieg über die äußeren Feinde, wie er in verschiedenen Schattierungen von 4, 1 an immer wieder anklingt, ist für die betende Gemeinschaft ebenso noch Zukunft wie die Ausrottung all der Dinge in Israel, die es von seinem Gott trennen. Deshalb bleibt ihr jetzt nur die Möglichkeit, darum zu bitten, daß dies auch in Erfüllung gehen möge.

Bedeutung

Mi 5, 6–8 leitet nach dem Mittelblock 4, 8 – 5, 5 den hinteren Rahmenteil im Aufbau von Mi 4 f. ein. Anders als im Mittelteil, der konkret von Babel (4, 10) und Assur (5, 4 f.) spricht, ist in den Rahmenteilen nur von den Völkern generell die Rede. Zusammen mit dem Motiv der Doppelexistenz Israels im Land und in der Zerstreuung, die 5, 6–8 voraussetzt, gewinnt der Text damit überraschende Aktualität. Denn »der Rest Jakobs« lebt bis heute »inmitten vieler Nationen«, auch christlicher. Auch unter ihnen wird er »wie Tau von JHWH« und »wie der Löwe« sein.

Micha 5, 9–14: Friede durch Ausrottung der gottfeindlichen Mächte

Literatur *Robert Bach*, »..., der Bogen zerbricht, Spieße zerschlägt und Wagen mit Feuer verbrennt«, in: H. W. Wolff (Hg.), Probleme biblischer Theologie, FS G. von Rad, München 1971, 13–26. – *Knud Jeppesen*, Micah V 13 in the light of a recent archaeological discovery: VT 34, 1984, 462–466. – *H. G. L. Peels*, The Vengeance of God. The Meaning of the Root NQM and the Function of the NQM-Texts in the Context of Divine Revelation in the Old Testament (OTS 31), Leiden u. a. 1995.

Zur Aschera *Christian Frevel*, Aschera und der Ausschließlichkeitsanspruch YHWHs. Beiträge zu literarischen, religionsgeschichtlichen und ikonographischen Aspekten der Ascheradiskussion (BBB 94), Weinheim 1995. – *Renate Jost*, Frauen, Männer und die Himmelskönigin, Exegetische Studien, Gütersloh 1995. – *K. Koch*, Aschera als Himmelskönigin in Jerusalem: UF 20, 1988, 97–120. – *Hermann Spieckermann*, Juda unter Assur in der Sargonidenzeit (FRLANT 129), Göttingen 1982. – *Steve A. Wiggins*, A Reassessment of ›Asherah‹. A Study According to the Textual Sources of the First Two Millennia B.C.E. (AOAT 235), Kevelaer / Neukirchen-Vluyn 1993.

Text

Übersetzung

9 *Und es wird geschehen an jenem Tag*
– Spruch JHWHs –,
da rotte ich aus deine Pferde aus deiner Mitte
und vernichte deine Wagen,
10 *da rotte ich aus die Städte deines Landes*
und reiße nieder alle deine Festungen,
11 *da rotte ich aus die Zauberkünste aus deiner Hand,*
und Wahrsager wirst du keine haben,
12 *da rotte ich aus deine Gottesbilder*
und deine Malsteine aus deiner Mitte,
und du wirst nicht mehr anbeten
das Werk deiner Hände,
13 *da reiße ich aus deine Ascheren aus deiner Mitte*
und vertilge deine Städte.
14 *Und ich übe in Zorn und Wut Vergeltung an den Völkern,*
die nicht gehört haben.

Analyse

Aufbau und Literarkritik

Der Spruch ist nach der Einleitung in V. 9aα – zunächst in V 9aβ–12a – überaus regelmäßig aufgebaut. Vier Zeilen werden mit והכרתי = »da rotte ich aus« eröffnet, und das in der ersten Hälfte der Zeile genannte Objekt der Ausrottung hat dann jeweils in der zweiten Zeilenhälfte ein im Parallelismus stehendes Pendant. Mit V 12b wird diese Abfolge unterbrochen, indem die Konsequenz der Ausrottung religiöser Gegenstände genannt wird: »du wirst (sie) nicht mehr anbeten«. Stilistisch ist dies freilich schon in V 11b vorbereitet, wo ebenfalls kein Objekt der Ausrottung genannt wird, sondern deren Folge: »und Wahrsager wirst du keine haben«. Es besteht also kein Grund, den Halbvers 12b zu streichen, außer man weiß besser als der Text, wie er aufgebaut sein müßte. Vielmehr läßt sich V 12b als eine Art Ritardando verstehen. Denn V 13 nimmt das Schema von V 9–12 wieder auf, diesmal wie in V 9aβ.b und V 10 mit zwei Verben der Vernichtung und zwei Objekten. Allerdings faßt V 13 den vorangehenden Text insofern zusammen, als er in der ersten Hälfte als Objekt einen religiösen Gegenstand hat (wie in V 11.12a), in der zweiten dagegen ein Objekt der militärischen Selbstsicherung (wie in V 9aβ.b.10), also in chiastischer Umkehrung. Auch die letzte Zeile beginnt, wie alle vorhergehenden (außer dem Ritardando V 12b) mit einem *w^{e}qatal* in der 1. ps. sg. Dann aber geht der Text ganz anders weiter, formal, indem kein Parallelismus folgt, vielmehr das einzige

Objekt (»die Völker«) durch einen Relativsatz näher erläutert wird, inhaltlich, indem Adressat des Handelns nun nicht mehr Israel ist (das sich hinter der 15mal in verschiedenen Suffix- und Verbformen angesprochenen 2. ps. m. sg. verbirgt), sondern »die Völker«.

Selbstverständlich ist auch dieser Text Gegenstand literarkritischer Operationen geworden. Ihr Hauptkriterium ist die zwanghafte Vorstellung von einem »einheitlichen« Text, in dem ein Satz wie V 12b keinen Platz hat, in dem ein Wechsel des Verbs – V 13 fängt nicht mit והכרתי = »da rotte ich aus« an – oder gar des Inhalts – von Israel zu den Völkern – nicht vorgesehen ist. So ist nahezu *opinio communis*, daß in V 9–13 ein ursprüngliches Unheilswort gegen Israel vorliege, das durch V 14 zum Heilswort umgedeutet werde; vgl. etwa *J. Wellhausen* 146; *W. Nowack* 226; *H. W. Wolff* 126. Zum Wechsel im Vokabular hat freilich bereits *D. N. Freedman*, Discourse 1983, 151 f. auf analoge Beispiele aufmerksam gemacht, so in den Völkersprüchen des Amos (1, 3 – 2, 16) einmal והצתי אש = »da lege ich Feuer« (1, 14) neben sechsmaligem ושלחתי אש = »da schicke ich Feuer« (1, 4.7.10.12; 2, 2.5), in Jer 51, 20–24 neben neunmaligem ונפצתי = »da zerschlage ich« einmaliges והשחתי = »da vernichte ich« (V 20) und in Dtn 33, 13–16 einmal מראש = »mit dem Besten« (V 15) neben fünfmal ממגד = »mit dem Köstlichsten« (übrigens kann auch unser Text selbst herangezogen werden: V 9.12.13 hat dreimal »aus deiner Mitte«, V 11 einmal »aus deiner Hand«; zur Kritik angeblicher »Kohärenzstörungen« innerhalb von V 9–13 vgl. auch *Ch. Frevel*, Aschera 1995, 477–479, der allerdings auch V 14 abtrennt). Zwei der von *D. N. Freedman* beigezogenen Texte belegen auch das Stilmittel, in der letzten Strophe oder Zeile einen überraschenden Perspektivwechsel vorzunehmen, ohne den der Text unvollständig bliebe. So enden die Sprüche des Amos (und seiner Ergänzer) in einer formal und inhaltlich ganz anders aufgebauten Israelstrophe (2, 6–16), auf die die ganze Komposition hinausläuft. Und in Jer 51, 20–24 wechselt die Schlußzeile von der wiederholten Aussage, daß Babel Gottes Werkzeug gegen andere ist, über zum Gedanken der Vergeltung an Babel selbst.

Behält man also Mi 5, 14 als ursprünglichen Bestandteil des Textes bei, dann ergibt sich als Sinn, daß zwar JHWH alles aus Israel ausrotten will, was ihm entgegensteht, daß der Verlust militärischer und religiöser Sicherheiten Israel aber nicht den Völkern wehrlos ausliefert, sondern daß JHWH selbst gegen »ungehorsame« Völker seine Hand über Israel hält (zu dieser Deutung vgl. *J. T. Willis*, Authenticity 1969 und *ders.*, Structure 1969, auch wenn man anders als er kaum eine konkrete historische Situation – im 8. oder sonst einem Jahrhundert – wird suchen dürfen; es geht um ein Ereignis »an jenem Tag«).

Jenseits von Heil und Unheil: Läuterung

Schon der bisherige Durchgang durch die Michaschrift hat eine Ahnung davon gegeben, daß die in der Exegese übliche Einteilung in Heils- oder Unheilsworte oft nicht ausreicht, den Befund zu erfassen. Das in einem klassischen zweigliedrigen Unheilswort wie 2, 1–3 den reichen Grundeigentümern angedrohte Unheil ist ja doch zugleich Heil für deren Opfer, die um ihren Besitz gebrachten kleinen Bauern. Selbst die Jerusalem angedrohte Zerstörung (3, 9–12) ist für die, die für den Bau der Stadt ihr Blut geben müssen, nicht unbedingt nur eine Katastrophe. Und umgekehrt kann Heil für Israel in eins gehen mit Unheil für die Völker (4,11–13), muß dies aber auch nicht (4,1–4).

Dieser Hintergrund macht verständlich, daß zur Beschreibung von 5,9–14 unterschiedliche, ja gegensätzliche Vorschläge gemacht werden. So sieht etwa *R. Bach*, »Bogen« 1971, 14 hier eine »Katastrophe« angekündigt, *K. Jeppesen*, Micah V 14 1984, 462 bestimmt die Einheit als »jugdement oracle«, und *J. A. Wagenaar*, Oordeel 1995, 277 spricht von »Gerichtsankündigung«[20]. Im Gegensatz dazu wird für *J. T. Willis*, Structure 1969, 213 f.; *Th. Lescow*, Micha 1–5 1972, 77 f. in den Versen Heil verkündigt.

Nun ist es sicher das Einfachste zu sagen, beide Positionen haben recht. Man kann zum Vergleich auf Jes 1,21–26 verweisen, wo die Rache JHWHs an seinen Feinden, den bestechlichen Beamten von Jerusalem, die Läuterung der Stadt und damit »Heil« für die Waisen und Witwen in ihr bedeutet. Insofern ist *H. G. L. Peels*, Vengeance 1995, 197 zuzustimmen: »Vss. 9–13 form an announcement of judgement, which functions as a word of salvation …«. Es ist aber ausdrücklich darauf hinzuweisen, daß dabei ein Gefälle zur Funktion des Textes als Heilswort vorliegt. Denn nur wenn eine Läuterung überhaupt gelingt, ist Heil möglich, oder umgekehrt: Das Unheil bestünde gerade darin, daß eine Läuterung des Gemeinwesens nicht mehr möglich wäre, daß sich »die Bösen nicht ausscheiden« ließen (Jer 6,29). Indem Mi 5,9–14 fest zusagt, daß alles von Gott Trennende ausgerottet werden wird, kündigt es eine Läuterung an, die zwar für die, die auf militärische Stärke und religiöse Selbstsicherung setzen, eine Katastrophe bedeuten mag, die aber für das angeredete Du letztlich zum Heil gereicht. Insofern gehört Mi 5,9–14 voll und ganz in die Komposition von Heilsworten in Mi 4 f. hinein und bildet mit 4,1–5 zusammen einen äußeren Ring um sie.

Zum Traditionshintergrund

In Mi 5,9–14 kommt eine Reihe von Motiven zusammen, die zwar alle einen inneren Zusammenhang bilden und miteinander verwandt, die aber nicht identisch sind. Da ist zum einen zunächst die Entgegensetzung von militärischen Machtmitteln und der auf andere Weise wirkenden Macht JHWHs (Sach 4,6; Ps 20,8; 33,16–18; 147,10 f.). Dieses Motiv wird in der Prophetie aus einer Bekenntnisaussage in Kritik an denen umgewandelt, die sich nicht auf JHWH stützen. Fast so generell wie in Mi 5,9–14 wird sie in Jes 2,7 f. vorgetragen, wo Silber, Gold und Schätze, Pferde und Wagen sowie Götzen in den Blick der Kritik geraten. Speziell um militärische Selbstsicherung geht es in Jes 30,15 f. und 31,1–3, wo Pferde (und Wagen) genannt werden, aber auch in Hos 8,14 und 10,13 f., wo sich das falsche Vertrauen auf Städte und Festungen richtet. Doch kann die Kritik auch auf religiöse Praktiken zielen, die als nichtjahwistisch verurteilt werden, wobei die Nähe von Mi 5,9–14 zu Zef 1,4–6 dadurch besonders auffällig ist, daß an beiden Stellen der Zusammenhang mit dem »Tag« JHWHs besteht und beidemale mit והכרתי מן (»da rotte ich aus … aus …«)

[20] »oordeelsaankondiging«.

formuliert ist (vgl. dazu bes. *H. Spieckermann*, Juda 1982, 215). Allerdings findet sich an keiner dieser Vergleichsstellen so deutlich der Läuterungsgedanke, wie das in Mi 5,9–14 der Fall ist. Dagegen ist der Läuterungsgedanke für eine Motivreihe geradezu bestimmend, die mit dem Stichwort »JHWH zerstört Kriegsgerät« umschrieben werden kann (Hos 2,20; Sach 9,10; Ps 46,10; 76,4). Auch sie kennt, wie Mi 5,9–12 und wie die oben zitierte Parallele in Zef 1,4–6 die Formulierung mit והכרתי מן (»da rotte ich aus … aus …«) (Sach 9,10). Im Gegensatz zum ersten Textkomplex, in dem der Gerichtsgedanke im Vordergrund steht, geht es hier darum, daß durch die Zerstörung des Kriegsgeräts Friede hergestellt wird. Wie *R. Bachs* Herleitung des Motivs »JHWH zerstört Kriegsgerät« aus der prophetischen Erkenntnis des Gegensatzes von JHWH und militärischer Rüstung zeigt (*R. Bach*, »Bogen« 1971, 22), besteht zwischen den beiden Komplexen kein Gegensatz. Aber ihre unterschiedliche Abzielung ist doch festzuhalten: Mi 5,9–14 läuft nicht auf eine Gerichtsankündigung hinaus, sondern die angedrohte Zerstörung ist zugleich ein Akt der Läuterung und zielt damit letztlich auf Frieden (wenn *R. Bach*, »Bogen« 1971, 24f. beobachtet, daß Jes 2,4b = Mi 4,3b dem Motiv »JHWH zerbricht Waffen« nahesteht, dann bestätigt dies die Zuordnung von Mi 4,1–5 und 5,9–14 im Aufbau von Mi 4f.).

Mi 5,9–14 als Abschluß von Mi 1–5

Mi 5,9–14 stellt in der Formulierung wie im Konzept der Reinigung Israels eine durchaus eigenständige Einheit in der Michaschrift dar. Dennoch steht sie nicht unvorbereitet am Ende von Mi 1–5, sondern weist dreifache Bezüge zu diesem Komplex auf. a) Die Kritik an den Mitteln der Selbstsicherung ist bereits vor allem in Mi 1 vorbereitet. So erscheinen die »Wagen« von 5,9 bereits in 1,13a und werden durch den interpretierenden Vers 13b als »Anfang der Sünde für die Tochter Zion« bezeichnet. Die in 5,10a.13b als widergöttlich gekennzeichneten Städte sind in den Zerstörungsdrohungen gegen Samaria (1,6) und Jerusalem (3,12) bereits benannt und werden in dem interpretierenden Vers 1,5b gemeinsam erwähnt. Und auch die »Gottesbilder« sind in 1,7 schon als Grund für die Zerstörung Samarias genannt. Von Mi 1 – u.zw. nicht vom alten Michatext, sondern von der in der frühen Perserzeit entstandenen Überarbeitung – her läßt sich 5,9–14 wie eine weiterführende Zusammenfassung lesen, wonach alles, was einst und jetzt zu kritisieren war und ist, »an jenem Tag« zum Heil Israels vernichtet werden wird. b) Daß der Schlußvers in 5,14 mit 1,2 zusammen eine Klammer um Mi 1–5 legt, wurde schon bei 1,2 erwähnt. Und so wie erst der Durchgang durch die fünf Kapitel den Sinn des Anfangsverses aufschließt, interpretiert umgekehrt der Schlußvers noch einmal das Voranstehende. Erst von Mi 1–5 als ganzem her wird verständlich, warum die Völker schon am Anfang JHWHs Gerichtsankündigung hören müssen, damit sie nämlich nicht eigenmächtig gegen Samaria und Jerusalem vorgehen und sich darauf hinausreden, sie hätten nicht gewußt, daß JHWH selbst an ihnen das Gericht vollziehe. Und von 5,14 her wird noch einmal das ambivalente Verhältnis zu den Völkern beleuchtet, das Mi 4f. prägt. Die Völker können in das künftige Heil einbezogen werden (4,1–4), sie können auch schwer geschlagen werden (4,9–13; 5,4f.), der »Rest Jakobs inmitten vieler Nationen« kann diesen zum segenspendenden Tau wie zum reißenden Löwen werden (5,6f.). Und alles hängt davon ab, ob sie »hören« (1,2) oder »nicht hören« (5,14). c) Schließlich hat das dreifache »aus deiner Mitte« (מקרבך) (V 9.12.13) Bezug zu 3,11. Hatte dort die Jerusalemer Führungsschicht in falschem Gottvertrauen die rhetorische Frage gestellt: »Ist JHWH nicht in unsrer Mitte?« (בקרבנו), so wird jetzt angekündigt, daß all das, worauf sich die Herrschenden nach der Kritik von Mi 1–3 in Wirklichkeit stützen, »aus deiner Mitte« entfernt werden wird.

Aus all dem ist die nächstliegende Folgerung, daß es sich bei Mi 5,9–14 um einen Text handelt, der für seinen jetzigen Kontext formuliert ist (so auch *Ch. Frevel*, Aschera 1995, 482). Bei der zeitlichen Ansetzung wird man wegen der Bezugstexte auf jeden Fall bis in die Perserzeit gehen müssen.

Auslegung

V 9 Eingleitet wird die Einheit durch den Hinweis darauf, daß das folgende Vernichtungsgeschehen »an jenem« Tag stattfinden und von JHWH ausgehen wird, dessen »Spruch« hier mitgeteilt wird. Damit werden wir gleich doppelt auf das in der Einleitung erwähnte Phänomen der sich überlagernden Strukturen hingewiesen. Denn nicht nur bilden 5,9–14 mit 4,1–5 ein Diptychon und nicht nur umklammern 1,2 und 5,14 den Komplex von Mi 1–5. Sondern durch das eröffnende והיה wird 5,9–14 zugleich in die Reihe der drei Sprüche 5,4f.6–8.9–14 gestellt, wenn auch in V. 9 anders als in den voranstehenden Sprüchen das Verb ein unpersönliches Subjekt bei sich hat (»und es wird geschehen«). Und zusätzlich verbindet der Hinweis auf »jenen Tag« unsere Einheit mit 2,4f. und 4,6f.; in allen drei Texten geht es um die Herstellung derjenigen Verhältnisse, die dann für immer die Zukunft Israels bestimmen sollen: die gerechte Verteilung des Landes (2,4f.), die Sammlung der Zerstreuten und Sichtbarwerdung der Königsherrschaft JHWHs (4,6f.) und die Beseitigung alles dessen, was Israel von JHWH trennt (5,9–14).

Mit V 9aβ.b beginnt dann die Reihe der Vernichtungsaussagen, für deren Formulierung ein großes Spektrum von Verben aufgeboten wird. Teils bezeichnen sie eher unspezifisch jegliche Vernichtung (כרת hif = »ausrotten«; אבד hif = »vernichten«; שמד hif = »vertilgen«; die deutschen Wiedergaben sind durchaus untereinander austauschbar), teils auf das Objekt bezogene Vernichtungsarten, wie das Niederreißen (הרס) der Festungen oder das Ausreißen (נתש) der Ascheren. Erstes Objekt der Vernichtung in V 9aβ.b sind Pferde und Streitwagen, die hier wie oft für das Ganze der Rüstung stehen

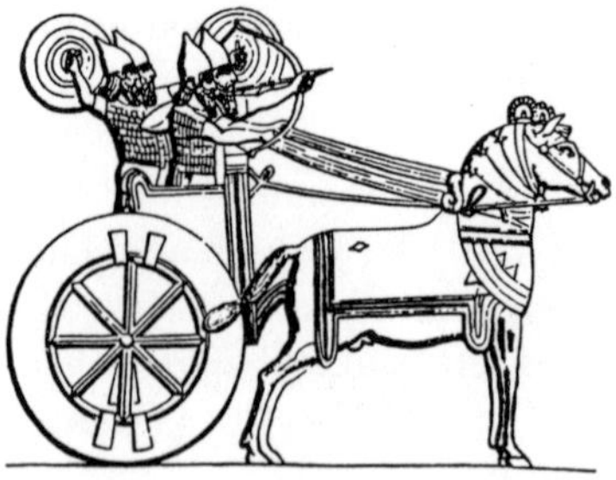

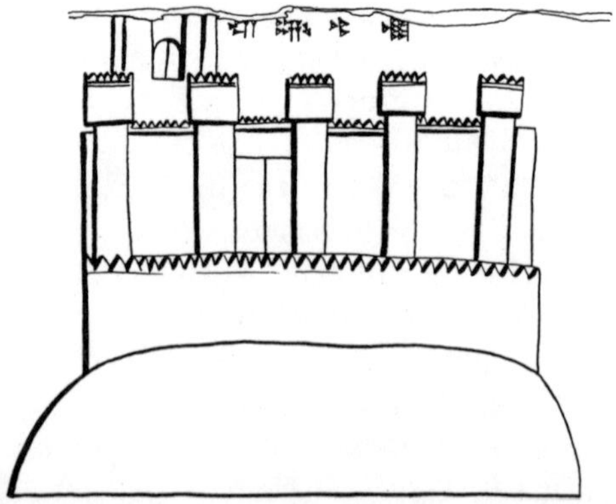

Abb. links: »… da rotte ich aus deine Pferde aus deiner Mitte und vernichte deine Wagen« (Mi 5,9)
Streitwagen aus der Armee Assurbanipals. Relief aus Ninive
Quelle: Die Kunst des Alten Orients, Freiburg 1977, Abb. 635 (Nachzeichnung).

Abb. rechts: »… da rotte ich aus die Städte deines Landes und reiße nieder alle deine Festungen« (Mi 5,10)
Die Stadt Astartu (wohl Astarot östlich des Sees Gennesaret). Assyrisches Relief aus Nimrud, 8. Jh. v. Chr.
Quelle: AOBPs 106.

(Jes 2,7; 31,1–3; Sach 9,10; Ps 20,8; nur die Pferde erwähnen Jes 30,16; Ps 33,17; 147,10). Hinter dieser Rüstungskritik steht kein prinzipieller Pazifismus. Denn Gott selbst handelt ja durchaus gewalttätig an den Völkern, wenn diese Israel bedrängen (5,14, davor aber auch schon 4,11–13, wo JHWH die Tochter Zion auffordert, die Völker zu »dreschen«). Vielmehr geht die Rüstungskritik von der Erfahrung aus, daß in Israel das Vertrauen auf militärische Stärke in Gegensatz zum Vertrauen auf JHWH geraten ist und daß deshalb die militärischen Machtmittel vernichtet werden müssen.

Was für die Pferde und Wagen gilt, gilt auch für die Festungen, die dem V 10
militärischen Schutz dienen, wobei unterstellt ist, daß mit den »Städten deines Landes« in der ersten Vershälfte wegen des Parallelismus eben solche befestigten Städte gemeint sind. Auch hier werden Städte und Festungen nicht wegen ihrer Schutzfunktion als solcher kritisiert, sondern weil das Vertrauen auf sie damit einhergeht, daß »Israel seinen Schöpfer vergaß«, wie es an der nahen Parallelstelle Hos 8,14 (vgl. auch Hos 10,14) heißt.

Ab V 11 treten zu den militärischen Mitteln der Selbstsicherung die reli- V 11
giösen. V 11a erwähnt zunächst die »Zauberkünste«, also die in allen Religionen verbreiteten Versuche, mittels Hexerei und Beschwörung auf Menschen und Dämonen Einfluß zu nehmen. Die Wurzel כשף, die das Phänomen bezeichnet, wird in der biblischen Sprache häufig für fremdländische Praktiken verwendet (Ex 7,11; 2 Kön 9,22; Jes 47,9.12; Nah 3,4; Dan

2,2). Für Israel werden aus der Sicht der herrschend gewordenen offiziellen JHWH-Religion derartige Praktiken durchweg abgelehnt und mit Sanktionen belegt (Ex 22,17; Dtn 18,10; Jer 27,9; Mal 3,5; 2 Chr 33,6), was freilich zugleich für deren weite Verbreitung spricht. Wie mit der Zauberei ist es mit der Wahrsagerei, dem ebenso verbreiteten Versuch, durch Ausdeutung natürlicher oder künstlich herbeigeführter Erscheinungen Einblick in die Zukunft und den Willen der Götter zu gewinnen. Die Wurzel ענן, die auch sonst in einem Atem mit der Wurzel כשף genannt wird (Dtn 18,10; Jer 27,9; 2 Chr 33,6), bezeichnet wie diese ein Phänomen, das als typisch für die außerisraelitische Völkerwelt gilt (Dtn 18,14; Jes 2,6) und für Israel selbst scharf abgelehnt wird (Lev 19,26; 2 Kön 21,6; Jes 2,6; 57,3).

V 12 Hatte V 11 von bestimmten Praktiken (Zauberkünste) und ihren Agenten (Wahrsager) gesprochen, so kündigt V 12 jetzt die Ausrottung bestimmter Kultgegenstände an. An erster Stelle stehen die schon aus 1,7 bekannten פסילים = »Gottesbilder«. Meist sind damit in biblischen Texten Bilder nichtisraelitischer Gottheiten gemeint (Dtn 7,5.25; 12,3; 2 Kön 17,41; Jes 40,19 f.; 44,9–20 u.ö.), aber mit der grundsätzlich verbotenen Herstellung solcher Kultbilder soll natürlich auch die eventuelle Verehrung von JHWH-Bildern ausgeschlossen werden (vgl. Ex 20,4; Lev 26,1; Dtn 5,8 u.ö.). Immerhin zeigen Texte wie Ri 3,19.26 und Ri 17 f. Spuren eines unbefangeneren Umgangs mit derartigen Bildern. Solche Unbefangenheit gilt nun ungleich stärker für die in Mi 5,12 im Parallelismus zum Gottesbild ge-

»… da rotte ich aus deine Gottesbilder und deine Malsteine aus deiner Mitte« (Mi 5,12)
Gottesbild und Mazzeben im bronzezeitlichen Tempel von Hazor
Quelle: Othmar Keel, Christoph Uehlinger, Göttinnen, Götter und Gottesymbole, Freiburg ^{4}1998, 59.

nannte Mazzebe, den aufrecht stehenden Monolithen (von der Wurzel נצב = »stehen, stellen«), den Lesern von »Asterix« auch als »Hinkelstein« bekannt. Immer wieder wird ohne jede Kritik von der Errichtung derartiger Malsteine berichtet (Gen 28,18.22; 31,13.45.51 f.; 35,14.20; Ex 24,4; 2 Sam 18,18; Jes 19,19). Eigentlich ist es nur die von Hosea und dem Deuteronomium beeinflußte Strömung, die Mazzeben als solche grundsätzlich für illegitim hält (Dtn 16,22; 1 Kön 14,23; 2 Kön 17,10; 18,4; 23,14; Hos 3,4; 10,1 f.; 2 Chr 14,2; 31,1), wobei einmal auch wie in Mi 5,12 Gottesbild und Mazzebe in einem Atem genannt werden (Lev 26,1). Mi 5,12 steht ganz in dieser Malsteine grundsätzlich ablehnenden Tradition, die wohl seit der spätvorexilischen Zeit dominant geworden ist. Der retardierende V 12b, der die Konsequenz der Ausrottung von Gottesbildern und Mazzeben (»du wirst sie nicht mehr anbeten«) nennt, gibt zugleich den Grund für ihre Ablehnung an: Sie sind »das Werk deiner Hände«. Ging es bei den militärischen Machtmitteln darum, daß das Vertrauen in sie in Gegensatz zum Vertrauen auf Gott geraten war, so wird an den religiösen Praktiken und Gegenständen kritisiert, daß mit menschlichen Mitteln in den göttlichen Bereich eingedrungen bzw. »Selbstgemachtes« zum Gegenstand nur Gott zustehender Verehrung gemacht wird – unbeschadet der Frage, ob damit religionsgeschichtlich das Wesen der Gottesbilder angemessen erfaßt ist.

V 13 greift wieder die Struktur von V 9–12a auf, also zwei Verben mit zwei Objekten der Vernichtung, faßt aber jetzt das Voranstehende insofern zusammen, als erst ein Gegenstand der religiösen Verehrung und im Parallelismus dann ein militärisches Mittel der Selbstsicherung genannt wird. Bei »deinen Ascheren« im m.pl. kann es sich nicht um die Göttin Aschera handeln, deren Kult in 1 Kön 15,13 mit ziemlicher historischer Wahrscheinlichkeit für das Juda des 9. Jh. bezeugt ist (vgl. *H. Spieckermann*, Juda 1982, 213 f.; *Ch. Frevel*, Aschera 1995, 537 f.). Vielmehr weist der Plural zusammen mit dem Verb »ausreißen« auf einen Kultpfahl oder Kultbaum (vgl. *K. Koch*, Aschera 1988, 100 f.; *St. A. Wiggins*, »Asherah« 1993, 127 f.; *Ch. Frevel*, Aschera 1995, 486), der nach Dtn 16,21 f. »gepflanzt« wird, so wie nach derselben Stelle die Mazzebe »aufgerichtet« wird. Das Oppositionswort zu »pflanzen« (נטע) ist nach Jer 45,4 »ausreißen« (נתשׁ), eben die Vokabel, die auch in Mi 5,13 Verwendung findet. Mit der Nennung der Ascheren ist nach den Gottesbildern und den Mazzeben von V 12a die Trias beisammen, die wir auch in Dtn 7,5; 12,3 finden. Insgesamt kann man zur Polemik von 5,9–14 gegen verschiedene Kultpraktiken und -gegenstände *Th. Lescow*, Micha 1–5 1972, 77 zustimmen: »Aber allein schon die Häufung der Nomenklaturen für kanaanäische Religiosität wirkt eher wie eine Bestandsaufnahme der hos. und dtn. Kultpolemik denn als Niederschlag aktueller Prophetie« (vgl. dazu auch schon *B. Stade*, Micha 4.5 1883, 8–14). V 13

Die im Parallelismus mit künftiger Vertilgung bedrohten Städte waren auch schon in V 10a erwähnt worden. Da dies die einzige Wiederholung in V 9–13 ist, sind manche Vorschläge zur Änderung des Textes gemacht worden; Anhalt in der Textüberlieferung hat keiner. So wird man sich damit abfinden müssen, daß zur Zusammenfassung der Rüstungsgegenstände und Verteidigungsanlagen noch einmal die – befestigten – Städte genannt werden. Vielleicht geht ja auch die Erwägung von *Ch. Frevel*, Aschera 1995, 478 f. in die richtige Richtung, daß die Städte »einmal aus militärischer Perspektive (V 10) und einmal unter dem Aspekt der Segens- und Schutzmächte (V 13)« gesehen werden.

V 14 Der Schlußvers bringt dann den überraschenden Perspektivwechsel. Wie gewohnt fängt er mit einer *w^{e}qatal*-Form in der 1. ps. an. Und auch deren unmittelbare Fortsetzung »und ich übe in Zorn und Wut Vergeltung an …« klingt noch wie eine Weiterführung des Themas von V 9–13. Man denkt, jetzt würde alles Voranstehende zusammengefaßt in die Worte: »Vergeltung an Israel«. Aber ganz unerwartet geht es weiter mit: »Vergeltung an den Völkern, die nicht gehört haben«.

Grammatisch wirkt die Wortfolge von V 14a im Hebräischen genauso ungewöhnlich wie in der deutschen Wiedergabe. Flüssiger wäre etwa die Abfolge: »Und ich übe Vergeltung an den Völkern in Zorn und Wut«. Solche glatteren Formulierungen zieht sonst auch das Hebräische vor, z. B. in Ri 11,27: »du tust mir Böses« – ואתה עשׂה אתי רעה, in Ez 22,7: »am Fremdling handelt man mit Gewalt« – לגר עשׂו בעשׁק oder in Ez 25,12 »weil Edom harte Vergeltung geübt hat an Juda« – יען עשׂות אדם בנקם נקם ל (vgl. V 15). Die Vermutung ist wohl nicht zu weit hergeholt, daß in Mi 5,14 um der Überraschung willen das Objekt des Handelns Gottes, »die Völker«, möglichst weit nach hinten gestellt wird.

Der Überraschungseffekt, den die letzte Halbzeile von Mi 5,9–14 auslöst, ist ähnlich wie der, den die letzte Strophe des Völkergedichts in Am 1–2 hervorruft. Mußte man dort irrtümlich vermuten, die Drohung gegen die Völker werde Israel in umso hellerem Licht erscheinen lassen, so könnte man hier bis zum Schluß meinen, die einhämmernd wiederholten Verben der Vernichtung zielten auf die Verwerfung Israels insgesamt, und noch die erste Halbzeile des Schlußverses scheint dies zu bestätigen. Die Wende im Verständnis bringen erst die letzten Worte des Textes. Sie bewirken zweierlei. 1.) In Blick auf 5,9–14 und im Blick auf Israel wird deutlich, daß alle angedrohten Ausrottungen nicht auf die Vernichtung Israels zielen, sondern auf seine Läuterung, daß JHWH sein Verhältnis zu Israel nicht beenden, sondern erneuern will. 2.) Im Blick auf Mi 1–5 wird deutlich, daß das Verhältnis Israels und seines Gottes zu den Völkern davon abhängt, ob diese »hören« oder nicht. Die Klammer, die 1,2 und 5,14 um die Kapitel legen, ist ja zugleich eine Leseanleitung: Das in Mi 1–3 begründete und angedrohte Gericht, das nach 5,9–14 aber nicht der Vernichtung, sondern der Läuterung Israels dient, darf den Völkern, die solches von Anfang an gehört haben (1,2), nicht als Vorwand dienen, an Israel ihrerseits feindlich zu handeln. Tun sie es doch, sind sie der Rache JHWHs verfallen (5,14).

Bedeutung

Liest man den Text so, wie er dasteht, liest man also für das angeredete »du« Israel (oder »der Rest Jakobs inmitten vieler Nationen«, das letzte Nomen, auf das sich das »du« zurückbezieht), und liest man für »Völker« einfach »Völker«, dann erhält der Text beklemmende Aktualität. Hat Israel nicht durch die zweieinhalb Jahrtausende, seit dieser Text entstanden ist, ständig Vernichtungen, wie sie hier angekündigt werden, erfahren müssen? Und haben die Völker, inmitten derer Israel lebte, dies nicht immer wieder als Freibrief aufgefaßt, ihrerseits gegen Israel loszugehen, ja solche Vernichtungen selbst in die Hand zu nehmen – und dies oft noch in dem Irrglauben, damit im Recht zu sein und Gottes Strafe an Israel zu vollstrecken? Und schwebt deshalb nicht bis heute über eben diesen Völkern – und das deutsche ist dabei sicher nicht an hinterster Stelle zu nennen – die furchtbare Drohung, Gott werde an ihnen »in Zorn und Wut Vergeltung üben«?

Teil III:

Micha 6–7: »Was gut ist und was JHWH von dir fordert«

Kontext und Komposition

F. C. Burkitt, Micah 6 and 7 a Northern Prophecy: JBL 45, 1926, 159–161. – *J. G. Strydom,* Micah of Samaria: Amos's and Hosea's forgotten partner: OTE 6, 1993, 19–32. Literatur

Mit dem Höraufruf am Anfang von Mi 6,1 beginnt in der Makrostruktur des Michatextes der dritte und letzte Abschnitt des Buches. Er führt, nachdem das Völkerthema von Kap. 4–5 mit der Drohung gegen die »Völker, die nicht gehört haben« (5,14), abgeschlossen ist, wieder nach Israel. Und wieder, wie in Kap. 1–3, dominieren kritische Töne. Dabei unterscheidet sich der Textblock Mi 6–7 in der literarischen Art deutlich von den beiden voranstehenden Blöcken. Am auffälligsten ist, daß er nur wenige längere Einheiten umfaßt, während sowohl in Kap. 1–3 als auch in Kap. 4–5 kürzere Texte dominieren, auch wenn diese wiederum zu größeren Komplexen zusammengefaßt sind. Desweiteren wird Mi 6–7 von Gattungen gebildet, die in den voranstehenden Kapiteln nicht vorkommen: einem Streitgespräch zwischen Gott und seinem Volk (6,1–8), einer längeren prophetischen Klage über den Verfall des Volkes (7,1–7) und einem psalmartigen Schlußtext (7,8–20), der vom künftigen Heil in ganz anderer Weise spricht als die Kap. 4–5. Nur 6,9–16 erinnert mit seinen Anklagen an den älteren Michatext (weshalb er gelegentlich auch auf Micha selbst zurückgeführt wird, so *I. Willi-Plein,* Vorformen 1971, 100).

Einige Autoren schließen aus dem eigenständigen Charakter von Mi 6–7 auf einen von Micha von Moreschet zu unterscheidenden Autor, den *A. S. van der Woude* 195–199 »Deutero-Micha« und *J. G. Strydom,* Micah 1993 »Micha von Samaria« nennen. Letztere Bezeichnung verbindet die These von der literarischen Eigenständigkeit der Kapitel mit der von ihrer nordisraelitischen Herkunft, wie sie schon *F. C. Burkitt,* Micah 6 and 7 1926 vertreten hat. Sie beruft sich vor allem auf die Erwähnung der Nordreichkönige Omri und Ahab in 6,16 und der im Norden gelegenen Landschaften Baschan und Gilead in 7,14. Doch sind diese Gegenden natürlich auch im Süden bekannt, und die beiden Nordreichkönige werden wohl gerade als Warnung für Jerusalem angeführt, nicht deren Weg zu gehen (zur Kritik an der Nordreich-These vgl auch *K. Jeppesen,* Micah Research 1978, 22 f.).

Vor allem übersieht die These, in Mi 6–7 liege ein eigenständiges Korpus vor, dessen durchgehende Bezüge auf den voranstehenden Text, auf die in der Auslegung zu den Stellen hinzuweisen sein wird. Da Mi 1–5 wegen der Klammer, die 1,2 und 5,14 bilden, wohl einmal in dieser Abgrenzung für sich überliefert wurde, liegt die Vermutung nahe, daß wir in Mi 6–7 eine Fortschreibung dieses Textes vor uns haben. Sie nimmt, besonders in 6,9–16, vorgegebene Materialien auf, komponiert und formuliert aber alles im Blick auf das nun erweiterte Michabuch. Inwiefern die so entstehende Schlußfassung der Michaschrift noch einmal in zwei Schritten erfolgt – zunächst Anfügung von 6,1–7,7 und dann Ergänzung um den eigentlichen Schluß in 7,8–20 –, wird im folgenden zu zeigen sein.

Micha 6,1–8: JHWHs Streit mit seinem Volk

Literatur

Rainer Albertz, »Aufrechten Ganges mit Gott wandern …«. Bibelarbeit über Micha 6,1–8, in: ders., Zorn über das Unrecht. Vom Glauben, der verändern will, Neukirchen-Vluyn 1996, 44–64. – *G. W. Anderson*, A Study of Micah 6.1–8: SJTh 4, 1951, 191–197. – *Gordon R. Clark*, The Word *Hesed* in the Hebrew Bible (JSOT.S 157), Sheffield 1993. – *Frank Crüsemann*, »… nichts als … mitgehen mit Deinem Gott« (Mi 6,8). Nachdenken über ungegangene Wege: WuD 24, 1997, 11–28. – *Dwight R. Daniels*, Is There a »Prophetic Lawsuit« Genre?: ZAW 99, 1987, 339–360. – *Alfons Deissler*, Micha 6,1–8: Der Rechtsstreit Jahwes mit Israel um das rechte Bundesverhältnis: TThZ 68, 1959, 229–234. – *Herbert Donner*, Balaam pseudopropheta, in: ders., Aufsätze zum Alten Testament aus vier Jahrzehnten (BZAW 224), Berlin / New York 1994, 121–132. – *Jürgen Ebach*, Was bei Micha »gut sein« heißt: BiKi 51, 1996, 172–181. – *B. Gemser*, The *Rîb*- or Controversy-Pattern in Hebrew Mentality, in: M. Noth / D. W. Thomas (Hg.), Wisdom in Israel and in the Ancient Near East, FS H. H. Rowley (VT.S 3), Leiden 1955, 120–137. – *Nelson Glueck*, Das Wort ḥesed im alttestamentlichen Sprachgebrauche als menschliche und göttliche gemeinschaftsgemäße Verhaltungsweise (BZAW 47), Giessen 1927. – *Walter Groß*, Die Herausführungsformel – Zum Verhältnis von Formel und Syntax: ZAW 86, 1974, 425–453. – *Klaus Hemmerle*, Wandern mit deinem Gott – religionsphilosophische Kontexte zu Mi 6,8, in: R. Mosis / L. Ruppert (Hg.), Der Weg zum Menschen. Zur philosophischen und theologischen Anthropologie, FS A. Deissler, Freiburg u.a. 1989, 234–250. – *Herbert B. Huffmon*, The Covenant Lawsuit in the Prophets: JBL 78, 1959, 285–295. – *Klaus Koch*, Tempeleinlaßliturgien und Dekaloge, in: ders., Spuren des hebräischen Denkens. Beiträge zur alttestamentlichen Theologie, Gesammelte Aufsätze, Band 1, Neukirchen-Vluyn 1991, 169–183. – *Theodor Lescow*, Micha 6,6–8. Studien zu Sprache, Form und Auslegung (AzTh 25), Stuttgart 1966. – *ders.*, Die dreistufige Tora. Beobachtungen zu einer Form: ZAW 82, 1970, 362–379. – *Michael S. Moore*, The Balaam Traditions: Their Character and Development (SBL.DS 113), Atlanta 1990. – *Robert North, S.J.*, Angel-Prophet or Satan-Prophet?: ZAW 82, 1970, 31–67. – *Ludwig Schmidt*, Die alttestamentliche Bileamüberlieferung: BZ NF 23, 1979, 234–261. – *Willy Schottroff*, »Gedenken« im Alten Orient und im Alten Testament. Die Wurzel zākar im semitischen Sprachkreis (WMANT 15), Neukirchen-Vluyn ^{2}1967. – *Hans Joachim Stoebe*, Und demütig sein vor deinem Gott. Micha 6,8, in: ders., Geschichte, Schicksal, Schuld und Glaube (BBB 72), Frankfurt am Main 1989, 209–223. – *K. Arvid Tångberg*, Die prophetische Mahnrede. Form- und traditionsgeschichtliche Studien zum prophetischen Umkehrruf (FRLANT 143), Göttingen

1987. – *Ernst-Joachim Waschke,* »Es ist dir gesagt, Mensch, was gut ist ...« (Mi 6,8). Zur Frage nach dem Begründungszusammenhang einer biblischen Ethik am Beispiel des Dekalogs (Ex 20/Dtn 5): ThLZ 118, 1993, 379–388. – *Wolfgang Werner,* Micha 6,8 – eine alttestamentliche Kurzformel des Glaubens? Zum theologischen Verständnis von Mi 6,8: BZ NF 32, 1988, 232–248.

Text

Übersetzung

1 *Hört doch, was JHWH sagt:*
Auf, streite mit den Bergen,
und die Höhen sollen deine Stimme hören.
2 *Hört, ihr Berge, den Streit JHWHs,*
und ihr beständigen Grundfesten der Erde!
Denn einen Streit hat JHWH mit seinem Volk,
und mit Israel setzt er sich auseinander.
3 *Mein Volk, was habe ich dir getan*
und womit habe ich dich ermüdet? Antworte mir!
4 *Ja, ich habe dich heraufgeführt aus dem Land Ägypten*
und aus dem Sklavenhaus habe ich dich losgekauft,
und ich habe vor dir hergeschickt
Mose, Aaron und Mirjam.
5 *Mein Volk, gedenke doch, was Balak, der König von Moab, geplant hat,*
und was ihm Bileam, der Sohn Beors, geantwortet hat,
von Schittim bis Gilgal, um die Heilstaten JHWHs zu erkennen.
6 *Womit soll ich JHWH entgegentreten,*
mich beugen vor dem Gott der Höhe?
Soll ich ihm entgegentreten mit Brandopfern,
mit einjährigen Kälbern?
7 *Hat JHWH Wohlgefallen an Tausenden von Widdern,*
an unzähligen Strömen von Öl?
Soll ich meinen Erstgeborenen geben für meine Verfehlung,
die Frucht meines Leibes für mein sündiges Leben?
8 *Er hat dir gesagt, Mensch, was gut ist*
und was JHWH von dir fordert,
nichts als Recht tun und Güte lieben
und besonnen gehen mit deinem Gott.

Zu Text und Übersetzung

1 ריב את־ההרים in V 1b bezeichnet einen Streit »mit den Bergen«. Es darf nicht aus Gründen der Harmonisierung mit V 2 in einen »Streit vor den Bergen« umgedeutet werden, wie z.B. *Th. Robinson* 144; *H. B. Huffmon,* Lawsuit 1959, 286f.; *R. North,* Angel-Prophet 1970, 52 vorschlagen; dagegen zu Recht *W. Werner,* Micha 6,8 1988, 235–237; *R. Albertz,* Micha 6,1–8 1996, 47; *G. Metzner,* Kompositionsgeschichte 1998, 43.

Analyse

Abgrenzung und Einheitlichkeit

Daß mit dem anschließenden V 9 eine neue Einheit beginnt, ist ebenso offenkundig wie der Abschlußcharakter von V 8. V 8 selbst hängt als Antwort mit den Fragen von V 6–7 zusammen. Die Fragen des kollektiven Ich von V 6–7 sind wiederum die Reaktion auf die Vorwürfe JHWHs an sein Volk in V 3–5. Das ganze stellt sich also als ein Streitgespräch dar, und als »Streit JHWHs mit seinem Volk« wird es in V 2 auch eingeleitet.

V 6–8 stellen also nicht eine gegenüber V 1–5 oder V 2–5 eigenständige Einheit dar. Man hat diese Auffassung mit dem Hinweis darauf begründen wollen, es lägen verschiedene *genera dicendi* vor, nämlich in V 1–5 eine Gerichtsrede und in V 6–8 eine prophetische Auseinandersetzung in Anlehnung an liturgische Formulierungen (so v. a. *Th. Lescow,* Micha 6,6–8 1966, 46 f.; *ders.,* Micha 6–7 1972, 182–193; vgl. auch *J. L. Mays* 137 f.). Nun ist es zwar richtig, daß Mi 6,1–8 verschiedene Redeweisen miteinander verbindet, doch spricht dies nicht gegen die Einheitlichkeit des Textes, sondern nur dagegen, bei diesem Text eine in irgend einer Weise kultisch oder institutionell gebundene Redesituation unterstellen zu wollen (vgl. *A. Deissler,* Micha 6,1–8 1959, 230; *H. W. Wolff* 138–142; *K. A. Tångberg,* Mahnrede 1987, 57–61; *W. Werner,* Micha 6,8 1988, 235–237; *R. Albertz,* Micha 6,1–8 1996, 47 f.). Mi 6,1–8 hat darin eine gewisse Ähnlichkeit mit 1,2–7, daß Elemente unterschiedlicher Herkunft zu einer neuen rhetorischen Einheit verbunden werden.

Problematischer als die Einheit des Textes insgesamt ist die Frage der ursprünglichen Zugehörigkeit von V 1 zum Gesamttext. Das Hauptproblem liegt darin, daß in V 1b ein Streit »mit den Bergen« vorausgesetzt ist, während in V 2a die Berge als Zeugen aufgerufen werden und der Streit zwischen JHWH und Israel besteht. Ein Nebenproblem besteht ferner darin, daß in V 1a eine JHWH-Rede angekündigt wird, in V 2 aber eindeutig der Prophet spricht. Von daher hat man V 1 insgesamt als redaktionell angesehen (so *H. W. Wolff* 139.142 und im Anschluß an ihn etwa *W. Werner,* Micha 6,8 1988, 235–237; *R. Albertz,* Micha 6,1–8 1996, 47). Es ist jedoch fraglich, ob man für V 1 einen besonderen redaktionellen Charakter annehmen muß, wenn man davon ausgeht, daß V 1–8 insgesamt bereits den davorstehenden Michatext voraussetzen und auf seinem Hintergrund formuliert sind. 6,1–8 setzt dann in V 1a mit einem Halbvers ein, der in Prosa gehalten ist (während der Rest eine geschlossene Folge poetischer Parallelismen aufweist). V 1a bezieht sich mit dem einleitenden »hört doch« bereits auf das »hört« von V 2 und verbindet zugleich mit den Höraufrufen von 1,2 und 3,1 und markiert so die Makrostruktur der Michaschrift. Er ist als eine einleitende Bemerkung gedacht, wonach alles Folgende im weiteren Sinn als »Gotteswort« interpretiert werden soll, auch wenn eigentliche JHWH-Rede wohl überhaupt nur in V 3–5 vorliegt.

Im Blick auf V 1b kann die Spannung zwischen der scheinbaren Ankündigung eines Streites JHWHs »mit den Bergen«, also in universalem Horizont, und dem dann tatsächlich zwischen JHWH und Israel stattfindenden Streit keineswegs geleugnet werden. Nur ist nicht einzusehen, warum diese Spannung nicht zur ursprünglichen Strategie des Textes gehören soll. Er ist auch darin 1,2–7 ähnlich, wo man zunächst ebenfalls denken muß, JHWH käme zum Gericht gegen die Völker, und erst in V 5 erfährt, daß Israel Ziel seiner Theophanie ist. So ist es hier: Der Prophet ruft JHWH zum Streit »mit den Bergen«, den dieser dann doch ausschließlich »mit seinem Volk« führt. So verstanden, zeigt der Text nach der einleitenden Bemerkung in V 1a eine klare viergliedrige Struktur, die durch Sprecherwechsel gekennzeichnet ist: V 1b.2 Eröffnung durch den Propheten, V 3–5 JHWH-Rede, V 6–7 Frage des Volkes in Gestalt eines kollektiven Ich, V 8 Antwort durch den Propheten.

Diskursiver Ort

Das Angebot des kollektiven Ich in V 6–7, JHWH mit einer Fülle von Opfern entgegentreten zu wollen, setzt die Existenz des Tempels voraus. Nun zeigen Texte wie Am 5,21–24 und Jes 1,10–17, daß auch schon von Propheten der Königszeit die Spannung zwischen üppigen Opfern und dem Mangel an sozialer Gerechtigkeit kritisiert wird. Dennoch kann Mi 6,1–8 aus vor allem drei Gründen nicht aus der Zeit des ersten Tempels stammen (zu diesem und weiteren Argumenten vgl. *Alexander B. Ernst*, Weisheitliche Kultkritik. Zu Theologie und Ethik des Sprüchebuchs und der Prophetie des 8. Jahrhunderts [BThSt 23], Neukirchen-Vluyn 1994, 186–197).

1.) In Am 5,21–24 und Jes 1,10–17 werden die tatsächlichen Gottesdienste an den Heiligtümern der Königszeit kritisiert, weil sich in ihnen eine wohlhabende Oberschicht vor Gott selbst darstellt, die zugleich seine Forderung nach sozialer Gerechtigkeit mit Füßen tritt. In Mi 6,1–8 geht es dagegen um die Frage, wie das Volk angesichts der offenbar als berechtigt angesehenen Vorwürfe JHWHs (V 3–5) vor ihm Sühne erwirken kann. V 6–7 sind als – wenn auch ironisch überspitzte – Fragen formuliert, und der Fragende weiß um seine Verfehlung (פשׁע) und um sein sündiges Leben (חטאת נפשׁ). Das Problem der angemessenen Sühne aber ist beherrschender Teil des Diskurses um Kult und Theologie der nachexilischen Zeit. 2.) Mi 6,1–8 kennt offenbar die deuteronomisch-deuteronomistische Literatur, wie besonders *H. W. Wolff* 143 f. herausstellt. Zu vergleichen sind dabei etwa zum Geschichtsrückblick in Mi 6,3–5 die deuteronomistisch geprägten Passagen in Jos 24,5–10 oder 1 Sam 12,6–8 (da auch der Hinweis auf die Heilstaten JHWHs – צדקות יהוה – wie in Mi 6,5) oder zu Mi 6,8 die ganz ähnlich strukturierte Aussage in Dtn 10,12 f. Allerdings steht Mi 6,1–8 auch schon in einem gewissen Abstand zur deuteronomistischen Literatur, sofern es dieser um die Verarbeitung der Katastrophe der Zerstörung von Tempel, Stadt und Staat durch die Babylonier geht. Dieses Motiv fehlt in Mi 6,1–8 ganz, wie auch der Geschichtsrückblick – anders als die deuteronomistisch geprägten etwa in Dan 9,4–19; Esr 9,6–15; Neh 9,6–37 – nicht von der Schuld Israels handelt. Man kann also in gewisser Weise bei Mi 6,1–8 von einem »nachdeuteronomistischen Denken« sprechen (so *W. Werner*, Mi 6,8 1988, 240 f.), wenn man dies nicht chronologisch – die erwähnten Rückblicke in Dan 9; Esr 9 und Neh 9 sind wahrscheinlich jünger als Mi 6,1–8 –, sondern sachlich versteht. Jedenfalls verweist die Kenntnis der deuteronomisch-deuteronomistischen Literatur Mi 6,1–8 in die Zeit des zweiten Tempels. 3.) Der Geschichtsrückblick in V 3–5 setzt die Kenntnis des Pentateuchs in seiner Verbindung mit dem Josuabuch voraus (vgl. *Th. Lescow,* Micha 6–7 1972, 185; *R. Albertz,* Micha 6,1–8 1996, 45–47). Dies wäre für die Zeit des historischen Micha und überhaupt die Zeit des ersten Tempels eine nur schwer plausibel zu machende Annahme, so daß auch diese Beobachtung in die Zeit des zweiten Tempels führt.

Mi 6,1–8 fügt sich so ohne Schwierigkeiten in den Diskurs der Perserzeit ein, in dem es um das rechte Verhältnis des Volkes zu JHWH geht. Dabei setzt sich der Text sowohl von der priesterlich geprägten Position ab, das Verhältnis zu JHWH mittels eines durchdachten Sühnopferkults zu regeln, als auch von der in der deuteronomistischen Tradition stehenden Position, wie sie sich in den angeführten Gebeten in Daniel, Esra und Nehemia niederschlägt und großes Gewicht auf das kollektive Schuldbekenntnis des Volkes legt (vgl. dazu *Rainer Kessler,* Das kollektive Schuldbekenntnis im Alten Testament: EvTh 56, 1996, 29–43). Mi 6,1–8 vertritt demgegenüber eine spezifisch prophetische Position, wie besonders die Auslegung von V 8 wird zeigen müssen.

Mi 6,1–8 als Eröffnung des dritten Teils der Michaschrift

Im Kontext der Michaschrift wird mit 6,1–8 beginnend ein neuer Ton angeschlagen. War Mi 1–3 von der Kritik an den Reichen und Mächtigen geprägt, war Mi 4–5 und damit der ganze Komplex Mi 1–5 in den Horizont einer leidenschaftlichen Zukunftshoffnung gestellt, so kehren jetzt die kritischen Töne wieder.

Eine Reihe von Bezügen zeigt, daß 6,1–8 nicht nur der Sache nach die in Kap. 1–3 überlieferte Kritik voraussetzt, sondern auch auf diesen Text selbst zurückgreift (*G. Metzner,* Kompositionsgeschichte 1998, 172: »Der Text setzt die Sozialkritik Michas in ihrer literarischen Gestalt voraus …«). 1.) »Sein Volk« in 6,2 und »mein Volk« in der Gottesrede in 6,3.5 erinnert an das häufige »mein Volk« in Mi 1–3*. Waren da Micha und »mein Volk« nur ein *Teil* des ganzen Volkes, so geht es jetzt um das Verhältnis des *ganzen* Volkes zu Gott. 2.) Das Stichwort »erkennen« in 6,5 nimmt dasselbe Stichwort aus 3,1 auf (vgl. *A. Schart,* Entstehung 1998, 193), und wieder findet eine Verschiebung statt: In 3,1 sind es Häupter und Führer, in 6,5 das Volk als Ganzes. 3.) Der Parallelismus von »Verfehlung« und »Sünde« in 6,7 greift dieselbe Figur in 1,5.13; 3,8 auf. Damit wird die in diesen Versen ausgesprochene Kritik akzeptiert und die Frage positiv gewendet zu der nach dem rechten Gottesverhältnis. 4.) Das Verb נגד hif = »verkünden, sagen« in 6,8 greift auf 3,8 zurück. 5.) Die Forderung, »Recht zu tun« in 6,8 nimmt das zentrale Stichwort »Recht« aus Kap. 3 auf (vgl. dort V 1.8.9.11).

Der Text von Mi 6,1–8 aus einer gegenüber den Heilserwartungen in Mi 4–5 wohl fortgeschrittenen Perserzeit (*Th. Lescow,* Micha 6–7 1972, 187 denkt wegen des Bezugs auf den abgeschlossenen Pentateuch an die 2. Hälfte des 5. Jh.s) sieht die Gegenwart in der Spannung von Vergangenheit und Zukunft. Die Vergangenheit führte zur Zerstörung Jerusalems und des Tempels. Für die Zukunft sind die Erhöhung des Tempels, die Sammlung des Volkes und der Heilsherrscher aus Bethlehem verheißen. Mi 6,1–8 stellt in diesem Spannungsfeld die Frage, was dies für das gegenwärtige Gottesverhältnis bedeutet. Die Ähnlichkeit dieses dreigliedrigen Aufbaus mit dem des Jesajabuches (Proto-, Deutero- und Tritojesaja) liegt auf der Hand.

Zugleich zeigt die schon beobachtete und nun noch näher zu beschreibende Ähnlichkeit von Mi 6,1–8 mit 1,2–7, wie der Autor dieses letzten Teils der Michaschrift die Gegenwart und Zukunft Jerusalems auf dem Hintergrund des Schicksals Samarias sieht.

Mi 6,1–8		*Mi 1,2–7*	
V 2a	Höraufruf an Berge	V 2a	Höraufruf an Völker
V 1b.2	Rechtsterminologie (ריב = »Streit«)	V 2b	Rechtsterminologie (עד = »Zeuge«)
V 2b	Begründung mit כי = »denn«	V 3	Begründung mit כי = »denn«
V 2b	Hinwendung zu Israel	V 5a	Hinwendung zu Israel
V 6–7	Opfer und Gottesdienst	V 7	Götzenbilderdienst

Gerade die Ähnlichkeit läßt die Differenz umso schärfer hervortreten. Für Samaria ist mit dem Aufdecken der Fundamente der Stadt die Geschichte mit JHWH zu Ende. Für Jerusalem aber gibt es, wenn es tut, was gesagt ist (V 8), noch eine Zukunft mit JHWH jenseits der ähnlich wie für Samaria einst angesagten (vgl. 1,6 mit 3,12) und zwischenzeitlich ja auch eingetretenen Zerstörung. Wir werden sehen, wie auch die auf Mi 6,1–8 folgende Einheit mit dem Hinweis auf die »Satzungen Omris und alles Werk des Hauses Ahabs« (V 16) zur Mahnung für Jerusalem noch einmal indirekt an das Schicksal Samarias erinnern wird.

Auslegung

V 1a Auf den den Gesamttext gliedernden Charakter des einleitenden Halbverses ist schon hingewiesen worden. Im Vergleich mit 1,2 und 3,1, aber auch mit 3,9; 6,2 und 6,9, den weiteren Höraufrufen in der Michaschrift, fällt auf, daß nur in 6,1a diejenigen gar nicht genannt sind, die hören sollen. Es sind weder Völker noch Häupter noch Berge, die hören sollen, sondern – die Leserinnen und Leser. Sie sollen hören, daß auch der den dritten Teil der Schrift einleitende Text das ist, »was JHWH sagt«.

V 1b.2 Mit dem zuletzt Gesagten wird vorausgesetzt, daß schon in V 1b Prophetenrede zu finden ist. Alternativ dazu wäre die Möglichkeit, daß hier zunächst JHWH den Propheten auffordert, den Streit zu führen, von dem dann in V 2 die Rede ist (so verstehen *H. B. Huffmon*, Lawsuit 1959, 286 f.; *Th. Lescow*, Micha 6–7 1972, 183; *ders.*, Worte 1997, 198; *K. A. Tångberg*, Mahnrede 1987, 59 den Text). Allerdings würde diese Auffassung den Ablauf insofern verkomplizieren, als sie in den drei Zeilen von V 1b.2 zwei verschiedene Sprecher annehmen muß, in V 1b JHWH und in V 2 den Propheten. Da in V 2 aber eindeutig von dem Streit die Rede ist, den JHWH führt, ist doch wohl die einfachere Annahme die, daß auch schon in V 1b JHWH es ist, der zum Streit aufgerufen wird, und zwar eben durch den Propheten. Es handelt sich demnach bei V 1b.2 insgesamt um eine Prophetenrede, die in drei Richtungen geht: In V 1b wird JHWH aufgefordert, den Streit zu führen; in V 2a werden die Berge aufgefordert, JHWHs Streit zu hören; und V 2b tritt begründend aus der Anrede heraus und wendet sich an den Hörer, ihm erklärend, daß JHWHs Streit »mit seinem Volk« besteht.

Wenn in V 1b JHWH zum Streit »mit den Bergen« aufgefordert wird und »die Höhen« seine Stimme hören sollen, dann wird damit ein universaler Horizont eröffnet. »Berge« und »Höhen« nehmen die Stelle ein, die in 1,2 die »Erde und was sie erfüllt« innehat. Der Text legt sich zwar nicht fest, aber er erweckt doch den Anschein, als folge nun ein Streit JHWHs mit den »Völkern allen«, die in 1,2 an erster Stelle zum Hören aufgerufen werden. V 2a hebt die mit V 1b angelegte Undeutlichkeit noch nicht auf, verschiebt die Erwartung aber schon ein Stückweit dahin, daß doch nicht »die Berge« der eigentliche Gegner im Streit JHWHs sein könnten. Denn nun werden die Berge selbst dazu aufgefordert, »den Streit JHWHs« zu hören, ohne daß freilich hier schon gesagt würde, mit wem er den Streit hat. Im Parallelismus zu den »Bergen« stehen die »Grundfesten der Erde«, die als die »beständigen« bezeichnet werden. Dabei ist das Wort, das hier mit »Grundfesten« wiedergegeben ist (מוסד), von derselben Wurzel יסד = »gründen, Fundament legen« abgeleitet wie das Wort יסוד, womit in 1,6 die »Fundamente« Samarias bezeichnet wurden. Während Samaria durch das Bloßlegen seiner Fundamente ans Ende seiner Geschichte mit JHWH gelangt ist, sind die Fundamente der Erde – von einem im Weltraum kreisenden Planeten Erde wußte man damals natürlich noch nichts – »beständig« und können deshalb immerfort zum Hören aufgerufen werden. Dies zu betonen ist dem Text offensichtlich wichtig, weshalb sich eine Änderung von והאתנים (»die beständigen«), wie sie – freilich ohne jeden Anhalt in der Überlieferung – immer wieder vorgeschlagen wird (vgl. BHS: »l[ies] וְהַאֲזִינוּ« [»und merkt auf«]), verbietet. Offenbar sollen Berge und Fundamente der Erde Zeugen sein für JHWHs Streit, ähnlich wie Himmel und Erde in Dtn 32,1 und Jes 1,2 f.

Mit V 2b kommt die einleitende Prophetenrede an ihr Ziel. Der zweimal schon angekündigte Streit = ריב wird jetzt als ein ריב JHWHs »mit seinem Volk« enthüllt, und damit kein Zweifel aufkommen kann, bestärkt der Parallelismus: »und mit Israel setzt er sich auseinander«. Die Wurzel יכח, nur hier im Hitpael belegt (»sich auseinandersetzen«), weist in den Kontext besonders der gerichtlichen Auseinandersetzung – in Mi 4,3 steht das Hifil (»Entscheidung geben«) in Parallele zu שׁפט (»richten«). Freilich ist es nicht auf das reguläre Gerichtsverfahren beschränkt, wie auch das parallele ריב neben dem Rechtsstreit auch jede andere Form des Streits bis hin zur handfesten Schlägerei (vgl. Ex 21,18) bezeichnen kann. Dies zu betonen ist wichtig, weil man bei der Auslegung von Mi 6,1–8 unweigerlich in Sackgassen gerät, wenn man den Text auf die Form des *Rechts*streits festlegen will. Schon die JHWH-Rede in V 3–5 läßt sich mit dieser Form nicht bruchlos verrechnen, ist sie doch Anklage in Form der Selbstverteidigung. Und mit V 6–8 schließlich verliert sich die Form des Rechtsstreits vollends (zur Zurückweisung der Gattung »prophetic lawsuit« für Mi 6,1–8 vgl. *D. R. Daniels,* »Prophetic Lawsuit« 1987,bes. 350–354). Um eine Einengung auf Formmerkmale zu vermeiden, die dann nicht mehr folgen, ziehe ich es vor, in V 1b.2 ריב mit dem allgemeineren »Streit« wiederzugeben, das wie im Deutschen die spezielle Form des Rechtsstreits mit umfaßt.

V 3–5 Die einleitende Anrede »mein Volk« markiert deutlich den Sprecherwechsel, nachdem noch in V 2b vom »Streit JHWHs mit seinem Volk« die Rede gewesen war: Jetzt spricht JHWH selbst. Formal gliedert sich seine Rede in drei Teile. In V 3 verteidigt sich JHWH selbst und fordert seinen Gegner, das Volk, zur Stellungnahme auf. Mit V 4 geht er, ohne die geforderte Antwort abzuwarten, zum Gegenangriff über, indem er selbst die Antwort gibt und auf sein Handeln zugunsten des Volkes in der Vergangenheit verweist. Mit V 5 wird dies fortgeführt, durch das einleitende »gedenke doch« und vor allem das abschließende »um die Heilstaten JHWHs zu erkennen« die Form der rechtlichen Auseinandersetzung aber vollends verlassen.

V 3 JHWHs erstes Wort nach der Anrede »mein Volk« ist מה = »was?«. Dieses מה ist »geradezu das Leitwort des ganzen Abschnitts« (*J. Ebach,* Micha 1996, 177), das viermal in der JHWH-Rede (V 3.5a), einmal am Beginn der fragenden Antwort des Volkes (V 6) und zweimal im prophetischen Schlußbescheid erscheint (V 8). Es bezeichnet die Realität, die zwischen JHWH und dem Volk in Frage steht. Dabei schreitet der Text fort von der Frage, was in der Vergangenheit von JHWHs Seite aus geschah (V 3–5), über die Frage, was jetzt und in Zukunft von seiten des Volkes aus geschehen soll (V 6–8), bis hin zur Feststellung dessen, was in Vergangenheit, Gegenwart und Zukunft Gültigkeit hatte und hat.

Schon mit seiner ersten Frage nimmt JHWH Verteidigungshaltung ein: »Was habe ich denn getan?« fragt derjenige, der auf eine Beschuldigung antwortet (so 1 Sam 17,29; 26,18; 29,8) (daß *H. W. Wolff* 147 im Zusammenhang dieser Stellen von einem »allgemeinen Rechtsverfahren« spricht, belegt die von *K. Koch* gelegentlich diagnostizierte »Juridomanie der Alttestamentler, die hinter allem und jedem bei den Profeten einen Prozeß wittern« [*Klaus Koch,* Die Entstehung der sozialen Kritik bei den Profeten, in:

ders., Spuren des hebräischen Denkens. Beiträge zur alttestamentlichen Theologie, Gesammelte Aufsätze. Band 1, Neukirchen-Vluyn 1991, 146–166, Zitat 154,35]; die drei Stellen aus dem 1. Samuelbuch handeln nicht von Rechtsverfahren, sondern von verbalen Auseinandersetzungen, und eine solche liegt auch in Mi 6,1–8 vor). Daß es dabei nicht um justitiable Vorwürfe geht, zeigt die Parallelfrage: »Und womit habe ich dich ermüdet?« Sie impliziert den Vorwurf des Volkes, Gott »ermüde« es, so wie einen ein Gewaltmarsch »erschöpfen« oder »ermüden« kann (so Jer 12,5). Das Wort ist, wie schon oft beobachtet wurde, wohl vor allem gewählt, weil es Gelegenheit gibt, in der Antwort JHWHs im Klangspiel aufgenommen zu werden: »Und womit habe ich dich ermüdet?« – ומה הלאתיך (V 3) – »Ja, ich habe dich heraufgeführt« – כי העלתיך (V 4). Vor der Antwort freilich fordert Gott zunächst das Volk auf, auf seine Verteidigungsfragen einzugehen – allerdings ohne die geforderte Antwort überhaupt abzuwarten.

Gottes eigene Antwort wird mit emphatischem כי eingeleitet, das mit V 4
»ja!« oder »sondern« wiederzugeben ist. Gott hat eben nicht »ermüdet«, sondern »heraufgeführt aus dem Land Ägypten und aus dem Sklavenhaus … losgekauft«. Diese Befreiungstat steht am Anfang der Geschichte JHWHs mit seinem Volk und ist jedem Gebot an das Volk vorgeordnet (so bekanntlich auch im Dekalog); in Mi 6,1–8 wird sogar das Heilshandeln JHWHs zunächst ausschließlich entfaltet (V 3–5), bevor überhaupt erst nach der Zwischenrede des Volkes das zur Sprache kommt, was dem Volk »gesagt ist« (V 8).

Anders als die Einleitung zum Dekalog (Ex 20,2; Dtn 5,6) beschränkt sich Mi 6,3–5 nicht auf das Kernereignis des Exodus. V 4b verfolgt den weiteren Weg des Volkes und hebt in eigenwilliger Akzentuierung heraus, das er unter der Führung dreier Gestalten stand, Moses, Aarons und Mirjams. Diese sind natürlich der Erzählung entnommen, wie sie in den Büchern Exodus bis Numeri ihre Endgestalt gefunden hat. Dennoch kann dort nicht davon die Rede sein, daß die drei Führungsgestalten in einem Atem genannt werden könnten. Mose ist deutlich hervorgehoben, und in der Erzählung, in der die drei zusammen auftreten, in Num 12, wird er haushoch über Aaron gestellt, der noch einmal seinerseits über Mirjam steht. Auch die mit Mi 6,3–5 vergleichbaren Rückblicke auf die Heilsgeschichte in Jos 24,5 und 1 Sam 12,8 nennen in ansonsten ganz ähnlicher Formulierung nur Mose und Aaron als Führer des Auszugs. Man wird Mi 6,4 geradezu als Gegentext zu solchen Texten lesen müssen. Und dabei wird es Mi 6,4 nicht um die Frage historischer Gerechtigkeit gegenüber Mirjam gehen, sondern um das Verhältnis der Institutionen, für die die drei stehen: Mose für das Gesetz, Aaron für den Kult und Mirjam für die Prophetie (vgl. Ex 15,20, aber auch Num 12) (schon 1898 notiert *J. T. Beck* 180: »Moses ist Gründer und Mittler der Theokratie, Aaron Repräsentant des Priesterthums, Mirjam die Prophetin …«). In der Perserzeit, in der die Rolle von Tora und Kult ungefragt feststeht, die Prophetie aber umstritten ist (vgl. etwa das Scheitern der messianischen Erwartungen Haggais und Sacharjas oder die in Neh 6 erwähnten Auseinandersetzungen), betont Mi 6,4 deren gleichwertige Stellung im öffentlichen Leben Israels. Nach *F. B. Santillana,* Miqueas 1998, 54 ist Mirjam, die Prophetin, geradezu berufen, »das Gleichgewicht zwischen dem Priesterlichen und dem Gesetzgeberischen aufrechtzuerhalten«[1]. Und daß als Repräsentantin der Prophetie eine Frau genannt wird, dürfte ein Hinweis darauf sein, daß in diesem Bereich des religiösen Lebens Frauen eine durchaus beachtliche Rolle spielen (vgl. die namentliche Erwähnung der Prophetin Noadja in Neh 6,14) (zu dieser Deutung insgesamt vgl. *R. Kessler,* Mirjam 1996).

V 5 V 5 setzt zwar den mit V 4 begonnenen Geschichtsrückblick fort, ist aber von V 4 auch doppelt abgesetzt, zum einen durch die erneute Anrede »mein Volk!«, zum andern durch die Aufforderung »gedenke doch!«, die – nach der Erwähnung der zwei geschichtlichen Ereignisse, derer das Volk gedenken soll – auf die Zweckbestimmung hinausläuft: »um die Heilstaten JHWHs zu erkennen«. Damit ist jeder juristische Kontext endgültig verlassen, denn ein solcher zielt, auch in metaphorischer Verwendung, nicht auf die Erkenntnis göttlicher Heilstaten ab. »Zkr ist hier das auf das Geschehen gegenwärtiger Erkenntnis (ידע) gerichtete Ergreifen der Vergangenheit in ihrer Aktualität« (*W. Schottroff,* »Gedenken« ^{2}1967, 134 und ebd. zur Auseinandersetzung mit der von *H. J. Boecker* … vertretenen juristischen[2] sowie der kultischen Interpretation von *W. Beyerlin,* Kulttraditionen 1958, 70f.).

Das erste Ereignis, das dem Volk zum Gedenken anempfohlen ist, ist die Bileamüberlieferung. Sie wird hier in enger Anlehnung an Num 22–24 zitiert und nicht in der negativen Ausprägung, die Bileam nur als Götzendiener und Pseudoprophet kennt (vgl. Num 31,8.16; Dtn 23,5f.; Jos 13,22 u.ö.; zu positiver und negativer Bileamtradition und ihrem Verhältnis zueinander vgl. *L. Schmidt,* Bileamüberlieferung 1979; *M. S. Moore,* Balaam Traditions 1990; *H. Donner,* Balaam 1994). Ja, Mi 6,5a ist ohne den Text von Num 22–24 gar nicht verständlich, denn nur dort kann man nachlesen, was denn Bileam dem Moabiterkönig Balak »geantwortet« hat, der Israel durch ihn verfluchen lassen wollte: »Da antwortete er und sprach: Muß ich nicht das, was JHWH in meinen Mund legt, beachten zu reden?« (Num 23,12). Der Ausspruch ist in Num 22,18 vorbereitet und wird von Bileam in 23,26 noch einmal selbst zitiert, und das sind dann auch alle Stellen, an denen in der Bileamperikope von einem Antworten Bileams die Rede ist. Und eben darauf beruft sich JHWH in seinem Rückblick in Mi 6,5a, daß er den an-

---

[1] »a mantener el balance entre lo sacerdotal y lo legislativo«.

[2] *Hans Jochen Boecker,* Redeformen des Rechtslebens im Alten Testament (WMANT 14), Neukirchen-Vluyn ^{2}1970, 103, vgl. auch 106–110.

sonsten ja wirkmächtigen Fluch in Segen verwandelt hat. In der Fortsetzung der JHWH-Rede dürfte eine abgekürzte Formulierung vorliegen, die man etwa so ergänzen muß: »Gedenke doch, was ... von Schittim bis Gilgal (geschah)«. Auch hier wendet sich Gott an diejenigen, die die biblische Überlieferung kennen. Die wissen nämlich, daß Schittim der letzte Ort im Ostjordanland ist, an dem die Israeliten vor der Überquerung des Jordans Station machten (Jos 3,1), und daß Gilgal die erste Station im westjordanischen Kernland des späteren Siedlungsgebiets ist (Jos 4,19). Sich zu erinnern, was »von Schittim bis Gilgal« geschah, heißt also, sich der Gabe des Landes durch JHWH zu erinnern.

Was V 4 und V 5 knapp erinnert haben, die Geschichte von der Herausführung aus Ägypten bis zum Betreten des heiligen Landes, wird zusammenfassend als »JHWHs Heilstaten« bezeichnet. Da die Rede von den צדקות יהוה zu den geprägten Wendungen biblischer Sprache gehört (Ri 5,11; 1 Sam 12,7, vgl. auch Jes 45,24; Ps 103,6; Dan 9,16), verwundert es nicht, daß hier in JHWH-Rede von ihm in der dritten Person gesprochen wird. Dabei ist die Wiedergabe von צדקות durch »Heilstaten« nur ein Notbehelf, der versucht, den im Deutschen nicht geläufigen Plural von צדקה = »Gerechtigkeit« beizubehalten. Beides ist wichtig: die Semantik von צדקה = »Gerechtigkeit«, die darauf hinweist, daß es sich nicht um willkürliche Gnadentaten Gottes, sondern um Erweise seiner »Gemeinschaftstreue«, seiner freien Bindung an sein erwähltes Volk handelt; und der Plural, der die צדקה nicht als abstrakte Eigenschaft Gottes auffaßt, sondern als etwas, das sich in einer Fülle konkreter Taten Gottes zugunsten seines Volkes erweist. Und diese Erweisungen von Gottes Gerechtigkeit gälte es nun zu »erkennen«, was im Hebräischen immer sowohl die intellektuelle Einsicht, aber untrennbar damit verbunden auch die daraus folgenden Handlungen umfaßt (also neben der Orthodoxie die Orthopraxie). Die direkt anschließende Frage zeigt, daß auch der angesprochene Hörer es genau so versteht.

Nach JHWHs Anrede an »mein Volk« (V 3.5) tritt jetzt ein einzelner her- V 6–7
vor und spricht in Ich-Form. Damit wird einerseits der Übergang zu dem im Schlußvers 8 im Singular angeredeten »Menschen« hergestellt. Zum andern wird damit an die sog. Tempeleinlaßliturgien erinnert (Ps 15; 24,4–6; Jes 33,14–16; vgl. auch Ez 18), die in singularisch-individueller Formulierung festhalten, wer Einlaß in den Tempel erlangen kann.

Allerdings liegt in Mi 6,6–8 keine eigentliche Torliturgie vor (wie *K. Koch*, Tempeleinlaßliturgien 1991, bes. 177–179, vertritt), sondern allenfalls eine gewisse Anlehnung an sie (so zu Recht *Th. Lescow*, Micha 6,6–8 1966, 9–22; *ders.*, Micha 6–7 1972, 186–193). Mit ihr verbindet sich zugleich das Element der individuellen Anfrage bei einem Priester (vgl. Hagg 2,10–14) (so *K. A. Tångberg*, Mahnrede 1987, 60).

Was in Frage steht – der Text beginnt wieder mit dem Leitwort במה = »womit?« (wörtlich »mit was?«) –, ist die angemessene Art, auf JHWHs »Heilserweise« zu reagieren. Mi 6,1–8 gehört also nicht in die Reihe derjenigen Texte (wie Jes 1,10–17 oder Am 5,21–24), die eine tatsächlich geübte Kultpraxis kritisieren. Zum tatsächlich praktizierten Kult stehen die in Mi 6,5 f. angeführten Opferarten in demselben Verhältnis wie die überspitzend bestimmte Merkmale hervorhebende Karikatur zur dargestellten Person. Vielmehr gehört Mi 6,1–8 in den Diskurs derjenigen Texte, die das Verhältnis von Opferkult und Tun der Gerechtigkeit zueinander diskutieren, u.zw. so, daß den Opfern das »Tun von Gerechtigkeit und Recht« vorgeordnet wird (Spr 21,3; vgl. 1 Sam 15,22 f.; Ps 40,7–9; 50,8–15; 51,18 f.). Daraus darf freilich nicht auf grundsätzliche Ablehnung des Opferkults geschlossen werden. Denn gerade die Tempeleinlaßliturgien unterstreichen ja selbst, daß nur der am Kult teilnehmen darf, der »das Gerechte tut« (Ps 15,2; vgl. Jes 33,15; Ez 18,5), nehmen also auch ihrerseits eine positive Zuordnung von Opfern und Tun der Gerechtigkeit vor. Vielmehr wendet sich Mi 6,1–8 dagegen, daß der Mensch meint, dadurch ins rechte Verhältnis zu Gott zu kommen, daß er sich klein macht und zugleich Gott eine Überfülle von Opfern zukommen läßt. Nicht um den Kult selbst, sondern um diese falsche Einstellung zum Kult zu kritisieren, greift Mi 6,5 f. zum Mittel der Karikatur.

V 6a Schon die demütig formulierte Eingangsfrage läßt die falsche Einstellung ahnen. Denn der schuldbewußte Beter fragt sogleich, wie er »sich beugen« soll »vor dem Gott in der Höhe«. Die Wurzel כפף, nur hier im Nifal, meint dabei nicht das im Kult übliche demütige Sich-Niederwerfen vor Gott (wie es im Islam bis heute praktiziert wird; hebr. השתחוה), sondern ein »Beugen«, durch das der Verfolger den Schwächeren in die Knie zwingt (Ps 57,7; vgl. die Rede von den »Gebeugten« Ps 145,14; 146,8). Schon durch die Wortwahl der Frage signalisiert der – fiktive und karikierte – Frager, daß er in Gott den Tyrannen sieht, vor dem man sich am besten möglichst klein macht. Deshalb wohl auch nennt er ihn »Gott (in) der Höhe«, unerreichbar dem sündigen Menschen (zu dieser Auffassung von V 6a vgl. auch *R. Albertz*, Micha 6,1–8 1996, 56 f.).

V 6b.7 Deutet die Einleitungsfrage schon die unangemessene Haltung des Fragenden an, so wird diese durch die nun folgende Aufzählung in Erwägung gezogener Opfer vollends offenbar. In drei Zeilen, die jeweils mit der Fragepartikel ה eröffnet werden, werden dabei verschiedene Opfer vorgeschlagen, vom möglichen, wenn auch üppigen, über das außergewöhnliche bis zum eigentlich unmöglichen aufsteigend.

Die Reihe beginnt mit den Brandopfern, der Opferart, bei der das Tier zur Gänze verbrannt wird (vgl. die Beschreibung eines Rituals in Lev 1). Wenn in Mi 6,6b die »einjährigen Kälber« im Parallelismus zu den »Brandopfern« genannt werden, dann wird deutlich, daß auch bei dieser an sich gebräuchlichen Opferart zugleich an die üppigste Möglichkeit gedacht ist. Denn aus Lev 1 geht hervor, daß neben dem Luxus eines Rinderopfers die Darbringung eines Stücks Kleinvieh (Schaf oder Ziege) oder gar nur einer Taube für die wirtschaftlich schwächer Dastehenden wohl der Normalfall war. Vom Üppigen geht die nächste Zeile weiter zum fast schon sagenhaft Übertriebenen. Denn daß »Tausende von Widdern« geopfert werden, hat im biblischen Bericht allenfalls noch Entsprechungen in 1 Chr 29, 21; 1 Kön 8, 63 = 2 Chr 7, 5; 2 Chr 29, 32 f., in Notizen also über Opferhandlungen unter David, Salomo und Hiskia, deren legendäre Zahl an Opfertieren sich nur aus der königlichen Person des Opferherren erklären läßt. »Tausende von Widdern« und »unzählige Ströme von Öl« – das sprengt bereits jeden Opferkult, wie er auch dem reichen Israeliten noch real vorstellbar gewesen wäre. Vollends überschritten wird das realistisch noch Mögliche durch das zuletzt gemachte Angebot der menschlichen Erstgeburt als Sühnopfer.

Dabei ist zum Verstehen der Stelle wichtig, daß die Erstgeburt eben für »meine Verfehlung« und für »mein sündiges Leben« gegeben werden soll. Erst dadurch erhält das Angebot seine verwerfliche Zuspitzung. Denn daß die Gottheit als Spenderin des Lebens an sich Anspruch auf die Erstgeburt von Tier und Mensch hat, ist auch dem Alten Testament geläufig (Ex 13, 2.12; 22, 28 f.; 34, 19; Dtn 15, 19–23), wobei allerdings auf jeden Fall für die menschliche Erstgeburt gilt, daß sie nicht wirklich als Opfer darzubringen, sondern durch ein Ersatzopfer auszulösen ist (Ex 13, 13; 34, 20; vgl. auch Num 3, 44–51). Auch vom Erstgeburtsopfer als Notopfer (2 Kön 3, 27) weiß das Alte Testament zu berichten. Es denunziert freilich die Praxis des Kinderopfers als nicht-israelitisch (Dtn 12, 31; 2 Kön 3, 27; 17, 31) und verurteilt sie durchgängig (Lev 18, 21; 20, 2–5; Jer 7, 31; 19, 5; 32, 35; Ez 16, 20 f.).

Wenn nun in Mi 6, 7 der fiktive Sprecher nicht nur entgegen allen Verwerfungen dennoch »die Frucht seines Leibes« zum Opfer anbietet und dies auch noch »für meine Verfehlung« und »mein sündiges Leben« – beidemale mit dem Suffix der 1.ps –, dann springt die Unmöglichkeit dieses Angebots ins Auge.

Auf der innertextlichen Ebene von Mi 6, 1–8 ist durch die karikierende Art, wie die Opferangebote gesteigert werden, schon deutlich, daß dies nicht die angemessene Antwort auf die indirekt in V 3–5 erhobenen Vorwürfe JHWHs gegen sein Volk sein kann. Zugleich bezieht sich V 7 aber auch auf die ganze voranstehende Michaschrift, vor allem auf den Teil, der den Untergang von Samaria und Jerusalem ankündigt. In ihm nämlich wird die Katastrophe eben mit dem פשע = »Verfehlung« und dem חטאת = »Sünde« Israels begründet (1, 5.13; 3, 8). Damit wird auch auf der Ebene des gesamten Michatextes klargestellt, daß diese Karikatur von Opferkult jedenfalls nicht die Konsequenz sein kann, die zu ziehen ist aus der Einsicht in die Berechtigung der einstigen Kritik einerseits und aus der Hoffnung auf eine heilvolle Zukunft, wie sie in Mi 4–5 angekündigt ist, andrerseits. Mit dieser negativen Feststellung ist der Boden bereitet für die positive Antwort in 6, 8.

Im einleitenden Teil der Schlußantwort, die der Prophet formuliert, er- V 8
scheint wieder zweimal das Leitwort מה = »was?« Was in Frage steht, ist,

»was gut ist und was JHWH von dir fordert«. Schon die Reihenfolge ist beachtenswert. An erster Stelle steht: »was gut ist«. Dabei meint »gut« nicht, daß das geforderte Verhalten an einem ethischen Ideal des Guten gemessen und dann für gut befunden würde. »Gut« meint vielmehr das, was für den Menschen gut ist, was ihm, seinem mitmenschlichen Zusammenleben und seinem Verhältnis zu Gott förderlich ist. Es ist nicht idealistisch, sondern in einem positiven Sinn utilitaristisch gemeint, so wie die Früchte von den Bäumen des Paradiesgartens »gut zu essen« sind (Gen 2,9). Entsprechend häufig kommt die Vokabel in den Proverbien vor, die ja zahlreiche Lebensregeln dafür enthalten, was für den Menschen gut ist (Spr 3,14; 4,2; 8,11 u.ö.). Freilich ist das Gute als das dem Menschen Nützliche kein Gegensatz zur Forderung Gottes, sondern gerade identisch mit ihr. So hatte schon Mi 3,1f. die Kenntnis des Rechts und die (dort nicht vorhandene) Liebe zum Guten parallelisiert (vgl. auch Am 5,14f.) (vgl. *Th. Lescow,* Micha 6,6–8 1966, 39–41; *ders.,* Worte 1997, 220). Und auch in Mi 6,8 ist das, »was gut ist«, das, »was JHWH von dir fordert«.

Die Formulierung ist allerdings auffällig. Sie ist mit דרשׁ = »suchen« gebildet, also eigentlich: »was JHWH von dir sucht«. Dies ist deshalb auffällig, weil viel häufiger von der umgekehrten Suchbewegung die Rede ist, daß nämlich der Mensch Gott sucht oder etwas bei Gott sucht (vgl. Gen 25,22; Ex 18,15; Dtn 4,29 u.ö.). דרשׁ mit Gott als Subjekt kommt dagegen nur selten vor (Dtn 11,12; 18,19; 23,22; Ez 20,40; 33,6; 34,10f.), und wirklich vergleichbar ist nur, daß Gott die Einhaltung eines Gelübdes (Dtn 23,22) oder bestimmte Opfer (Ez 20,40) fordert. Indem Mi 6,8 die ungewöhnliche Suchrichtung wählt, bringt es zum Ausdruck, daß nicht der Mensch sich zu Gott hin bewegen muß – wie es der fiktive Frager von V 6–7 unterstellt –, sondern daß Gott sich zum Menschen hin bewegt (vgl. dazu *J. Ebach,* Micha 1996, 177).

All dies, so das erste Wort, sei dem Menschen »gesagt«. Die Formulierung ist aktiv, »er« oder »man hat dir gesagt« (הגיד). Es erhebt sich die Frage: Wer hat »gesagt«, oder: Wo ist es »gesagt«? Die Frage, wer »gesagt« hat, wird man grammatisch so beantworten müssen, daß nur Gott als Subjekt des Verbs in Frage kommt (*F. Crüsemann,* Mi 6,8 1997, 12). Das Verb הגיד selbst ist ein Alltagswort für jegliche Art von Mitteilung (vgl. Gen 24,23; 32,30; 41,24 u.ö.) (vgl. *Th. Lescow,* Micha 6,6–8 1966, 23–31). Sein breiter Gebrauch weist darauf hin, daß nicht an eine spezielle Form der Gottesoffenbarung gedacht ist, sondern an eine jegliche »Kunde von Gott« (*J. Ebach,* Micha 1996, 175). Das kann die Gesetzesverkündigung sein (Dtn 4,13; 5,5) wie die weisheitliche Rede (Ijob 11,6; 15,18) (am wenigsten noch »das kultische Künden der Heilstaten Jahwes«, so *W. Beyerlin,* Kulttraditionen 1959, 51). Es kann auch die prophetische Offenbarung sein. Daß diese für Mi 6,8 besonders wichtig ist, zeigt der enge Zusammenhang mit Mi 3,8 (vgl. פשׁע = »Verfehlung« und חטאת »Sünde«, הגיד = »er hat gesagt« und

משפט = »Recht«). Das, was sich nach 3,8 exemplarisch im Propheten verkörpert hat, wird nach 6,8 vom Menschen überhaupt erwartet.

Gerichtet ist die Erwartung also an »den Menschen«. Wie bei der Rede von dem, »was gut ist«, ist hier der weisheitliche Hintergrund greifbar, denn gerade die Weisheit sucht nach dem, was »dem Menschen« überhaupt gut ist (vgl. Spr 3,13; 8,4.34 u.ö.). Die Anrede an »den Menschen« als Ergebnis des Streits zwischen JHWH und seinem Volk Israel ist nun allerdings unbedingt inklusiv und nicht exklusiv zu verstehen, d.h. als Ausweitung auf alle Menschen und nicht als Ausschluß Israels (vgl. auch *J. Ebach*, Micha 1996, 176). »Der Mensch« weiß nur, »was gut ist«, wenn er mit »den Völkern« zum Zion zieht und sich von dort Weisung holt (Mi 4,1–4).

Was Gott beim Menschen sucht, wird in einer Reihe von drei Verben im Infinitiv formuliert, wobei die beiden ersten ein direktes Objekt und das dritte eine präpositional eingeleitete Näherbestimmung bei sich haben. Für das Ganze der Reihe sind zwei Beobachtungen wichtig, die dann auch das Verständnis der einzelnen Angaben bestimmen. 1.) Die drei Forderungen sind nicht parallel, sondern bilden eine sich steigernde Linie (vgl. *N. Glueck*, ḥesed 1927, 26; *H. W. Wolff* 156). »Güte lieben« schließt also »Recht tun« ein, und beides ist in »besonnen gehen mit deinem Gott« enthalten. 2.) Die Formulierungen von V 8b stellen in gewisser Weise eine Zusammenfassung prophetischer Forderungen dar, die sich bei Amos und Hosea, bei Jesaja und auch bei Micha selbst finden (dies ist oft gesehen und betont worden, vgl. *K. Marti* 293f.; *G. W. Anderson*, Micha 6.1–8 1951, 191; *Th. Lescow*, Tora 1970, 378f.; *W. Werner*, Micha 6,8 1988, 245–248). Und trotzdem enthält der Vers im wesentlichen singuläre Formulierungen: »das, was nach Mi 6,8 gesagt ist, (wird) in Mi 6,8 in einer zuvor nie gehörten Weise gesagt« (*J. Ebach*, Micha 1996, 174).

Den engsten Anschluß an die Tradition hat, auch in der Formulierung, die erste Forderung, »Recht zu tun«. Daß der משפט nicht gekannt, nicht getan oder sonstwie mißachtet wird, gehört zum Standardrepertoire der Vorwürfe der vorexilischen Prophetie (vgl. Jes 5,7; 10,2; Jer 5,28; 22,13; Ez 22,29; Hos 5,11; 10,4; Am 5,7; 6,12; Mi 3,1.9). All diese Stellen zeigen, daß damit nicht nur die Verletzung der formalen Rechtsgleichheit aller gemeint ist, sondern besonders die Verletzung des »Rechts der Armen« (so ausdrücklich Jer 5,28; vgl. auch Jes 10,2) und die Unterdrückung der Schwachen durch die Mächtigen. Entsprechend appelliert die Forderung, »Recht zu tun« (vgl. dazu auch Am 5,15.24; Jer 5,1; Ez 18,5 u.ö.), daran, sich so zu verhalten, daß eine gerechte Ordnung des Gemeinwesens möglich ist, eine Ordnung, die den sozialen Ausgleich befördert und allen das Leben ermöglicht.

Gehört die Forderung, »Recht zu tun«, zum Gemeingut der prophetischen Literatur, so wird mit dem nächsten Stichwort חסד eine Vokabel aufgegriffen, die bei Amos, in den älteren Jesajaworten und im alten Michatext von Mi 1–3* völlig fehlt, dafür aber bei Hosea eine umso zentralere Stellung einnimmt (vgl. Hos 2,21; 4,1; 6,4.6; 10,12; 12,7). Das im Deutschen nur schwer wiederzugebende Wort – auch das hier gewählte »Güte« ist nur ein

Behelf – dient nach der klassischen Studie von *N. Glueck* der Bezeichnung »der gemeinschaftsgemäßen Verhaltungsweise der Menschen unter sich und, explicite, Gott gegenüber« (*N. Glueck,* ḥesed 1927, 26) und geht somit in die Richtung der Fremdworte »Solidarität« oder »Sozialität« (*J. Ebach,* Micha 1996, 179) (zum Lexem חסד vgl. auch *G. R. Clark, Hesed* 1993). חסד bezeichnet also ein Verhalten, das über das mit מִשְׁפָּט = »Recht« Umschriebene hinausgeht. Ist Recht das, was gesellschaftlich nötig ist und deshalb getan werden muß, so ist Güte oder Solidarität das, was zwar das Recht einschließt, sich aber nicht darauf beschränkt, sondern dem andern mehr gibt, als rechtlich gefordert ist. Dies wird unterstrichen durch das beigefügte Verb »lieben«. »Recht« muß man einfach »tun«. Güte oder Solidarität aber soll man darüber hinaus »lieben«. Man soll sie nicht nur aus Einsicht in die Notwendigkeit, sondern aus innerem Antrieb heraus üben.

»Recht tun« und »Güte lieben« sind schließlich beide in der Forderung eingeschlossen, »besonnen mit deinem Gott zu gehen«. Hier wird die Formulierung vollends singulär, so sehr, daß das dem Verb »gehen« beigefügte צנע hif gar nicht ganz eindeutig zu bestimmen ist. Die herkömmliche Wiedergabe mit »demütig« geht dabei zu sehr ins Passive. Im Anschluß an Spr 11,2 (vgl. Sir 16,25; 31,22; 32,3; 34,22; 42,8) legt sich eher ein aktiveres Bedeutungsspektrum von »besonnen, einsichtig, klug, behutsam, vorsichtig« nahe (im Anschluß an *H. J. Stoebe,* Micha 6,8 1989). Und diese besonnene und zugleich hartnäckige Art des »Gehens« ist kein Lebenswandel »vor Gott«, unter seinen (wachenden) Augen, sondern ein »Mitgehen mit deinem Gott«. So wie Gott von Ägypten bis ins Land mit seinem Volk gegangen ist (Mi 6,4–5), so soll der Mensch nun mit ihm gehen (vgl. *J. Ebach,* Micha 1996, 180). Gott und Mensch auf einem gemeinsamen Weg, das ist das Gegenteil dessen, was der Frager von V 6–7 erwartet hatte, der sich unterwürfig dem »Gott in der Höhe« meinte nähern zu müssen. Es klingt auch für manche christliche Theologie und Frömmigkeit ungewohnt, die gern den unüberbrückbaren Gegensatz zwischen Gott und Mensch betont. Es ist aber schriftgemäß.

Bedeutung

Mi 6,8 gehört zu den wenigen biblischen Stellen, die das, was dem Menschen von Gott her geboten ist, knapp, fast formelhaft versuchen zusammenzufassen. Jesus von Nazaret hatte auf eine entsprechende Frage bekanntlich mit dem Doppelgebot der Liebe, genauer mit dem Zitat von Dtn 6,4f. und Lev 19,18, geantwortet und damit die Zustimmung seiner jüdischen Diskussionspartner gefunden (Mk 12,28–34 parr.). Jesu Antwort hat Vorläufer in Mi 6,8 und Dtn 10,12f. insofern, als auch hier Gottesliebe und

Nächstenliebe untrennbar miteinander verbunden sind. Da das hebräische Denken anders als das griechisch-lateinische die definierende Begriffsbildung praktisch nicht kennt, verwundert es nicht, daß neben dem Zitat zentraler Bestimmungen bei Jesus und der Zusammenfassung in wenige Grundverhaltensweisen in Mi 6,8 und Dtn 10,12f. auch die Aufzählung einer ganzen Reihe von einzelnen Bestimmungen das zum Ausdruck bringen kann, was insgesamt geboten ist (vgl. Jes 58,6f. und als Kombination der beiden letzten Möglichkeiten Ez 18,5–9 und Hos 4,1f.).

Mit diesen Reihungen ist die erste der falschen Alternativen bereits abgewehrt, die in der Rezeption einer Stelle wie Mi 6,8 drohen, daß nämlich die Zusammenfassung als Alternative zur Fülle der Einzelgebote der Tora aufgefaßt wird, wobei der falsche Gegensatz noch dadurch verschärft werden kann, daß unterstellt wird, bei den Einzelgeboten der Tora gehe es nur um äußerliche Befolgung, während die Grundverhaltensweisen auf eine innere Haltung abzielten. Schon der Einsatz von Mi 6,8 mit dem »Recht tun« sollte ein solches Mißverständnis ausschließen. Das gebotene Grundverhalten schließt die Einzelgebote der Tora nicht aus, sondern ein. Die zweite falsche Alternative besteht darin, daß Ethik in den Gegensatz zu Kult gestellt wird. Das liegt deshalb nahe, weil die Entwicklung von Grundnormen immer wieder im Kontrast zum Opferkult vorgenommen wird (vgl. Hos 6,6; Am 5,24; Spr 21,3), so auch in Mi 6,6–8. Doch wäre es falsch, diese Stellen so aufzufassen, daß sie auf die Reduktion des Gottesverhältnisses auf den Kult – wogegen sie polemisieren – mit einer Reduktion des Gottesverhältnisses auf »das Ethische« antworten würden. Beides gehört gerade zusammen, und die Tatsache, daß Mi 6,8 beim »Recht tun« einsetzt und mit dem »besonnen gehen mit deinem Gott« seinen Höhepunkt und Abschluß erreicht, ist ein deutlicher Hinweis darauf.

Micha 6,9–16: Erneute Bedrohung der Stadt

Kevin J. Cathcart / Knud Jeppesen, More Suggestions on Mic 6,14: SJOT 1, 1987, 110–115. – Albert Ehrman, A Note on יֶשַׁח in Mic. 6:14: JNES 18, 1959, 156. – *ders.*, A Note on Micah VI 14: VT 23, 1973, 103–105. – *Knud Jeppesen*, The Verb *yāʿad* in Nahum 1,10 and Micah 6,9?: Bib 65, 1984, 571–574. – *O. Loretz*, Hebräisch *TJRWŠ* und *JRŠ* in Mi 6,15 und Hi 20,15: UF 9, 1977, 353 f. – *S. Naeh / M. P. Weitzman*, *tīrōš* – Wine or Grape? A Case of Metonymy: VT 44, 1994, 115–120. – *M. O'Connor*, The Pseudo-Sorites in Hebrew Verse, in: E. W. Conrad / E. G. Newing (Hg.), Perspectives on Language and Text, FS F. I. Andersen, Winona Lake 1987, 239–253. – *ders.*, The Pseudosorites: a Type of Paradox in Hebrew Verse, in: E. R. Follis (Hg.), Directions in Biblical Hebrew Poetry, JSOT.S 40, Sheffield 1987, 161–172. – *Thomas Podella*, Notzeit-Mythologem und Nichtigkeitsfluch, in: B. Janowski u. a. (Hg.), Religionsgeschichtliche Beziehungen zwischen Kleinasien, Nordsyrien und dem Alten Testament. Internationales Symposion Hamburg 17.–21. März 1990 (OBO 129), Freiburg (Schweiz) / Göttingen 1993, 427–454. Literatur

Text

9 *Die Stimme JHWHs ruft zur Stadt* Übersetzung
– doch Gelingen hat, wer deinen Namen sieht –:
Hört, Stamm und wer ihn befehligt!
10 *Kann ich auf Dauer vergessen das Haus des Frevlers,*
die frevlerischen Schätze
und das verfluchte schwindsüchtige Epha?
11 *Stehe ich rein da bei frevlerischer Waage*
und bei einem Beutel mit falschen Gewichten?
12 *Deren Reiche voll sind mit Gewalt,*
und ihre Bewohner reden Lüge,
und ihre Zunge ist Täuschung in ihrem Mund.
13 *Doch ich, ich mache wund, indem ich dich schlage,*
indem ich öde mache wegen deiner Sünden.
14 *Du wirst essen und nicht satt werden*
– dein Kot ist in deiner Mitte.
Und du wirst einholen, doch nicht in Sicherheit bringen,
und was du davonbringst, übergebe ich dem Schwert.
15 *Du wirst säen und nicht ernten,*
du wirst Oliven keltern und dich nicht mit Öl salben,
und Trauben, und wirst keinen Wein trinken.
16 *Und beachtet werden die Satzungen Omris*
und alles Werk des Hauses Ahabs,
und ihr wandelt in ihren Plänen,
auf daß ich dich zum Entsetzen mache
und ihre Bewohner zum Gezisch
– die Schmähung meines Volkes hebt ihr an.

Zu Text und Übersetzung

Die vorstehende Übersetzung stellt den Versuch dar, den masoretischen Text zu verstehen und im Deutschen wiederzugeben. Dies ist weitaus besser möglich, als die zahllosen Änderungsvorschläge nahezulegen scheinen, die im Lauf der neueren Auslegungsgeschichte gemacht worden sind. Dennoch bedarf die Übertragung in einigen Punkten der Begründung.

9aβ Der Satzteil ist eine Glosse (siehe dazu unten) aus dem Verb »er sieht« und den Nomina »Gelingen« und »dein Name«. Allerdings macht es weder einen Sinn, daß das Gelingen den Namen sieht noch umgekehrt. Nun geben aber Septuaginta und Vulgata die zweite Satzhälfte als Dativ wieder. Im Anschluß daran wird sie hier als asyndetischer Relativsatz aufgefaßt (wie gleich anschließend in 7, 1bβ) (mit *R. von Ungern-Sternberg* 147), der mit dem ersten Nomen »Gelingen« zusammen einen Nominalsatz bildet. – Das Verb wird masoretisch von ראה = »sehen« abgeleitet, während die alten Übersetzungen eine Form von ירא = »fürchten« lesen. In der Tat ist die Vorstellung, den Namen Gottes zu sehen, singulär und allenfalls im Sinne von »kennen« (diesen Sinn nimmt ראה in Dtn 33, 9; Ijob 8, 18 an) zu verstehen. Da eine Verwechslung von ראה und ירא graphisch leicht nachvollziehbar und auch anderweitig anzunehmen ist (vgl. 1 Kön 19, 3; Hab 3, 2; Zef 3, 15 u. ö.), ist gut denkbar, daß die Glosse ursprünglich lautete: »doch Gelingen haben, die deinen Namen fürchten« (יראי שמך).

9b Für מטה ist die Bedeutung »Stamm« unbestritten (Ex 31, 2.6; 35, 30 u. ö.), auch wenn die absolute Verwendung im Singular ohne Nennung des konkreten israelitischen Stammes einmalig ist; doch wird man als Parallele zur »Stadt« von V 9aα daran festhalten müssen. – יעד kommt außer an dieser Stelle nur noch in Ex 21, 8 f.; 2 Sam 20, 5; Jer 47, 7 vor. An letzterer Stelle steht es in Parallele zu צוה pi = »befehlen«. Da die Septuaginta Mi 6, 9 ebenfalls mit κοσμέω = »befehligen« wiedergibt, ist diese Bedeutung für יעד auch hier anzunehmen. – Nicht zu folgen ist der Septuaginta allerdings darin, daß sich das Suffix auf die in V 9a genannte »Stadt« beziehen soll, da der »Stamm« sehr viel näher liegt. Ebensowenig ist מי hier interrogativ gebraucht, sondern indefinit: »wer auch immer« (wie Ex 24, 14; 32, 26; Ri 7, 3 u. ö., vgl. dazu Ges-K § 137 c).

10 Das zweite Wort des Satzes, האש, wird a) von Septuaginta und Vulgata von אש = »Feuer« abgeleitet. Abgesehen davon, daß die Masoreten anders punktieren, macht das wenig Sinn. b) Sinn machen würde die Auffassung als Fragepartikel + אש = יש = »Vorhandensein«, doch ist die Existenz eines Nomens אש in diesem Sinn äußerst fraglich (die einzig mögliche Parallele 2 Sam 14, 19 ist selbst ganz unsicher). c) Nun beginnt der zu V 10 parallele V 11 ebenfalls mit Fragepartikel, worauf aber kein Nomen, sondern ein Verb in der 1. ps. sg. *yiqtol* folgt. Das führt für V 10 auf die Ableitung von der Wurzel נשה = »vergessen« (mit Fragepartikel), wobei die Langform האשה hier zur Form האש verkürzt worden wäre (vgl. BHS).

13 Das einleitende וגם־אני kann hier nicht additiv (»und auch ich«) gemeint sein, sondern hat wie in Jer 8, 12; Ps 129, 2; Ijob 18, 5 u. ö. adversative Bedeutung, vgl. Waltke / O'Connor 39.3.4d (»I will in recompense …«). – Das finite Verb החליתי wird gern im Anschluß an die Versionen von חלל = »anfangen« abgeleitet, was bei einem unpunktierten und gar defektiv geschriebenen Text auch kein Problem macht. Allerdings müßte dann הַחִלּוֹתִי punktiert werden (vgl. BHS), während die Masoreten eben הֶחֱלֵיתִי schreiben und also von חלה hif herleiten. Und das ist durchaus möglich, denn die Wurzel חלה wird nicht nur für »krank sein bzw. machen« – was hier keinen Sinn ergäbe –, sondern im Zusammenhang mit der Wurzel נכה = »schlagen« (wie hier) auch für »wund sein bzw. verwunden« gebraucht (Jer 10,19; 14,17; 30,12; Spr 23,35 und der Sache nach 1 Kön 22,34 = 2 Chr 18,33; 2 Chr 35,23).

14aβ Bei dem Hapaxlegomenon ישח* ist unsicher, ob es mit »wastes = Abfall« (*A. Ehrman,* Mic. 6:14 1959), mit »Kot« oder mit »Ruhr, Durchfall« (*A. Ehrman,* Micah VI 14 1973) wiederzugeben ist, was an der Sache aber nichts ändert.

14b Die den Halbvers eröffnende Form ותסג wird von der Vulgata mit *adprehendere* = »ergreifen, in Besitz nehmen« wiedergegeben. Sie wird damit auf dasselbe hebräische Verb zurückgeführt wie die Form יסג in 2,6, die dort mit *conprehendere* = »einholen, erreichen« übersetzt ist. Das führt auf eine graphische Nebenform zu נשׂג hif, die sich einwandfrei in den Sinn des Verses fügt. Die Schreibweise mit Sin statt mit Samek hat auch 1Q14. Allerdings führt dessen Lesart ותשוג auf das Qal von שׂוג = סוג: »du wirst abweichen«. Dies paßt zwar nicht so gut in die an eine militärische Situation denkende Aussage von V 14, umso besser aber in die eschatologische Deutung des Qumran-Peschers.

15b Daß תירוש keine Verbform, sondern ein Nomen ist, hat *O. Loretz, TJRWŠ* 1977 gezeigt. Daß es als zweites Objekt zu »keltern« hier nicht das Produkt »Most«, sondern den Grundstoff »Trauben« meinen muß, belegen *S. Naeh / M. P. Weitzman, tiroš* 1994, bes. 116f.

16a Das einleitende Verb wird von den Masoreten als Hitpael punktiert und offenbar passivisch verstanden, wie es auch die obige Übersetzung wiedergibt. Das Problem ist dabei einerseits, daß das Subjekt »Satzungen« in Genus und Numerus inkongruent ist, und daß andrerseits das Hitpael von שׁמר nur einmal im Sinn von »sich hüten vor« belegt ist (2 Sam 22,24 = Ps 18,24), was hier aber nicht paßt (zumal gar kein מן = »vor« dasteht). Vulgata und einige Septuagintamanuskripte führen auf eine 2. ps. (die im Hebräischen feminin wäre, vgl. BHS) mit den »Satzungen« als Objekt. Sprachlich ist das verständlicher – der Sinn ist aber in jedem Fall der, daß es um eine »Beachtung« der »Satzungen Omris« geht.

16bβ Zwei Auffassungen des Genetivverhältnisses sind möglich. a) Als *genetivus subiectivus.* Das macht Sinn, aber nur, wenn im Anschluß an die Septuaginta statt עמי = »mein Volk« עמים = »Völker« gelesen wird: »den Hohn der Völker tragen« (wie Ez 36,15). b) Beläßt man den masoretischen Text, dann dürfte ein *genetivus obiectivus* vorliegen (wie analog in חרפת עמו in Jes 25,8). Das Verb נשׂא heißt dann nicht »tragen«, sondern – wie im Deutschen – »anheben«, und zwar einen Spruch (Mi 2,4), ein Gebet (Jes 37,4), eine Totenklage (Am 5,1) – oder eben, wie in Ps 15,3 so hier, eine Schmähung.

Analyse

Zwei Grundtexte

Der Gesamttext läßt sich relativ leicht in vier Teile gliedern: 1.) V 9 ist die Einleitung, die das Rufen JHWHs feststellt (V 9a) und dann in einen anredenden Höraufruf übergeht (V 9b). 2.) In V 10–12 folgt die Anklage. Sie beginnt a) mit einer JHWH-Rede in 1. ps. und geht b) in einen Relativsatz über, der sich mit den Suffixen der 3. ps. sg.fem. auf »Stadt« und »Stamm« von V 9 zurückbezieht, so daß jetzt V 9 und V 12 eine große Parenthese um die JHWH-Rede V 10f. bilden. 3.) V 13–15 bringt die Androhung einer unheilvollen Zukunft, wieder als JHWH-Rede, diesmal aber in einer Anrede in

2. ps. sg. masc. 4.) V 16 wiederholt die Struktur von V 10–15, indem V 16a einen erneuten Vorwurf und V 16b eine erneute Strafankündigung bieten.

Nun legt schon diese Beschreibung, vor allem die Parenthese von V 9 und 12 sowie der Wechsel von 3.fem. in 2.masc. nahe, daß hier möglicherweise kein ursprünglich einheitlicher Text vorliegt. Dieser Verdacht läßt sich zweifach erhärten. a) Ein Höraufruf wie in V 9b ist nach Mi 1, 2; 3, 1.9; 6, 1 eher am Anfang einer Einheit zu erwarten (vgl. allerdings auch 6, 2). Nimmt man dazu, daß V 12 inhaltlich besser nur an V 9a anschließt (»die Stadt« und »ihre Bewohner«), dann kommt man auf zwei Stränge, nämlich V 9a.12 und V 9b–11. b) Mit solcher Zweisträngigkeit läßt sich dann auch die Uneinheitlichkeit in der Strafandrohung in V 14 f. erklären. Denn da findet sich einmal der sog. Nichtigkeitsfluch in V 14aα.15, gebildet aus dreimal »du« + Verb + dessen semantischer Verneinung, dazwischen aber in V 14aβ.b eine ganz anders formulierte Vernichtungsankündigung. Die beiden Texte, die als Text A und Text B bezeichnet werden sollen, sind dadurch unterschieden, daß in Text A die Bildsprache aus dem Bereich manifester Gewalt genommen ist, während in Text B das Wirtschaftsleben in Kreditvergabe und landwirtschaftlicher Produktion im Vordergrund steht.

Text A		*Text B*	
V 9a	»zur Stadt« …	V 9b	»Stamm«
V 12	… »deren Reiche« »Gewalt«	V 10 f.	Betrug bei der Kreditvergabe
V 13.14b	»schlagen«, »öde machen«; »in Sicherheit bringen«, »Schwert«	V 14a.15	wirtschaftliche Not

Geht man, wie in der Einleitung ausgeführt, davon aus, daß die prophetische Literatur in Gruppen von Propheten entstanden und tradiert worden ist, dann hat man hier den Fall vor sich, daß zwei ähnliche Weissagungen nicht hintereinander gestellt, sondern ineinander gearbeitet worden sind. Was daraus entstanden ist, ist ein durchaus konsistenter Prophetenspruch aus Einleitung, Lagehinweis und Zukunftsansage.

Die eine dieser Weissagungen (Text B) enthält in V 14a.15 den sog. Nichtigkeitsfluch. Dieser ist im Prophetenkanon sehr auffällig verteilt; er kommt nämlich nur in Hos 4, 10; Am 5, 11; Mi 6, 14 f. und Zef 1, 13 vor (vgl. *A. Schart*, Entstehung 1998, 218). Wahrscheinlich ist Mi 6, 9b–11.14a.15 in prophetischen Kreisen entstanden, die im Zusammenhang mit der Herausbildung dessen zu tun haben, was später das Zwölfprophetenbuch sein wird.

Das Anliegen von V 16 ist dagegen nicht daraus zu verstehen, daß hier ein weiterer ursprünglich eigenständiger Prophetenspruch angefügt worden wäre. Der Vers ist in der Strafansage ganz unkonkret, und nur im Schuldaufweis bringt er ein wirklich neues Moment, den Hinweis auf die Omridendynastie. Er ist als Hinweis auf das negative Beispiel des von Omri gegründeten Samarias zu lesen und erhält seinen Sinn erst auf der Ebene der Michaschrift als Verweis auf 1,2–7 (das weitere siehe in der Einzelauslegung). Dann kann man sich die Entstehung von 6,9–16 insgesamt so vorstellen, daß zwei in der Gruppe der Michatradenten entstandene jerusalemkritische Orakel ineinandergearbeitet und mit Hilfe von V 16 in die Michaschrift eingefügt worden sind.

Die hier vertretene Auffassung weicht von zwei alternativen Erklärungen der offenkundigen Spannungen in Mi 6,9–16 ab. Die eine geht davon aus, daß der Text »keine literarische Einheit, sondern eine Aneinanderreihung mehrerer fragmentarischer Stücke darstellt« (*Th. H. Robinson* 147 f.). Nach der andern sind die Spannungen »auf zahlreiche Veränderungen und Ergänzungen zurückzuführen ..., die der Text im Verlaufe seiner Überlieferung hinnehmen mußte« (*Th. Lescow,* Micha 6–7 1972, 193; vgl. *J. Jeremias,* Deutung 1971, 340–343). Hier wird versucht, beide Positionen zu vermitteln, indem einerseits von zwei – freilich nicht fragmentarischen – Grundtexten, andrerseits von Ergänzungen an ihnen ausgegangen wird.

Glossen

Zu solchen Ergänzungen gehören neben V 16 drei mit Waw angeschlossene Glossen am kombinierten Text von V 9–16. 1.) V 9aβ stellt gleich zu Beginn korrigierend oder präzisierend fest, daß die folgenden Anklagen und deren unheilvolle Konsequenzen für die nicht gelten, die JHWHs »Namen« »sehen« oder »fürchten«. Sie geraten nicht ins Unheil, sondern haben »Gelingen«. 2.) V 14aβ erläutert drastisch, wie man sich ein Essen, ohne satt zu werden, vorzustellen hat: Eine Ruhrerkrankung führt zu allgemeinem Durchfall, und die Stadt ist erfüllt mit Kot. 3.) V 16bβ schließlich erläutert das »Gezisch«: Es besteht darin, daß »ihr« (wer das ist, bleibt dunkel) »die Schmähung meines Volkes anhebt«.

Auslegung

V 9aα »Die Stadt«, der die Stimme JHWHs zuruft, wird im Text nicht mit Namen genannt. Ist es richtig, daß die zweite Vershälfte vom »Stamm« spricht, dann wird man in »der Stadt« jedenfalls nicht eine beliebige Provinzstadt, sondern die Metropole sehen müssen. Nachdem Mi 1,2–7 bereits vom endgültigen Ende Samarias gesprochen hatte und nachdem in Mi 3,9–12; 4,1–5.8–14 nur noch von Jerusalem die Rede war, kann es sich dabei nur um Jerusalem handeln. So versteht es dann wohl auch V 16, indem Jerusalem gerade vorgeworfen wird, sich genauso zu verhalten wie der Gründer Samarias und seine Dynastie und damit eben auch dasselbe Schicksal wie Samaria heraufzubeschwören.

V 9aβ Die Glosse greift ein Anliegen der persischen und hellenistischen Zeit auf. Zunehmend wird der Bruch im Volk nicht nur als einer zwischen Mächtigen und Reichen auf der einen und von ihnen Beherrschten und Unterdrückten auf der anderen Seite begriffen. Dies ist die deutliche Konfliktlage im alten Michatext Mi 1–3*. Sie ist aber auch hier in den Anklagen der V 10–12 vorausgesetzt, wie gleich zu zeigen sein wird. Diese gewissermaßen objektive Spaltung im ganzen Volk wird in nachexilischer Zeit durch einen subjektiven Bruch in der judäischen Oberschicht überlagert, der sich daran festmacht, wie die Menschen zu Gottesfurcht, Tora und dem dadurch geforderten sozialen Verhalten stehen (zur Beschreibung des Phänomens vgl. *Rainer Albertz,* Religionsgeschichte Israels in alttestamentlicher Zeit [ATD.E 8], Göttingen 1992, 541–549). Und – das betont die Glosse in 6,9aβ – wer sich an JHWHs Namen hält, der ist ihrer Meinung nach von der folgenden Kritik und den angedrohten Konsequenzen ausgenommen.

Der Text ist zu unsicher und seine Aussagen sind zu singulär, als daß sie verantwortbar exegetisch ausgewertet werden könnten. Wenn der »Stamm« V 9b
Juda ist, wer ist dann der, der »ihn befehligt«? Ist an den persischen Statthalter gedacht? Oder an den Hohenpriester?

Nach dem Aufruf zum Hören erklingt jetzt in 1. ps. die »Stimme
JHWHs« in zwei rhetorischen Fragen. Dabei ist die erste Frage: »Kann ich V 10a
auf Dauer vergessen …?« nicht so harmlos, wie es im Deutschen klingt. Denn beim Vergessen bzw. Sich-Erinnern oder Gedenken Gottes geht es nicht um eine bloße Gedächtnisleistung, sondern um das Heraufführen der Konsequenzen aus der bösen Tat (vgl. Am 8,7).

Die ersten beiden Objekte des göttlichen Nicht-Vergessens, das »Haus des Frevlers« und »die frevlerischen Schätze«, verwenden die Wurzel רשׁע, die dann bei der »frevlerischen Waage« von V 11a noch ein drittes Mal erscheint, wobei diese Häufung zugleich das einzige Vorkommen in der Michaschrift darstellt. Die »frevlerische Waage« zeigt, wobei es bei dem Wort ursprünglich geht: um das Falsche im Gegensatz zum Richtigen, wobei das Richtige zugleich das Gerechte und das Falsche das Ungerechte ist; deshalb sind der Gegensatz der מאזני רשׁע (»frevlerische Waage«) die מאזני צדק (»richtige Waage«) (Lev 19,36; vgl. Dtn 25,15). Was für Maße und Gewichte gilt, gilt auch im Gerichtsverfahren: »Gerecht«, צדיק, ist der, der unschuldig ist, רשׁע der, der schuldig ist (vgl. Ex 23,7; Jes 5,23). Wohl erst spätvorexilisch werden dann in einer Art Summe der prophetischen Sozialkritik die von Amos, Jesaja und Micha immer wieder kritisierten unsozial und ungerecht handelnden Reichen und Mächtigen pauschal als רשׁעים bezeichnet, womit dann nicht mehr nur ein Einzelner in einem einzelnen Verfahren als juristisch schuldig, sondern eine ganze Klasse der Gesellschaft als solche für sozial schuldig erklärt wird (vgl. die Rede von den רשׁעים, die »sich in meinem Volk finden«, Jer 5,26). Wenn Mi 6,10 vom »Haus des רשׁע« spricht, dann meint das nicht einen im Einzelfall Schuldigen, sondern einen Angehörigen dieser Gesellschaftsschicht.

Die Wiedergabe von רשׁע mit »Gottloser« (Luther) trägt in das Wort einen religiösen Akzent ein, der ihm zwar insofern zukommt, als jeder Verstoß gegen die soziale Gerechtigkeit auch ein Verstoß gegen Gott ist, der aber heute leicht völlig falsch im Sinne von »Atheist« mißverstanden werden kann. Auch »Frevler« (Zürcher Bibel) hat diesen Klang, doch zeigt eine Verwendung wie in »Forstfrevel« auch im Deutschen noch, daß es dabei um jegliche Art von unrechtem Übergriff geht, der nicht notwendigerweise gleich gegen eine Gottheit gerichtet sein muß.

V 10b. Nachdem V 10a bereits vorweg das Haus und seine Reichtümer als »frev-
11 lerisch« denunziert hat, begründet die Fortsetzung nun erst dieses Urteil. Es ist die Art, wie die »Schätze« zusammengekommen sind, nämlich durch betrügerische Manipulationen an Maßen, Waagen und Gewichtssteinen. Auf das klassische Beispiel der Ächtung solcher Fälschungen im altbabylonischen Codex Hammurapi aus dem 18. Jh. v. Chr. hat schon *H. W. Wolff* 167f. hingewiesen: »Wenn ein Kaufmann Getreide oder Geld auf Zinsen gibt und, wenn er es auf Zinsen gibt, das Geld mit zu kleinem Gewichtsstein bzw. das Getreide mit zu kleinem Meßgefäß hingibt, bei der Rücknahme das Geld mit (zu großem) Gewichtsstein bzw. das Getreide (mit zu großem) Meßgefäß zurücknimmt, so geht (der Kaufmann) all dessen, (was er gegeben hat) verlustig« (zitiert nach TUAT I 54). Zu eng ist freilich die Interpretation, hier gehe es ausschließlich um »Betrug im Warenhandel« (so *H. W. Wolff* 167). Das eigentliche Problem ist nämlich, wie das altbabylonische Beispiel zeigt, die Vergabe und Rücknahme von Krediten. Diese werden entweder in Naturalien – das Epha ist ein Hohlmaß für Trockenes, also Getreide, Mehl u. ä. –, oder in Geld gegeben, wobei bis zur massenhaften Verbreitung niedrigwertiger Münzen im Hellenismus das Silber mit Hilfe von Waagen und Gewichtssteinen dargewogen wird (vgl. Gen 23,16; Jer 32,9). Das eigentliche Ziel solcher Manipulationen, durch die der Schuldner mehr zurückzahlen muß, als er erhalten hat, ist nicht nur die Bereicherung des Gläubigers. Ausweislich der mit Mi 6,10f. eng verwandten Stelle Am 8,4–7 (vgl. dazu *Rainer Kessler*, Die angeblichen Kornhändler von Amos VIII 4–7: VT 39, 1989, 13–22). geht es nämlich letztlich darum, die Schuldner in Personalhaftung zu bekommen und sie somit zu Schuldsklaven zu machen. Auch Mi 6,9–16 geht also, trotz der generalisierenden Anrede an »die Stadt«, wie Mi 1–3* davon aus, daß es in Stadt und Stamm eine Spaltung in wirtschaftlich Mächtige und in deren Opfer gibt.

V 12aα So ist es nur folgerichtig, wenn die Fortsetzung – sie ist vermutlich dem Text A entnommen und schließt ursprünglich direkt an die Erwähnung »der Stadt« in V 9a an – von »deren Reichen« spricht. Dabei wird der Reichtum nicht als solcher kritisiert, denn solche Kritik setzte Armut als ein Ideal voraus; Armut ist nach dem Alten Testament aber kein Ideal, sondern ein Elend. Die Reichen werden vielmehr deshalb und dann kritisiert, wenn ihr Reichtum auf der Armut der Armen basiert. Hier wird das so ausgedrückt, daß die Reichen »voll Gewalt« sind, ein Topos, der die prophetische Sozialkritik breit durchzieht (vgl. Jer 6,7; Am 3,10; Hab 1,2f.; Zef 1,9).

Näher bestimmt wird die Gewalt der Reichen als verbale Gewalt. Dabei V 12aβ.b
geht es um weit mehr als um Unhöflichkeiten oder Schmähungen, denn durch die würde man noch nicht reich. »Gewalt« und »Lüge« haben vielmehr einen präzisen Ort im Gerichtsverfahren, wo ein »Gewaltzeuge« (Ex 23,1) oder »Lügenzeuge« (Ex 20,16; Dtn 19,18; Ps 27,12; vgl. Ex 23,7; Lev 19,12) auftreten kann. Da Privatgeschäfte, etwa die im Hintergrund der Kritik von Mi 6,10f. aufscheinenden Kreditgeschäfte, durch Zeugen garantiert werden (vgl. Rut 4,9–11), kommt deren Aussage im Streitfall höchstes Gewicht zu. »Redet einer Lüge« und ist »seine Zunge Täuschung«, behauptet er also etwa, der von dem Reichen zurückgeforderte Kredit sei höher gewesen, als er in Wahrheit war, dann kann er einen Schuldner leicht zu Fall bringen.

Eine Illustration des Zusammenhangs von Lüge und Reichtum bietet Ps 52, in dem ein von einem solchen starken Mann (»Held«, V 3) Geschädigter dessen Niedergang verspottet. Er war auf »Täuschung« aus, »Lüge redete« er, er hatte eine »falsche Zunge« (V 4–6). Das brachte ihm »Reichtum« (V 9). Die weitgehende Übereinstimmung des Vokabulars mit dem von Mi 6,10–12 liegt auf der Hand.

Der erste Satz der Strafansage geht in die Anrede in 2. ps. masc. sg. über, die V 13
die Verse 13–15 insgesamt dominiert. Er schließt gut an V 12 an, mit dem ihn das Motiv der Gewalttätigkeit verbindet; der Gewalt der reichen Stadtbewohner entspricht die Gewalt, mit der JHWH jetzt zuschlägt. Das Motiv des Schlagens (Wurzel נכה) wie das des Verwüstens (Wurzel שׁמם) erinnern dabei an die Eröffnung der Michaschrift (1,7.9). Auch die nochmalige Begründung »wegen deiner Sünden« weist auf 1,5 (vgl. 1,13; 3,8) und damit auf den ersten Teil der Schrift. Das Jerusalem jetzt angedrohte Geschick wird dadurch mit dem früheren Geschick Samarias und dem eigenen früheren Geschick Jerusalems in Beziehung gesetzt.

Denkt V 13 an einen gewalttätigen Eingriff JHWHs, so folgt in V 14aα V 14a
der erste Teil des sog. Nichtigkeitsfluches (so *H. W. Wolff* 162, vgl. auch *Th. Podella*, Notzeit-Mythologem 1993), auch »furtility curse« (so *D. R. Hillers* 82, vgl. auch *K. J. Cathcart / K. Jeppesen*, Mic 6,14 1987, 110f.) oder »Wirkungslosigkeitsspruch« (*A. S. van der Woude* 231, im Original deutsch) oder »Pseudo-Kettenschluß« (*M. O'Connor*, Pseudo-Sorites 1987; *ders.*, Pseudosorites 1987) genannt, wie er in verschiedenen Varianten in Lev 26,26; Dtn 28,30.39–41; Hos 4,10; Am 5,11; Zef 1,13 erscheint. Wie die nordaramäischen Beispiele in KAI 222, A, Z. 21–24 und 223, A, Z. 1–3 zeigen, ist er auch außerbiblisch belegt (zur Herkunftsgeschichte vgl. *Th. Podella*, Notzeit-Mythologem 1993). Es geht darum, daß die erwartete Folge in einem natürlichen Zusammenhang unterbrochen wird: Auf Essen folgt keine Sättigung (Mi 6,14aα), auf das Säen keine Ernte, auf das Keltern kein

Produkt (V 15). Die Vorstellung ist dabei eine andere als in V 13 und im gleich folgenden V 14b, nicht die eines gewalttätigen Schlages der Gottheit, sondern die eines geheimnisvoll wirkenden Fluches über die Natur. – Der Glossator von V 14aβ freilich liebt es drastischer: durch Krankheit hervorgerufene Darmentleerung, eine Stadt voller Kot, deshalb wird keiner satt.

V 14b Obwohl der Halbvers formal genauso beginnt wie der Nichtigkeitsfluch, gehört er doch einem ganz anderen Vorstellungskreis an. Es geht nicht um einen natürlichen Zusammenhang, der unerwartet unterbrochen würde, sondern um einen verzweifelten Rettungsversuch, offenkundig in Folge des verwundenden Schlages von V 13. Der Angeredete wird etwas einholen – der Text ist hier unsicher –, es aber nicht wirklich in Sicherheit bringen, und was er dann doch davonbringt, wird letztlich dem Schwert anheimfallen. Auch hier geht es um Vergeblichkeit, aber nicht bei der Bearbeitung der Natur, sondern beim Versuch, aus einer militärischen Katastrophe noch zu retten, was zu retten ist. Man vergleiche dazu in Am 5,19 das Bild des Fliehenden, der im scheinbar rettenden Haus von der Schlange gebissen wird.

V 15 Im Gewebe des Endtextes von Mi 6,9–16 kehrt V 15 wieder – im Anschluß an V 14a – zum Nichtigkeitsfluch zurück. Deutlicher noch als in V 14a wird jetzt, daß es um die Unfruchtbarkeit der Natur geht. Trotz Aussaat bringt sie keine Ernte (V 15a), und wo doch noch Oliven und Trauben geerntet und gekeltert werden, bringen sie kein Öl bzw. keinen Wein (V 15b). – Auch wenn man ein traditionelles Motiv wie den Nichtigkeitsfluch nicht pressen darf, setzt der Vers doch voraus, daß die reichen Bewohner von Jerusalem (V 9–12) Felder, Olivenhaine und Weinberge besitzen. Diese werden offenkundig durch Verwalter bestellt, während die Grundbesitzer in der Hauptstadt residieren (vgl. auch in Zef 1,12 f. die auf ihren Weinhefen sitzenden reichen Bewohner der Jerusalemer Altstadt).

V 16 Der Schlußvers der Einheit enthält, obwohl er inhaltlich gut verständlich ist, etliche Ungereimtheiten. Neben der Inkongruenz zwischen dem einleitenden Verb und den folgenden Nomina irritiert die zweimalige Anrede in 2.m.pl. (V 16aβ.bβ), die sonst in der ganzen Einheit nicht vorkommt und die auch hier unvermittelt neben der singularischen Anrede in V 16bα steht. Diese wiederum steht im Parallelismus zu einem Nomen mit Suffix in 3. ps. fem. (»dich … und ihre Bewohner«). Offenbar nimmt der Autor »ihre Bewohner« aus V 12 und die singularische Anrede aus V 13–15, stört sich aber nicht daran, daneben die sachlich ja gerechtfertigte pluralische Anrede zu verwenden.

V 16a Es ist beliebt, den Vers als »deuteronomistisch« zu bezeichnen (so *H. W. Wolff* 171 f.). Doch ist dies allenfalls als Grobkategorie verwendbar. Denn während Mi 6,16 Omri und Ahab zum Paradigma für verurteilenswürdiges Verhalten nimmt, spielt im deuteronomistischen Geschichtswerk diese Rolle der Gründer des Nordreichs, Jerobeam I. Auch Omri und Ahab selbst werden an ihm gemessen: Sie gehen in den Sünden Jerobeams (1 Kön 16,26.31). Auch sprachlich weicht das deuteronomistische Geschichtswerk ab. Es spricht von »seinen Sünden« parallel »all seinem Weg«, während Mi 6,16 in singulärer Ausdrucksweise von den »Satzungen« parallel dem »ganzen Werk« redet (*E. Sellin* 345: »Der Deuteronomist braucht diesen Ausdruck nie, so geläufig ihm die Sünden Manasses und die Jerobeams sind«). Eine Tradition, die die Kritik an Omri festmachte, fehlt im deuteronomistischen Geschichtswerk ganz. Ahab als Paradigma der Kritik ist zunächst auf zwei mit ihm verschwägerte Könige des Südreichs beschränkt, die »auf dem Weg des Hauses Ahabs gehen« (2 Kön 8,18.27), was dann auch auf Manasse übertragen wird. Ihm wird vorgeworfen, eine Aschera wie Ahab gemacht zu haben (21,3), weshalb dem Jerusalem unter Manasse dasselbe Schicksal wie Samaria und dem Haus Ahabs angedroht wird (V 13). Es ist allenfalls dieser dünne Traditionsstrang des deuteronomistischen Geschichtswerks, an den Mi 6,16 anknüpft.

Offen bleibt, worin die »Satzungen Omris« und »alles Werk des Hauses Ahabs« und »ihre Pläne« bestehen. Sind es kultische Verfehlungen, auf die wohl die Stellen aus dem 2. Königebuch abzielen? Oder soll damit die soziale Gewalt zusammengefaßt werden, die Mi 6,10–12 kritisiert? Offenbar kommt es dem Autor gar nicht darauf an, dies klarzustellen. Sein Interesse liegt wohl auf den Namen, die für Samaria und das Nordreich schlechthin stehen. Denn Omri ist der Gründer Samarias (1 Kön 16,24), und dessen Sohn Ahab gilt ausweislich der zitierten Stellen im deuteronomistischen Geschichtswerk als derjenige, der die Politik der Omridendynastie geprägt hat, weshalb Jehu auch das »Haus Ahabs« und nicht das »Haus Omris« ausrottet (2 Kön 9,7–9; 10,10f.30). Mit dem Treiben dieser beiden exemplarischen Könige aus Samaria nun wird das Treiben des gegenwärtigen Jerusalem verglichen. Damit aber weiß der Leser der Michaschrift schon, daß dann Jerusalem dasselbe Schicksal wie Samaria droht, nämlich die endgültige Vernichtung (Mi 1,2–7).

Und tatsächlich geht die zweite Vershälfte zur Ankündigung dieser Vernichtung über und stellt damit die ganze Einheit in Parallele zu 3,12, das ebenfalls mit der Vernichtungsdrohung für Jerusalem endete. Die ungewöhnliche Einleitung in die Strafandrohung mit למען = »um zu, auf daß« ist dabei ironisch zu verstehen (wie in Hos 8,4). Denn natürlich verhält sich Jerusalem nicht bewußt so, »auf daß« JHWH es zerstöre, aber es führt diese Konsequenz unvermeidlich herauf. In der Ausdrucksweise, etwas »zum Entsetzen und zum Gezisch« zu machen, lehnt sich der Autor eng an eine Phrase an, wie sie ausschließlich in der Jeremiaüberlieferung vorkommt (Jer 19,8; 25,9.18; 29,18; 51,37; von daher dann auch noch in 2 Chr 29,8). Stilistisch geht die Strafandrohung so vor, daß sie nicht den Akt der Zerstörung ankündigt – dies war ja in V 13–15 schon geschehen –, sondern dessen Folge: das Entsetzen derer, die es sehen, und ihr spottendes Gezische oder Gepfeife (vgl. dazu Jer 19,8; Ez 27,36; Klgl 2,15f. u.ö.), das der Glossator treffend als »Schmähung meines Volkes« interpretiert. V 16b

Bedeutung

Auf der synchronen Ebene der Michaschrift ist mit 6,9–16 ein dramatischer Höhepunkt erreicht. Man steht wieder da, wo man bei 3,12 schon einmal stand, bei der Ankündigung der Zerstörung Jerusalems. Unterstrichen wird die Dringlichkeit dieser Drohung dadurch, daß Jerusalem deutlich mit Samaria parallelisiert und dadurch die Unumkehrbarkeit seines Schicksals angekündigt wird. Und verschärft ist die Drohung insofern, als auf 3,12 ja schon die Heilsperspektive der Kap. 4–5 gefolgt war. Nicht nur das Schicksal Jerusalems steht auf dem Spiel – wie in Kap. 1–3 –, sondern auch das der von JHWH selbst gesetzten heilvollen Zukunft. Damit ist strukturell in der prophetischen Literatur nur noch das Jesajabuch zu vergleichen, wo auf die Heilsvisionen des zweiten die erneut einsetzende Sozialkritik des dritten Jesaja folgt.

Der synchrone Aufbau der Prophetenschrift spiegelt dabei die Stimmungslage wieder, wie sie nach der Zerstörung Jerusalems durch die Babylonier entsteht. Zum einen gibt es gewaltige Hoffnungen für die Zukunft, wie sie teils wohl schon in der babylonischen Zeit entstehen (Mi 4,9–5,3), teils dann in der persischen Zeit sich an den wiederaufgebauten Tempel knüpfen (4,1–5). Daneben aber steht die Erfahrung, daß sich die sozialen Verhältnisse gegenüber der vorexilischen Königszeit eigentlich kaum ändern. Sie ruft erneute Sozialkritik hervor, ohne daß deshalb die Heilserwartungen hinfällig geworden wären; sie werden ebenso weiterüberliefert wie die alte Sozialkritik von Mi 1–3*. Ja man wird noch nicht einmal zwingend ein entwicklungsgeschichtliches Modell annehmen müssen (erst Heilserwartungen, dann nach deren Enttäuschung erneute Kritik), sondern kann beides durchaus in denselben Prophetengruppen der Perserzeit ansiedeln. Die, die sich nicht mit den bescheidenen Verhältnissen in der persischen Provinz Jehud abfinden, sondern ein umfassendes Heil erwarten, haben zugleich den scharfen Blick für die gegenwärtigen unheilvollen Zustände.

Micha 7,1–7: Klage über das Zerwürfnis aller Beziehungen

Literatur *Otto Eißfeldt,* Ein Psalm aus Nord-Israel. Micha 7,7–20, in: ders., Kleine Schriften IV, Tübingen,1968, 63–72. – *Craig A. Evans,* Mishnah and Messiah »In Context«: Some Comments on Jacob Neusner's Proposals: JBL 112, 1993, 267–289. – *Friedrich Fechter,* Die Familie in der Nachexilszeit. Untersuchungen zur Bedeutung der Verwandtschaft in ausgewählten Texten des Alten Testaments (BZAW 264), Berlin / New York 1998. – *Pierre Grelot,* Michée 7,6 dans les évangiles et dans la littérature rabbinique: Bib 67, 1986, 363–377. – *Hermann Gunkel,* Der Micha-Schluß. Zur Einführung in die literaturgeschichtliche Arbeit am Alten Testament: ZS 2, 1923, 145–178. – *Christoph Heil,* Die Rezeption von Micha 7,6 LXX in Q und Lukas: ZNW 88, 1997, 211–222. – *Julian Morgenstern,* The $\d{H}^{A}$SÎDÎM – Who Were They?: HUCA 38, 1967, 59–73. – *B. Stade,* Streiflichter auf die Entstehung der jetzigen Gestalt der alttestamentlichen Prophetenschriften. 5) Micha 7,7–20 ein Psalm: ZAW 23, 1903, 164–171. – *John T. Willis,* A Reapplied Prophetic Hope Oracle, in: Studies on Prophecy. A Collection of Twelve Papers (VT.S 26), Leiden 1974, 64–76.

Text

Übersetzung
1 *Wehe mir!*
Denn es ergeht mir wie beim Einsammeln von Sommerobst,
wie bei der Nachlese zur Traubenernte:
keine Weintraube zu essen,
keine Frühfeige, die mein Verlangen begehrt!
2 *Verschwunden ist der Gütige aus dem Land,*
und einen Rechtschaffenen gibt es nicht unter den Menschen.
Sie alle lauern auf Bluttaten,
einer stellt dem andern mit dem Netz nach.
3 *Aufs Böse sind die Hände gerichtet, es gut zu tun.*
Der Beamte – er fordert,
und der Richter – um Bezahlung,
und der Große – nach der Begierde seines Verlangens redet der.
Und sie verdrehen es:
4 *Ihre Güte ist wie Dorngebüsch,*
›ihre Rechtschaffenheit‹ eine Dornhecke.
Der Tag deiner Späher, deine Heimsuchung ist gekommen,
jetzt geschieht ihre Verwirrung.
5 *Glaubt nicht dem Nächsten,*
vertraut nicht dem Freund!
Vor der, die an deiner Brust liegt,
hüte die Pforten deines Mundes!
6 *Denn der Sohn verachtet den Vater,*

die Tochter steht auf gegen ihre Mutter,
die Schwiegertochter gegen ihre Schwiegermutter,
zu Feinden des Mannes werden seine Hausssklaven.
7 *Ich aber will spähen auf JHWH,*
warten auf den Gott meines Heils.
Es wird mich hören mein Gott.

Zu Text und Übersetzung

1a Versteht man das היה כ als »sein wie« (»ihr werdet sein wie Gott«, Gen 3,5), dann paßt die Fortsetzung nicht, die dann das Partizip eines Tätigkeitswortes verlangen würde (»ich bin wie ein Einsammelnder«, so die Septuaginta). Es stehen aber zwei Nomina, die nicht den Erntenden, sondern den Erntevorgang bezeichnen. Liegt kein Überlieferungsfehler vor, dann muß man das היה כ im Sinn von »es ergeht mir wie« verstehen (so z. B. Ijob 27,7 »es sei wie der Frevler mein Feind« heißt im Deutschen »wie dem Frevler ergehe es meinem Feind«; vgl. Jes 1,9; 17,3; 28,4). Allerdings muß dann vor den Erntevorgängen stillschweigend ein »bei« ergänzt werden.

3aα Die grammatische Konstruktion des hebräischen Textes läßt sich am besten als Nominalsatz auffassen, bei dessen Eindeutschung dann ein Verb ergänzt werden muß. Einen glatteren Text haben die alten Versionen (vgl. BHS). Der Sinn ist jedenfalls deutlich: Es geht um die Pervertierung von Gut und Böse.

3b Das letzte Wort des Verses ist das Hapaxlegomenon ויעבתוה. Es stellt vor zwei Probleme: a) Was bedeutet das Verb, »zusammendrehen, zusammenspinnen« (KBL) oder »verdrehen« (Gesenius[17])? b) Und worauf bezieht sich das Suffix? – Die hier vorgeschlagene Auffassung, das Suffix auf das folgende zu beziehen, geht davon aus, das in V 4a zwei »Verdrehungen« beschrieben werden (wie auch schon in V 3aα).

4a Das מן (»von … weg«) vor מסוכה = »Dornhecke« ist so unverständlich und die Parallele von טובם = »ihre Güte« und ישרם = »ihre Rechtschaffenheit« so naheliegend, das man wohl von einer falschen Abtrennung (und ihr folgenden Punktierung) bei ישרממסוכה ausgehen muß. – Einen anderen Erklägungsversuch bieten Waltke / O'Connor 14.4d und 14.5e. Sie beziehen V 4aα auf eine Person (»the *best* of them is like a briar«) und können dann in V 4aβ den masoretischen Text beibehalten, wozu sie freilich stillschweigend ein Adjektiv ergänzen müssen: »the most upright person (is *worse*) than a thorn hedge«.

Analyse

Der Text ist in vier Sinnabschnitte gegliedert. 1.) V 1–4a beginnt mit einem Klageruf. Darauf wird zunächst in einer Erntemetapher und in 1.ps. (V 1), dann in unmetaphorischer Beschreibung in 3.ps. (V 2 f.) und dann abschließend in Verbindung von unmetaphorischer und metaphorischer Rede (V 4a) der beklagenswerte Zustand im Land geschildert. Gegenstand der Schilderung ist der Bereich, den wir heute als Öffentlichkeit bezeichnen würden. 2.) V 4b unterbricht abrupt die Schilderung. Formal findet ein Wechsel zur Anrede in der 2.ps.m.sg. statt (allerdings nur in V 4bα, V 4bβ geht sogleich wieder in die aus V 2–4a bekannte Darstellung in 3.ps.pl. über), inhaltlich wird das Bild dynamisiert, indem eine zeitliche Dimension hineingebracht wird (»der Tag … ist gekommen«, »jetzt«). 3.) Nach dem Einschnitt in V 4b werden in V 5 f. die Folgen der als gekommen dargestellten Heimsuchung beschrieben. Dies geschieht in V 5 in einer Mahnung, worauf V 6 als Begründung (mit einleitendem כי = »denn«) folgt. Diese Verse beziehen sich nicht mehr wie V 1–4a auf den Bereich der Öffentlichkeit, sondern auf den des Hauses. 4.) Dennoch endet der Text nicht in Hoffnungslosigkeit. Zwar sind die Bereiche von Öffentlichkeit und Haus völlig zerrüttet. Aber alle Hoffnung stützt sich jetzt (V 7) auf das Ich des Sprechers und auf seinen Gott. Scharf wird dieses Ich betont (durch das adversative ואני = »ich aber« sowie zwei Verbformen und vier Suffixe in der 1.ps.), deutlich auch das Objekt seiner Hoffnung dreifach hervorgehoben und in der Wendung »mein Gott« an den Schluß des Textes gestellt.

Voraussetzung dieser Beschreibung ist die Abgrenzung der Einheit als V 1–7 umfassend. Häufig wird dagegen V 7 bereits zur folgenden Einheit genommen (so etwa *B. Stade*, Streiflichter 1903; *H. Gunkel*, Micha-Schluß 1923, 152–154; *O. Eißfeldt*, Psalm 1968; *Th. Lescow*, Micha 6–7 1972, 196–201; *J. T. Willis*, Hope Oracle 1974). Dafür spräche, daß der Vers bereits die hoffnungsvolle Perspektive einnimmt, die dann in V 8–20 dominiert, und daß auch in den folgenden Versen 8–10 ein Ich in 1.ps. spricht. Dennoch ist die Abtrennung nach V 6 nicht haltbar (vgl. dazu *E. Sellin* 346 f.; *I. Willi-Plein*, Vorformen 1971, 106; *L. C. Allen* 383–390; *H. W. Wolff* 176 f.; *G. Metzner*, Kompositionsgeschichte 1998, 87). 1.) ואני = »ich aber« ist kein Textanfang (das sieht auch *H. Gunkel*, Micha-Schluß 1923, 154, 1, der folglich das Waw einem Redaktor zuschreibt), sondern ein geprägtes Element der Psalmensprache, das eine Wende anzeigt. Auch das vergleichbare »ich aber hingegen« in Mi 3, 8 steht nicht am Anfang, sondern am Ende eines Textabschnittes. 2.) Das Ich von V 7 bildet eine Inklusion mit dem Ich von V 1. 3.) Das eher untypische צפה pi = »spähen« in V 7 ist von der gleichen Wurzel in V 4b nicht zu trennen.

Wie ist nun die Gestalt der so abzugrenzenden Einheit zu deuten? 1.) Auszugehen ist von V 4b als dem Scharnier des Textes. Vor diesem Halbvers wird der Verfall in der Öffentlichkeit geschildert, seine Folge ist die in V 4b als eingetreten angesagte Heimsuchung und Verwirrung, und diese führt zur Entsolidarisierung auch im intimen Bereich von Freundschaft und Familie. Die Zerrüttung in der Öffentlichkeit und die im Privatbereich liegen also nicht auf einer Ebene. Sondern die Zerrüttung im öffentlichen Bereich ist der Grund, weshalb die Heimsuchung kommt, und ihre Folge ist die alles noch hoffnungsloser machende Zerrüttung auch im intimen Bereich des Hauses, der doch am ehesten auch bei gesellschaftlichen Mißständen noch ein Bereich des Solidarität und Ordnung hätte sein sollen. 2.) Das »jetzt« von V 4b ist strukturell dem mehrfachen »jetzt« in 4, 9 – 5, 3 durchaus verwandt insofern, als eine längst angesagte Katastrophe »jetzt« eintritt. Inhaltlich freilich unterscheidet sich 7, 1–7 von 4, 9 – 5, 3. Dort ist nämlich das »jetzt« zugleich der Zeitpunkt der Wende zum Guten. Hier dagegen ist das

»jetzt« nicht nur der Zeitpunkt der Katastrophe, sondern in ihrer Folge kommt es vollends zur Auflösung der Basis individuellen wie gesellschaftlichen Lebens, indem die nachbarschaftlichen und familiären Bindungen zerstört werden. 3.) Anders als in 4,9–5,3 besteht die Hoffnung nicht darin, daß die Gemeinschaft in einem kollektiven Akt gerettet wird (Errettung in Babel, 4,9f.; Zerschlagung der Feinde, 4,11–13; neuer Herrscher für Israel, 4,14–5,3). Vielmehr ruht hier alle Hoffnung auf dem einzelnen, der auf Gott vertraut (7,7).

Voraussetzung dieser Deutung ist, daß das Ich von 7,1–7 individuell und nicht kollektiv aufzufassen ist (also nicht als »Klage Sions über die Verderbtheit ihrer Kinder«, so *J. Wellhausen* 148). Zwar spricht in den direkt anschließenden Versen 8–10 eindeutig ein kollektives Ich, doch ist dies aus drei Gründen für V 1–7 auszuschließen. 1.) Schon Mi 1–3* ist durchgängig so stilisiert, daß das Ich des Propheten spricht. Besonders nahe liegt der Vergleich von 7,7 mit 3,8. 2.) Versteht man 7,1–4a als kollektive Klage Zions, dann muß man in V 5f. einen Sprecherwechsel annehmen, weil jetzt einzelne angeredet werden. Versteht man alles als individuelle Prophetenrede, entfällt die Notwendigkeit zur Annahme eines Sprecherwechsels. 3.) Das Bild des prüfenden und suchenden Propheten (V 1) ist in der prophetischen Literatur auch sonst geläufig (vgl. Jer 5,1–6; 6,9.27–30; Zef 1,12). Viel schwieriger dagegen ist die Vorstellung eines Kollektivs, das bei sich selbst nachsucht.

Die Nähe zur Jeremia-Überlieferung

Mi 7,1–7 hat Anklänge an Formulierungen, die sich auch bei Jeremia finden (*H.-J. Cha*, Micha 1996, 108–124, der Mi 7,1–7 für michanisch hält, vermutet, daß Jeremia den Text gekannt habe). 1.) Die Metaphorisierung des Prüfvorgangs im Erntebild (7,1) findet sich auch in Jer 6,9. Hier wird auch die Wurzel עלל für »Nachlese« verwendet. 2.) Die negativen Mahnungen in Mi 7,5f. erinnern motivlich und sprachlich an Jer 9,3. 3.) Die Rede von dem (politisch und gesellschaftlich) »Großen« (Mi 7,3) läßt an Jer 5,5.27 denken, doch ist dieser Bezug wenig spezifisch. – Die Anklänge an die Jeremia-Überlieferung lassen sich wohl so erklären, daß der Verfasser von Mi 7,1–7 die Jeremia-Überlieferung kennt, was nach allem bisherigen auch wenig verwunderlich ist. Wenn die »Späher« in V 4b tatsächlich die das Unheil ankündigenden Propheten sind, dann ist nach Auffassung des Textes Jeremia einer von ihnen.

Auslegung

V 1 Nach der Interjektion »wehe mir!«, die in dieser Form nur noch in Ijob 10,15 begegnet, wird im Erntebild geschildert, wie der Prophet vergeblich nach etwas »Brauchbarem« sucht. Der Text ist chiastisch aufgebaut, indem in V 1a erst vom Sommerobst und dann von der Weinlese die Rede ist, während in V 1b umgekehrt erst die Weintraube und dann die Frühfeige erwähnt werden. Wegen des (chiastischen) Parallelismus ist die »Nachlese« in V 1aβ nicht als ein Vorgang aufzufassen, der der eigentlichen Ernte (V 1aα) nachgeordnet wäre (wie in Ri 8,2). »Nachlese« impliziert hier also nicht den Gedanken eines Rests, bei dem nach erfolgter Ernte noch einmal etwas gesucht würde (vgl. dazu Ri 20,45; Jes 17,6; Jer 6,9; Obd 5). Sondern beide Bilder, Ernte und Nachlese, meinen dasselbe, eben das Suchen nach etwas Brauchbarem.

Wie dringlich diese Suche ist, unterstreicht – immer noch im Bild – die Ausdrucksweise von V 1b. Es geht um etwas »zu essen«, um die Frucht, »die meine נפש begehrt«. נפש erscheint hier in seiner Grundbedeutung als »Schlund, Rachen, Kehle« (Jes 5,14; 58,10; Jona 2,6 u.ö.). Dieses Organ des Sich-Einverleibens steht hier für das »Verlangen« schlechthin (und da in V 3 נפש nur so wiedergegeben werden kann, wird dieses Wort in der Übersetzung auch für V 1 gewählt) (zu weiteren Ausdifferenzierungen, deren wichtigste »Seele, Leben, Person« sind, vgl. *Hans Walter Wolff*, Anthropologie des Alten Testaments, München 1973, 25–48). Wie der Parallelismus von »essen« und »begehren der נפש« zeigt, geht es bei diesem Begehren nicht um ein Luxusbedürfnis, sondern um den Wunsch des Hungernden zu überleben. Das heißt, vom Bild in die gesellschaftliche Realität übertragen, es geht beim Suchen des Propheten um eine Frage von Leben und Tod.

Die Metapher von Weintraube und Frühfeige wird nun dahin aufgelöst, V 2a
daß der חסיד = »Gütige« und der ישר = »Rechtschaffene« nicht zu finden sind. Beide Vokabeln stehen im Singular, weshalb beim חסיד äußerste Zurückhaltung zu üben ist, ihn mit der Gruppe der späteren Asidäer (vgl. 1 Makk 2,42; 7,13; 2 Makk 14,6) in Verbindung zu bringen (zur Gruppe der Chassidim vgl. *J. Morgenstern, ḤASÎDÎM* 1967). חסיד wäre der, der חסד = »Güte« tut, womit auf 6,8 zurückgewiesen wird. Der Gegensatz des »Gütigen« wäre der רשע (diese Opposition findet sich ausdrücklich in 1 Sam 2,9), und wie beim »Frevler« (dazu o. zu 6,10f.) ist auch beim »Gütigen« die religiöse Konnotation allenfalls abgeleitet mitzuhören (der חסיד auch als der »Fromme« im engeren religiösen Sinn). Daß die religiöse hinter die gesellschaftliche Dimension zurücktritt, zeigt das Parallelwort ישר. Hier geht es um den, der das »Gerade«, das »Rechte« tut. Das Wort verweist auf den alten Michatext, wo Michas Gegner sich in 2,7 als solche verstehen, die »rechtschaffen wandeln«, während er der Jerusalemer Führung umgekehrt vorwirft, sie »verdrehe das Gerade« (3,9).

Das, was in Mi 1–3* in Auseinandersetzung mit den wirtschaftlich und politisch Potenten der Gesellschaft formuliert wird, wird in 7,2 in gewisser Weise totalisiert. Nicht nur die Mächtigen verhalten sich nicht nach חסד = »Güte« und ישרה = »Rechtschaffenheit«, sondern »Gütiger« und »Rechtschaffener« sind vollends aus dem Land verschwunden, wobei die Parallele, daß es sie »unter den Menschen nicht gibt«, bei ארץ sogar an die Erde insgesamt denken lassen könnte. V 2b setzt diese Totalisierung fort, indem es von »ihnen allen« spricht. Wenn dann als erstes die »Bluttaten« genannt werden, ist dies wieder ein Bezug auf den alten Michatext. Und wieder wird das, was dort in 3,10 dem König (oder der Führung insgesamt) vorgeworfen wird, jetzt auf »alle« bezogen.

Und doch wird nach aller Totalisierung in V 2bβ deutlich, daß auch bei der allgemeinsten gesellschaftlichen Verderbnis immer noch zwischen Tätern und Opfern unterschieden werden muß. Denn wo einer dem andern nachstellt, ist zuletzt immer einer der erfolgreiche Jäger und der andere das erjagte Tier. Dabei ist die Jagdmetapher – konkret ist bei dem mit חרם bezeichneten »Netz« an das Fischernetz zu denken (vgl. Ez 26,5.14; 32,3; 47,10; Hab 1,15–17) – recht leicht durchsichtig für den Vorgang, Menschen, die in Überschuldung geraten sind (oder auch in sie getrieben werden), in Schuldsklaverei zu bringen (vgl. Jer 5,26; Ps 35,7f.; 109,11, Spr 6,1–5) (vgl. dazu *Rainer Kessler*, Das hebräische Schuldenwesen. Terminologie und Metaphorik: WuD NF 20, 1989, 181–195, bes. 185–195). Mi 7,2 schließt hier direkt an die ebenfalls in den Kontext des Schuldenwesens zu stellenden Vorwürfe in 6,10–12 an.

V 3 Die in V 2 zu beobachtende Spannung zwischen dem Vorwurf totaler Verderbnis und der gleichwohl zu treffenden Identifizierung bestimmter Täter wird auch in V 3 beibehalten. V 3aα zielt zunächst wieder aufs Allgemeine. Mit dem Gegensatz von »Böse« und »Gut« wird dabei erneut auf Mi 1–3* angespielt, wo ja das Stichwort רע geradezu das Leitwort ist (im Sinne des »Bösen«, das Menschen tun, in 2,1; 3,2.4) und wo die Pervertierung von Gut und Böse in 3,2 den Führern und Häuptern in Jerusalem angekreidet wird. Und wieder wird, was dort den Mächtigen gilt, hier auf alle bezogen.

Dann aber geht V 3aβ.γ.b noch über V 2bβ hinaus. Dort waren die Täter und Opfer nur indirekt zu erschließen. Jetzt aber werden die Täter der Reihe nach aufgezählt. Wie in 3,11 gehören sie zu den Mächtigen. Allerdings beschränkt sich 7,3 auf die, die im politischen Bereich Verantwortung haben. Es sind dies der שׂר, der »Beamte« oder allgemeiner der »Würdenträger«. Zu ihm kommt der »Richter«, der »um שׁלום (›Bezahlung‹)« tätig wird. Das Wort enthält die Wurzel שׁלם, die dann auch in Schalom eingeht. Wie im Deutschen, wo man davon spricht, das »ein Gläubiger be*fried*igt« werden muß (vgl. dazu 2 Kön 4,7; Ps 37,21), geht es hier darum, daß das Zahlungsverlangen des Richters »befriedigt« werden muß, bevor er tätig wird. Konkret ist also an Bestechung gedacht, denselben Vorgang, den 3,11 in die Worte faßt: »ihre Häupter richten um Bestechung«. Schließlich kommen zu Beamten und Richtern die »Großen« allgemein, denen selbstsüchtige Willkür in ihren Entscheidungen vorgeworfen wird. הוה ist nach Spr 10,3; 11,6 das begehrliche Verlangen, das für »Frevler« und »Treulose« typisch ist. Durch die Zusammenstellung mit der gierigen נפשׁ (»Verlangen«) wird die Hemmungslosigkeit des »Großen« in Mi 7,3 besonders herausgestrichen.

V 4a V 4a schließt den ersten Gedankenabschnitt ab, indem es einerseits die Stichworte »Güte« aus V 3a (»es gut zu tun«) und »Rechtschaffener / Rechtschaffenheit« aus V 2a aufnimmt und andrerseits mit den Bildern von Dorngebüsch und Dornhecke auf die landwirtschaftlichen Metaphern aus V 1 zurückgreift. Dabei behält das plurale Suffix »ihre Güte« (und ursprünglich wohl auch »ihre Rechtschaffenheit«) das Schwebende von V 1–4a insgesamt bei: Direkt bezieht es sich auf die zuletzt genannte Trias von Beamter, Richter und Großem, aber die Stichworte »Güte« und »Rechtschaffenheit / Rechtschaffener« weisen darauf hin, daß durchaus »sie alle« (V 2b) gemeint sind.

Nimmt man die zahlreichen Anspielungen in V 1–4a auf den alten Michatext in Mi 1–3* zusammen, dann ergibt sich folgendes Bild: Mi 7,1–4a greift die gegen die Starken und Mächtigen besonders in Mi 2 f. erhobenen Vorwürfe auf und generalisiert sie auf das Bild einer insgesamt verdorbenen Gesellschaft hin. Zugleich übersieht der Text nicht, daß auch da, wo potentiell alle zu Tätern werden können, es trotzdem immer auch Opfer gibt (die, die gefangen werden), und daß die, die die politische Macht in einer solchen Gesellschaft haben, eben aufgrund solcher Macht in der Regel immer schon auf der Seite der Täter stehen.

Das der Sache nach zwar dramatische, in der Art der Schilderung aber V 4b
ganz flächig gehaltene Bild der Gesellschaft wird mit V 4b urplötzlich in eine dynamische Perspektive gestellt (es ist dieser abrupte Wechsel, der *H. W. Wolff* 176 daran denken läßt, daß hier ein Zusatz vorliegt). Dabei hat der scharnierartige Vers eine doppelte Funktion. Zum einen zeigt die Bestandsaufnahme der gesellschaftlichen Verhältnisse dem prüfenden Propheten, daß »jetzt« ein längst angekündigter »Tag« »gekommen« ist, zum andern folgen aus dieser Einsicht die in V 5 f. anschließenden Warnungen und Mahnungen.

Dabei ist mit dem »Tag deiner Späher« wohl der Tag gemeint, den die früheren Propheten angekündigt haben (zu Propheten als »Spähern« siehe Jes 56,10; Jer 6,17; Ez 3,17; 33,2.6 f.; vgl. Jes 21,6; Hab 2,1). Er ist zugleich der Tag der »Heimsuchung«. Mit der Wurzel פקד, die sowohl die (obrigkeitliche) Untersuchung als auch die aus ihr folgende Bestrafung meint, nimmt der Text nun in der Tat ein zentrales Stichwort prophetischer Unheilsankündigung auf. Für das Verb ist dabei nur auf Jer 5,9.29; 6,15 u.ö.; Hos 1,4; 2,15; 4,9 u.ö.; Am 3,2.14; Zef 1,8 f.12 zu verweisen, für das hier verwendete Nomen auf Jes 10,3; Jer 8,12; 10,15; 23,12 u.ö.; Hos 9,7; Ez 9,1. Die Zustände, die jetzt im Land herrschen – so die Folgerung von Mi 7,1–4 –, sind das, was die Propheten schon längst als göttliche Heimsuchung angekündigt haben. »Was hier geschildert und beklagt wird, ist eingetretenes Gericht« (*F. Fechter*, Familie 1998, 297).

Zugleich werden sie als »ihre מבוכה« bezeichnet, die »jetzt geschieht«. Das Nomen kommt nur noch in Jes 22,5 vor und steht dort parallel zu »Zertretung / Verwüstung« und »Bestürzung / Panik«. Die seltene Verbalwurzel (nur Ex 14,3; Joel 1,18; Est 3,15) führt wie das Nomen auf das Verständnis, daß in dem Wort beides gemeint ist, das objektive Geschehen und die subjektive Reaktion darauf. Dies entspricht genau der Scharnierfunktion von

Mi 7,4b: Die Bevölkerung von Juda wird verwirrt von dem, was über sie kommt (V 1–4a), aber sie ist zugleich selbst verwirrt und hat dem Verfall nichts mehr entgegenzusetzen (V 5 f.).

V 5 f. Mit der nun folgenden Schilderung von Verhältnissen, in denen selbst die intimsten Beziehungen zerbrechen und nur noch mit Mißtrauen zu betrachten sind, geht Mi 7,1–7 – bei aller Aufnahme von Elementen der Kritik aus Mi 1–3* – nun doch in eine ganz andere Richtung als der alte Text. Zwar wußte jener auch von einer Zerstörung von Familienstrukturen zu sprechen (2,2.8–10). Aber sie wurde von den reichen Grundbesitzern den verarmenden Kleinbauern aufgezwungen. Jetzt dagegen geht es um den inneren Verfall der alten Solidargemeinschaften, die nicht mehr in der Lage sind, den gesellschaftlichen Druck aufzufangen.

Bei gesellschaftlichen Verfallsprozessen ist es oft schwer auseinanderzuhalten, was Ursache und was Wirkung ist. Deshalb gibt die Aussage von *F. Fechter*, Familie 1998, 302 nur eine Seite des Prozesses wieder: »Der gesellschaftliche Verfall ist Folge der zerstörten Familienstrukturen.« Denn auch das Umgekehrte ist richtig: »Indem die starke soziale Schichtenbildung der Gesellschaft voranschritt, tat sich ein ungeheures Potential an zerstörerischen Kräften auf, die am innersten tragenden Kern der Gesellschaft nagten« (305).

V 5 V 5 umschreibt den Bereich, in dem eigentlich Solidarität zu erwarten wäre, indem er dessen äußere und innere Grenze markiert: Es ist der Bereich, der von der Nachbarschaft bis zum ehelichen Lager reicht. Bei der Nachbarschaft wird dabei zunächst der genannt, der aufgrund seiner Wohnung der »Nächste« ist (רֵעַ), dann aber auch der, der in besonderer Weise »Freund« oder »Vertrauter« ist (אַלּוּף). Beiden ist nicht mehr zu glauben und zu vertrauen. Das Mißtrauen zerfrißt aber nicht nur die nachbarschaftlichen und Freundesbeziehungen, sondern reicht bis in den intimsten Bereich. Wohl deshalb ist bei der Anrede in V 5b auch der Singular gewählt: Es geht nicht mehr um die Mehrzahl der Nachbarn und Freunde, sondern um die eine Frau, mit der einer sein Leben teilt. Um die Intimität zu unterstreichen, wird sie als »die, die an deiner Brust liegt«, bezeichnet.

V 6 Der begründende Nachsatz umschreibt dann an vier Zerwürfnis-Paaren exakt und komplett den Bereich des »Hauses«, wie er den Bereich zwischen der Nachbarschaft nach außen und der Intimität der ehelichen Beziehung im innern ausfüllt. Es ist dies die Beziehung zwischen Sohn und Vater, wobei der Jüngere den Älteren »verachtet« oder »für nichtig hält«, dann die Beziehung zwischen Tochter und Mutter mit der Auflehnung der Tochter, beides also die Beziehungen zwischen den Eltern und ihren Kindern. Aber auch die Verschwägerten gehören zum Haus, und zwar die Frauen der verheirateten Söhne; ein Konflikt zwischen Schwiegersohn und Schwiegervater wird dagegen nicht erwähnt, weil die Töchter nach auswärts heiraten und deren Männer also nicht zum Haus des angeredeten Familienvaters gehören. Zu ihm aber gehören die »Männer des Hauses«. Gewöhnlich wird dies mit »Hausgenossen« eingedeutscht. Doch suggeriert dies eine Art von Gleichheit, während die אנשי בית nach Gen 17,23.27; 39,11.14 eindeutig die Sklaven des Hauses meinen (so schon richtig *K. Marti* 297f.; jetzt auch *F. Fechter,* Familie 1998, 299). Sie werden zu den »Feinden des Mannes«, des Hausherrn.

Daß die Beziehungen in der Nachbarschaft, in einem Haus und sogar zwischen Lebenspartnern zerbrechen können, ist in Israel keine neue und keine singuläre Erfahrung. Erschütternd wird sie mit den Augen Hiobs in Ijob 19,13–19 geschildert. Immer wieder weisen Psalmen darauf hin (vgl. Ps 38,12; 41,10; 69,9). Das Besondere an Mi 7,5f. aber ist, daß es hier nicht mehr nur um je individuelle Erfahrungen geht, sondern um ein die gesamte Gesellschaft beherrschendes Phänomen (deshalb stellt *F. Fechter,* Familie 1998, 287 seine Behandlung von Mi 7,1–7 unter die Überschrift »Auflösungstendenzen«). Nicht mehr persönliches Unglück führt zum Verfall der Beziehungen im Haus, wie bei Hiob und in den Psalmen, sondern die Not der Gesellschaft zieht eine allgemeine Entsolidarisierung nach sich.

Dieser Gedanke allgemeiner gesellschaftlicher Entsolidarisierung ist dann auch für die auffällig breite Wirkungsgeschichte von Mi 7,6 bestimmend geworden. So finden sich fast zitatartige Anspielungen im Neuen Testament in Mt 10,35f. und Lk 12,53, wobei die Umkehrung der natürlichen Verhältnisse in der Familie als Folge des Kommens Jesu gedeutet wird. Auch das frühe Judentum nimmt gerne Mi 7,6 auf (vgl. zur Wirkungsgeschichte *P. Grelot,* Michée 7,6 1986; *C. A. Evans,* Mishna 1993, bes. 282–289 und *Ch. Heil,* Rezeption 1997).

Wo sich die Gesellschaft als ganze entsolidarisiert, kann die Hoffnung sich nur noch auf den einzelnen und seinen Gott richten. Dies wird in einem Satz ausgedrückt, der eine einzige Collage von Psalmenaussagen darstellt, u.zw. sowohl in der Struktur wie im Wortlaut. Das adversative ואני = »ich aber« markiert in den individuellen Klagepsalmen die Wende von der Notschilderung zu einer Vertrauensaussage oder zum Bekenntnis der Rettung (Ps 5,8; 13,6; 26,11; 31,15; 71,14 u.ö.). Dieselbe Funktion hat es hier. Und dann wird Wort für Wort Psalmensprache verwendet: »ich will spähen« (Ps 5,4); »ich will warten« (Ps 38,16; 42,6.12; 43,5; 130,5; dazu dieselbe Wurzel im Qal in Ps 69,4; 71,14); der »Gott meiner Hilfe« (Ps 18,47; 25,5; 27,9; vgl. 24,5 u.ö.); das Hören Gottes (שמע Ps 4,2.4; 5,4 u.ö.); und schließlich die Prädikation als »mein Gott« (Ps 3,8; 5,3; 7,2 u.ö.). Und alle Aussagen haben ihren festen Sitz in individuellen Psalmen. V 7

Diese Nähe zu den Psalmen des Einzelnen ist für die Deutung von Mi 7,7 grundlegend. Der Sprecher von Mi 7,7 wird wie der Beter eines Individualpsalms dargestellt. Aber anders als in den Psalmen hofft er nicht auf die Wende seiner persönlichen Not, sondern auf die der gesellschaftlichen »Verwirrung«. Das weist ihn als prophetische Mittlergestalt aus. Darauf führt auch der erste Ausdruck: »Ich aber will spähen auf JHWH«. Denn diese Aussage kommt zwar in den Psalmen vor (5,4), aber anders als alle anderen nur einmal. Und sie ist zugleich nicht von Mi 7,4b zu trennen, wo die früheren Propheten als »Späher« bezeichnet werden. Der, der in Mi 7,7 auf die Wende zum Heil hofft, ist also nicht irgendein Frommer, sondern nach Meinung des Textes der Prophet.

Damit wird dann auch dem Mißverständnis gewehrt, die Engführung der Hoffnung auf den einzelnen und seinen Gott impliziere, daß die Hoffnung für die Gesellschaft als ganze völlig aufgegeben werde und nur noch eine Hoffnung auf Rettung des einzelnen bestehe. Weil es der Prophet ist, der auf JHWH späht, wartet er nicht auf seine Erlösung aus der »Verwirrung« Israels, sondern auf die Erlösung Israels aus seiner Verwirrung. Wenn der folgende Text in V 8–10 mit der Ich-Rede fortfährt, diese dann aber eindeutig kollektiv gemeint ist, dann ist dieser Übergang also dennoch nicht unsachgemäß. Denn schon das individuelle Ich von V 7 hofft doch für ganz Israel.

Bedeutung

Beschreibt man den Michatext in musikalischer Metaphorik, dann legen sich für 7,1–7 zwei Analogien nahe. Zum einen handelt es sich um ein Ritardando; noch einmal wird in langsamem Tempo das völlige Zerwürfnis aller Beziehungen vorgeführt, bevor es im anschließenden Schlußchor zur Auflösung kommt. Zum andern tritt jetzt deutlicher als je zuvor ein Solist in den Vordergrund, bevor sich dessen Stimme in das »wir« des Schlußchores einfügt, das ab V 17 zu hören ist.

Micha 7,8–20: Sündenbekenntnis und Sündenvergebung

Literatur

Michael L. Barré, A Cuneiform Parallel to Ps 86:16–17 and Mic 7:16–17: JBL 101, 1982, 271–275. – *P. J. Calderone, S.J.*, The Rivers of »Maṣor«: Bib 42, 1961, 423–432. – *J. Dus*, Weiteres zum nordisraelitischen Psalm Micha 7:7–20: ZDMG 115, 1965, 14–22. – *Otto Eißfeldt*, Ein Psalm aus Nord-Israel. Micha 7,7–20, in: ders., Kleine Schriften IV, Tübingen 1968, 63–72. – *Martin Gerlach*, Die prophetischen Liturgien des Alten Testaments, Bonn 1967, 47–51. – *R. P. Gordon*, Micah VII 19 and Akkadian *kabāsu*: VT 28, 1978, 355. – *Hermann Gunkel*, Der Micha-Schluß. Zur Einführung in die literaturgeschichtliche Arbeit am Alten Testament: ZS 2, 1923, 145–178. – *Edmond Jacob*, Prophètes et Intercesseurs, in: M. Carrez u.a. (Hg.), De la

Tôrah au Messie, FS H. Cazelles, Paris 1981, 205–217. – *John W. Olley*, »Righteousness« – Some Issues in Old Testament Translation into English: BiTr 38, 1987, 307–315. – *Bo Reicke*, Liturgical Traditions in Mic. 7: HThR 60, 1967, 349–367. – *B. Stade*, Streiflichter auf die Entstehung der jetzigen Gestalt der alttestamentlichen Prophetenschriften. 5) Micha 7,7–20 ein Psalm: ZAW 23, 1903, 164–171. – *John T. Willis*, A Reapplied Prophetic Hope Oracle, in: Studies on Prophecy. A Collection of Twelve Papers (VT.S 26), Leiden 1974, 64–76.

Text

Übersetzung

8 *Freue dich nicht, meine Feindin, über mich!*
War ich auch gefallen, so bin ich aufgestanden,
wohne ich auch in der Finsternis –
so ist JHWH Licht für mich.
9 *Den Zorn JHWHs trage ich*
– denn ich habe gegen ihn gesündigt –,
bis daß er meinen Streit führt
und mir mein Recht schafft,
mich herausführt zum Licht,
ich mich weide an seiner Heilstat.
10 *Da wird es meine Feindin sehen,*
und Schande wird sie bedecken,
die zu mir sagt:
»Wo ist JHWH, dein Gott?«
Meine Augen werden sich an ihr weiden.
Jetzt wird sie zertreten
wie Straßendreck.
11 *Der Tag, deine Mauern zu bauen,*
dieser Tag, da die Grenze weit sein wird,
12 *der Tag ist dies, da kommt man zu dir*
von Assur und den Festungsstädten,
und von der Festung bis zum Strom
und dem Meer im Westen und von Gebirge zu Gebirge.
13 *Und die Erde wird zur Ödnis wegen ihrer Bewohner,*
wegen der Frucht ihrer Taten.
14 *Weide dein Volk mit deinem Stab,*
die Herde deines Eigentums,
die für sich wohnt
im Wald mitten im Fruchtgarten.
Weiden sollen sie in Baschan und Gilead
wie in den Tagen der Urzeit,
15 *wie in den Tagen, da du herausgegangen bist aus dem Land Ägypten:*
»Ich will ihn Wunder sehen lassen!«

16 *Die Völker sollen es sehen und zuschanden werden*
in all ihrer Kraft,
sie sollen die Hand auf den Mund legen,
ihre Ohren sollen taub werden.
17 *Sie sollen Staub lecken wie die Schlange,*
wie die, die auf der Erde kriechen,
sollen bebend hervorkommen aus ihren Burgen,
JHWH, unserem Gott, zitternd entgegentreten
und sich fürchten vor dir.
18 *Wer ist ein Gott wie du,*
der Schuld vergibt
und an der Verfehlung vorübergeht
für den Rest seines Eigentums?
Er hält nicht für immer an seinem Zorn fest,
denn Wohlgefallen an Güte hat er.
19 *Er wird sich unser wieder erbarmen,*
wird unsere Verschuldigungen niedertreten,
und du wirst in die Tiefen des Meeres werfen
all ihre Sünden.
20 *Du wirst Jakob Treue erweisen,*
Abraham Güte,
wie du unsern Vätern geschworen hast
seit den Tagen der Vorzeit.

Zu Text und Übersetzung

12 Vergleicht man die hier gegebene Übersetzung mit der eines neueren Kommentars, wird man fragen, ob es sich um denselben Text handelt. Dies liegt daran, daß M in der Regel für unzuverlässig gehalten und frei konjiziert oder nach den alten Übersetzungen korrigiert wird. Die hier vorgelegte, eng an M angelehnte Übersetzung, begründet sich wie folgt. Daß מצור kaum als Nebenform zu מצרים = »Ägypten« aufgefaßt werden kann, belegen die antiken Übersetzungen, die diese moderne Auffassung an keiner Stelle teilen (dies unterstreicht zu Recht *P. J. Calderone,* »Maṣor« 1961, 423, auch wenn seine eigene Deutung, das Mem als enklitisches Mem zum voranstehenden Wort zu ziehen, ebenfalls wenig überzeugend ist). Zudem folgt sogleich in V 15 die übliche Form מצרים, so daß man fragen müßte, warum so dicht beieinander zwei verschiedene Namen für dasselbe Land verwendet werden. Vielmehr spricht V 12aβ sprachlich eindeutig von »Festungsstädten«. – Das zweite מָצוֹר in V 12bα wird gern im Anschluß an G als מִצּוֹר = »von Tyrus« gelesen. Doch ist die Septuaginta-Lesart für die Rekonstruktion eines »masoretischen Urtextes« wenig wert, da der G-Text insgesamt völlig von M abweicht und von Aquila, Theodotion und der Vulgata auch im Anschluß an M korrigiert wird. – Da מים eindeutig »im Westen« heißt (Gen 12,8; Jos 8,9.12 f. u. ö.), muß ים מים das »Meer im Westen«, also das Mittelmeer sein (die Formel מים עד־ים = »von Meer zu Meer«, vgl. Am 8,12; Sach 9,10; Ps 72,8, die manche Ausleger hier finden, steht nun einmal nicht da). – Da ההר die Richtung angeben kann (vgl. Hagg 1,8; Neh 8,15), könnte die Schlußphrase »von Gebirge zu Gebirge« heißen.

Analyse

Der lange Text am Ende der Michaschrift läßt sich aufgrund formaler Kriterien leicht untergliedern. 1.) In V 8–10 spricht ein kollektives, feminines Ich (wegen des femininen Suffixes in V 10aγ), das seine »Feindin« anfangs direkt anredet (V 8), dann in 3.ps. über sie spricht (V 10) und im übrigen durchgängig von JHWH in 3.ps. redet. 2.) In V 11–13 wird dagegen ein Du angeredet, in V 11 zunächst feminin, in V 12 dann maskulin, das wohl mit dem Ich von V 8–10 identisch sein dürfte. 3.) Von V 14 an dominiert schließlich die Du-Anrede an Gott. Zwar wird in V 17bα JHWH in dritter Person genannt und ist er in V 18b.19a das Subjekt verschiedener Verben, aber schon V 17bβ bzw. V 19b gehen sofort wieder in die Gebetsanrede über. Die Betenden reden lange von sich in 3.ps., geben sich aber in V 17b erstmals und dann in V 19f. dominant durch die 1.pl. als ein Kollektivum zu erkennen. Die Gebetsform wird in V 14–20 insgesamt durchgehalten. Doch da das Thema der Völker nur bis V 17 verfolgt wird, während es in den Schlußversen ausschließlich um das Gottesverhältnis Israels geht und die Frage von V 18a »Wer ist ein Gott wie du …?« auch formal einen Einschnitt im Gebet darstellt, wird man nach V 14–17 4.) von einem eigenständigen Schlußteil V 18–20 sprechen können.

Wie hat man sich die Entstehung dieses Textes vorzustellen?

Selbständige Einheiten?

In der Literatur wird gelegentlich die Auffassung vertreten, hinter Mi 7,8–20 stünden ursprünglich selbständige kleinere Einheiten, so etwa bei *H. W. Wolff* 190–192, der solche Einheiten in V 8–10, V 14–17 und V 18–20 mit Zusätzen in V 11f.13 sieht. Nun lassen sich die genannten Abschnitte zwar deutlich voneinander abheben, wie die Gliederung gezeigt hat. Dennoch erhalten sie ihre Funktion erst im Rahmen ihres jetzigen Kontextes. Darauf weist besonders die Beobachtung, daß sich bestimmte Vorstellungen durch die verschiedenen Unterabschnitte durchziehen. So reden vom Zorn Gottes und von Israels Sünde sowohl der Anfang (7,9) als auch der Schluß (7,18f.). Ebenfalls in diesen beiden Teilen stehen die einander entsprechende spöttische Frage der »Feindin«: »Wo ist JHWH, dein Gott?« (7,10) und der Ausruf der Gemeinde: »Wer ist ein Gott wie du …« (7,18). Eine auffällige Verbindung ist auch die Rede von der »Vorzeit« in 7,14 und 7,20.

Selbständiger Psalm?

Da der Text von Mi 7,8–20 insgesamt eine Fülle von Anklängen an die Sprache der Psalmen hat (sie werden, wenn auch in durchaus unterschiedlicher Signifikanz, von *B. Stade*, Streiflichter 1903 und *H. Gunkel*, Micha-Schluß 1923 minutiös aufgeführt), und da auch in Psalmen solche ohne jegliche Einleitungsformeln markierte Sprecher- und Perspektivwechsel vorkommen, wie sie für den Micha-Schluß kennzeichnend sind, hat man die Gattung des Textes des öfteren als Psalm definiert (so *B. Stade*, Streiflichter 1903, 164–171; *J. Dus*, Psalm 1965; *O. Eißfeldt*, Psalm 1968). Sofern damit die genannten sprachlichen und stilistischen Besonderheiten des Textes festgehalten werden sollen, ist gegen diese Bezeichnung nichts einzuwenden. Praktisch verbindet sich aber damit die Vorstellung, Mi 7,8–20 (bzw. V 7–20, wie die erwähnten Autoren den Text abgrenzen) sei ein ursprünglich selbständiger Text (bei *J. Dus*, Psalm 1965 und *O. Eißfeldt*, Psalm 1968 ein Text aus dem Nordreich), der sekundär an seine jetzige Stelle in der Michaschrift gestellt worden sei. Gegen die Auffassung einer ursprünglichen Selbständigkeit von Mi 7,8–20 erheben sich aber beträchtliche Bedenken, da der Text zahlreiche Bezüge zur gesamten Michaschrift enthält, wie gleich zu zeigen sein wird.

»Prophetische Liturgie«?

Diesen Bezügen auf das Ganze der Michaschrift trägt die Gattungsbestimmung »prophetische Liturgie« (so *H. Gunkel,* Micha-Schluß 1923, nachgefolgt u.a. von *E. Sellin* 248 und *D. R. Hillers* 89) eher Rechnung, insofern sie das prophetische Moment dieses Textes im Begriff festhält. Als nächstliegende Parallele ist besonders an Jes 33 zu denken. Allerdings kann auch diese Bezeichnung zu Mißverständnissen führen, wenn man nämlich unter Liturgie das Formular für eine tatsächliche gottesdienstliche Inszenierung des Textes verstehen würde (in Art eines Agendenformulars), wie sich das *H. Gunkel,* Micha-Schluß 1923, 176f. mit phantasievoller Ausmalung der Szenerie vorstellt. Weil ein solcher liturgischer Sitz im Leben für Mi 7,8–20 aber nicht anzunehmen ist, gehen die meisten Autoren davon aus, daß es sich beim Micha-Schluß nur um die literarische Nachahmung einer solchen Liturgie handelt (vgl. *B. Reicke,* Traditions 1967, 351; *M. Gerlach,* Liturgien 1967, 47–51; *A. Deissler* 168; *R. Oberforcher* 144).

Mi 7,8–20 als Abschluß der Michaschrift

Dieses Stück Literatur hat nun freilich nie für sich existiert, sondern ist von Anfang an für seinen jetzigen Kontext geschaffen worden (so jetzt auch *B. M. Zapff,* Studien 1997, 128–236). Auszugehen ist von der Beobachtung, daß Mi 7,8–20 zahlreiche Bezüge auf die voranstehende Michaschrift enthält. So verweist das Bekenntnis der eigenen Schuld (V 9.18–20) auf die Rede von Sünde und Verfehlung in 1,5.13; 3,8; 6,7.13. Zwischen 7,8–10 und 6,1–8 bestehen starke semantische Bezüge, zugleich weist die Zitateinführung mit Partizip und die Vorstellung des Sich-Weidens am anderen (7,10) auf 4,11 zurück. Die Erwartung der Exilsheimkehr (7,12) und das Bild JHWHs als Hirte (7,14) finden sich schon in 2,12 und 4,6f. Die »Tage der Vorzeit« (7,14.20) wurden auch schon in 5,1 erwähnt. Die Zusammenstellung des Rückblicks auf den Auszug »aus dem Land Ägypten« mit Ereignissen der beginnenden Landnahme findet sich vor 7,14f. bereits in 6,4f. Die Bewegung der Völker von ihrer eigenen Kraft zur Gottesfurcht (7,16f.) nimmt das Thema von Mi 4–5 auf, Assur (7,12) kommt schon in 5,4–5 vor. Das Thema des »Restes« in 7,18 ist von 2,12; 4,7; 5,6f. nicht zu trennen, die Betonung der Güte (חסד) in 7,18.20 weist auf 6,8 zurück. Und wahrscheinlich ist es keine Überinterpretation, wenn in der Formulierung der Frage »Wer ist ein Gott wie du?« (7,18) eine Anspielung auf den Namen des Propheten gesehen wird: »Wer ist wie Jahu bzw. wie Gott«.

Wichtiger noch als solche Einzelbezüge ist die Funktion, die der Michaschluß für das Ganze der Schrift hat. Der Text läßt deutlich die Situation der nachexilischen Zeit erkennen. Israel ist zwar nach dem Fall wieder aufgestanden (V 8), aber es lebt noch im Dunkel und trägt noch Gottes Zorn (V 8f.). Noch spottet die »Feindin« (V 10) und stehen die Völker in ihrer Kraft (V 16). Noch herrscht Enge (V 11), das Ostjordanland ist unerreichbar (V 14), und ein Teil des Volkes lebt in der Diaspora (V 12). Das meiste davon war auch in Mi 1,1–7,7 schon zu lesen oder zumindest stillschweigend vorausgesetzt. Was ist dann neu am Michaschluß? Es ist vor allem das Sündenbekenntnis gleich zu Anfang (7,9) und dann (eher indirekt) wieder am Schluß (V 18–20). Durch es werden die massiven Beschuldigungen in Mi 1–3 und 6,9–7,7 aufgenommen und als berechtigt anerkannt. Ein solches Schuldbekenntnis fehlte in 1,1–7,7 völlig. Ja in 6,1–8 geht es geradezu thematisch um einen unangemessenen Umgang mit der eigenen Schuld, und eben auf diesen Text nimmt 7,8–10 vielfach – und unter überraschend neuen Aspekten – Bezug. Zugleich wird das Völkermotiv aus Mi 4–5 wieder aufgenommen, und zwar in seiner doppelten Ausrichtung: Die Völker in ihrem Machtgebaren sind zum Scheitern verurteilt (7,10), aber sie haben die Möglichkeit, wenn ihre Macht gebrochen ist, zur Gottesfurcht zu gelangen (7,16 f.). Die Zukunftshoffnungen in Mi 4–5 haben für sich in der Michaschrift noch nicht das letzte Wort; ihnen schließen sich die Beschuldigung falschen Umgangs mit der eigenen Sünde (6,1–8) und erneute Vorwürfe (6,9–7,7) an. Erst jetzt, wo Israel seine Schuld bekennt, eröffnet sich die Möglichkeit, daß die Verheißungen von 2,12–13 und Mi 4–5 Wirklichkeit werden und Israel von seiner Schuld befreit wird (7,18–20).

Ist die zentrale Funktion des Schuldbekenntnisses in Mi 7,8–20 erkannt, dann erschließt sich auch, warum der Text im (kollektiven) Ich bzw. im Wir spricht und ab V 14 in Gebetsanrede übergeht: Schuldbekenntnisse können nur persönlich abgelegt werden, und ihr primärer Ort ist das Bekenntnis vor Gott (vgl. dazu *Rainer Kessler*, Das kollektive Schuldbekenntnis im Alten Testament: EvTh 56, 1996, 29–43). Zugleich gerät damit der Prophet, der nach der Fiktion von Mi 1,1 ja auch Sprecher dieses Textes ist, aus der Rolle des Überbringers göttlicher Botschaften an bestimmte Adressaten in die des Mittlers Gott gegenüber. Dies gehört durchaus genuin zum Bild der Propheten. Diese treten fürbittend für bestimmte Menschen vor die Gottheit, sei es bei individuellen Anliegen (vgl. Elia in 1 Kön 17,20 f. und Elisa in 2 Kön 4,33, dazu 2 Kön 5,11), sei es für das Volk insgesamt (vgl. Am 7,1–6 in den beiden ersten Visionen, Jer 11,14; 14,11.19–22 u. ö.) (zu den biblischen Propheten als Fürbitter vgl. *E. Jacob*, Prophètes 1981). Zwar ist in der Endgestalt der biblischen Prophetenbücher die Rolle des Propheten als Bote der Gottheit dominant – für Micha vergleiche man nur die Überschrift: »Das Wort JHWHs, das an Micha … erging …« (1,1). Aber wie der Michaschluß zeigt, geht darüber die andere Vorstellung, daß der Prophet Sprecher der Gemeinschaft oder für die Gemeinschaft ist, nicht völlig verloren. Und auch schon als Klagender ist der Micha, wie ihn die Endgestalt der Schrift zeichnet (vgl. 1,8–9 und 7,1–7), nicht Gottesbote, sondern spricht stellvertretend für die Gemeinschaft.

Mi 7,8–20 und die Schlußredaktion der Michaschrift

Durch seinen Charakter als prophetische Anrede an Gott gerät der Michaschluß in die Nähe der wenigen Texte in der Michaschrift, die durch Wir-Form und Gebetscharakter gekennzeichnet sind, nämlich 4,5; 5,4–5 und

5,8. Zu all diesen Texten war zu beobachten, daß sie die Gemeinschaft angesichts voranstehender Zukunftshoffnungen in die Gegenwart holen. Und dies tut auch der Michaschluß, indem er noch einmal das gegenwärtige Elend benennt und zugleich, zur Gewißheit gebracht durch das eigene Schuldbekenntnis, die Hoffnung auf die Wende in der Zukunft bekräftigt. Ist diese konzeptionelle Zusammengehörigkeit von Mi 7,8–20 mit 4,5; 5,4–5 und 5,8 erst einmal erkannt, fallen weitere Gemeinsamkeiten auf. a) 7,18 mit seiner Frage: »Wer ist ein Gott wie du?« hat ein ebenso nüchternes Verhältnis zum faktischen Polytheismus seiner Zeit wie 4,5, und die Wendung »JHWH, unser Gott« kommt in Micha nur in 4,5 und 7,17 vor. b) Assur wird nur in 5,4–5 und und 7,12 genannt. Dabei ist die Formulierung spiegelsymmetrisch, in 5,4–5 »Assur, wenn es in unser Land kommt« (אשור כי־יבוא בערצנו) und in 7,12 »man kommt zu dir von Assur« (ועדיך יבוא למני אשור). Der Vorstellung vom Weiden Assurs »an seinen Zugängen« in 5,5 entspricht in 7,11 der Gedanke der zukünftigen weiten Grenze. c) Der »Feindin« (איבת) von 7,8–10 entsprechen die in 5,8 genannten »Feinde« (איבים).

Konzeptionelle und sprachliche Übereinstimmungen zwischen 4,5; 5,4–5; 5,8 und dem Michaschluß in 7,8–20 zusammen mit der Tatsache, daß alle diese Texte untrennbar mit ihren jeweiligen Kontexten bzw. im Falle des Schlusses mit dem gesamten Michatext verbunden sind, legen die Folgerung nahe, daß es sich bei diesen Texten um eine zusammengehörige Redaktionsschicht handelt. Sie ist es, die aus der Schrift des Propheten die Schrift einer Gemeinschaft macht, die die Botschaft des Propheten ausdrücklich auf sich bezieht und sie für sich annimmt.

Auslegung

Die Verbformen und das Zeitgefüge des Abschnitts

V 8–10 Zum Verständnis des ersten Abschnitts des Michaschlusses, der Auseinandersetzung des Ich mit »meiner Feindin«, sind die im Text verwendeten Verbformen zu beachten. Denn der einleitende Jussiv wird mit zwei Sätzen begründet, deren erster im *qatal* und deren zweiter im *yiqtol* steht. Gesteht man den Verbformen des späteren biblischen Hebräisch einen zumindest relativen Zeitbezug zu (vgl. dazu *Rüdiger Bartelmus*, Einführung in das biblische Hebräisch, Zürich 1994, 201–207), dann kann man das auffällige Nebeneinander der beiden Formen nur so verstehen, daß Fall und Aufstehen bereits hinter dem redenden Ich liegen, während das Wohnen in der Finsternis noch andauert. Gleiches gilt für V 9aα *(yiqtol):* Das Ich trägt noch JHWHs Zorn, während das Sündigen (V 9aβ, *qatal*) bereits in der Vergangenheit geschehen ist. Mit V 9b geht der Text dann in die reine Zukunft, wie das einleitende »bis daß« eindeutig markiert, so daß auch das »jetzt« von

V 10bβ futurisch aufzufassen ist (wie das »jetzt« in 5,3, vgl. dazu o. S. 204f. 228). Ist diese Deutung der Verbformen richtig, dann spiegelt der Text genau die Situation des nachexilischen Juda wider. Das Fallen steht für die Zerstörung Jerusalems 587/586, das Aufstehen für die Rückkehr aus dem Exil zu Beginn der persischen Zeit. Dennoch hat Juda das Gefühl, noch am Zorn Gottes zu tragen. Es ist auch noch dem Hohn der »Feindin« ausgesetzt und kann die Befreiung davon erst für die Zukunft erwarten.

Die Bezüge von 7,8–10 zu 6,1–8

Kommt man von der Lektüre der voranstehenden Michaschrift zu 7,8–10, dann fallen einige semantische Bezüge besonders zu 6,1–8 auf. a) Das Sündenbekenntnis: »denn ich habe gegen ihn gesündigt« (7,9) verweist auf den mißglückten Sühneversuch von 6,6f., der ebenfalls von Sünde spricht (»mein sündiges Leben«). b) In beiden Texten wird צדקה für das heilvolle Handeln JHWHs verwendet, in 6,5 in der vergeblichen Aufforderung, »die Heilstaten JHWHs (צדקות יהוה) zu erkennen«, in 7,9 in der Gewißheit, daß »ich mich weide an seiner Heilstat (צדקתו)«. – Während bei diesen Parallelen die Begriffe nahezu deckungsgleich verwendet werden, besteht bei den beiden folgenden zwar sprachliche Übereinstimmung, aber bei unterschiedlicher Verwendung. c) 7,9 erwartet die Wende von dem Zeitpunkt, da JHWH »meinen Streit führt«, d.h. daß er zugunsten Israels gegen die Feindin eingreift. Vom »Streit« (ריב) war auch schon in 6,1f. die Rede, wo es allerdings um den Streit JHWHs »mit den Bergen« und »mit seinem Volk« geht. d) Wie dort die Objekte, wechseln hier die Subjekte: In 7,9 erwartet Israel von Gott, daß er »mir mein Recht schafft« (ועשה משפטי), in 6,8 erwartet Gott vom Menschen, daß er »Recht tut« (עשות משפט).

Nun könnte die Übereinstimmung in den Termini חטא (»Sünde«), צדקה (»Heilstat«), ריב (»Streit«) und משפט (»Recht«) angesichts der sonstigen Eigenheiten von 7,8–10 – vor allem der Rede von der Feindin und der Licht-Finsternis-Metaphorik – immer noch Zufall sein. Wenn ich dennoch bewußte Bezugnahme von 7,8–10 auf 6,1–8 vermute, dann vor allem deshalb, weil neben den sprachlichen Parallelen dies die beiden einzigen Texte sind, in denen in der Michaschrift Israel als kollektives Ich auftritt. Gerade weil der Michaschluß ab V 17 in die Wir-Form übergeht, sticht die Ich-Form seines Eingangs besonders ins Auge; sie ist wohl von der Ich-Form von 6,6f. inspiriert.

Ist dieser Zusammenhang richtig gesehen, dann erklärt sich auch der auffällige Objekt- bzw. Subjektwechsel von 6,1–8 zu 7,8–10. Weil nämlich jetzt Israel tatsächlich seine Sünde bekennt, wird aus dem »Streit JHWHs mit seinem Volk« ein Streit zugunsten seines Volkes. Und weil Israel, so ist zu unterstellen, nach dem Sündenbekenntnis von 7,9 das ausführt, was 6,8 vom Menschen erwartet, nämlich an erster Stelle »Recht tun«, darf es auch hoffen, daß JHWH ihm »Recht schaffen« wird (7,9).

Der Text spricht von »meiner Feindin«. Wer ist sie? Sie ist namentlich V 8
nicht genannt. Sie übt sich in Schadenfreude (V 8) und Spott (V 10), stellt

also den Typ der spottenden (wie in 4,11–13) und nicht den der unterdrückenden Feindin dar (wie »die Völker … in all ihrer Kraft« in 7,16f.) (so schon richtig *H. Gunkel*, Micha-Schluß 1923, 157: Der »Feindin« »wird hier nicht die Schuld an Zions Unglück zugeschrieben, … sondern ihr Unrecht ist nur dieses, daß sie jauchzt bei Zions Fall«). Von daher ist der immer wieder gemachte Hinweis auf Edom als die exemplarische Feindin in dieser Hinsicht gar nicht so falsch (vgl. etwa *H. Gunkel*, Micha-Schluß 1923, 157), zumal zu dem Edom-Text Obd 9–14 auch sprachliche Übereinstimmungen bestehen (Obd 10 »Schaden bedeckt dich« wie Mi 7,10; Obd 12 »freue dich nicht« wie Mi 7,8; vgl. auch Ez 35,15 »deine Freude«). Aber da der Text selbst darauf verzichtet, die »Feindin« mit einem bestimmten Volk gleichzusetzen, sollte man ihn nicht in exklusiver Weise einengen; wie bei 4,11–13 kommen alle Völker in Frage, sofern sie über das Unglück Judas spotten (und in der Aktualisierung des Textes sind das dann durchaus auch die christlichen Völker, die sich oft genug genau wie die Feindin von Mi 7,8–10 verhalten haben und noch verhalten).

Der schadenfrohen Feindin wird in einer ersten Metapher entgegengehalten, daß Israel zwar gefallen war, nun aber schon wieder aufgestanden ist, was – wenn das *qatal* der Verben oben richtig gedeutet ist – auf Exil und Restitution in der Perserzeit zu beziehen ist. In einer zweiten Metapher bezeichnet das redende Ich seinen gegenwärtigen Zustand als ein »Wohnen in der Finsternis«. »Finsternis« ist dabei wie in Jes 9,1; Ps 18,29 ein leicht verständliches Symbol für »Unterdrückung, Lebensbedrohung und Lebensminderung« (vgl. *Birgit Langer*, Gott als »Licht« in Israel und Mesopotamien. Eine Studie zu Jes 60,1–3.19f. [ÖBS 7], Klosterneuburg 1989, 130).

Dem aktuellen »Wohnen in der Finsternis« wird das Bekenntnis entgegengestellt, daß »JHWH Licht für mich« ist. Dies greift Psalmensprache auf (Ps 27,1) und erinnert zugleich stark an die tritojesajanische Vorstellung von JHWH bzw. von seiner »Herrlichkeit« als »Licht«, das über Zion aufscheint (Jes 60,1–3.19f.). Deutlich wird JHWH hier im Bild des Sonnengottes gezeichnet (vgl. auch Mal 3,20). Doch darf diese solare Vorstellung gerade in Mi 7,8–10 keineswegs zu eng gesehen werden, verbindet sie sich doch gleich im folgenden Vers mit der ganz anderen Vorstellung, daß JHWH das redende Ich »zum Licht herausführt«. Hier erscheint JHWH nicht in der Rolle des Sonnengottes, der selbst als Licht aufscheint, sondern in der des Befreiers, der aus dem Dunkel des Kerkers ins Licht der Freiheit führt (vgl. dazu Jes 42,6f.; 49,9; Ps 107,10–14).

V 9a Die Metapher vom »Wohnen in der Finsternis« wird im folgenden Vers mit dem Gedanken vom »Tragen des Zornes JHWHs« parallelisiert. Hier klingen Vorstellungen der Individualpsalmen an (vgl. Ps 6,2; 27,9; 38,2 u.ö., wobei freilich die Vokabel זעף für »Zorn, Wut« in den Psalmen nie vorkommt). Allerdings beeilt sich das Ich zu betonen, daß es sich dessen bewußt ist, den göttlichen Zorn zu Recht zu tragen: »denn ich habe gegen ihn gesündigt«. Auch hier bedient sich der Text der Psalmensprache (vgl. Ps 41,5; 51,6), transponiert aber das individuelle in ein kollektives Sündenbekenntnis (wie es in Wir-Form im Psalter in Ps 106,6 vorkommt). Wenn die oben gegebene Deutung von 7,8–20 und besonders von 7,8–10 richtig ist, dann befinden wir uns hier im theologischen Zentrum des Michaschlusses.

Weil das Bekenntnis der eigenen Schuld im Zentrum steht, klagt das be- V 9b
tende Ich nicht über den Spott der Feindin – das wäre die klassische Psalmenfrage עד־מתי = »bis wann?« (Ps 6,4; 74,10; 80,5 u.ö.) –, sondern ist sicher, daß die Zeit, da es JHWHs Zorn tragen muß, begrenzt ist: עד אשר = »bis daß«. Der Text von Mi 7,8–10 ist also keine Klage, sondern ein Vertrauenslied (so auch *J. T. Willis*, Hope Oracle 1974, 66 und *H. W. Wolff* 189f.195, gegen *H. Gunkel*, Micha-Schluß 1923, 147–158).

Die zeitliche Begrenzung des Zorn-Tragens wird in V 9b vierfach ausgedrückt. Drei Tätigkeiten JHWHs erwartet Israel, die seine gegenwärtige Lage beenden werden: sein Eintreten im Streit zugunsten seines Volkes, die Herstellung seines Rechts gegen die spottende Feindin und – metaphorisch ausgedrückt – die Herausführung zum Licht. Erst nach diesen drei Eingriffen JHWHs wird das Ich selbst zum Subjekt: Es »weidet sich an seiner Heilstat«. Wie in 4,11 wird ein Verb des Sehens mit ב konstruiert, um die emotionale Bestimmtheit dieses Sehens auszudrücken (deshalb: »sich weiden an«). Und wie in 6,5 bedeutet צדקה hier nicht »Gerechtigkeit« als eine Eigenschaft, sondern die Tat der Rettung (wie Jes 46,13; 51,6; Ps 5,9 u.ö.; vgl. *H. W. Wolff* 197 sowie *J. W. Olley*, »Righteousness« 1987, bes. 314f.) (deshalb: »Heilstat«).

Die Folgen der erwarteten Heilswende für die Feindin werden zunächst in V 10a
sehr allgemeinen Worten ausgedrückt: »Schande wird sie bedecken«. Danach wird die Feindin – fiktiv – zitiert. Ihre Frage: »Wo ist JHWH, dein Gott?« begegnet in ähnlicher Form in individuellem (Ps 42,4.11) wie kollektivem Kontext (Joel 2,17; Ps 79,10; 115,2). Sie setzt polytheistischen Hintergrund voraus, versteht den namentlich genannten Gott als den persönlichen Schutzgott eines Individuums oder Volkes und bestreitet spottend seine Macht. Die angemessene Antwort des so verspotteten Verehrers gibt dann Mi 7,18: »Wer ist ein Gott wie du …?«

Nach dem Zitat, das die Niederträchtigkeit des Spottes illustriert, trium- V 10b
phiert das Ich: »Meine Augen werden sich an ihr weiden« – in engster Anlehnung an 4,11 formuliert, aber mit Umkehrung von Subjekt und Objekt. Denn – so ist zu ergänzen –, in dem aus der Zukunft vorweggenommenen »jetzt« wird die Feindin »zertreten wie Straßendreck«. Das Bild von der »Zertretung« wird hier nicht auf das Zertrampeln kultivierten Landes durch Tiere (vgl. Jes 5,5; 7,25; Ez 34,19), sondern im Zusammenhang mit dem »Straßendreck« auf den Zustand städtischer Straßen vor Einführung einer regelmäßigen Straßenreinigung bezogen (vgl. Jes 41,25). Wie man in der

Stadt allenthalben in den Straßenkot tritt, so wird man auf die zuschanden gewordene Feindin treten.

V 11–13 Nach der Ich-Rede von V 8–10 wechselt die Sprecher-Perspektive abrupt. In V 11 f. wird nun ein Du angeredet, in V 11 mit weiblichem, in V 12 mit männlichem Suffix. V 13 geht dann in beschreibende Rede über. Der Anfang der Anrede erhält eine heftige Dynamik durch das dreifache יום = »Tag«, durch das V 11a, V 11b und V 12a eingeleitet werden. Der Zusammenhang mit dem Voranstehenden ist also so, daß dem Ich, das auf die Wende seines Geschicks hofft (»bis daß«, V 9b), jetzt dieser Tag der Wende angesagt wird. Dem dreifachen יום = »Tag« entsprechen drei Merkmale der Wende.

V 11a Erstes Merkmal des »Tages« ist, daß es der Tag ist, »deine Mauern zu bauen«. Dies auf den Wiederaufbau der Stadtmauer von Jerusalem unter Nehemia zu beziehen und daraus ein Kriterium für die Datierung des Textes zu gewinnen, ist leider nicht möglich (so auch *I. Willi-Plein*, Vorformen 1971, 107 f.). Denn dann müßte wohl im Hebräischen חומה stehen, wie praktisch immer für die Stadtmauer (vgl. Lev 25,29; Dtn 3,5; 28,52 u. ö.). Mit גדר(ה) wie hier wird dagegen meist jegliche Art von Einfriedung bezeichnet für Felder, Hürden oder Weinberge (vgl. Num 32,16.24.36; Jes 5,5; Nah 3,17 u. ö.). Und in diesem Sinn wird es auch gern metaphorisch für Schutz und Stärke verwendet, so daß sich geradezu eine Linie zeichnen läßt: Jes 5,5 kündigt das Niederreißen der Mauer um den Weinberg (= Juda) an, so daß wilde Tiere ihn zertrampeln werden; Ps 80,13 beklagt, daß die Mauer zerstört und der Weinberg ungeschützt zugänglich ist; und Mi 7,11 verheißt den Tag, an dem die – metaphorischen – schützenden Mauern um Israel wieder gebaut werden.

V 11b Zweites Merkmal des Tages ist, daß an ihm »die Grenze weit sein wird«. Der Wunsch danach ist in der Perserzeit sehr verständlich, als die Provinz Juda nur ein Rumpfgebilde ist, außerhalb dessen noch zahlreiche Juden in unmittelbarer Nachbarschaft leben (wie sehr sie sich mit ihren Landsleuten in Juda verbunden fühlen, zeigt anschaulich Neh 4,6, wonach sie feindliche Anschläge nach Jerusalem melden). Vergleichbar ist mit unserer Stelle Jes 26,15, wo neben der für die Zukunft erhofften Vermehrung der Bevölkerung ebenfalls eine Erweiterung der Grenzen erwartet wird.

I. Willi-Plein, Vorformen 1971, 107 f. bestreitet diese Deutung und meint, der Vers spreche »von der Entfernung einer bisher bestehenden Schranke« (108). Allerdings ist diese im Deutschen mögliche Bedeutung des Stammes »fern« im Sinne völliger Beseitigung für das hebräische רחק m. W. nicht belegt, jedenfalls nicht im Qal des Verbs, das 29 Mal vorkommt. Es bezeichnet immer relative räumliche Distanz (»halte dich fern von …«, Ex 23,7; ein Ort »ist zu fern«, Dtn 12,21; 14,24; »sei nicht fern von mir« im Gebet, Ps 22,12.20; 35,22 u. ö.). Von solcher Ferne und nicht von Entfernung spricht auch Mi 7,11.

V 12 Drittens schließlich wird jener Tag der Tag sein, an dem die Jüdinnen und

Juden aus der weltweiten Zerstreuung in das nun weit gewordene und sicher zu bewohnende Land zurückkehren werden.

Die von dieser Deutung abweichende Auffassung, Mi 7,12 spreche nicht von der Rückkehr der Diaspora, sondern vom Herbeiströmen der Völker zum Zion (vgl. *O. Eißfeldt*, Psalm 1968, 68 f.), kann sich auf Mi 4,1–5 oder Jes 60 stützen, wobei an letzterer Stelle die Lichtmetaphorik erscheint, die auch in Mi 7,8–10 verwendet wird. Dennoch sprechen zwei Gründe dafür, hier eher die Vorstellung von der Heimkehr der Zerstreuten (wie in Mi 2,12; 4,6 f.; 5,2) zu finden. a) In Mi 7,8–20 kommt das Motiv vom Herbeikommen der Völker durchaus vor, aber erst in V 16 f. b) Konzeptionell paßt zur Vorstellung vom umfriedeten und weit gewordenen Land besser die Vorstellung von der Rückkehr der Zerstreuten in dieses Land als bleibende Wohnstatt als die Vorstellung von anbetenden Völkern, die sich doch wohl nur vorübergehend in Jerusalem aufhalten würden. – Freilich ist nicht auszuschließen, daß auch schon in Mi 7,12 der Gedanke enthalten ist, daß sich einzelne Nichtjuden zurückkehrenden Diasporajuden anschließen könnten (vgl. Sach 8,23; 14,16–19).

Darüber, woher die Zerstreuten zurückkehren, gibt es allerhand Spekulationen. Als Eigenname ist eindeutig belegt nur »Assur«. Statt von »Ägypten«, das zwar eine hübsche Parallele zu »Assur« ergäbe, aber nicht dasteht, spricht V 12aβ sprachlich eindeutig von »Festungsstädten«. Möglicherweise sind sie in Edom zu suchen (vgl. עיר מצור in Ps 60,11 für eine edomitische Stadt), aber vom Duktus des Verses her können sie ebensogut in Assyrien liegen. Aus dem zweiten מצור in V 12bα liest G den weiteren Eigennamen »Tyrus«, doch ist auch hier das »Festung« von M eindeutig. Das schließt freilich nicht aus, daß mit »der Festung« Tyrus gemeint ist, wie das Wortspiel in Sach 9,3 zeigt. Auch hier steht es moderner Auslegung gut an, nicht mehr wissen zu wollen, als der Text hergibt. Dies gilt auch für die Bestimmung des als nächstes genannten »Flusses«. Es kann, wie oft, der Euphrat gemeint sein (vgl. Gen 31,21; Dtn 1,7; 11,24 u. ö.). Aber auch andere Ströme werden als נהר bezeichnet (vgl. Gen 15,18; Ex 7,19; 2 Kön 17,6 u. ö.). Recht eindeutig spricht der Text dann vom »Meer im Westen«, also dem Mittelmeer, und abschließend von Gebirgen, die wiederum nicht lokalisiert werden. – Bei allen Undeutlichkeiten im einzelnen ist doch klar, was der Vers sagen will: »man kommt zu dir« aus aller Welt, und namentlich auch aus Assur. Daß dabei »Assur« nicht im historischen Sinn das im 7. Jh. untergegangene neuassyrische Reich meinen muß, sondern auch auf das von Persern und später Seleukiden beherrschte Gebiet im Norden und Nordosten Judas bezogen werden kann, ist oben bereits zu 5,4–5 ausgeführt worden.

Der letzte Satz dieses Abschnitts führt in frühapokalyptische Bildwelten. V 13
Zwar ist die Vorstellung, daß das *Land* zur Ödnis wird, längst geläufig (Ex 23,29; Lev 26,33; Jes 1,7 u. ö.), und auch von einzelnen Orten kann dies gesagt werden (Jos 8,28; Jer 49,2.33 u. ö.), so auch in Mi 1,7 von Samaria. Aber hier in 7,13 kann mit הארץ nicht das Land Israel gemeint sein, da die-

ses ja nicht verödet, sondern gerade bewohnt werden soll. Dagegen ist die Vorstellung der wüsten *Erde* in dem frühapokalyptischen Abschnitt Jes 24–27 geläufig – auf ihn hatte auch schon die Erwartung der weiten Grenze in 7,11 geführt (vgl. Jes 26,15) –, besonders in Jes 24,1 ff.19 f.; 26,21. Dort findet sich auch wie hier die Zusammenstellung von »die Erde« und »ihre Bewohner« (24,1.5; vgl. 24,6), und auch die Schuld der Erdenbewohner als Grund für die Ödnis wird genannt (24,5).

So fügt sich Mi 7,11–13 insgesamt zu dem Bild einer Zukunft, in der die Jüdinnen und Juden – und vielleicht solche aus den Völkern, die sich ihnen angeschlossen haben – in einem weit und sicher gewordenen Juda leben werden, während der Rest der Erde öde sein wird. Mit apokalyptischen Vorstellungen teilt dieses Bild den Universalismus und den Gedanken der Scheidung in Gerettete und Verlorene, ohne freilich weitere apokalyptische Merkmale (wie die Spekulation über Zeiten, besondere Arten des Offenbarungsempfangs usw.) zu teilen.

V 14–17 Mit V 14 setzt ein neuer Abschnitt ein, der von der Anrede an Juda zur Gebetsanrede an Gott übergeht. Thema des Gebets ist in seinem ersten Teil (V 14–17), in direkter Fortsetzung von V 8–13, das Verhältnis Israels zu den Völkern. In V 14 f. wird es zunächst negativ behandelt, als Abgrenzung Israels von den Völkern (»für sich wohnen«, V 14; Auszug aus Ägypten, V 15). In V 16 f. folgt dann die positive Bestimmung dieses Verhältnisses dahin, daß die Völker sich letztlich dem Gott Israels zuwenden werden.

V 14aα Wieder wie in 2,12 und 4,6–7 wird im Michaschluß JHWH als Hirte gezeichnet. Diesmal geht es nicht wie dort um das Sammeln der zerstreuten Herde (von der Rückkehr der Zerstreuten war nach unserer Deutung – allerdings ohne Hirtenmetaphorik – schon in 7,12 die Rede), sondern um das »Weiden« allgemein (vgl. Jes 40,11; Jer 31,10; Ez 34,11–16; Ps 28,9). Dabei dient der Hirten-«Stab« (vgl. Ps 23,4) als Hüteinstrument. Betont herausgestellt wird dabei, daß der Hirte JHWH kein Lohnhirte ist, der fremder Leute Tiere weidet, sondern daß ihm die Herde selbst gehört: »dein Volk« und »die Herde deines Eigentums«. Die Verwendung dieser Personalsuffixe dient im Gebet der Unterstreichung der Bitte: Wenn JHWH die Herde gehört, dann ist die Aufforderung, sie zu weiden, umso einsichtiger. Zugleich bildet die Bitte, JHWH möge selbst seine eigene Herde weiden, einen Kontrast zu der negativen Hirtenmetaphorik von 3,1–4, wo den Führern Israels vorgeworfen wird, ihre Herde nicht zu weiden, sondern sie abzuschlachten.

V 14aβ In der nächsten Zeile wird JHWHs Volk als eines gekennzeichnet, das »für sich wohnt«.

O. Eißfeldt, Psalm 1968, 63–65 wollte nachweisen, daß der Text nicht Israel, sondern JHWH meine, der »für sich wohnt« (und zwar, wie die Fortsetzung zeige, auf dem Karmel). Dabei ist richtig erkannt, daß שֹׁכְנִי als *lectio difficilior* beizubehalten und nicht in שְׁכְנֵי zu ändern ist (auch gegen BHS). Nur löst das das Problem noch nicht, weil auch ein singularisches Verständnis den Bezug auf »dein Volk« und »die Herde deines Eigentums« nicht ausschließt. Methodisch ist es aber sehr fragwürdig, mit *O. Eißfeldt* von Dtn 33,16 (שכני סנה = »der den Dornbusch bewohnt«) auszugehen und eine sonst nicht belegte Analogie zu Mi 7,14 zu konstruieren, wonach JHWH »auf dem Karmel wohne«.

Dagegen ist in Num 23,9 und Dtn 33,28 eindeutig die Vorstellung belegt, daß Israel »abseits wohnt«, wie hier mit שכן (ל)בדד formuliert. In Dtn 33,28 und Jer 49,31, wo gleiches von Kedar gesagt wird, steht »für sich« in Parallele zu »sicher«. Die Konnotation in Mi 7,14 ist also die, daß Israel sowohl abgesondert von den Völkern als auch in Sicherheit wohnt, ein Gedanke, der in ganz anderer Sprache auch schon in V 11–13 zum Ausdruck gebracht worden war. Seit dem assyrischen Kultureinfluß auf Juda, wie er im 7. Jh. nachweisbar ist, seit der Berührung mit der hochstehenden babylonischen Kultur ab dem 6. Jh., spätestens aber seit dem Siegeszug der hellenistischen Weltkultur im 4. Jh. ist die positive Wertung einer Absonderung Israels Teil einer Rückbesinnung auf die eigene Identität, die schon in der Antike antijüdische Affekte hervorgerufen hat.

Wenn die Fortsetzung dieses Wohnen als ein Wohnen »im Wald mitten im Fruchtgarten« bezeichnet, dann sind »Wald« und »Fruchtgarten« hier nicht als Gegensatz aufzufassen (anders *H. Gunkel*, Micha-Schluß 1923, 165). Vielmehr stehen beide Größen für Fülle und Üppigkeit, wie in der Wendung »die Herrlichkeit seines Waldes und seines Fruchtgartens« (Jes 10,18) oder in der Verbindung »der Wald seines Fruchtgartens« (2 Kön 19,23 = Jes 37,24, vgl. auch Jes 29,17; 32,15). Die Herde Israel, so der Wunsch des Gebets, soll auf fruchtbarstem Land leben. V 14aγ

Als Gebiet solchen sicheren Weidens auf fruchtbarem Land werden Baschan und Gilead genannt, wie in der Verheißung von Jer 50,19, wo dazu noch der Karmel und Efraim treten. Baschan und Gilead sind die ersten Gebiete im Ostjordanland, die nach dem Selbstverständnis Israels noch zur Zeit Moses eingenommen worden waren (Num 21,33–35; 32; Dtn 3,1–20; Jos 12,4–6; 13,11 f.29–31). Dementsprechend beziehen sich die »Tage der Urzeit« (ימי עולם) hier auf die Landnahmezeit und, wie die Fortsetzung in V 15 zeigt, auf den vorangegangenen Exodus (wie in 6,4 f., wo Exodus und beginnende Landnahme ebenfalls in einem Atem genannt sind). Dagegen spielen sie in Mi 5,1 auf die Davidszeit und später in 7,20 (ימי קדם) auf die Väterzeit an. Die verschiedenen Traditionen vom Treueschwur an die Väter, der Landnahme unter Mose und Josua und dem Heilsherrscher David sind dabei auf der Ebene der Michaschrift bereits zu dem einen Ursprungsmythos verbunden, der in der Tora und den Vorderen Propheten niedergelegt ist. Baschan und Gilead sind zugleich aber das Gebiet, das als erstes beim Zerfall des Nordreichs an Assur gekommen war (2 Kön 15,29), noch vor dem endgültigen Fall Samarias. Indem gerade dieses Gebiet exempla- V 14b risch als zukünftiges »Weideland« Israels genannt wird, knüpft das Gebet von 7,14f. an die Zusagen von 7,11–13 an, wonach Israels Gebiet »weit sein« und »man zu dir von Assur kommen« werde.

V 15a In eigenwilliger Formulierung werden die »Tage der Vorzeit« jetzt interpretiert als die »Tage, da du herausgegangen bist aus dem Land Ägypten«. Auffällig ist, daß JHWH Subjekt des Heraus*gehens* (Qal) und nicht, wie in der Regel (so auch Mi 6,4) des Heraus*führens* (Hifil) ist. Gedacht ist wohl an die Vorstellung, daß JHWH in Gestalt einer Wolken- und Feuersäule mit seinem Volk und vor ihm her aus Ägypten auszieht.

V 15b Vielleicht hängt mit dieser Besonderheit auch die der nächsten Vershälfte zusammen, die unvorbereitet in 1.ps. übergeht (was oft, aber ohne jeden Anhalt in der Überlieferung, in die 3.ps. mit Suffix der 1.pl. geändert wird, vgl. BHS: »er hat uns Wunder sehen lassen«). Offenbar meint der Text eine Rede Gottes, als er aus Ägypten herausgeht: Er will »ihn« – wohl Israel – »Wunder sehen lassen«, in erster Linie wohl die Vernichtung der Ägypter im Meer, dann aber wohl auch alles andere, was während der weiteren Wüstenwanderung und der Landnahme geschehen ist.

Bedenkenswert ist auch der Vorschlag von *D. G. Hagstrom*, Coherence 1988, 100–102, V 15b mit V 16 und V 17 zusammenzunehmen und als Beginn einer göttlichen Antwort auf das Gebet zu verstehen, das dann nur V 14.15a umfassen würde. Da jedoch V 17 wieder in Gebetsanrede übergeht, kann auch diese Deutung keine höhere Wahrscheinlichkeit beanspruchen als die Auffassung von V 15b als Zitat im Munde Gottes.

V 16 Das Stichwort »sehen« (ראה) aufnehmend geht der Text über zur Wirkung des Geschehens auf die Völker, denn die »Wunder«, die Gott Israel sehen läßt, werden sie auch sehen. Dies wird ihnen »ihre Kraft« rauben. Es geht also nicht mehr nur darum, daß dem *Spott* der Feindin ein Ende gemacht wird – diese wird »Schande bedecken« (V 10), die Völker »werden zuschanden« (jeweils mit der Wurzel בוש). Sondern jetzt wird auch die politische und militärische *Macht* der Völker gebrochen. Dies wird in zwei Bildern ausgedrückt. Die Völker sollen »die Hand auf den Mund legen«, sie sollen »den Mund halten«, sollen schweigen (zum Gestus vgl. Ri 18,19; Ijob 21,5; 29,9; 40,4; Spr 30,32), und »ihre Ohren sollen taub sein«. Beides ist nicht auf realistische Weise wörtlich zu nehmen, sondern entspricht dem Deutschen »ihnen soll Hören und Sehen vergehen«.

V 17a-α.β Auch der nächste Vers bleibt zunächst bei der Beschreibung dessen, was es heißt, daß die Völker »zuschanden werden«. Sie werden verglichen mit Staub leckenden Schlangen. Dabei ist nicht nur an die Niedrigkeit des Kriechtieres gedacht (vgl. Gen 3,14) und an den »Staub« als Metapher für jedwede Erniedrigung (1 Sam 2,8; 1 Kön 16,2; Jes 25,12 u.ö.). Sondern dahinter steht die Vorstellung, daß unterworfene Herrscher sich vor dem Sieger in den Staub werfen (wie Jehu vor Salmanassar III., dargestellt auf dem

»Sie sollen Staub lecken wie die Schlange« (Mi 7,17)
Asiaten huldigen dem Pharao. Ägyptische Grabmalerei des 14. Jh. v. Chr.
Quelle: AOBPs 282.

Schwarzen Obelisken aus Nimrud, vgl. dazu *Othmar Keel / Christoph Uehlinger,* Der Assyrerkönig Salmanassar III. und Jehu von Israel auf dem Schwarzen Obelisken aus Nimrud: ZKTh 116, 1994, 391–420) und »den Staub deiner Füße lecken« müssen (vgl. Jes 49,23; Ps 72,9; zu einer Parallele aus den Amarna-Briefen – EA 100 –, wo den Feinden gewünscht wird, daß sie »Staub essen« mögen, vgl. *M. L. Barré,* Parallel 1982). Dahin werden die jetzt noch »in all ihrer Kraft« stehenden Völker kommen.

Die Folge ist, daß sie »bebend hervorkommen« werden, wobei das Beben ihre Angst ausdrückt (vgl. Ex 15,14; Jes 64,1; Ps 99,1). Doch woher kommen sie hervor? מסגרת kommt nur in Mi 7,17 und in 2 Sam 22,46 = Ps 18,46 vor. Aufgrund der Übersetzungen von G zu 2 Sam 22,46 und Mi 7,17 und von V zu 2 Sam 22,46 und Ps 18,46 und aufgrund des verwandten Lexems מסגר könnte man auf die Bedeutung »Gefängnis« (so KBL) kommen. Dann wäre in Mi 7,17 von einer Befreiung der Völker die Rede. Dagegen spricht aber dreierlei: a) Schon die Vulgata übersetzt in Mi 7,17 mit *»de aedibus suis«*, denkt also nicht an Gefängnisse. b) In 2 Sam 22,46 = Ps 18,46 ist eindeutig nicht an Befreiung gedacht, sondern an ein angstvolles Heraustreten aus dem fraglichen Gebäude. c) Auch die Fortsetzung in Mi 7,17, die von »Furcht und Zittern« spricht, läßt nicht an Befreiung denken. Da nun der מסגר als Handwerker der Schlosser ist, läßt sich bei מסגרת durchaus an Schloß, Burg oder Bollwerk denken, was den Vorkommen in 2 Sam 22,46 = Ps 18,46 und Mi 7,17 voll entspricht: Die »zuschanden gewordenen« Völker müssen aus den Symbolen ihrer bisherigen Macht, ihren Burgen, »bebend hervorkommen«. V 17aγ

Erst der Schluß des Verses und damit des ganzen ersten Gebetsdurchgangs V 14–17 zeigt, daß das Zuschandenwerden der Völker nicht deren Vernichtung bedeuten muß. Zwar verlieren sie ihre Macht. Aber sie gewinnen damit die Möglichkeit, sich »JHWH, unserem Gott«, zu nähern. Beide Verben, in denen dies ausgedrückt wird, sind semantisch ambivalent. פחד אל = »zitternd entgegentreten« enthält nämlich sowohl den Aspekt der Furcht (Jer 2,19; 36,16) als auch den der positiv erregten Erwartung (Hos V 17b

3,5). Dieselbe Ambivalenz gilt für ירא = »(sich) fürchten«. Transitiv mit את konstruiert, drückt es Ehrfurcht und Respekt aus (besonders in der Formel »Gott fürchten«, vgl. Dtn 6,2.13.24 u.ö.). Reflexiv mit מן dagegen überwiegt der Aspekt des Schreckens (»sich fürchten vor«), und da diese Form auch in Mi 7,17 verwendet wird, liegt an unserer Stelle deutlich das Gewicht auf dem Aspekt der Unterwerfung und Bändigung der Völker. Aber dennoch bleibt ihnen die Möglichkeit, sich dem Gott Israels zu nähern und damit Leben und Zukunft zu finden.

Mit dem Gebet 7,14–17 wird das Thema der Völker in der Michaschrift abgeschlossen. Dabei wird der doppelte Aspekt beibehalten, der die Behandlung des Themas von 1,2 an und dann konzentriert in Mi 4–5 geprägt hatte: Die Völker »in all ihrer Kraft« müssen »zuschanden werden« (vgl. dazu besonders 4,11–13; 5,4–5.8.14), aber sie haben auch die Möglichkeit, JHWH »zitternd entgegenzutreten« (vgl. dazu 4,1–5). Daran, welche Möglichkeit sie ergreifen, wird sich ihre Zukunft entscheiden (vgl. dazu auch 5,6f.).

V 18–20 Nach dem abschließenden Wort über Israels Verhältnis zu den Völkern bleibt noch das Verhältnis Israels zu seinem Gott zu klären. Mit dem Sündenbekenntnis von V 9 war bereits, so unsere Deutung, die entscheidende Weiche gestellt. Jetzt wird dieses Motiv wieder aufgenommen und im Gebet das Thema, das die Michaschrift besonders in Mi 1–3 und 6,1–7,7 dominiert hatte, ganz am Ende der Michaschrift zum Abschluß gebracht.

V 18 Die einleitende rhetorische Frage »Wer ist ein Gott wie du?« (vgl. Ex 15,11; 1 Kön 8,23) setzt polytheistischen Hintergrund voraus (wie Mi 4,5), unbeschadet der Frage, welche Realität und Macht der Verfasser des Verses den von anderen verehrten Gottheiten zugesteht. Deutlicher noch wird dieser Hintergrund im übrigen in der Formulierung von Ex 15,11: »Wer ist wie du unter den Göttern, JHWH?« Dabei kann die Einzigartigkeit JHWHs durchaus unterschiedlich begründet werden. In Ex 15,11 sind es die Machttaten zugunsten Israels, in 1 Kön 8,23 ist es die Bundestreue gegenüber seinen Anhängern, in Ps 82, der auf andere Weise die Einzigartigkeit JHWHs unter den Göttern darstellt, ist es sein Einsatz für soziale Gerechtigkeit. Hier im Michaschluß ist es dagegen die Bereitschaft, dem »Rest seines Erbes« zu vergeben, die ihn aus der Götterwelt heraushebt.

Um die Vergebungsbereitschaft JHWHs auszudrücken, greift der Text formal zum hymnischen Partizipialstil (also eigentlich: »Schuld vergebend und an der Verfehlung vorübergehend«). Durch die Partizipien wird die Überzeitlichkeit des Tuns JHWHs herausgestellt: Er hat immer wieder in der Vergangenheit vergeben, er ist jetzt bereit zu vergeben, und deshalb kann man ihn auch bitten, in Zukunft zu vergeben.

Inhaltlich greift der Text dabei auf die in der biblischen Literatur vielfach variierte Formel (vgl. Num 14,18; Ps 103,8–13 u.ö.) zurück, wie sie am umfassendsten in Ex 34,6f. niedergelegt ist: »JHWH, ein barmherziger und gnädiger Gott, langmütig und reich an Treue und Güte, der Güte bewahrt bis ins tausendste Geschlecht und Schuld vergibt und Verfehlung und Sünde …«. Der ganze Michaschluß wird vom Vokabular dieser Formel geprägt: אל = »Gott« in V 18; רחום = »barmherzig« in V 19 (»er wird sich erbarmen«); ארך אפים = »langmütig« in V 18 (»er hält nicht für immer an seinem Zorn = אף fest«); »reich an חסד ואמת« in V 20 (»du wirst Jakob אמת = Treue erweisen, Abraham חסד = Güte«); »Schuld vergebend« in V 18, »Verfehlung« in V 18, »Sünde« in V 19.

Und doch ist bei allem Anklang die Formel an den michanischen Kontext angepaßt. Dies zeigt sich zum einen darin, daß ihr zweiter Teil, JHWHs Strafbereitschaft (Ex 34,7b), überhaupt nicht übernommen wird; im Michaschluß hat nur mehr der Appell an JHWHs Bereitschaft zum Vergeben Raum. Zum andern werden Anspielungen an den Michatext aufgenommen. So wird in der Formulierung מי־אל כמוך = »wer ist ein Gott wie du?« mit dem Namen »Micha« gespielt. Und daß sich die Vergebungsbereitschaft auf den »Rest seines Erbes« bezieht, läßt den Restgedanken von 2,12; 4,7; 5,6f. und den Ausdruck »Herde deines Eigentums bzw. Erbes« (in beiden Fällen נחלה mit auf JHWH zu beziehendem Personalsuffix) in 7,14 anklingen. Und darauf, daß die Formulierung der Sündenvergebung mit עבר ל = »vorübergehen an« auf Amos (Am 7,8; 8,2) verweist (und somit über den Rahmen der Michaschrift hinaus), war schon in der Einleitung (S. 52) hingewiesen worden.

Was V 18 als hymnisch-prädizierende Aussage über Gott formuliert hatte, setzt nun V 19 in bittend-zuversichtliche Erwartung an die Zukunft um. V 19
Dabei ist es nur eine Frage der Akzentsetzung, ob man in der deutschen Wiedergabe den Schwerpunkt auf die Bitte (»er möge sich unser wieder erbarmen …«) oder auf die Zuversicht (»er wird sich unser wieder erbarmen …«) legt. Beide Aspekte sind enthalten. Darauf, daß auch V 19 die Formel von Ex 34,6f. aufnimmt, ist schon hingewiesen worden. Allerdings wird die eher theologisch abstrakte Sprache hier in kräftige Bilder umgesetzt. Die Beter erwarten, Gott werde »unsere Verschuldigungen niedertreten«; das dabei verwendete Verb כבש = »niedertreten« meint dabei eine gewaltsame Unterwerfung wie bei Versklavung (Jer 34,11; Neh 5,5) oder Vergewaltigung (Est 7,8) (zu Recht weist *R. P. Gordon*, Micah VII 19 1978 darauf hin, daß daraus keine zu weitreichenden Folgerungen bezüglich des Gedankens der Personifizierung der Sünde zu ziehen sind). Und sie erwarten, er werde »all ihre Sünden in die Tiefen des Meeres« werfen, nach Jona 2,4 auch als »Herz des Meeres« zu bezeichnen, den Ort also, von dem es nach Menschenermessen keine Rückkehr gibt.

Der Schlußvers der Michaschrift setzt den bittend-zuversichtlichen Ton des vorangehenden Verses fort. V 20a
Dabei wird der Paarbegriff »Treue und Güte« aus der Formel von Ex 34,6f. aufgenommen und auf den Parallelismus der beiden Vershälften verteilt, wodurch auch die beiden Väter Jakob und Abraham in den Parallelismus geraten. Was Abraham angeht, ist dies

höchst auffällig. Denn ohnehin wird er außerhalb der Genesiserzählungen und der Rückverweise im Pentateuch nur selten erwähnt, in der Schriftprophetie nur in Jes 29,22; 41,8; 51,2; 63,16; Jer 33,26; Ez 33,24. Singulär aber ist, daß »Abraham« als Name kollektiv für Israel steht. Sonst ist, und zwar auch nur gelegentlich, vom »Samen Abrahams« (also seiner Nachkommenschaft) die Rede (Jes 41,8; Jer 33,26; Ps 105,6; 2 Chr 20,7), während andrerseits die Personifizierung der Israeliten als »Jakob = Israel« gang und gäbe ist (in Micha vgl. nur 1,5; 3,1.9 u.ö.).

V 20b Wenn »Treue und Güte« abschließend als etwas bezeichnet werden, das JHWH »unsern Vätern geschworen« habe, dann ist dies ein interpretierender Rückverweis auf das Motiv des Schwurs an die Väter. Dieser Schwur bezieht sich an den Pentateuchstellen, auf die Mi 7,20 anspielt, auf Mehrung, Land und Abrahams Rolle als Segen für die Völker, v.a. aber auf die Landverheißung (vgl. Gen 22,16–18; 24,7; 26,3; 50,24; Ex 6,8; 13,5.11 u.ö. und immer wieder im Deuteronomium und der weiteren deuteronomistischen Literatur, vgl. Dtn 1,8.35; 4,31 u.ö.). All dies wird auch der Verfasser des Michaschlusses erhoffen. Und in dem Denken, daß Urzeit und Endzeit in Entsprechung sieht (vgl. dazu auch Mi 5,1; 7,14f.), vertraut er darauf, daß das, was »seit den Tagen der Vorzeit« »geschworen« ist, nun in Erfüllung gehen wird. Mit dieser vertrauensvollen Bitte schließt er die Michaschrift ab.

Bedeutung

Mi 7,8–20 ist ein echter Schlußtext. Er verbindet die Hauptlinien des gesamten Michatextes miteinander, also besonders die Frage nach dem Verhältnis Israels zu seinem Gott und die Frage, welches Verhältnis die Völker zum Gott Israels haben können. Dabei werden christliche Leserinnen und Leser der Michaschrift nicht aus der Spannung entlassen, daß sich das Gottesverhältnis der Völker nicht beschreiben läßt, ohne ihr Verhältnis zu Israel zu benennen. Es ist eben allemal der Gott Jakobs und Abrahams, »unsrer Väter« (7,20), der auch für die Völker Weisung und Frieden bereithält (4,1–5). Wenn aber die Völker bereit sind, auf ihr Machtgebahren gegen Israel und seinen Gott zu verzichten, dann haben sie auch Zugang zu diesem Gott (7,16f.).

Diesen Gott ruft Israel in den Schlußversen der Michaschrift als den an, von dem es die völlige Vergebung seiner Schuld erwartet. Die Verse wären freilich mißverstanden, wenn man sie so auffaßte, als ob zu guter Letzt doch alles in das milde Licht göttlicher Versöhnung getaucht würde. Zwar ist tatsächlich »JHWH Licht für mich« (7,8). Aber dieses Licht ist nicht so, daß es im nachhinein die Schatten aufhellte, die beim vorherigen Lesen der Michaschrift zu sehen waren, die Schatten der wirtschaftlichen Ausbeutung (Kap. 2) und politischen Unterdrückung (Kap. 3), der entfremdeten Gottesbeziehung (6,1–8) und des Betrugs (6,9–16), des Zerwürfnisses der zwischenmenschlichen Beziehungen (7,1–7). Im Gegenteil, in der Helle des göttlichen Lichts treten diese Schatten besonders scharf hervor.

Aus diesem Grund wählt der Schluß eine liturgische Form, mit Sündenbekenntnis (7,9) und Gebet (ab V 14), mit Wir-Rede (ab V 17) und hymnischem Vertrauensbekenntnis (V 18–20). Vergebung ist nach dem Konzept der Michaschrift, wie es durch den Michaschluß geprägt wird, nichts, was Israel (und den Völkern) einfach zugesprochen würde. Sondern Israel steht im Michaschluß wie in einem Gottesdienst vor Gott. Vor ihm steht das nach wie vor schuldbeladene Israel (und, wenn sie dazu bereit sind, an seiner Seite die Völker, V 16 f.). Aber es steht nicht vor einem Gott, der für sein Volk und für die Völker der Welt Vernichtung will. Das Bekenntnis der eigenen Sünde (V 9), der Verzicht auf Widerstand gegen Gott (V 16 f.) eröffnen vielmehr die Hoffnung auf Vergebung. Im Gebet erbeten und im hymnischen Lobpreis vorweggenommen – auf diese Weise hat dann Vergebung tatsächlich das letzte Wort in der Michaschrift.

Register der Bibelstellen

(ohne Micha)

Josua

Richter

1 Samuel

2 Samuel

1 Könige